I ferr
del mestiere

A Suly e Cecilia

I ferri del mestiere

(Auto)formazione
per l'insegnante di lingue

di
Marco Mezzadri

EDIZIONI GUERRA • SOLEIL

Biblioteca Italiana di Glottodidattica
diretta da *Anthony Mollica*

Printed in Italy

ISBN 88-7715-650-3

Per contattare l'autore: mezzadri@guerra-edizioni.com

Guerra Edizioni Edel s.r.l.
Via A. Manna, 25 - 06132 Perugia (Italia)
Tel. +39 075.528.90.90 - Fax +39 075.528.82.44
E-mail: info@guerraedizioni.com
http://www.guerraedizioni.com

éditions SOLEIL publishing inc.
P.O. Box 847 - Welland Ontario (Canada) L3B 5Y5
Tel. / Fax: (905) 788-2674
E-mail: soleil@iaw.on.ca
http://www.soleilpublishing.com

Indice

Introduzione

Negli ultimi anni la glottodidattica sta riscuotendo un interesse via via crescente, che in Italia si è tradotto in un fiorire di iniziative di formazione gestite da molteplici attori: dal ministero alle università, dalle scuole statali, agli enti di formazione professionale.

Il mondo accademico ha anch'esso risposto con l'aumento dei docenti impegnati nelle università in questa disciplina.

Nemmeno l'editoria è rimasta insensibile al fenomeno e ha pubblicato numerosi manuali di glottodidattica e testi specifici inseriti in prestigiose collane appositamente create.

Questo testo si rivolge al pubblico degli insegnanti di lingua straniera, in particolare di italiano a studenti stranieri in Italia e all'estero. A questi docenti o futuri docenti, in formazione o in servizio, ma senza una preparazione di base, il testo intende fornire strumenti pratici accompagnati da riflessioni teoriche per affrontare in maniera consapevole e autonoma la professione del docente. La proposta è quella di uno strumento pratico che può essere impiegato sia per l'autoapprendimento e l'autoformazione, sia in corsi di metodologia.

È suddiviso in percorsi che toccano le aree più rilevanti della pratica dell'insegnamento. Tutti i percorsi sono caratterizzati da momenti di coinvolgimento e di interazione con il lettore prima, durante e dopo l'accostamento al testo, perché, come insegniamo ai nostri studenti, si impara facendo. Si tratta di attività che portano a creare le condizioni per meglio comprendere e assimilare i contenuti dei percorsi o di domande che trovano risposta solitamente lungo il percorso o nella riflessione sull'esperienza personale del lettore in quanto insegnante, in servizio o in formazione, o studente di lingue.

I segmenti del testo sono definiti *percorsi* per sottolineare il fatto che ogni parte accompagna il lettore fino alla meta costituita dagli obiettivi formativi proposti. Ogni percorso risulta autonomo, ma collegato agli altri attraverso continui rimandi e riflessioni che guardano alla formazione del docente non per capitoli e scatole chiuse, ma come frutto di un sistema reticolare. Così il lettore incontrerà argomenti teorici di riferimento e rimandi alla pratica dell'insegnamento ripresi e trattati sotto angolature differenti all'interno dei vari percorsi, nel rispetto di uno dei principi fondamentali della glottodidattica: l'approccio a spirale.

La trattazione degli argomenti avviene in maniera semplice lasciando ampio spazio agli aspetti pratici dell'insegnamento della lingua straniera e integrando gli apporti teorici al discorso che si va sviluppando sulla pratica didattica. La bibliografia segnalata alla fine di ogni percorso offre l'occasione per gli approfondimenti che il lettore riterrà necessari. Così come è essenziale il modo di avvicinare la teoria all'interno del testo, anche la bibliografia viene limitata a suggerimenti ritenuti indispensabili per un approfondimento autonomo.

Lo stesso atteggiamento è stato adottato nel caso delle citazioni che sono state ridotte al minimo a voler sottolineare il carattere pratico del testo e la convinzione che all'insegnante di lingua occorra avere non solo una solida preparazione teorica, ma anche un'altrettanto affidabile capacità di gestire la pratica dell'insegnamento in maniera globale, cioè con gli strumenti adatti per affrontare i vari ambiti della didattica.

Uno strumento di autoformazione

Il libro di Marco Mezzadri è del tutto inusuale nel panorama italiano – e questo fatto ne costituisce il pregio che va indicato per primo. Non è, infatti, un manuale di glottodidattica, come ce ne sono vari: è uno strumento di autoformazione.

Cosa significa, precisamente?

Significa che il libro non è pensato, come spesso avviene, per soddisfare i bisogni della disciplina, per cui si usa una microlingua stretta, si inseriscono capitoli di poco o nessun uso per il docente ma che sono necessari nell'economia epistemologica, si categorizzano eventi e approcci con un gusto tassonomico che serve a far chiarezza nella riflessione disciplinare ma non ha alcuna ricaduta didattica...

Né è pensato per i colleghi studiosi, con pagine che sono dichiarazione di alleanza tra visioni simili della glottodidattica o stilettate (incomprensibili ai non addetti ai lavori) ai colleghi che appartengono ad altre scuole.

Mezzadri non ha pensato al mondo glottodidattico o all'epistemologia glottodidattica quando ha progettato questo libro: ha pensato al docente di lingue, sia quello in formazione sia quello in servizio.

Il protagonista del libro non è l'autore, non è la disciplina, ma l'artigiano che ogni anno progetta un corso, ogni quadrimestre valuta gli studenti, ogni mese ne verifica l'acquisizione, ogni giorno entra in classe.

Il protagonista è il lettore, chiamato a fare proiezioni, a cercare definizioni, a confrontare le proprie proiezioni e definizioni con quello che Mezzadri gli spiega dopo; un lettore chiamato a fare sintesi, ad enucleare i punti concettuali forti all'interno delle pagine che ha letto; un lettore stimolato a trarre implicazioni didattiche, a tradurre le indicazioni teoriche del libro in operare didattico. Un lettore che a volte è chiamato a riflettere partendo dalla teoria e altre volte giunge alla teoria attraverso un approccio che porta a pensare dapprima all'esperienza didattica per poi sistematizzare i contenuti in termini teorici. A questo lettore l'autore propone una serie di possibili approfondimenti che vanno a integrare i percorsi del testo, attraverso i rimandi bibliografici ragionati e così *I ferri del mestiere* costituiscono una sorta di trampolino di lancio per continuare a ampliare le conoscenze glottodidattiche invitando a nuove sempre più coinvolgenti scoperte.

Quale retroterra teorico ha questo volume?

Si tratta di un viaggio attraverso i principali snodi concettuali ed operativi della didattica delle lingue straniere, condotto nell'alveo del grande fiume che oggi chiamiamo "umanistico affettivo": un fiume in cui chi nuota non si impone sui flutti, ma ne asseconda il flusso e la natura, cerca di capire come funzionano le correnti per indirizzarle verso la meta desiderata: una filosofia in cui la modalità di acquisizione umana conta quanto l'autenticità della lingua proposta, in cui l'intelligenza affettiva conta quanto quella che tassonomizza la lingua ed individua le regole.

Si tratta di una corrente glottodidattica di cui molto si parla ma che spesso viene trascurata in Italia, dove la logica della linguistica applicata spesso prevale su quella di una scienza che dovrebbe porre l'uomo al centro del processo acquisitivo.

Mezzadri è riuscito in una buona sintesi, e l'ha fatto mettendo al centro del suo interesse l'uomo, la persona che legge questo volume e che, attraverso di esso, dà forma alla propria competenza glottodidattica.

Paolo E. Balboni
Cattedra di Didattica delle Lingue Straniere
Università Ca' Foscari, Venezia

Percorso 1

I modelli operativi

1.1 Curricolo, programma, corpora, sillabo

Legga la definizione che segue:

Questo modello operativo offre indicazioni sul profilo formativo che si intende realizzare.
È uno strumento che definisce gli obiettivi del corso, così come i contenuti.

Ora decida quale dei seguenti termini descrive: sillabo, curriculo, programma, corpus.

La tradizione glottodidattica ha sviluppato vari modelli operativi, cioè strumenti che consentono di mettere in pratica i presupposti della cornice metodologica di riferimento che è stata scelta. La definizione proposta si riferisce al curricolo: solitamente si tratta di un documento che viene redatto a livelli diversi. Si può trattare di un curricolo a livello nazionale di tipo rigido e prescrittivo che non lascia spazi all'autonomia delle istituzioni educative locali o all'azione didattica del docente, oppure di un progetto educativo al cui interno i vari attori si muovono mantenendo una certa indipendenza per una programmazione d'istituto e/o individuale.

Il curricolo porta con sé alcuni elementi che vanno oltre la proposta generica che si poteva rintracciare nei programmi tradizionali, dove ciò che si indicava erano gli obiettivi educativi e in modo sommario le metodologie e i contenuti cui le lezioni dovevano prestare attenzione. Il curricolo costituisce in sostanza lo sviluppo del programma includendo oltre a obiettivi educativi e contenuti anche indicazioni di tipo metodologico su come svolgere le lezioni, sul *testing* e la valutazione, sugli strumenti da utilizzare e così via.

Molto spesso oggigiorno quando si parla di programma si fa, in realtà, riferimento a un curricolo al cui interno, con sempre maggior frequenza, si identificano anche scansioni puntuali dei contenuti. Tali scansioni sono entrate nella nostra tradizione glottodidattica attraverso l'influenza di progetti europei come quelli che hanno dato vita, a partire dagli anni settanta, alle iniziative promosse dal Consiglio d'Europa: dal progetto denominato *Modern Languages/Langues Vivantes* che ha portato alla realizzazione dei documenti relativi ai Livelli Soglia (van Ek, 1975; van Ek, Trim, 1990; Council of Europe, 1981) in diverse lingue dell'Unione Europea, al più moderno e amplio *Common European Framework of reference* (Quadro di riferimento europeo) (Council of Europe, 2001). Si tratta, almeno per quanto riguarda il menzionato progetto degli anni settanta, della declinazione di una lista di funzioni comunicative che costituiscono il patrimonio linguistico di base. Il termine che si usa per descrivere questi elenchi di funzioni, oppure di termini lessicali, strutture grammaticali, ecc., è il sillabo. Ciò che contraddistingue il sillabo rispetto al curricolo è l'assenza del quadro di riferimento metodologico e delle mete educative espresse in un curricolo.

La tradizione italiana conosce strumenti che, come il sillabo, sono costituiti dall'elenco dei contenuti: i corpora.

I libri di testo utilizzati per l'insegnamento delle lingue straniere presentano solitamente diverse sezioni che illustrano i contenuti e danno indicazioni metodologiche di riferimento: in molti casi la copertina costituisce un primo assaggio, tanto la prima pagina quanto la quarta pagina di copertina. Inoltre, molte informazioni strutturate e presentate in modo distinto vengono illustrate attraverso l'introduzione, l'indice dei contenuti posto all'inizio o alla fine, il glossario dei termini incontrati nel testo e naturalmente la guida per l'insegnante, uno strumento che sempre più frequentemente correda i testi di lingua.

Abbini i tipi di sillabo della colonna di sinistra alle rispettive definizioni.

1 Funzional-nozionale	a) Viene affrontato lo studio della lingua da molti punti di vista. Vengono indicati i contenuti relativi a: funzioni, nozioni, situazioni, temi, grammatica, lessico, quattro abilità, fonologia, civiltà. Con sempre maggior frequenza questo tipo di impostazione tende a includere sillabi come quello delle abilità di studio e delle strategie di apprendimento. I vari aspetti vengono affrontati in modo integrato.
2 Nozionale	b) Si tratta di percorsi che prendono spunto dalle esigenze comunicative che nascono dalle situazioni che si creano nella vita di tutti i giorni. Su questo aspetto viene incentrato il sillabo. Esempi possono essere: dal medico, in vacanza, al ristorante.

3 Situazionale	c) Questo tipo di sillabo è basato prevalentemente sullo sviluppo delle nozioni, cioè dei concetti che vengono espressi attraverso la lingua. L'enfasi è posta sugli aspetti semantici e comunicativi. (Wilkins, 1976 [1978])
4 Grammaticale	d) L'enfasi è posta sul lessico attraverso l'elaborazione di liste di termini che vengono inseriti nel percorso didattico dopo averli selezionati e suddivisi.
5 Lessicale	e) Si tratta di un'evoluzione del sillabo tradizionale basato sulla grammatica a cui viene affiancato un percorso basato sul lessico. In certi casi si arriva a costituire un sillabo di tipo duale al cui interno vengono gestiti gli altri aspetti dell'educazione linguistica, più spesso è l'enumerazione delle strutture e del lessico affrontato.
6 Multisillabico	f) Il sillabo si presenta come un elenco di strutture grammaticali che vengono suddivise solitamente per livello di difficoltà. È un tipo di sillabo molto comune che in parecchi casi costituisce lo scheletro del programma e del curricolo su cui è basato l'intero percorso didattico.
7 Grammatical-lessicale	g) Gli atti comunicativi (o funzioni) costituiscono ciò che si può fare con la lingua (presentarsi, salutare, ringraziare, ecc.). Le nozioni invece sono i concetti espressi attraverso la lingua (quantità, spazio, tempo, ecc.). Questo tipo di sillabo, incentrato sulla combinazione di questi aspetti, si è andato affermando a partire dagli anni '70 con i progetti legati ai Livelli Soglia (van Ek, 1975; Council of Europe, 1981).

Chiavi: 1 con g, 2 con c, 3 con b, 4 con f, 5 con d, 6 con a, 7 con e.

Ora osservi l'indice dei contenuti di alcuni testi di lingua a sua disposizione. Che tipo di sillabo presentano? Quali elementi le hanno permesso di definire il sillabo adottato?

1.2 L'educazione linguistica

Le innumerevoli situazioni in cui oggigiorno l'individuo si propone per percorsi formativi di tipo linguistico rendono difficile la schematizzazione.

L'analisi dei bisogni dei discenti mette in luce quali sono le ragioni per cui una persona diventa studente di lingua, quali sono le sue mete e di conseguenza quale taglio il docente deve dare alla propria azione didattica. In molte situazioni il compito del docente è facilitato dalla presenza di programmi e curricoli che gli fanno da guida, ma spesso, purtroppo, questi strumenti risultano essere o troppo vaghi o addirittura non congeniali ai fini reali del percorso formativo.

A questo va aggiunto anche il carattere che definiremmo universalistico della maggior parte dei materiali didattici pubblicati che rendono ancora più difficile l'opera di armonizzazione dei fini educativi e formativi, con le aspettative degli studenti e l'impostazione didattica del docente.

In linea di massima si può affermare che qualsiasi percorso di formazione linguistica contiene in sé elementi che fanno sì che la dimensione puramente strumentale della conoscenza linguistica si arricchisca di contenuti d'altro genere, più culturali e formativi.

La formazione linguistica non è, dunque, solo un percorso inteso a costruire una competenza comunicativa, al contrario l'esperienza formativa abbraccia più piani: per primo quello culturale, dato dall'inscindibilità tra lingua e cultura, che permette di acquisire contenuti legati ai modelli culturali dei paesi in cui si parla la lingua oggetto di studio, alla loro storia e civiltà. Vi è poi un piano, che in questo testo è messo in luce in più circostanze, legato allo sviluppo della capacità di apprendimento linguistico. Si tratta principalmente di abilità a disposizione del discente nel momento in cui affronta lo studio di altre lingue straniere che in molti casi lo aiutano a essere più consapevole dei meccanismi che governano la lingua ed efficace nell'impiego delle strategie che ne consentono l'uso.

1.3 L'impianto multisillabico

In questo percorso e in altri di questo testo si incontra di frequente il termine *multisillabo* o il suo aggettivo *multisillabico*; si tratta di neologismi acquisiti dalla lingua specialistica della glottodidattica attraverso l'esperienza della ricerca anglosassone.

Insegnare con un approccio basato su un multisillabo significa prendere in considerazione svariati aspetti dell'educazione linguistica e tradurli in progetti separati, ma allo stesso tempo collegati e integrati: si insegna e apprende ad ascoltare e a parlare, a leggere e a scrivere, a interagire; si impara la grammatica unitamente al lessico, alle funzioni, alle nozioni, alle situazioni, agli aspetti culturali e di civiltà, alla pronuncia e all'intonazione, alle abilità di studio e alle strategie di apprendimento.

Il tutto in modo integrato e simultaneo senza un programma che risulta dominante, almeno per quanto concerne un contesto di insegnamento di lingua generale (o comune).

L'approccio multisillabico trova riscontro nel progetto europeo che ha dato vita al *Framework* e che rappresenta oggi un inequivocabile punto di riferimento per docenti di lingua straniera, istituzioni, autori di materiali didattici[1].

1.4 L'unità didattica

L'unità didattica (UD) è il modello operativo che maggior successo riscontra attualmente, non soltanto per quanto riguarda l'insegnamento delle lingue.

Si tratta di un segmento di programma che presenta caratteristiche che lo rendono un tutto a sé, un'unità appunto, che più correttamente e con uno spirito più vicino a un approccio umanistico-affettivo dovremmo definire *unità di apprendimento* o *di acquisizione*. Tuttavia ci riserviamo l'uso di questi termini per un concetto di cui trattiamo più avanti in questo percorso.

Negli ultimi anni questo modello sta mettendo in luce alcuni limiti, spesso di carattere organizzativo, a causa della sequenza e della frequenza delle attività didattiche scelte da parte delle varie istituzioni. Tali limiti, tuttavia, risultano anche avere caratteristiche intrinseche di tipo epistemologico, riconducibili alla natura stessa della UD. Altri modelli si stanno via via imponendo: il modulo su tutti.

In questa sede non interessa entrare nel merito di quanto accennato sopra, quanto piuttosto analizzare i tratti dell'UD a fini didattici, cioè cercare di evidenziare quegli aspetti che più riguardano la prassi glottodidattica quotidiana.

Uno sguardo a vari testi per l'insegnamento di una lingua straniera permetterebbe di appurare una certa predominanza del termine *unità* con cui viene definito ogni segmento in cui è stato suddiviso il testo; da notare, tuttavia, la presenza di altre parole: se il termine *capitolo* è decisamente poco utilizzato nel campo della didattica delle lingue, *lezione* entra in concorrenza con *unità*. Solitamente è applicato da autori di libri che propongono una suddivisione con segmenti piuttosto brevi, idealmente della durata di un'unica lezione in classe.

Altri termini impiegati sono *percorso* e *modulo* solitamente riconducibili a frazioni di programma più lunghe e con caratteristiche in parte diverse che vedremo più avanti.

Qualunque sia il termine adottato per descrivere l'unità d'insegnamento/apprendimento si tratta sempre di un insieme coeso e coerente che si pone in comunicazione, dipende e allo stesso tempo influenza il resto del cosiddetto programma, composto da segmenti analoghi. Nonostante questo intreccio l'UD rappresenta un progetto, un percorso a

[1] Nel percorso 9 intitolato *Lingua e cultura*, si fornisce un esempio di come usare il *Framework* per scopi attinenti alla programmazione e alla costituzione di una cornice metodologica di riferimento.

sé stante con tratti che la contraddistinguono a seconda del filone di pensiero e della scuola a cui fa riferimento[2].

A partire dagli anni '30 del XX secolo, in ambito tedesco si affermano studi psicologici che portano alla teoria della *Gestalt*: essa propone una visione della percezione umana scandita da momenti distinti e caratterizzati da risposte diverse del cervello che danno vita alla sequenza globalità > analisi > sintesi.

La prima fase della percezione è dunque quella della globalità in cui l'emisfero destro del cervello gioca un ruolo predominante.

In anni più recenti la funzionalità del cervello umano è stata a lungo approfondita e alcune delle teorie a cui la glottodidattica odierna guarda con più attenzione hanno confermato questa prima elaborazione della *Gestalttheorie*: in particolare si è andata consolidando una convinzione che dà risalto al ruolo dell'emisfero destro a fianco della conferma del posizionamento della lingua nell'emisfero sinistro del cervello, il quale risulta predominante.

L'emisfero destro, attraverso le particolarità della sua modalità di funzionamento, aiuta nell'acquisizione della lingua[3]. La fase della percezione globale è gestita dalla modalità destra, mentre l'analisi successiva alla percezione globale è appannaggio della modalità sinistra.

Studi in questo campo sono stati svolti da M. Danesi (1988a, 1988b, 1998) ed hanno portato alla elaborazione di due principi fondamentali: la bimodalità e la direzionalità. Secondo il primo, il cervello agisce attraverso due modalità diverse: la prima fa riferimento all'emisfero destro, la seconda al sinistro.

Alla teoria della bimodalità si associa quella della direzionalità secondo la quale le informazioni arrivano al cervello passando dall'emisfero destro a quello sinistro. Ciò implica in glottodidattica una serie di accorgimenti e di scelte metodologiche ben precisa, ad esempio l'utilizzo di strategie di tipo induttivo o, giusto appunto, di modelli operativi quali l'unità didattica.

L'intuizione della *Gestalt* trova conferma negli studi di un altro studioso nordamericano che ha segnato la storia delle discipline di tipo linguistico, S. Krashen (1981, 1982; Karashen, Terrell, 1983) che ha coniato un'opposizione gravida di ricadute a livello metodologico tra *learning* e *acquisition*. Il primo, l'apprendimento, è quanto viene messo in pratica ad esempio nella fase della riflessione sulla lingua, per monitorare e sistematizzare quanto viene acquisito (*acquisition*) in una fase antecedente, quella appunto che si caratterizza per un'esposizione globale alla lingua.

Se questo è il modo in cui l'essere umano acquisisce la lingua, l'UD rappresenta un tentativo di riproporre un percorso che rispecchi l'an-

[2] Per quanto riguarda le elaborazioni svolte in ambito italiano citiamo Freddi (1970, 1979, 1985) e Titone (1976).

[3] Si veda il percorso 2 *L'autonomia dello studente: dall'analisi dei bisogni alle strategie di apprendimento.*

damento naturale in un contesto di per sé artificiale come quello della classe e della lezione.

Prima di vedere le caratteristiche di ogni fase dell'UD provi a mettere in ordine la loro sequenza.

Riflessione, analisi, globalità, motivazione, controllo, sintesi.

Quale che sia il modello, l'UD è caratterizzata da una tripartizione per fasi. All'interno di queste tre fasi principali troviamo poi delle ulteriori suddivisioni che sono riconducibili alla tipologia di lavoro svolto in un determinato momento del percorso. La tradizione anglosassone propone una suddivisione che nei termini può risultare sufficientemente trasparente: presentazione, pratica, controllo. Queste tre fasi costituiscono lo scheletro dell'UD e ne scandiscono lo sviluppo.

1.4.1 La motivazione

Riteniamo opportuno considerare questa parte della UD una vera e propria fase e non un momento di semplice riscaldamento per iniziare le attività in classe[4].

La motivazione è alla base di una corretta attivazione dei processi mentali necessari per promuovere l'apprendimento e va oltre l'analisi dei bisogni dei singoli studenti e del loro insieme in quanto gruppo-classe. È la ricerca delle giuste condizioni di lavoro, dove con l'aggettivo *giusto* si intende descrivere un ambiente di lavoro sereno, nel limite del possibile privo di *stress* e di situazioni che portano alla creazione di filtri affettivi[5]; un ambiente in cui non solo i contenuti o i bisogni degli studenti, ma anche il modo di sviluppare la lezione e le tecniche impiegate concorrono a creare motivazione nello studente.

In questa fase iniziale l'insegnante si dedica a creare le condizioni per un proficuo sviluppo delle fasi successive: può informare lo studente sul lavoro che attende la classe durante la lezione, in un'ottica di responsabilizzazione del discente che diventa partecipe a vari livelli del proprio percorso d'apprendimento.

Il docente cerca in queste battute iniziali di recuperare quanto appreso in precedenza nel tentativo di attivare quelle conoscenze che, oltre a dare unitarietà alle varie UD, permettono di facilitare l'acquisizione delle nuove parti di lingua (e cultura) oggetto della UD in svolgimento.

[4] Si veda Porcelli (1994), p.145.

[5] L'essere umano erige delle barriere che gli servono in momenti d'ansia e di *stress* negativo come difesa psicologica. Queste barriere, che nella Second Language Acquisition Theory di Krashen, sono definiti filtri affettivi impediscono che si attui un corretto processo di acquisizione (*acquisition*). Al massimo, ciò che si può ottenere è un apprendimento (*learning*) di tipo razionale. La contrapposizione tra *learning* e *acquisition* è ripresa e spiegata nel percorso 6 dedicato alla grammatica.

Risultano fondamentali non solo le conoscenze acquisite durante le UD precedenti, ma anche il bagaglio culturale in senso lato, la conoscenza del mondo, che ogni individuo porta dentro di sé e che ne costituisce l'identità in costante divenire[6].

Il compito del docente è dunque quello di elicitare, cioè far affiorare le pre-conoscenze linguistico-culturali necessarie e allo stesso tempo lavorare sulla creazione della motivazione per innescare il successivo processo acquisitivo.

Spesso in glottodidattica si usa il concetto di *spirale*: con ciò si vuole indicare una ripresa a vari livelli e una possibilità, reiterata in modo diverso, di applicare le conoscenze già acquisite. Il concetto di *spirale* riguarda anche la motivazione: un contesto didattico favorevole e motivante predispone all'apprendimento anche da un punto di vista dei processi neuropsicologici che stanno alla base, ad esempio, dell'attivazione della memoria[7]. Sarà quindi compito del docente far sì che le azioni a cui si dà vita nella prima fase della UD possano essere ripetute o accompagnate da altre nel prosieguo del lavoro, in modo tale che non si esaurisca mai il desiderio di apprendere e con esso il piacere intellettuale che l'essere umano prova di fronte ai processi di apprendimento[8].

Per creare l'interesse e le condizioni per riattivare le conoscenze già in possesso degli studenti l'insegnante può lavorare sulle parole-chiave che si incontreranno nel corso della lezione e può invitare la classe a un momento di *brainstorming* finalizzato al recupero delle pre-conoscenze.

Allo stesso tempo può esplicitamente introdurre gli argomenti di cui si tratterà e gli obiettivi dell'UD, senza dimenticare di rendere il più personale possibile l'approccio: spesso portare in classe riferimenti personali anche sotto forma di oggetti, foto o altro, permette al docente di creare una situazione empatica che rende più favorevole, meno arido il terreno. Si cerca così di far intervenire nel processo didattico la sfera dell'emozione, quella parte della psiche dell'essere umano nella quale un ruolo rilevante gioca l'emisfero destro del cervello, che, come si ricorderà, secondo le teorie della bimodalità e della direzionalità acquisisce importanza in particolare (ma non solo) nella fase della globalità.

Un percorso basato su un'iniziale fase della motivazione permette inoltre di rimodellare uno dei paradigmi dell'apprendimento più fortemente radicati negli studenti, purtroppo anche in quelli giovani: l'insegnamento ai vari livelli in Italia, ma non solo, dopo gli studi della scuola di base, si connota attraverso un forte spostamento a sinistra, cioè una concentrazione degli stimoli verso l'emisfero sinistro del cervello, trascurando, a volte in modo clamoroso, la modalità destra con l'abbandono lungo il percorso di numerosi studenti[9].

[6] Si veda il percorso 9 dedicato a *Lingua e cultura*.
[7] Si veda Cardona (2001).
[8] Si veda Freddi (1990).
[9] Sulle strategie di apprendimento si veda il percorso 2 *L'autonomia dello studente: dall'analisi dei bisogni alle strategie di apprendimento*.

Non è infrequente il caso di studenti che auspichino e a volte esigano spiegazioni di tipo analitico da parte dell'insegnante fin dalle prime fasi dell'UD e che non considerino valide le tecniche e le strategie che portano a indurre la scoperta della lingua, a formulare ipotesi sul funzionamento della stessa e a comprovarle: in sostanza quelle tecniche che caratterizzano la fase della globalità. Ed è altrettanto frequente il caso dell'insegnante che preferisce un approccio *ex-cathedra* concentrato sul ruolo centrale del docente e possibilmente su una naturale ipertrofia del sillabo della grammatica.

La fase della motivazione ci porta al momento successivo, quello della globalità, ma la motivazione come interesse al lavoro dell'UD e all'apprendimento non si deve esaurire: spetta al docente, come già accennato, mantenerla viva attraverso le mille risorse, tecniche e umane, di cui dispone.

Per dare un'ultima indicazione su come tentare di mantenere alta la motivazione dello studente, generalizzando, ma allo stesso tempo cogliendo uno dei valori intrinseci delle proposte che si richiamano all'approccio comunicativo, è bene ricordare che i discenti amano poter utilizzare fin da subito le conoscenze acquisite, poter riconoscere l'immediata spendibilità comunicativa di quanto acquisito, consapevoli o ignari del fatto che si impara soprattutto facendo e non solo guardando o ancor meno ascoltando.

1.4.2 La globalità

La motivazione della classe deve rimanere un obiettivo sempre presente nella mente del docente, da perseguire in qualsiasi momento dello sviluppo dell'UD. A seconda delle fasi cambieranno i modi e i tempi per cercare di mantenere vivo l'interesse dei discenti, ma non l'obiettivo.

La fase della globalità si propone di riprodurre, in un contesto che abbiamo già avuto modo di definire artificiale, le condizioni che si realizzano nei processi reali di comunicazione.

L'individuo viene esposto a *input* complessi che colpiscono di solito contemporaneamente più di un senso; ad eccezione di alcune forme, peraltro consuete, di comunicazione quali ad esempio l'*input* radiofonico, la percezione visiva si associa e aiuta la comprensione di tipo auditivo e viceversa. Gli altri sensi, anch'essi sollecitati nei processi di comunicazione, svolgono normalmente un ruolo complementare che a volte può risultare dominante: si pensi solamente all'importanza che il gusto e il tatto possono avere nelle prime fasi di vita del bambino.

L'esposizione alla lingua durante la fase di globalità è quindi caratterizzata da un approccio unitario al testo utilizzato, sia esso d'ascolto o di lettura, senza interventi che portano all'analisi e alla frammentazione operati dall'insegnante o prodotti dai materiali impiegati.

Il testo si presenta in questa fase nella sua interezza e complessità con tutti i tratti ridondanti che a poco a poco permettono allo studente di prepararsi per la comprensione globale, quindi di affinarla e poi di arrivare all'acquisizione degli obiettivi linguistici e culturali dell'UD. Nella prima parte della fase della globalità si ha un momento di esplorazione in cui lo studente si concentra sugli elementi contestuali più svariati per passare in seguito all'esposizione al testo, quindi procedere alla comprensione e all'analisi da un punto di vista linguistico.

Alcune tecniche tipiche di questo momento didattico sono: lo sfruttamento delle immagini a corredo delle attività testuali di ascolto o di lettura, l'elaborazione di riflessioni sul titolo nel caso di un testo di lettura. Oppure l'elicitazione di contenuti legati a parole-chiave indicate dal docente. Si può anche creare una fase di pre-lettura o pre-ascolto attraverso la lettura o l'ascolto di una piccola sequenza del testo su cui vengono poi avviate attività di inferenza[10].

Di estrema importanza è ribadire il ruolo attivo e propositivo che riveste lo studente: in questo momento le informazioni che riceve prima dell'inizio della comprensione del testo linguistico lo devono portare alla creazione di ipotesi che facilitino il processo di comprensione.

Riteniamo opportuno evidenziare che da un punto di vista dell'approccio metodologico le fasi dell'UD, così come le si sta descrivendo e proponendo, si basano su atteggiamenti fondamentali della didattica umanistico-affettiva, quale la promozione costante della responsabilità e partecipazione dello studente al proprio processo di apprendimento. Va, quindi, sottolineato il valore che in questo senso assumono i percorsi che conducono allo sviluppo dei sillabi delle abilità di studio e delle strategie di apprendimento.

Le scoperte e le inferenze che lo studente fa sono fondate sull'esperienza, sulla conoscenza del mondo che egli possiede e allo stesso tempo sulle conoscenze linguistiche pregresse. Il confine tra questa prima parte della fase della globalità e la fase precedente di motivazione risulta quanto mai labile: vi è infatti all'interno dell'UD una chiara continuità tra le varie parti che porta a non interrompere il processo di acquisizione.

Terminata questa prima parte della fase della globalità e in possesso delle ipotesi formulate che gli consentono di prevedere i contenuti del testo o parti di essi, lo studente è pronto per affrontare le attività finalizzate alla comprensione linguistica.

Anche in questo momento lo studente continua a impiegare i meccanismi tipici del *problem-solving*, cioè a formulare ipotesi che cominciano a investire il piano linguistico: egli ascolta o legge, o comunque viene esposto al testo che può essere anche di tipo multimediale, passando da attività il cui obiettivo è una comprensione globale ad attività che mirano a una comprensione più dettagliata.

[10] Si tratta di attività basate su un processo che permette di scoprire i significati di un testo andando oltre quanto è esplicitamente presente; l'inferenza si realizza formulando ipotesi e supposizioni attraverso le proprie conoscenze pregresse di tipo linguistico, culturale in senso lato e grazie alle strategie di apprendimento di cui si è dotati.

Per una descrizione delle tecniche sia di lettura che di ascolto utilizzabili per questo come per altri momenti dell'unità didattiche, si rimanda al percorso 5, dedicato alle abilità linguistiche.

In questa fase ci si trova in un momento di passaggio e commistione tra la modalità destra e la sinistra del cervello: spesso le attività proposte mettono in funzione entrambi gli emisferi e, nel rispetto della direzionalità sopra descritta, ci si avvicina ai momenti più prettamente basati sulla modalità sinistra, i momenti dell'analisi dettagliata e frammentata del testo.

È bene tuttavia ricordare, e non solo in riferimento a questo momento della UD, che gli studi compiuti in ambito neuropsicologico e neurolinguistico in questo campo non hanno portato a risposte definitive e certe sul ruolo dell'emisfericità nell'apprendimento delle lingue e che in certi casi i tentativi di applicazione didattica non si basano su prove scientifiche inconfutabili o comunque significative. Quanto finora si conosce sul funzionamento del nostro cervello ci invita a tenere un atteggiamento prudente e soprattutto flessibile: la modalità destra pare dominare nelle fasi iniziali del processo d'acquisizione e ciò comporta, ad esempio, che una presentazione di nuovi elementi durante la globalità effettuata attraverso la spiegazione delle strutture grammaticali non funziona; allo stesso tempo nelle fasi successive alla presentazione l'intervento dell'emisfero sinistro gioca un ruolo determinante per controllare e guidare l'apprendimento e dunque le riflessioni sulla grammatica diventano indispensabili. Questo non è tuttavia l'unico aspetto che emerge da circa trent'anni di studi in questo ambito che hanno dato vita ad almeno tre metodi di successo mondiale (la Total Physical Response di Asher, la Suggestopedia di Lozanov, il Natural Approach di Krashen e Terrel): non si è dimostrato che nelle fasi iniziali dell'acquisizione linguistica interviene solamente la modalità destra o più avanti solo quella sinistra, ma semmai si è rilevato (Mollica e Danesi, 1998) che lungo tutto il processo vi è una compartecipazione delle due modalità in un fluire continuo, volto a ottenere i migliori risultati acquisitivi.

L'oggetto dell'analisi può interessare tutti o parte dei sillabi che caratterizzano il percorso di apprendimento linguistico. Il testo può fornire elementi su cui soffermarsi per aspetti di tipo lessicale, grammaticale, funzionale, fonologico, ma è anche possibile ricavare spunti per analisi e riflessioni da un punto di vista degli elementi di civiltà, dei linguaggi non verbali, delle strategie di apprendimento e delle abilità di studio, delle abilità primarie e dell'interazione.

Un rapido sguardo ai testi per l'insegnamento delle lingue straniere permetterebbe di constatare le diverse impostazioni metodologiche ancora in uso, alle quali fanno riscontro diversi atteggiamenti da parte dei docenti. Un testo che fornisce materiale complesso, ricco di spunti; che si avvale non solo di stimoli linguistici, ma che sfrutta l'impianto iconografico e grafico del testo; che presenta una forte ridondanza di informazioni; che cerca di simulare l'autenticità dei contesti comunicativi reali o propone a scopi didattici materiali autentici può generare un certo disorientamento in docenti abituati a condurre l'azione didattica tenendo, o presumendo di tenere, sotto controllo l'intero processo. In realtà nella fase di globalità lo studente dovrebbe essere esposto a un *input* elevato che si ridimensionerà nel momento in cui l'azione si concentrerà su strutture, lessico, funzioni, ecc. oggetto dell'UD. Alla fine del percorso l'insegnante e lo studente avranno modo di notare che il processo di acquisizione della lingua ha portato a risultati che non sono stati interamente controllati e ancor meno determinati dall'operato del docente, se non limitatamente al fatto che è il docente che decide a quale *input* esporre lo studente.

L'insegnante non deve avere timore che un'esposizione a stimoli complessi porti a perdere il controllo del processo di apprendimento, in quanto sono numerosi all'interno dell'UD gli spazi concessi all'intervento consapevole dei protagonisti, studenti e docenti: già a partire dai momenti di riflessione di tipo induttivo per portare lo studente a scoprire i meccanismi del funzionamento della lingua che si focalizzano sugli elementi al centro del percorso di apprendimento promosso dall'UD in svolgimento.

La scelta di un'impostazione di tipo induttivo, in cui è lo studente che, condotto dall'azione didattica del docente, attivamente formula ipotesi sulle regole grammaticali o altri aspetti della lingua, risponde a vari criteri metodologici: innanzitutto, come già notato, un approccio induttivo facilita l'attivazione della modalità destra del cervello; inoltre è in accordo con la ricerca e promozione dell'autonomia dello studente che si esplica in tutte le fasi del processo docente. Permette, poi, di mantenere alta la motivazione attraverso la costante curiosità intellettuale che l'approccio induttivo suscita e crea una stimolante aspettativa rispetto ai contenuti su cui ci si concentrerà nelle fasi successive.

L'approccio induttivo consente anche di fissare l'attenzione sui meccanismi di funzionamento della lingua considerando non il fatto isolato, ma l'estrapolazione a partire dal contesto e dal testo globale, cioè attiva ancora una volta il percorso direzionale corretto. Attraverso tale approccio, lo studente è portato a percepire dei bisogni comunicativi che vengono indotti attraverso l'azione didattica: non è la regola, ad esempio nel caso della grammatica, che viene preventivamente fornita per poi essere usata, grazie alla creazione delle opportune occasioni di impiego, ma prima vengono create le occasioni affinché lo studente provi il bisogno di apprendere la regola e sulla base di questa motivazione si passa poi alla scoperta del meccanismo di funzionamento, all'uso delle strutture coinvolte e quindi a un momento di riflessione per concludere con ulteriori momenti di utilizzo.

Detto ciò, una raccomandazione ci pare d'obbligo: nei momenti di scoperta induttiva il ruolo del docente deve essere quello del regista più o meno occulto del processo didattico, deve lasciare spazio alla formulazione delle ipotesi, giuste o sbagliate che siano, da parte degli studenti, ai quali fornirà la possibilità di avvalorare le ipotesi formulate attraverso attività che portano all'uso immediato della lingua. Eviterà in sostanza di intervenire con le classiche spiegazioni *ex cathedra* e cercherà di vincere il senso di frustrazione e il desiderio di correggere lo studente quando si trova di fronte a un errore[11], lasciando ad altro momento, quello della riflessione sulla lingua, i propri interventi esplicatori.

1.4.3 L'analisi, la riflessione e la sintesi

Conclusa la fase di presentazione[12] l'UD conduce lo studente all'analisi di quegli elementi che si sono messi in rilievo e che costituiscono l'oggetto del percorso d'apprendimento. È il momento di passare a lavorare in modo più analitico sul testo.

Da un *input* globale si passa all'elaborazione di quanto è stato selezionato. Si tratta ora di vedere separatamente, o in parte assieme, i vari obiettivi e di favorirne, attraverso attività mirate, la fissazione. Il quadro che ne deriva è quello di un lavoro che risulta frammentato, suddiviso per obiettivi: ci si concentra alternativamente su strutture grammaticali, su elementi lessicali, sugli atti comunicativi, o su altri aspetti del percorso di formazione linguistica.

Un rischio connaturato a quest'impostazione suddivisa per obiettivi è che lo studente avverta un senso di smarrimento e percepisca la lezione come dispersiva. Occorre in questo caso che il docente chiarisca fin dagli inizi la pluralità degli obiettivi del percorso didattico, la natura di questa fase di analisi e che allo stesso tempo inviti ad attendere la fine dell'unità didattica per assaporare la sensazione di una ricomposizione del mosaico che si sta delineando.

Nella pratica didattica ogni elemento oggetto di analisi può dare adito a una o più attività didattiche e costituire delle micro-lezioni all'interno dell'UD. Con questo intendiamo mettere in luce un elemento caratterizzante l'approccio che stiamo descrivendo e che approfondiremo nei paragrafi seguenti: così come il programma di un corso viene suddiviso in più unità didattiche aventi tutte la stessa impostazione metodologica (globalità-analisi-sintesi), anche la singola lezione presenta una sequenza analoga. Il docente riprende l'*input* proposto nella fase di presentazione, lo rielabora e suggerisce in termini diversi per permettere momenti di pratica controllata e via via sempre più libera degli elementi oggetto di analisi, passando da esercizi di fissazione a attività creative di reimpiego libero.

Le tecniche utilizzabili in questa fase sono numerose e vanno dagli esercizi di tipo strutturale, alle attività di drammatizzazione: sono le

[11] Sull'errore e la sua correzione si veda il percorso 11 *La correzione degli errori*.

[12] Nel modello proposto da Titone la prima parte dell'UD è detta *incoativa*, con la fase dell'analisi si entra in quella che egli definisce *di rinforzo*, alla fine dell'UD si dà via a una fase di controllo che vedremo oltre. Si conferma così anche in questo modello la tripartizione cui si accennava in apertura di percorso (Titone 1977).

tipologie di tecniche illustrate in questo testo nel percorso dedicato alle abilità linguistiche[13]. Questo schema può ripetersi nel corso di un'unica lezione anche più volte, a seconda della complessità degli elementi analizzati, ciò che importa è ricordare che all'interno di una sessione di lavoro, sia essa di quarantacinque, sessanta o più minuti, il lavoro proposto deve rispondere agli stessi criteri che stiamo analizzando per l'UD nel suo complesso. Cioè, detto con un esempio estremo: il docente dovrà evitare di dedicare un'intera lezione all'approfondimento di un unico aspetto, grammaticale, lessicale o d'altro genere, costringendo a lavorare su un'unica tipologia di attività.

In questo momento dello sviluppo dell'UD vi è lo spazio per affrontare una riflessione su quanto acquisito, per permettere, per dirla con Krashen, di monitorare le conoscenze e di sistematizzarle[14]. Idealmente alla fine del percorso lo studente sarà in grado di sintetizzare e raccogliere i frutti del lavoro svolto, saprà gestire e utilizzare le conoscenze acquisite in modo autonomo.

Le varie sequenze dell'UD, così come i percorsi che portano all'analisi e alla riflessione sui singoli aspetti sono tra loro comunicanti, fanno parte dell'insieme e interagiscono, concorrendo a realizzare la sintesi auspicata. Alla fine ciò che si sarà compiuto sarà un percorso reticolare più simile a un ipertesto che a un testo sequenziale tradizionale, in sintonia con il modo di funzionare, per associazioni soprattutto, del cervello umano.

L'obiettivo proposto da una singola UD può essere centrato alla conclusione della stessa oppure, si renderà necessario un supplemento di lavoro che si realizzerà attraverso l'ultima fase dell'UD, quella del controllo e del recupero, oppure grazie alle numerose occasioni di ripresa a spirale degli stessi elementi cognitivi e metacognitivi, nel corso delle UD successive.

1.4.4 Il controllo (verifica e recupero)

La fase del controllo è l'ultimo momento della UD ed anch'esso si suddivide in varie fasi.

È bene chiarire subito che così come avviene per tutto il resto dell'UD vi sono occasioni per il controllo anche prima di iniziare la vera e propria fase a esso dedicata; di nuovo, cioè, va ricordato che l'UD non rappresenta uno schema rigido e impermeabile, ma piuttosto una rete di interventi che possono ripetersi durante il suo sviluppo senza nulla togliere alle caratteristiche delle singole fasi. Ad esempio durante una qualsiasi attività delle fasi precedenti il controllo, l'insegnante e lo studente saranno chiamati a controllare la correttezza o l'efficacia della comunicazione, a decidere in che modi e tempi procedere a interventi

[13] Si veda il percorso 5 *Insegnare le abilità primarie.*

[14] Si veda il percorso 6 *Insegnare la grammatica.*

di correzione o autocorrezione. Nella fase di controllo queste azioni si svolgeranno avendo compiuto tutto il percorso dell'UD e quindi avendo messo in atto tutte le strategie ritenute necessarie per il raggiungimento degli obiettivi prefissati.

In un approccio comunicativo multisillabico così come molteplici sono gli ambiti del percorso acquisitivo (lessico, grammatica, atti comunicativi, ecc.), allo stesso modo risultano diversi i settori su cui si concentrerà in modo separato, ma più spesso integrato, l'azione di controllo.

Al controllo necessario alla fine di ogni UD e a quello durante l'esecuzione delle varie attività della stessa, se ne può aggiungere un altro determinato dalle scelte istituzionali (prove a fine trimestre/ quadrimestre/semestre o anno scolastico) o dalle esigenze di superamento di esami di livello (certificazioni internazionali o altro); la natura e gli obiettivi delle varie forme di controllo non vanno confusi: in questo percorso ciò che interessa è considerare le caratteristiche della fase di controllo alla fine dell'UD[15].

Innanzitutto è da sottolineare il carattere ineludibile della fase di controllo alla fine dell'UD e degli eventuali interventi di recupero a essa susseguenti.

Aggiungeremo, anzi, che, data la rilevanza di questo momento di controllo per il corretto sviluppo del percorso acquisitivo, il docente dovrà prendere in considerazione con attenzione questo aspetto nel momento della scelta degli strumenti didattici (libri di testo o altro) da adottare per il proprio corso; spesso, infatti, i materiali a disposizione non forniscono strumenti di valutazione o autovalutazione alla fine di quelle che vengono indicate (impropriamente visto la mancanza della fase di controllo) come unità didattiche.

È chiaro che ogni realtà e ogni percorso didattico presentano tratti diversi, ma è anche logico supporre che, al di là delle possibili modifiche e degli auspicati adattamenti alle singole realtà da parte del docente, sia compito dell'autore dei materiali fornire gli strumenti per affrontare quest'ultima fase dell'UD.

Tra gli obiettivi del processo di educazione linguistica e quindi delle UD vanno inclusi, oltre a quelli prettamente linguistici relativi alle abilità primarie, alla grammatica o al lessico, ecc., anche mete educative legate ad aspetti culturali, paralinguistici, extralinguistici e sociolingusitici, così come quelle relative alle abilità di interazione o di elaborazione dei testi (scrivere un articolo o un fax, prendere appunti, rispondere al telefono o altre abilità pratiche incluse nel percorso curricolare). La verifica e il controllo alla fine dell'UD dovrà essere in sintonia con le mete educative, gli obiettivi linguistici e le metodologie adottate durante lo sviluppo dell'UD (Freddi, 1994).

[15] Per ulteriori approfondimenti sulla valutazione e le tecniche di verifica si veda il percorso 12 *La valutazione e il testing linguistico.*

Al fine di procedere al momento successivo della valutazione, i risultati della verifica vanno analizzati in rapporto sia alla classe che al singolo studente e le opportune misure per il recupero messe in atto prima del passaggio all'unità didattica successiva.

Esse possono essere di tipo linguistico e riguardare tutti i sillabi che compongono il mosaico, ma anche di tipo metacognitivo, ad esempio se attraverso la verifica vengono evidenziate carenze legate al percorso dedicato all'acquisizione delle strategie di apprendimento e delle abilità di studio.

Le proposte di verifica create dall'insegnante e dagli autori di materiali didattici dovranno dunque prendere in considerazione i vari piani su cui si sviluppano gli obiettivi del percorso di educazione linguistica realizzati attraverso le UD.

1.5 Lo schema della lezione

Quali di questi elementi inserirebbe nel suo schema della lezione?

	Sì	No
Tempi di durata delle singole attività.		
Obiettivi della lezione.		
Problemi che potrebbero verificarsi.		
Conoscenze pregresse degli studenti.		
Tipologia del gruppo classe.		
Materiali da usare.		
Strumenti didattici da usare.		
Descrizione delle attività suddivise per fasi della lezione.		
Commenti sulla lezione per un riutilizzo futuro.		
Livello della classe		
Età degli studenti		
Attività "di scorta"		

Lo schema della lezione costituisce lo strumento operativo a disposizione dell'insegnante per sintetizzare i molti elementi che compongono la traduzione in pratica del progetto didattico precedentemente preparato. La sua funzione si estende a vari momenti dell'azione didattica, dalla preparazione al processo di insegnamento in classe, alla riflessione successiva alla lezione. Da qui si deduce che le caratteristiche di un buono schema della lezione devono tener conto di più aspetti: affidabilità, praticità, economicità, su tutti.

Uno schema della lezione deve essere affidabile, cioè deve riassumere in sé le informazioni necessarie per svolgere correttamente la lezione programmata in maniera chiara e agile, in modo tale che l'insegnante possa consultarlo in qualsiasi momento prima, dopo e soprattutto durante la lezione e trovarvi il supporto organizzativo necessario.

L'aspetto grafico dello schema della lezione diventa importante a causa della necessità di una consultazione rapida ed efficace.

Uno schema della lezione deve anche rispondere a criteri di economicità e praticità non solo nell'impiego rapido in classe, ma anche e soprattutto in fase di stesura del piano.

Negli ultimi tempi lo sviluppo delle nuove tecnologie hanno messo a disposizione del docente strumenti efficaci che gli permettono di accorciare considerevolmente i tempi della preparazione: ad esempio, il semplice uso di un computer, oltre a consentire di copiare senza fatica parti di lezioni già predisposte, offre la possibilità di creare modelli utilizzabili in diverse circostanze, per non parlare dei più complessi programmi autore sia per la costruzione di attività che per la gestione dei materiali da presentare.

L'attività a inizio paragrafo induce a riflettere sugli elementi che caratterizzano lo schema della lezione e sul modo di intendere questo strumento che ogni insegnante ha.

La tradizione della formazione degli insegnanti di lingua che si è sviluppata lungo i decenni in ambito anglosassone dedica ampio spazio alla creazione degli schemi della lezione, sostanzialmente inserendo tutte le indicazioni proposte nell'attività. Tuttavia, a volte e a seconda dei contesti, risulta in parte difficile e sicuramente dispendioso preparare ogni lezione con la ricchezza di informazioni che sarebbero necessarie. Inoltre attenersi agli schemi preparati a tavolino durante lo svolgimento della lezione potrebbe indurre alla creazione di filtri affettivi o alla modifica del naturale sviluppo delle attività. Ad esempio se l'insegnante in fase di preparazione prospetta una durata di cinque minuti di un'attività e successivamente nell'applicazione in classe gli studenti, motivati e attivi, strappano più tempo per l'esecuzione di quell'attività, l'intero schema della lezione ne può risultare alterato, con possibili ansie e preoccupazioni che rischierebbero di indurre il docente a compiere passi falsi.

Da questa semplice considerazione sull'equilibrio dei tempi all'interno della lezione emerge la complessità della preparazione della lezione, la necessità di dotarsi di materiali e strategie didattiche flessibili e di mantenere sempre chiari gli obiettivi della lezione, nonché i presupposti di base che qualificano un'impostazione metodologica per unità didattiche o di apprendimento.

Il caso contrario, cioè quello del non avere a disposizione sufficiente materiale per coprire l'arco di tempo della lezione o materiale adatto a far fronte a momenti di difficoltà della classe, sia a livello motivazionale che acquisitivo, è anch'esso fonte di problemi per l'insegnante, costretto a prevedere questa eventualità già in fase di preparazione della lezione.

Una raccomandazione emerge spontanea: è opportuno non considerare il materiale aggiuntivo come un'appendice del lavoro svolto in qualche modo esterna alla lezione, ma piuttosto è necessario prevedere per ogni fase della lezione l'eventualità di aggiungere o sostituire qualcosa con materiale alternativo; quindi non si propone l'attività ludica o la canzone come conclusione o riempimento degli spazi vuoti, ma un insieme di attività coordinate e caratterizzate a seconda del momento della lezione. A questo fine le guide per l'insegnante che corredano i testi di lingue, a volte, mettono a disposizione attività supplementari predisposte dagli autori e danno indicazioni sul come crearle[16].

- *La definizione degli obiettivi.*

Nel redigere uno schema della lezione l'insegnante ha di fronte la necessità di chiarirsi e stabilire quali siano gli obiettivi didattici che intende raggiungere alla fine della lezione e come perseguirli, cioè le procedure che intende adottare. Le poche succinte righe che vorrà dedicare a questa sezione gli permetteranno uno sguardo d'insieme sulla propria lezione che risulterà fondamentale nel corso di tutto il percorso, gli daranno la possibilità di riflettere su come rendere coerenti gli obiettivi della lezione con i bisogni degli studenti, con le loro abitudini, aspettative e interessi. Inoltre gli consentiranno di pensare se gli obiettivi possano realisticamente essere raggiunti dall'intera classe o se occorra differenziare parte del percorso didattico.

Vale la pena ricordare che gli obiettivi della lezione sono solitamente plurimi e anche se l'enfasi può essere posta su un punto in particolare, di tipo strutturale, funzionale, lessicale o altro, lo sviluppo della lezione dovrà tener conto dei numerosi aspetti che concorrono a creare un corretto percorso di educazione linguistica, proponendo dunque momenti dedicati all'ascolto, come al parlato, alle abilità di studio o alla fonologia, senza con questo voler affermare che in ogni singola lezione debbano essere trattati tutti questi aspetti.

Le scelte adottate per quanto concerne questo aspetto conducono a un'analisi dei materiali da utilizzare, in particolare del libro di testo, in modo tale che essi possano risultare congrui agli scopi prefissati. Quindi la riflessione si potrà concentrare sulle attività didattiche che si sceglieranno e la loro suddivisione in fasi della lezione.

[16] Sulla creazione di attività ludiche si veda il percorso 13 *Insegnare giocando*.

- *L'analisi dei bisogni.*

Uno schema della lezione ben congegnato dedica spazio all'analisi della situazione di partenza della classe, degli eventuali problemi emersi durante le tappe precedenti del percorso educativo nel tentativo di evitare al meglio i possibili problemi che potrebbero insorgere. Ad esempio in questa sezione dello schema della lezione si può prestare attenzione alle diverse esigenze di singoli studenti e prevedere percorsi individualizzati, per poi tradurli in pratica nella sezione dedicata alla scelta delle attività.

- *Le fasi della lezione.*

La struttura della lezione si sviluppa per fasi che ci riportano a quanto viene esposto in questo percorso riguardo alla unità didattica e all'unità di apprendimento.

Le attività che si scelgono risponderanno, oltre che alle necessità dettate dagli obiettivi da raggiungere, anche alla suddivisione per fasi della lezione.

Nonostante la glottodidattica contemporanea che si rifà all'approccio comunicativo tenda a ritenere possibile, se non auspicabile, un utilizzo duttile ed eclettico delle varie tipologie di attività, ad esempio rendendo disponibili attività di produzione libera anche in momenti della lezione solitamente destinati a lavori più guidati, il docente ha il compito di pensare attentamente alla tipologia delle attività. Lo scopo è costruire una lezione che possa risultare equilibrata, motivante e del giusto livello di difficoltà per il tipo di studenti a cui essa si rivolge, coinvolgendo contemporaneamente vari aspetti dell'educazione linguistica.

- *I tempi di esecuzione.*

Occorre che lo schema della lezione contenga indicazioni sul tempo di esecuzione di ogni singola attività. Sarà poi compito dell'insegnante armonizzare il tutto durante lo svolgimento della lezione facendo sì che si possano colmare le immancabili distanze tra quanto pianificato a tavolino e la realtà, avendo magari cura di indicare nello schema del progetto della lezione quali attività è possibile eliminare o quali aggiungere.

Una riflessione sui tempi, per quanto essi possano avere un valore solamente indicativo, risulta indispensabile per dare coesione alla lezione e non trovarsi a dar vita a percorsi didattici inconclusi o al contrario che terminano prima della fine del tempo a disposizione.

- *I materiali e gli altri strumenti didattici.*

Un buon testo di lingua fornisce la maggior parte dei materiali necessari per svolgere una lezione, ma allo stesso tempo richiede l'integrazione attraverso cassette audio, video, o altri supporti. L'insegnante, poi, ha la necessità costante di modificare e adattare alle esigenze della propria realtà materiali che sono creati per un pubblico vasto e diversificato; a questo scopo può usare fotocopie, ritagli, oggetti, poster, applicazioni multimediali e così via. Tutto ciò impone di organizzare e pianificare l'impiego dei materiali e dei sussidi didattici all'interno dello schema della lezione.

- *Una risorsa per il futuro.*

Di tutte le voci indicate nell'attività in apertura di paragrafo questa potrebbe sembrare la meno immediatamente spendibile; in realtà se si vuole evitare che quanto viene creato si perda e non si faccia tesoro dell'esperienza maturata, è opportuno annotarsi ciò che ha funzionato così come i problemi emersi nell'affrontare una determinata lezione. Infatti, può succedere che una determinata tipologia di attività inserita all'interno di un testo non funzioni o sia troppo difficile o non susciti interesse per il tipo di pubblico che normalmente si ha di fronte.

Questa sezione dello schema della lezione permette di lasciare una traccia del lavoro svolto in classe a futura memoria.

1.6 L'insegnamento modulare

Prima di leggere il paragrafo dedicato alla didattica modulare provi a completare lo schema inserendo parole-chiave o idee che lei associa al concetto di modulo.

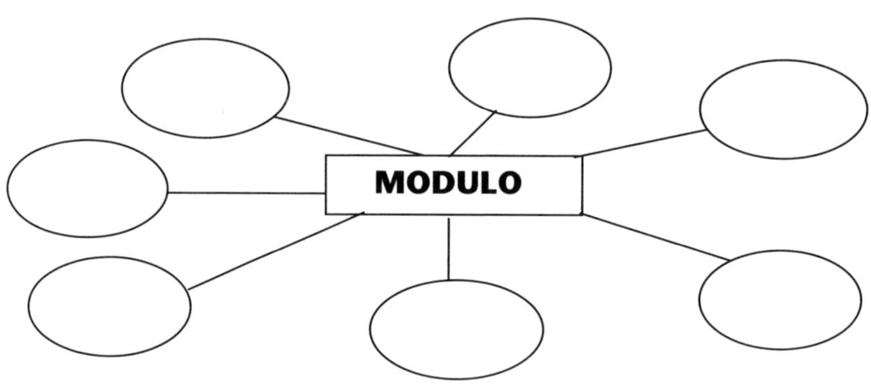

La scansione del percorso didattico per anni scolastici, semestri o altro arco di tempo in cui sviluppare e portare a termine un programma suddiviso in unità didattiche sta lasciando il campo a modelli nuovi, in particolare a una didattica di tipo modulare.

Nell'ambito dell'insegnamento delle lingue già negli anni settanta con il concetto di unità di credito capitalizzabile che sta alla base dei Livelli Soglia, questa modalità didattica si era fatta breccia; gli sviluppi successivi, in particolare i successi che stanno ottenendo a livello mondiale le certificazioni linguistiche internazionali e lo sforzo che in varie direzioni si sta attuando per l'affermazione di un portfolio linguistico[17], sono a dimostrare la necessità di un'impostazione di questo genere.

Tuttavia, non è solo una questione strumentale o organizzativa, la didattica modulare impone scelte e una caratterizzazione specifica a livello metodologico. Essa si fonda sul concetto di competenza, quindi sulla sua valutazione e in ultima analisi sulla possibilità di renderla capitalizzabile, oltre che documentabile.

Il modulo risulta essere un segmento autosufficiente del curricolo basato su ambiti comunicativi complessi (Balboni 2002, p. 107) e di maggior ampiezza e spessore rispetto a quanto viene affrontato in un'unità didattica. Per avere un'idea, del tutto indicativa, della durata di un modulo si può pensare alle 30-40 ore di lezione, mentre l'unità didattica si estende per circa 6-8 ore. Come qualsiasi quantificazione frutto di una generalizzazione, questi dati sono suscettibili di conferma o smentita a seconda della realtà didattica, ma riteniamo che possano essere significativi per gli scopi che si prefigge questo testo.

Il modulo è esso stesso composto da un gruppo di unità didattiche coese da un punto di vista degli obiettivi, dei contenuti, ecc.

Pur essendo un tutto a sé, il modulo, come le unità didattiche, fa parte di un insieme più ampio con cui si deve poter unire e collegare in una rete, nella quale si possono incontrare moduli propedeutici indispensabili per il passaggio a moduli successivi, oppure, in alternativa, la rete può presentare una sequenza meno lineare di moduli raccordati ad altri senza nessun criterio di propedeuticità. Nell'insegnamento delle lingue ragionare secondo una struttura reticolare di questo tipo può risultare difficile e meno facilmente realizzabile rispetto a una forma di modularità basata sul passaggio a livelli successivi di competenza linguistica valutabili e accreditabili attraverso strumenti quali le certificazioni internazionali (CELI, CILS, PLIDA, IT per l'italiano, ad esempio).

Per fornire un esempio: una forma di rete di moduli potrebbe essere realizzata, nel caso dell'apprendimento della lingua per scopi accademici, da moduli per l'apprendimento della lingua della lezione orale (conferenza), per la gestione dei testi scritti per lo studio, per lo sviluppo dell'interazione orale in ambito accademico o per la produzione scritta di tipologie testuali (relazioni, temi, ecc.), ma potrebbero anche crearsi moduli di linguaggi specifici di tipo settoriale (la lingua del diritto, della biologia, della matematica) e così via. Uno studente

[17] Il progetto del Portfolio linguistico promosso dall'Unione Europea consiste nella creazione di una sorta di passaporto linguistico che permetta agli individui di dimostrare i livelli certificati di conoscenze linguistiche raggiunte; oltre alle qualifiche formali ottenute, viene anche registrata la biografia linguistica della persona e predisposto un dossier in cui possono essere inserite produzioni personali in lingua. È l'evoluzione del concetto di unità di credito del progetto Lingue Moderne/Vive (Livelli Soglia) del Consiglio d'Europa.

potrebbe cioè liberamente scegliere di seguire uno o più moduli con la sequenza desiderata.

È facilmente intuibile quale sia il grado di complessità che un'organizzazione didattica di questo genere può presentare basti pensare, ad esempio, ai problemi di armonizzazione tra i percorsi di lingua comune e moduli di lingua settoriale, tuttavia in molti contesti è utile cominciare a pensare in questi termini, anche perché la forte spinta verso la fruizione di corsi modulari di lingua, in autoap-prendimento soprattutto, attraverso strumenti multimediali o altre forme, sta diventando sempre più forte[18].

Da un punto di vista didattico, non amministrativo, vale la pena sottolineare il grande valore che la didattica modulare assume nella ricerca dell'autonomia dello studente, che in una logica come quella descritta diventa protagonista attivo anche a un livello superiore di pianificazione del proprio percorso. Egli, infatti, interagisce con l'istituzione, il docente, o il tutor per definire e strutturare il proprio curricolo rendendosi conto consapevolmente dei propri bisogni.

1.7 L'unità di apprendimento

La necessità di conferire coesione metodologica e allo stesso tempo flessibilità ai vari segmenti del percorso d'apprendimento linguistico ci porta a riflettere su un'incongruenza del modello per unità didattiche, quando esso viene inteso in maniera rigida.

Abbiamo già avuto modo di notare come il fluire delle varie fasi dell'UD presenti momenti in cui i confini tra una fase e l'altra, tra una modalità del cervello e l'altra sono labili e in cui la scelta delle attività può risultare non nettamente distinta (attività di produzione libera in momenti dedicati alla riflessione, ad esempio).

L'insegnante è chiamato a relazionarsi con questa necessaria flessibilità e allo stesso tempo a riflettere sul bisogno di coerenza nello sviluppare i modelli operativi utilizzati.

Così come l'UD si evolve attraverso delle fasi, partendo dagli spazi dedicati alla globalità, la lezione viene segmentata in varie unità di apprendimento o, in certi casi il segmento unitario che dà luogo a un'unità di apprendimento è rappresentato dal lavoro svolto durante tutta la sessione di lavoro della durata di 45, 50, 60 minuti.

In sostanza si tratta di conferire all'azione didattica che si esprime attraverso la lezione o segmenti di essa le stesse caratteristiche dell'UD: vi sarà inizialmente una fase di motivazione e globalità, poi una fase di analisi, sintesi e riflessione, quindi di controllo.

Le modalità con cui ciò avviene sono diverse a seconda dei contesti

[18] Un'ulteriore riflessione su questi temi viene sviluppata nel percorso 10 *Insegnare le microlingue.*

e degli obiettivi didattici e a volte può risultare difficile trovare gli spazi per portare a termine uno schema di questo genere, ma il docente deve mantenere vivo questo concetto sia nel momento della progettazione della lezione, sia quando agisce in classe.

Ad esempio, se la lezione si apre con un'unità di apprendimento dedicata alla presentazione di strutture grammaticali, ambito in cui si esercitano le abilità di analisi di competenza della modalità sinistra del cervello, l'insegnante procederà a una fase iniziale di motivazione che potrà riproporre in contesto gli elementi linguistici su cui riflettere, attraverso le situazioni incontrate durante unità di apprendimento appartenenti a fasi precedenti dell'UD. In questo modo si creerà un collegamento a quanto svolto in precedenza e si porranno le basi per affrontare gli scenari aperti dalla nuova unità di apprendimento. Il contesto sarà creato attraverso testi (orali o scritti) o grazie alla produzione degli studenti (simulazioni, ecc.). Gli studenti saranno chiamati a far riaffiorare con l'uso le conoscenze acquisite, a inferire nuovamente sulle possibili regolarità o irregolarità grammaticali su cui riflettere e quindi si passerà all'analisi e alla riflessione da condurre attraverso le spiegazioni del docente, esercizi e attività di fissazione, ecc.

L'insegnante avrà anche la necessità di controllare il percorso e passare a eventuali momenti di verifica e rinforzo.

All'interno della stessa sessione di lavoro in classe gli studenti potranno passare a una successiva unità di apprendimento dedicata a elementi di civiltà in cui il docente cercherà di variare il lavoro svolto sia nei contenuti, che nei sillabi coinvolti (ad esempio abilità linguistiche diverse: meno produzione scritta e più ascolto o produzione orale).

A livello metodologico le modalità di approccio a questa nuova unità di apprendimento saranno le stesse che si saranno seguite in precedenza.

Per autovalutarsi

1. Che cos'è un modello operativo?
2. Come si può dividere un'unità didattica?
3. Quali idee associa ai concetti di *bimodalità* e *direzionalità*?
4. Quali componenti dello schema della lezione sono più rilevanti per il lavoro quotidiano dell'insegnante di lingua straniera?
5. "Il modulo è soltanto un'unità didattica allargata". È d'accordo con questa affermazione?
6. Che cos'è un'unità di apprendimento?

Per saperne di più

BALBONI, P. E., *Le sfide di Babele*, UTET Libreria, Torino 2002.

CARDONA, M., *Il ruolo della memoria nell'apprendimento delle lingue*, UTET Libreria, Torino 2001.

COUNCIL OF EUROPE, *Livello Soglia per l'insegnamento dell'italiano come lingua straniera*, a cura di Galli De' Paratesi, N., Council of Europe, Strasburgo 1981.

COUNCIL OF EUROPE, *A Common European Framework of Reference for Languages: Learning, Teaching, Assessment*, Council of Europe, Strasburgo- Cambridge University Press, Cambridge 2001.

COUNCIL OF EUROPE, *Quadro comune europeo di riferimento per le lingue: apprendimento, insegnamento, valutazione*, Firenze, La Nuova Italia - OUP, 2002.

DANESI, M., *Manuale di tecniche per la didattica delle lingue moderne*, Armando, Roma 1988a.

DANESI, M., *Neurolinguistica e glottodidattica*, Liviana, Padova 1988b.

DANESI, M., *Il cervello in aula, neurolinguistica e didattica delle lingue*, Guerra Edizioni, Perugia 1998.

EK, J. A., van, *The Threshold Level*, Council of Europe, Strasburgo 1975.

EK, J. A., van, TRIM, J. L. M., *Threshold Level 1990*, Council of Europe Press, Strasburgo 1991.

FREDDI, G., *Metodologia e didattica delle llingue straniere*, Minerva Italica, Bergamo 1970.

FREDDI, G., *Didattica delle lingue moderne*, Minerva Italica, Bergamo 1979.

FREDDI, G., "Insegnare per unità didattiche, in *Lingue e Civiltà*, XIII (1985), 2-3, pp. 7-14.

FREDDI, G., *Azione, gioco, lingua*, Liviana, Padova 1990.

FREDDI, G., *Glottodidattica. Fondamenti, metodi e tecniche*, UTET Libreria, Torino 1994.

KRASHEN, S., *Second Language Acquisition and Second Language Learning*, Pergamon Press, Oxford 1981.

KRASHEN, S. D., *Principles and Practice in Second Language Acquisition*, Pergamon, Oxford 1982.

KRASHEN, S. D., TERRELL, T. D., *The Natural Approach: Language Acquisition in the Classroom*, Pergamon, Oxford 1983.

MOLLICA, A., DANESI, M., "The Foray into the Neurosciences: Have We Learned Anything Useful?", in *Teaching and Learning Languages*, Soleil, Welland 1998.
PORCELLI, G., *Principi di glottodidattica*, La Scuola, Brescia 1994.
TITONE, R., *Psicodidattica*, La Scuola, Brescia 1976.
WILKINS, D. A., *Notional Syllabuses (I programmi nozionali)*, Zanichelli, Bologna 1978.

Appunti su questo percorso

Informazioni utili, meno utili:

....
....
....
....

Parti da rileggere:

....
....
....
....

Osservazioni su questo percorso in relazione ad altri testi:

....
....
....
....

Ricadute e rapporti con l'insegnamento:

....
....
....
....

Altro:

....
....
....
....

Percorso 2

L'autonomia dello studente: dall'analisi dei bisogni alle strategie d'apprendimento

2.1 Per iniziare

Prima di iniziare la trattazione del presente percorso, proponiamo un'attività che cerca di mettere in luce le principali obiezioni che potrebbero essere mosse alla richiesta di un progetto educativo e di un modo di insegnare che prendesse in considerazione la motivazione, gli stili e le strategie di apprendimento degli studenti.

Legga le seguenti opinioni espresse da diversi insegnanti di lingue e indichi se le condivide (✓) oppure no (X).

1) Ho troppi studenti in classe, devo occuparmi di ognuno di loro per quanto riguarda la correzione dei test, il recupero individuale, ecc. Figuriamoci se trovo il tempo e il modo per osservare e poi lavorare sugli stili d'apprendimento o le abilità di studio di ogni singolo allievo. ❑

2) A me viene richiesto di insegnare la lingua e la cultura e non di fare lo psicologo. ❑

3) Se ogni studente apprende in modo diverso, ciò che bisogna fare è attendere che ognuno arrivi ad affinare il proprio metodo di studio col tempo e attraverso gli stimoli che propongo in classe. ❑

4) È inutile che lo studente sappia il perché di certe scelte didattiche; il gioco lo conduce l'insegnante e il traguardo si raggiunge più rapidamente se non si perde tempo in spiegazioni sul metodo, ecc. ❑

5) Le abilità di studio e l'applicazione delle strategie di apprendimento necessarie per apprendere meglio sono già in possesso di ogni individuo. Insegnarle esplicitamente è solo una perdita di tempo. In particolare con individui che hanno già fatto tanti anni di scuola. ❑

6) Sono altri colleghi coloro che devono insegnare il metodo di studio, non l'insegnante di lingua. Quando abbiamo insegnato come si usa il dizionario è già sufficiente. ❑

7) Il problema di fondo è che gli studenti non hanno tempo né voglia di studiare a casa. Se solo si applicassero maggiormente... ❑
8) Far ragionare gli studenti sul loro modo di apprendere è come fargli fare l'esame di coscienza. Con il tempo, a poco a poco, apprenderanno a lavorare, se già non ne sono capaci. ❑
9) Quando gli studenti arrivano al mio corso, già sanno cosa li aspetta e soprattutto sanno cosa vogliono. ❑
10) Il messaggio dell'insegnante può venire solo attraverso certi canali e modi di comunicare. Io per insegnare devo parlare e scrivere, cos'altro dovrei fare? ❑

2.1.1 Motivazione e analisi dei bisogni[1]

Una delle chiavi di lettura per una corretta interpretazione della moderna glottodidattica si basa sul concetto di didattica individuale, concetto che presuppone un altro principio, quello delle differenze tra le persone nell'apprendimento linguistico.

Al centro del processo didattico vi è lo studente; le azioni del docente devono prendere le mosse da questa affermazione che sicuramente modifica il rapporto privilegiato tra programma e insegnante che ha dominato l'insegnamento e che ancora lo pervade.

Punto di partenza di questo percorso è la motivazione dello studente. All'inizio di un corso, quando non si conosce ancora la classe, diventa indispensabile sondare le ragioni per cui ogni singolo individuo ha deciso di partecipare al corso, se di tipo elettivo, e scoprire quali atteggiamenti ha verso la lingua straniera e il suo apprendimento. È importante, anche, rilevare dati riguardo alle esperienze pregresse di apprendimento scolastico delle lingue e più in generale sui livelli di istruzione raggiunti.

Le attività proposte alla fine del presente percorso possono entrare a pieno titolo in questa fase iniziale di conoscenza della classe, che si può trasformare in occasioni per una reciproca presa di coscienza delle caratteristiche sia degli studenti che dell'insegnante e della sua metodologia. In sostanza si tratta di un modo per procedere a una compiuta analisi dei bisogni dei singoli e, allo stesso tempo, per presentare e iniziare a insegnare strategie d'apprendimento, nonché i postulati dell'impostazione metodologica del corso[2].

Ecco alcuni ambiti di indagine per una rilevazione delle caratteristiche e dei bisogni dello studente. Osservi questi spunti, li integri con altri e poi crei un'attività basata su domande che possano essere poste allo studente all'inizio di un corso di lingua.

[1] Per un'analisi delle tematiche di questo percorso in relazione all'utilizzo delle nuove tecnologie per l'apprendimento della lingua straniera si veda Mezzadri (2001).

[2] Nel testo di Naiman (1996, pp. 229 – 236), si trova un questionario sulla rilevazione delle caratteristiche degli studenti piuttosto completo. Così come riflessioni in questo ambito vengono sviluppate in Ciliberti (1994, cap. VIII).

- *Dati personali* (nome, età, professione, ecc.).
- *Percorso scolastico* (diploma, laurea, luogo e data del conseguimento).
- *Apprendimento della madrelingua e contatti con altre lingue* (esperienze di bilinguismo in famiglia o nell'ambiente, ecc.).
- *Esperienze di apprendimento formale o non formale di una o più lingue straniere* (corsi svolti, diplomi e certificati conseguiti).
- *Livelli di conoscenza di altre lingue.*
- *Metodologia adottata a scuola per l'apprendimento/insegnamento di un'altra lingua straniera* (le esperienze scolastiche avute, non solo in ambito linguistico, formano abitudini e meccanismi di apprendimen-
  on la metodologia adottata nel corso di
).

  uelle esperienze pregresse.

  'apprendere la lingua straniera (si veda
  gua a fine percorso).

  tteristiche come studente di lingua (si
  lingua? E perché?).

  lta di studiare la lingua (meno rilevan-
  icolari obbligatori).

  gua (la lingua oggetto di studio piace,

dividuo ad avvicinarsi allo studio di
olto dipende dalle scelte, dalle carat-

ilevanza non trascurabile, anzi deter-
le di questa lingua, il suo prestigio
ristiche della società del paese o dei
parla quella lingua, le politiche adottate dai governi per la sua diffusione, ecc.

Nel caso dell'italiano come lingua straniera, ad esempio, il panorama è decisamente mutato nel tempo. Sono sempre più numerosi gli studenti che vi si avvicinano perché residenti in Italia per motivi di lavoro, studio o altro. Allo stesso modo sono varie le motivazioni che spingono centinaia di migliaia di persone all'estero a intraprendere un'esperienza di studio della lingua italiana e si allontanano dal cliché di lingua della cultura che l'italiano portava con sé fino a tempi non lontani[3].

In uno studio pubblicato nel 1974 Gardner[4] crea un modello di analisi delle caratteristiche motivazionali riferito a studenti di francese che

[3] "Vivere italiano: il futuro della lingua" realizzato nel 1999 dal CNEL in collaborazione con la Dante Alighieri.
[4] Gardner (1974).

può essere applicato a situazioni più generali. Si basa su quattro categorie principali:

1. gli atteggiamenti verso le popolazioni che parlano la lingua,
2. le caratteristiche legate al corso (gli atteggiamenti verso l'apprendimento di quella lingua e in particolare il rapporto con l'insegnante e il corso);
3. gli indici motivazionali (le ragioni che spingono lo studente a studiare la lingua, gli scopi perseguiti e l'intensità dello sforzo profuso per apprenderla. Le ragioni possono modificarsi durante il percorso di apprendimento ed essere dunque in parte diverse rispetto alle motivazioni iniziali);
4. gli atteggiamenti generalizzati (interesse per le lingue straniere e caratteristiche personali del discente, come ad esempio il bisogno di successo).

In un passato non troppo lontano i bisogni dei discenti erano determinati in via quasi esclusiva dal docente il cui punto di riferimento era il programma, una sorta di testo sacro che determinava le scelte e scandiva i tempi del processo d'insegnamento. Il programma, il sillabo, il curricolo rimangono ancor oggi fondamentali nell'insegnamento delle lingue in contesti formali, come le università, le scuole, ecc., ma l'enfasi viene sempre più posta sulla costruzione di percorsi didattici individualizzati alla cui base sta proprio l'analisi dei bisogni dello studente[5].

Una definizione di "bisogno" in campo glottodidattico si impone. I bisogni linguistici degli studenti non possono più essere circoscritti al prodotto, cioè alla capacità di produrre lingua in determinate situazioni; quindi l'enfasi non è più posta solo su quale grammatica insegnare, quale lessico, quali abilità e sottoabilità specifiche e trasversali, ecc. L'ambito dell'intervento del docente e la dimensione investigativa che lo può portare a definire i bisogni del discente devono abbracciare molti più livelli di tipo affettivo e cognitivo, così come di tipo tecnico-pratico (l'utilizzo degli strumenti telematici, ad esempio).

In una dimensione d'apprendimento moderna il discente si trova a essere il protagonista indiscusso del processo d'apprendimento e per di più un protagonista in grado di collaborare con responsabilità al proprio percorso di formazione, nella ricerca di un'autonomia critica che possa permettergli di trarre vantaggio da situazioni d'apprendimento non più esclusivamente dirette dal docente, ma frutto della collaborazione con i compagni in classe o di momenti di formazione autodiretta.

L'analisi dei bisogni di un tale apprendente dovrà prendere in considerazione elementi legati oltre che alla motivazione, alle aspettative e alle esperienze educative pregresse, alle attitudini, alla personalità, alla consapevolezza del proprio ruolo e agli stili d'apprendimento.

[5] Scrive Brindley (1989, p. 63): *Il discente al centro dell'azione didattica impone scelte di fondo chiare e articolate. Uno dei momenti fondamentali dell'operare del docente è l'analisi dei bisogni, prerequisito di vitale importanza nella determinazione degli obiettivi dell'apprendimento linguistico* [*nostra traduzione*].

2.1.2 Gli stili d'apprendimento

Il nostro percorso porta a prendere in considerazione una delle frontiere più interessanti della moderna ricerca linguistica: gli stili d'apprendimento.

La glottodidattica fondata su un ruolo centrale dell'allievo e la necessità di percorrere strade che portino a migliorare le conoscenze dei propri studenti da parte dell'insegnante vedono nell'analisi dei bisogni un punto di forza.

L'osservazione dei comportamenti dei discenti può condurre a esplorare ambiti ancora più profondi e costringe l'insegnante a dotarsi di ulteriori competenze come quelle riguardanti la capacità di individuare gli stili cognitivi[6]. Alcuni modelli di analisi degli stili cognitivi possono essere utili per un primo approccio.

Il modello che qui vediamo nella versione elaborata da Ken Willing[7] prende in considerazione due aspetti: la dipendenza/indipendenza dal campo e l'attività/passività.

Uno studente indipendente dal campo si rapporta con la realtà, la studia e la comprende riuscendo a isolare le informazioni aggiuntive date dal reale, il campo, e che lo distraggono da ciò su cui è concentrato. Ha la capacità di analizzare in modo metodico e lineare, è accurato e preciso, seziona, segmenta il problema e lo analizza nei suoi vari aspetti. Il discente dipendente dal campo coglie inizialmente la realtà con uno sguardo d'insieme, nella sua globalità, per poi scendere verso il particolare, tende a un apprendimento naturale della lingua, all'acquisizione per dirla con Krashen, e meno allo studio formale della lingua, all'apprendimento.

Proponiamo una tabella riassuntiva del modello[8].

Indipendenti dal campo

Conformisti Studenti orientati verso l'autorità, dipendenti dalla classe, attivati da stimoli visivi.	*Convergenti* Studenti analitici, solitari, non dipendenti dalla classe, stimolati da discorsi sulla lingua.
Passivi	Attivi
Concreti Studenti orientati verso la classe, favorevoli a giochi e gruppi, socievoli.	*Comunicativi* Studenti orientati fuori della classe, favorevoli a situazioni reali, forniti di molte abilità.

Dipendenti dal campo

[6] Scrive Picchiassi (1999, p. 247): Lo stile cognitivo è il modo in cui l'individuo apprende, cioè percepisce, concettualizza, organizza e successivamente richiama alla memoria le informazioni apprese.

[7] Willing (1989, 1989b, 1993). Per un approfondimento cfr. Donaldson (1978), Hansen, Stanfield (1981), Hansen (1984), Bacon (1987), Griffiths, Sheen (1992), Cook (2001).

[8] Picchiassi (1999, p. 248).

Saper riconoscere lo stile d'apprendimento degli studenti può mettere in condizione il docente di valutare come indirizzare il lavoro in classe e quali indicazioni dare per eventuali attività in autoapprendimento. Ma soprattutto permette di intervenire per aiutare lo studente a sviluppare le proprie strategie di apprendimento.

Ogni individuo presenta tratti più o meno sviluppati, tuttavia raramente ci si trova di fronte a studenti in cui un modello, uno stile di apprendimento prevale al punto da risultare totalizzante, da non permettere al discente di utilizzare strategie proprie degli altri stili.

Questi studenti, così nettamente caratterizzati, sono spesso quelli che si trovano in difficoltà, lenti nell'apprendimento, scarsamente efficaci. Ad esempio è facile ipotizzare che uno studente *convergente* farà fatica ad abituarsi e a cogliere le opportunità offerte dall'apprendimento collaborativo, dal lavoro di coppia o di gruppo, dall'applicazione di modalità operative ispirate a una concezione dell'apprendimento linguistico come momento sociale, dall'interiorizzazione di strategie, quale la negoziazione, come espressioni di una crescita di gruppo. Compito dell'insegnante sarà, allora, quello di cercare di orientare lo studente in questa direzione attraverso un percorso che lo possa rendere consapevole delle potenzialità delle strategie che lui non conosce.

Il compito può risultare particolarmente arduo in presenza dei cosiddetti leader negativi che a volte sono apprendenti particolarmente efficaci e sicuri delle proprie capacità e che rifiutano di aprirsi a nuove strategie: è di nuovo il caso di un apprendente *convergente*, ad esempio.

Sono diversi altri i modelli elaborati per definire gli stili cognitivi e l'ambito di ricerca è in costante fermento[9].

2.1.3 La bimodalità

Negli ultimi anni la glottodidattica è andata arricchendosi di contributi che le sono giunti da ambiti disciplinari apparentemente distanti, ma che le si avvicinano in modo sorprendente e anzi assumono tratti di propedeuticità per qualsiasi discorso legato all'apprendimento delle lingue[10].

Non si tratta di per sé di una novità, in quanto la glottodidattica è sempre stata attenta e a volte asservita ad altre discipline più o meno affini quali la linguistica teorica. Ciò che vi è di nuovo è il tipo di contributo che mira a mettere in luce i meccanismi profondi del funzionamento del cervello per quanto riguarda l'apprendimento linguistico.

Riprendiamo e approfondiamo alcuni aspetti già citati nel primo percorso di questo testo: una delle teorie principali è la teoria della bimodalità[11], secondo la quale la lingua attiva sia l'emisfero sinistro

[9] Si veda ad esempio Gregorc (1982).
[10] Si veda il percorso 1 *I modelli operativi* per tematiche relative all'UD.
[11] Danesi (1988a, 1988b, 1998).

del cervello sia quello destro che operano attraverso modalità diverse.

Alla teoria della bimodalità si associa quella della direzionalità secondo la quale le informazioni arrivano al cervello passando dall'emisfero destro a quello sinistro. Ciò implica in glottodidattica una serie di accorgimenti e di scelte metodologiche ben precisa, ad esempio l'utilizzo di strategie di tipo induttivo o di modelli operativi quali l'unità didattica.

Riportiamo alcune tabelle che riassumono i tratti tipici delle modalità sinistra e destra.

Caratteristiche generali della modalità sinistra e destra[12]

Tratti Modalità Sinistra	*Tratti Modalità Destra*
Linguaggio	Comprensione del linguaggio metaforico
Memoria verbale	Percezione visiva
Significato denotativo	Memoria visiva
Attività intellettuali	Attività intuitive
Pensiero convergente	Pensiero divergente
Astrazione	Concretizzazione
Analisi	Sintesi

Caratteristiche verbali della modalità sinistra e destra[13]

Caratteristiche verbali Modalità Sinistra	*Caratteristiche verbali Modalità Destra*
Fonologia, morfologia e sintassi	Struttura prosodica
Relazioni formali tra le parti di una frase	Intento espressivo della frase (dichiarazione , comando, ecc.)
Significato letterale	Significato metaforico
Varianti stilistiche	Umorismo verbale

Ecco come queste caratteristiche modali si esprimono nei comportamenti[14]

Individuo predisposto verso l'M/SN	*Individuo predisposto verso l'M/DS*
È più propenso a comunicare verbalmente.	È meno propenso a parlare correttamente e più propenso ad usare la co-

[12] Porcelli, Dolci (1999, p. 16).
[13] *Ibidem*.
[14] Wilkinson (1993, pp.59-68), citato in Danesi (1998, p.163).

	municazione corporea (gesto, espressioni del viso, ecc.).
Ha un repertorio lessicale variato e ricco.	Ha un repertorio lessicale scarso.
Riconosce facilmente le discriminazioni fonetiche.	Trova difficile discriminare i suoni verbali.
Ha un controllo limitato degli elementi prosodici del linguaggio.	Ha un controllo elevato degli elementi prosodici.
Riconosce difficilmente i dettagli nelle figure incomplete.	Riesce facilmente a completare una figura incompleta nei suoi dettagli.
Ha maggior capacità di decifrare un input verbale.	Ha maggior capacità di decifrare un input visivo.
Ha maggior capacità di memorizzare nozioni grammaticali astratte.	Ha maggior capacità di memorizzare concetti anziché strutture grammaticali.
Preferisce compiti logici.	Preferisce compiti intuitivi.

Molti insegnanti sono ormai al corrente di questi contributi e cercano di farli propri, integrandoli nell'attività didattica. Ciò costituisce una fondamentale novità nel panorama glottodidattico, infatti fino a un recente passato un grosso limite dell'insegnamento, non solo delle lingue straniere, era quello causato dalla prevalenza, se non dall'esclusività di approcci didattici e tecniche miranti a colpire, in modo inconsapevole, quasi esclusivamente l'emisfero sinistro, lasciando inutilizzate o quanto meno sottoutilizzate le potenzialità dell'emisfero destro.

Oltre a una minore efficacia generale dell'azione didattica, questo comportava il generarsi di difficoltà di apprendimento in individui particolarmente dotati di caratteristiche "da emisfero destro".

In un'ottica di rafforzamento dell'autonomia dello studente e del conseguente affinamento delle strategie di apprendimento, poter lavorare su aspetti di questo genere può contribuire in maniera significativa a migliorare i risultati degli studenti.

A ciò contribuiscono i materiali didattici che a volte, sebbene purtroppo non con sufficiente frequenza, presentano caratteristiche che si ispirano a queste convinzioni.

2.1.4 I sistemi di rappresentazione della realtà

I due emisferi funzionano in maniera diversa nell'elaborazione delle informazioni che giungono al cervello. E in maniera diversa l'essere umano le riceve.

La percezione della realtà passa attraverso i nostri sensi: noi apprendiamo attraverso i nostri sensi ed essi influenzano non solo la percezione di un input esterno, ma anche una molteplicità di attività legate al pensiero a livello interiore.

Quando pensiamo, mettiamo in funzione uno o più sensi, così come quando ricordiamo attiviamo modalità di pensiero strettamente legate alle percezioni sensoriali.

Pensiamo a una lezione di lingua straniera che abbiamo svolto o ricevuto o a qualsiasi altra situazione vissuta: qualcuno di noi ricorderà prima di tutto i volti, altri ricorderanno ciò che è stato detto, altri ancora le sensazioni ricevute, qualcuno i gusti e gli odori.

Il tipo di lingua che usiamo spesso denuncia le nostre inclinazioni, perché è certo che ogni individuo possiede capacità di utilizzare i propri sensi e quindi modalità di rappresentazione della realtà che si fondono in un equilibrio del tutto particolare: ognuno di noi esprime anche in questo la propria unicità.

Accettare questo semplice dato di fatto e spostarlo su un piano didattico può contribuire a meglio conoscere gli studenti e ad aiutarli a mettere in atto un più proficuo processo di apprendimento.

Un contributo interessante ci giunge dalla PNL, la Programmazione Neurolinguistica, che definisce *sistemi di rappresentazione* i modi in cui assumiamo, immagazziniamo e codifichiamo l'informazione nelle nostre menti[15].

I sistemi di rappresentazione non si escludono a vicenda: si può allo stesso tempo visualizzare ad esempio un ricordo e associarvi le sensazioni che esso suscita o i suoni e, perché no i sapori e gli odori, anche se può risultare difficile farlo a livello conscio.

[15] Per stimolare un'indispensabile riflessione citiamo un breve testo tratto da O'Connor, Seymour (1990, p. 27):
Il sistema visivo, spesso abbreviato in "V", può essere usato esternamente (e) quando guardiamo il modo esterno (Ve) o internamente (i) quando visualizziamo mentalmente (Vi). Allo stesso modo, il sistema auditivo (A) può essere diviso in ascolto di suoni esterni (Ae), o interni (Ai). Il tatto è chiamato il sistema cinestesico (C). Le percezioni cinestesiche esterne (Ke) includono le sensazioni tattili quali il toccare, la temperatura, il bagnato. Le sensazioni cinestesiche interne (Ki) includono le sensazioni ricordate, le emozioni, e le sensazioni interiori di equilibrio e di consapevolezza del proprio corpo, il cosiddetto senso della percezione di sé, che ci forniscono il controllo dei nostri movimenti. Senza di esse non potremmo controllare i nostri corpi nello spazio a occhi chiusi.
[...] Il visivo, l'auditivo e il cinestesico sono i principali sistemi di rappresentazione usati nelle culture occidentali. Il senso del gusto (G) e dell'olfatto (O) non sono così importanti e vengono spesso inclusi nel cinestesico.
[...] Noi usiamo sempre tutti e tre i sistemi primari anche se non siamo coscienti di tutti allo stesso modo e tendiamo a favorirne alcuni rispetto ad altri [*nostra traduzione*].

Alcune persone hanno una forte predominanza di un sistema di rappresentazione sugli altri; nel caso del contesto della classe si tratta spesso di studenti in difficoltà, così come già visto per gli emisferi del cervello. La didattica tradizionale non aiuta certo né a comprendere, né a proporre metodologie di intervento che assistano questi casi.

In quest'ottica risulterà opportuno e didatticamente utile riflettere su come il mondo della multimedialità e della ipermedialità, con le innumerevoli occasioni di interazione che lì vengono offerte, fornisca gli input, le informazioni al nostro cervello.

Certamente le sollecitazioni del modello tradizionale di lezione frontale favoriscono gli individui che presentano particolarmente sviluppato il sistema di rappresentazione auditivo. Il professore che parla e si aspetta che l'informazione possa essere ugualmente compresa da tutti coloro che conoscono la lingua usata nella lezione applica una modalità d'insegnamento che può portare all'esclusione di molti allievi, di quelli che sono prevalentemente visivi e soprattutto dei cinestesici.

Uno studente che presenti tratti esclusivamente auditivi o visivi o cinestesici dovrà essere portato a concentrarsi su un riequilibrio tra i tre sistemi; da questo punto di vista diventa fondamentale il contributo che l'insegnante può fornire attraverso un'azione didattica attenta a questi aspetti.

Un utile strumento può rivelarsi la presentazione di materiali multimediali che stimolano contemporaneamente più ambiti sensoriali.

2.1.5 Autonomia di apprendimento

L'analisi dei bisogni ha messo in luce come lo studente partecipi in maniera attiva alle decisioni riguardo al percorso formativo.

Uno studente responsabile o quanto meno co-responsabile del proprio percorso ha bisogno di molte più conoscenze rispetto al passato. Gli ambiti sono molteplici: dalla consapevolezza dei meccanismi di funzionamento della lingua alla consapevolezza di come si impara una lingua, a una competenza di tipo metodologico (ad esempio una competenza metalinguistica, ma anche glottodidattica di base).

Il raggiungimento dell'autonomia è da intendersi come un processo acquisitivo al pari di quanto avviene per altre componenti dell'educazione linguistica (il lessico, la grammatica, le abilità).

È per questo che sezioni dedicate alle strategie di apprendimento e alle abilità di studio, oltre a percorsi di sensibilizzazione sui processi di apprendimento, sono entrati a far parte dei corsi di lingua più recenti[16].

L'autonomia dello studente è dunque frutto di un processo d'insegnamento vero e proprio e l'insegnante deve agire in questo ambito nella piena consapevolezza del suo ruolo. L'obiettivo è l'autonomia,

[16] Vedi Mezzadri, Balboni (2000).

ma per giungervi è indispensabile il contributo dell'insegnante che agisce per determinare e sviluppare, in collaborazione con lo studente, gli obiettivi e le strategie per l'apprendimento, contribuisce a modificare e ottimizzare i meccanismi e gli approcci dello studente, consigliando e mettendo a disposizione le proprie conoscenze .

Holec[17] definisce l'autonomia come "l'abilità di farsi carico del proprio apprendimento". Parole impegnative per un percorso spesso lungo e complesso, i cui tempi sono programmati e verificati dallo studente stesso che deve sviluppare, tra le altre competenze proprie dell'autonomia, anche la capacità di programmare il proprio percorso e, dove possibile, di autovalutarne le fasi o, se necessario, di valutarle avvalendosi dell'aiuto dell'insegnante.

L'autonomia di apprendimento risponde anche a un'altra necessità, allo stesso tempo uno dei più alti obiettivi di molte società contemporanee: la "costruzione" di individui/cittadini critici in grado di cogliere, comprendere e condividere le scelte e i valori di fondo della società. Nel nostro caso le scelte democratiche possono essere sostenute e aiutate attraverso un'educazione mirante all'autonomia critica, allo sviluppo di valori legati alla collaborazione, alla cooperazione e alla solidarietà, al miglioramento di capacità cognitive di alto livello, alla crescita di competenze comunicative e di abilità tecniche legate all'uso delle nuove tecnologie, ecc.

2.1.6 Le strategie d'apprendimento

Prima di entrare nel vivo della determinazione di quali strategie d'apprendimento siano importanti per le lingue straniere e per un loro insegnamento, si impone la necessità di definire il concetto di strategia d'apprendimento.

Scrive Oxford[18] [*nostra traduzione*]:

> le strategie d'apprendimento linguistico [sono] azioni specifiche, comportamenti, *step* o tecniche che gli studenti (spesso intenzionalmente) usano per migliorare il loro progresso nello sviluppo delle abilità nella L2. Queste strategie possono facilitare l'interiorizzazione, l'immagazzinamento, il recupero o l'uso delle nuove conoscenze linguistiche.

Anche Wenden e Rubin si esprimono in modo simile[19]:

> [...] Il termine *strategie d'apprendimento* si riferisce ai comportamenti per l'apprendimento linguistico che gli studenti mettono realmente in atto per imparare e regolare l'apprendimento di una seconda lingua. Questi comportamenti per l'apprendimento linguistico sono stati chiamati strategie.

[17] Holec (1981, p.3).
[18] Oxford (1992/1993, p.18).
[19] Wenden, Rubin (1987, p.6).

Prendendo in esame più in dettaglio alcune caratteristiche delle strategie di apprendimento, Oxford in un lavoro precedente[20] notava che esse consentono ai discenti di diventare più autonomi, sono dirette alla soluzione dei problemi e coinvolgono molti aspetti non solo quelli cognitivi.

Altra caratteristica interessante è che possono essere insegnate e che quindi espandono il ruolo dell'insegnante.

La finalità dell'insegnamento/apprendimento di queste strategie non si limita al miglioramento della competenza comunicativa: è stato infatti suggerito da varie ricerche che un tale addestramento può aiutare i discenti a diventare migliori studenti di lingua, studenti più efficaci[21].

Sono molte le strategie di apprendimento possibili e negli ultimi anni si sono moltiplicati i sistemi di classificazione. Ne presentiamo qui due quali esempi possibili e autorevoli, nella convinzione che anche questo sia un ambito di riflessione degno di essere sviluppato da parte del moderno insegnante di lingua.

Oxford[22] propone una classificazione in cui le strategie vengono divise in due gruppi principali, dirette e indirette, e sei sottogruppi: strategie metacognitive, affettive, sociali, cognitive, mnemoniche, compensative.

Strategie dirette
1 *Mnemoniche*
a Creare collegamenti mentali.
b Applicare immagini e suoni.
c Ripassare bene.
d Mettere in atto le azioni.

2 *Cognitive*
a Esercitarsi.
b Strategie per ricevere e inviare messaggi.
c Analizzare e ragionare.
d Creare strutture per l'*input* e l'*output*.

3 *Strategie di compensazione*
a Indovinare in modo intelligente.
b Superare le limitazioni nel parlato e nello scritto.

Strategie indirette
1 *Metacognitive*
a Tarare l'apprendimento.
b Organizzare e progettare l'apprendimento.
c Autovalutare l'apprendimento.

[20] Oxford (1990, p.9).
[21] Lessard-Clouston (1997).
[22] Oxford (1990, p.17).

2 *Affettive*
a Abbassare l'ansia.
b Autoincoraggiarsi.
c Rendersi conto del proprio stato emotivo.

3 *Sociali*
a Fare domande.
b Cooperare con gli altri.
c Entrare in rapporto con gli altri.

Un'altra classificazione è quella di H. H. Stern[23], in cui sono cinque le aree delle strategie principali[24].

1 Strategie di gestione e di programmazione
Lo studente deve farsi carico del proprio processo d'apprendimento, con l'assistenza dell'insegnante che funge da consigliere e da punto di riferimento. Lo studente deve prendere decisioni sull'importanza che vuole assegnare all'esperienza formativa e quindi fissarsi obiettivi che siano raggiungibili, scegliere la via, la metodologia per raggiungerli, valutare poi il percorso alla luce di quanto prefissato.

2 Strategie cognitive
Eccone alcune: chiarificazione/verifica, inferenza induttiva e previsione, ragionamento di tipo deduttivo, pratica, memorizzazione, monitoraggio.

3 Strategie comunicative esperienziali.
Sono le strategie necessarie per poter comunicare in caso di difficoltà o come completamento della comunicazione verbale: gesticolare, fare perifrasi, riformulare le frasi, chiedere di ripetere o chiedere spiegazioni, utilizzare la mimica facciale, ecc.

4 Strategie interpersonali
Si riferiscono alla capacità di entrare in contatto con la cultura della lingua obiettivo, di sviluppare strategie per una comunicazione appropriata nel rispetto della cultura del paese, nonché di monitorare e valutare quanto prodotto.

5 Strategie affettive
Sono le strategie che permettono di superare i filtri affettivi che possono insorgere nel percorso di apprendimento linguistico: demotivazione e frustrazione, problemi di accettazione della cultura della L2. L'apprendente deve imparare a mettere in atto le strategie che possano pre-

[23] Stern (1992).
[24] Murat (2000).

venire, conoscendone i tratti, situazioni di *stress* affettivo che impediscono un corretto processo di apprendimento.

Sempre secondo Oxford[25] l'addestramento all'uso delle strategie d'apprendimento dovrebbe essere basato sui bisogni e le attitudini degli studenti che dovrebbero avere a disposizione molto tempo per le attività che promuovono queste strategie.

Nel corso di questo processo di insegnamento/apprendimento l'insegnante ricopre un ruolo di primaria importanza in quanto gli viene richiesto di osservare attentamente i comportamenti degli studenti alla ricerca di quelle indicazioni che possano far scegliere le giuste strategie di apprendimento.

E torniamo nuovamente agli stili di apprendimento[26]: ad esempio uno studente prevalentemente visivo preferirà apprendere attraverso le mappe mentali, la lettura, prendere appunti, tenere un diario, organizzare i concetti sotto forma di tabelle. Di conseguenza l'insegnante dovrà privilegiare le strategie che possano mettere in pratica queste forme: visualizzazione, esempi concreti, tabelle, griglie, metafore.

Per uno studente auditivo invece saranno più importanti gli esercizi di ascolto, le discussioni in classe e di conseguenza le strategie d'insegnamento saranno le spiegazioni orali di tabelle e diagrammi, i riassunti e le esposizioni orali, fasi di *brainstorming* orale prima delle attività di lettura, ascolto, scrittura.

Il cinestesico invece preferirà il *role play* e le drammatizzazioni, gli approcci *problem-solving*. I compiti saranno dunque orientati alla *performance*, all'uso dell'evidenziazione e del disegno.

Come abbiamo già più volte avuto modo di sottolineare, l'obiettivo di qualsiasi intervento didattico non è quello di consolidare e sviluppare le tendenze naturali del discente a scapito delle altre forme di apprendimento, bensì di potenziare e ottimizzare tutte le possibili risorse. Ne consegue l'enorme importanza delle strategie di apprendimento.

È ora necessario cercare di passare a una dimensione maggiormente applicativa di queste teorie.

Alcuni interessanti studi[27] condotti in aree disciplinari non linguistiche, hanno portato i due autori a elaborare un approccio che hanno chiamato CALLA (Cognitive Academic Language Learning Approach)[28]. Risulta interessante, ai fini di un'introduzione a questo

[25] OXFORD, R., relazione preparata per l'Office of Educational Research and Improvement, U.S. Dept. of Education, contratto no. RI88062010.

[26] HALL (1997).

[27] JONES (1987).

[28] CHAMOT, O'MALLEY (1986); O'Malley (*Journal of Multilingual and Multicultural Development*, 9, pp. 43-60).

affascinante ambito di ricerca, riportare in traduzione la lista delle strategie di apprendimento insegnate nel CALLA[29].

Strategie metacognitive	
Pre-organizzazione	Prevedere le idee principali e i concetti del materiale da apprendere, spesso leggendo rapidamente il testo per scopi organizzativi.
Pre-preparazione	Provare la lingua necessaria per svolgere un compito orale o scritto.
Pianificazione dell'organizzazione	Pianificare le parti, la sequenza e le idee principali da esprimere oralmente o per iscritto.
Attenzione selettiva	Prestare attenzione e cercare parole chiave, espressioni, marcatori del discorso, frasi o tipi di informazione.
Automonitoraggio	Controllare la comprensione durante l'ascolto o la lettura o controllare la produzione scritta mentre si sta scrivendo.
Autovalutazione	Giudicare la propria performance nell'esecuzione di un compito.
Autogestione	Ricercare o organizzare le condizioni che aiutano a imparare, come trovare le opportunità per una pratica linguistica aggiuntiva o per ulteriore pratica sui contenuti.
Strategie cognitive	
Usare risorse	Usare materiali di riferimento come dizionari, enciclopedie o manuali.
Raggruppare	Classificare parole, terminologia, numeri o concetti a seconda dei loro attributi.
Prendere appunti	Scrivere parole chiave o concetti in forma abbreviata di tipo verbale, grafico o numerico.
Riassumere	Fare un riassunto mentale o scritto delle informazioni ottenute attraverso l'ascolto o la lettura.
Dedurre	Applicare le regole per capire o produrre lingua o risolvere i problemi.
Crearsi immagini	Usare immagini visive (mentali o reali) per capire e ricordare nuove informazioni o per crearsi una rappresentazione mentale di un problema.

[29] O'Malley, Chamot (1990).

Rappresentare in modo auditivo	Riascoltare nella mente il suono di una parola, espressione o dato in modo tale da aiutare la comprensione e il ricordo.
Elaborare	Collegare le nuove informazioni a conoscenze già acquisite, collegare l'una all'altra diverse parti delle nuove informazioni o fare associazioni personali significative con le nuove informazioni.
Trasferire	Usare ciò che già si sa sulla lingua per aiutare la comprensione e la produzione.
Inferire	Usare le informazioni contenute nel testo per indovinare i significati di nuovi esponenti linguistici, predire risultati o completare parti mancanti.
Strategie sociali e affettive	
Fare domande per ricevere chiarimenti	Elicitare dall'insegnante o dai compagni spiegazioni aggiuntive, perifrasi, esempi o convalide.
Cooperare	Lavorare insieme con i compagni per risolvere un problema, ottenere informazioni, controllare un compito eseguito o ottenere un *feedback* su una *performance* orale o scritta.
Autoconvincersi	Ridurre l'ansia usando tecniche mentali che fanno sentire all'altezza del compito da svolgere.

2.2 Abilità e tecniche di studio nel curricolo di lingua straniera

Il discorso fin qui condotto tenta di rafforzare un'impostazione metodologica che conduce allo sviluppo dell'autonomia dello studente attraverso un percorso mirante alla presa di coscienza delle strategie di apprendimento necessarie per diventare dei bravi studenti di lingua.

La traduzione pratica[30] di queste idee è data da un incontro sinergico tra vari componenti dell'insegnamento: da un lato lo sviluppo coerente di un sillabo relativo alle abilità di studio, dall'altro, per permetterne un monitoraggio cosciente da parte dello studente, l'impiego e la spiegazione delle tecniche adottate dall'insegnante durante l'azione didattica. Esse vengono poi riassunte nel sillabo delle abilità di studio.

[30] Per una raccolta di attività pratiche si veda il testo di MARIANI, L., *Strategie per imparare*, Zanichelli, Bologna 1990.

Ad esempio: se all'inizio di un corso di lingua con studenti principianti risulta difficile condurre in maniera corretta attività di ascolto perché gli studenti vogliono leggere il testo mentre ascoltano, sarà compito dell'insegnante spiegare come quest'impostazione impedisce nei fatti un adeguato e coerente sviluppo dell'abilità di ascolto.

Risulta indispensabile inoltre, impostare l'insegnamento in modo da sfruttare al meglio le preconoscenze linguistiche, culturali e strategiche dello studente. Gli stereotipi culturali, ad esempio, possono rappresentare una risorsa su cui innestare lo sviluppo di un percorso basato sulla convinzione che lo studente non può in alcun modo essere considerato una *tabula rasa*, un bicchiere da riempire[31].

Quella che segue è una lista di possibili abilità e tecniche di studio che potrebbero rientrare in un sillabo specifico all'interno di un percorso di insegnamento di una lingua straniera mirante allo sviluppo dell'autonomia dello studente.

Indichi con una ✓ le abilità e tecniche di studio che ritiene importanti e che già fanno parte del suo programma o che inserirebbe e con una X quelle che invece non ritiene importanti.

- Organizzare il lavoro in classe e a casa attraverso l'uso del libro di testo e delle sue diverse componenti (indice, sequenza dei materiali, appendici, tabelle riassuntive), diari e piani di lavoro. ❑
- Relazionarsi e collaborare con l'insegnante e i compagni. ❑
- Strategie per migliorare non solo le conoscenze linguistiche e culturali, ma anche le tecniche e abilità di studio. ❑
- Strategie di previsione e anticipazione. ❑
- Strategie di elicitazione. ❑
- Strategie di inferenza. ❑
- Comprensione globale e dettagliata di un testo orale o scritto. ❑
- Dedurre il significato dal contesto. ❑
- Indovinare il significato di parole sconosciute. ❑
- Riconoscere gli elementi di coesione del testo. ❑
- Identificare la frase centrale. ❑
- Identificare i paragrafi. ❑
- Identificare i temi e le parole chiave. ❑
- Fare previsioni utilizzando il titolo. ❑
- Usare le foto, la grafica e l'impaginazione per favorire la comprensione. ❑
- Riconoscere la struttura logica di un testo. ❑
- Imparare parole nuove. ❑
- Sviluppare tecniche per la memorizzazione. ❑

[31] Si veda il percorso 9 *Lingua e cultura*.

- Sviluppare tecniche per la rappresentazione mentale visiva, auditiva, emozionale di parole, concetti, informazioni. ❑
- Usare il titolo, il paragrafo, le frasi iniziali e finali per comprendere un testo. ❑
- Sintetizzare informazioni eliminando quelle superflue. ❑
- Collegare le frasi. ❑
- Ricostruire un testo oralmente o per iscritto attraverso le immagini. ❑
- Prendere appunti ascoltando. ❑
- Prendere appunti leggendo. ❑
- Rielaborare appunti. ❑
- Prendere appunti eliminando il superfluo. ❑
- Predisporre una scaletta. ❑
- Predisporre mappe concettuali. ❑
- Riscrivere un testo come riassunto. ❑
- Elaborare un testo partendo da appunti. ❑
- Riconoscere il tipo di testo.
- Riconoscere i personaggi, il narratore, l'intenzione dell'autore per scopi linguistici. ❑
- Riconoscere e utilizzare i prefissi e i suffissi. ❑
- Comprendere la metalingua. ❑
- Riconoscere e utilizzare i marcatori del discorso orale. ❑
- Comprendere ed elaborare la formazione delle parole: dei sostantivi, degli aggettivi, degli avverbi, dei verbi. ❑
- Riconoscere e utilizzare le derivazioni delle parole e le filiazioni: dal sostantivo all'aggettivo o avverbio; dall'aggettivo al sostantivo; dal verbo al sostantivo, ecc. ❑
- Utilizzare la perifrasi. ❑
- Strategie lessicali per la comprensione e l'utilizzo di sinonimi e contrari. ❑
- Strategie lessicali per la comprensione e l'utilizzo di omografi e parole polisemiche. ❑
- Strategie lessicali per la comprensione e l'utilizzo di parole composte. ❑
- Strategie lessicali per la comprensione e l'utilizzo della seriazione di parole. ❑
- Strategie lessicali e testuali per la comprensione e l'utilizzo di modi di dire. ❑
- Comprendere i limiti d'uso delle parole: termini desueti, settoriali, ecc. ❑
- Strategie sociolinguistiche: riconoscere e utilizzare i vari registri. ❑
- Compensare la comunicazione attraverso i gesti o altri strumenti non verbali. ❑
- Collegare le frasi: le congiunzioni subordinanti e coordinanti. ❑
- Conoscere e applicare tecniche di *testing*. ❑

- Usare il dizionario monolingue. ❑
- Usare il dizionario bilingue. ❑
- Selezionare e usare strumenti di consultazione quali grammatiche di riferimento, enciclopedie, siti *web*, ipertesti multimediali, atlanti. ❑
- Comprendere e utilizzare tabelle, grafici, istogrammi, diagrammi. ❑

2.3 Strumenti pratici per la valutazione e l'autovalutazione dello studente

L'attività che segue propone una riflessione su ambiti dello studio della lingua con cui occorre fare i conti, sia in contesti di esclusivo apprendimento formale (in situazione LS a scuola, all'università, ecc.), sia quando lo studente può integrare attraverso corsi un'esposizione diretta con la lingua nell'ambiente in cui vive (L2), ma anche quando si impara una lingua straniera tramite la sola esposizione a essa, senza l'appoggio di un insegnamento formale.

Alla fine dell'attività l'insegnante dovrebbe riflettere insieme agli studenti sulle risposte fornite.

In realtà non esiste un modo migliore degli altri per imparare una lingua, ogni persona è diversa e assume comportamenti diversi. Quanto è importante sottolineare è che apprendere una lingua significa sviluppare le competenze collegate a tutti questi ambiti senza esclusione, ma sempre con le dovute distinzioni: ad esempio, a volte la scrittura può risultare meno rilevante rispetto alla comunicazione orale o viceversa, ma lo sviluppo delle competenze legate a ognuna è parte di un apprendimento della lingua corretto che deve risultare quanto più possibile completo.

Altra riflessione auspicabile riguarda i livelli di conoscenza della lingua e gli scopi per cui la lingua viene appresa: un adulto principiante o un bambino all'inizio dello studio della lingua possono trovare più necessario apprendere il lessico, sviluppare l'ascolto e praticare la pronuncia rispetto a svolgere una compiuta riflessione sulla lingua, mentre l'analisi delle strutture può divenire più rilevante con il passaggio a livelli superiori di conoscenza linguistica. Allo stesso modo un centralinista che deve apprendere la lingua per svolgere al meglio il proprio lavoro avrà esigenze diverse rispetto al ricercatore universitario di filosofia che impara il tedesco per leggere i testi di Nietzsche in originale.

Come ultimo elemento, ma certamente non per questo di minor importanza, vi è la necessità di portare l'attenzione sulle strategie di apprendimento di ciascun discente. Inizialmente, spesso risulta difficile far comprendere che oltre a imparare una lingua si può, anzi si deve, concentrare gli sforzi sul miglioramento delle tecniche e delle strategie di apprendimento. Questo avviene soprattutto nel caso di adulti abituati a comportamenti d'apprendimento di tipo tradizionale. Persone che hanno, ad esempio, studiato nel loro passato scolastico una lingua straniera moderna come se fosse una lingua classica, cioè attraverso la traduzione da e verso la lingua *target*.

Da qui deriva, da parte di tanti studenti, la pressante richiesta di esposizione a un tipo di insegnamento basato sulle funzionalità dell'emisfero sinistro, in un percorso guidato dall'insegnante che rimane al centro del processo di insegnamento.

È difficile eliminare o quanto meno modificare certi comportamenti saldamente radicati nel vissuto dell'individuo, tuttavia l'insegnante non deve rinunciare a una più corretta impostazione didattica solamente perché non consona alle abitudini dei discenti. Con un paragone che ribadisce la pari dignità del lavoro sul metodo di studio e di quello prettamente linguistico, si potrebbe affermare che accondiscendere alle richieste degli studenti sarebbe come se il docente di lingua straniera rinunciasse a parlare in lingua perché gli studenti non capiscono.

Con ciò ci sentiamo di raccomandare, comunque, il solito sano pragmatismo, simile a quello che porta ad assecondare per alcuni minuti il bambino che vuol giocare anziché andare a letto, piuttosto che affrontare il problema in maniera forte e senza spazio per la mediazione.

Come impari la lingua?
Cosa consideri più importante nell'imparare una lingua straniera? Metti in ordine di importanza l'elenco che segue.

- Leggere ❑
- Ascoltare ❑
- Parlare ed essere corretti ❑
- Parlare senza essere corretti ❑
- Scrivere ❑
- Imparare la grammatica ❑
- Fare esercizi di grammatica ❑
- Imparare a pronunciare ❑
- Imparare il lessico ❑
- Imparare la cultura del popolo (o dei popoli) che parlano la lingua ❑
- Fare pratica oralmente sotto la guida dell'insegnante ❑
- Fare pratica oralmente senza il controllo dell'insegnante ❑

Il ruolo dello studente è mutato varie volte nel corso del tempo. Senza ripercorrere la storia del pensiero pedagogico, è sufficiente pensare, come è stato fatto nell'attività precedente, alla possibile diversità di impostazione dell'insegnante e dello studente adulto.

Nella visione contemporanea che si ispira genericamente all'approccio comunicativo e ai contributi della glottodidattica umanistico-affettiva, il discente è al centro del processo di apprendimento/insegnamento ed è attivamente e coscientemente coinvolto in ogni momento dell'azione didattica.

Ci sembra allora necessario sottoporre allo studente strumenti di riflessione attiva sul proprio ruolo che coinvolgono, oltre a quanto visto nell'attività *Come impari la lingua?*, anche aspetti più specifici legati alle strategie d'apprendimento così come sono state descritte nei paragrafi precedenti.

I comportamenti che contraddistinguono il bravo studente di lingua potrebbero essere molto più numerosi rispetto a quanto proposto di seguito, ma il tentativo in questo caso riguarda l'applicazione pratica delle liste di strategie d'apprendimento viste in precedenza, in una veste che possa essere recepita correttamente dallo studente medio.

Tra gli aspetti che non vengono qui presi in considerazione, ma che potrebbero fornire lo spunto per un'ulteriore riflessione a seguito dell'attività *Come impari la lingua?* e risultare utili per un momento di motivazione prima di passare all'attività che segue, si potrebbe indicare la concezione comunicativa della lingua, il ruolo attivo dello studente, i filtri affettivi, la concezione dell'errore, ecc.

Dunque, si potrebbe chiedere allo studente se è consapevole che la lingua è prima di tutto uno strumento per la comunicazione e che per questo è prioritario concentrarsi sui significati, prima che sulla forma.

Sempre in relazione alla concezione comunicativa della lingua, altro quesito potrebbe essere se lo studente cerca di sfruttare ogni occasione che si presenta per praticare la lingua e quindi se si pone l'obiettivo di assumere un ruolo attivo, ad esempio quando deve lavorare con i compagni. E ancora se è consapevole che lavorare in team significa accettare ruoli e regole, come ad esempio il rispetto dei turni e dei compiti, che una dimensione collaborativa dell'apprendimento in classe porta risultati positivi sia per i cosiddetti studenti deboli che per i forti. Ciò potrebbe portare a riflettere sul tempo studio in classe e a casa, cioè su quali tipologie di attività privilegiare nel contesto di apprendimento dello studente, dove verosimilmente e genericamente può risultare di maggior importanza sfruttare il tempo della lezione in classe per attività comunicative di interazione che non per creare ambiti di riflessione individuale che potrebbero trovare sedi e tempi più adatti al di fuori della lezione.

Si potrebbe, poi, porre un quesito riguardo alla consapevolezza dello studente in merito al fatto che i filtri affettivi, la paura di sbagliare e di fare brutta figura rallentano o addirittura impediscono un corretto apprendimento e che quindi l'errore non va visto come la causa di una possibile punizione, ma come la naturale conseguenza del processo d'apprendimento da cui trarre ispirazione per un successivo miglioramento.

Sei un bravo studente di lingua?
Indica con ✓ ciò che fai regolarmente, con ✓/X ciò che fai a volte e con X ciò che non fai mai.

1. Prima di affrontare un compito, un esercizio penso a che cosa devo fare, a quali conoscenze possono essere coinvolte e organizzo il lavoro. ❑
2. Prima di affrontare una qualsiasi attività di studio decido su che cosa focalizzare l'attenzione per evitare di essere distratto da ciò che non mi serve. ❑
3. Mentre parlo o scrivo cerco di stare attento a quello che produco e mi autocorreggo. ❑
4. Quando ho finito di fare una qualsiasi attività ripenso alla mia *performance* per capire in che modo avrei potuto fare meglio. ❑
5. Mi concentro sul problema che mi pone l'attività e cerco di risolverlo. ❑
6. Prima di fare una qualsiasi attività cerco di utilizzare quanto già so di quell'ambito sia da un punto di vista culturale che linguistico. ❑
7. Prima di fare un'attività cerco di immaginare come si svilupperà. ❑
8. Cerco di sfruttare ogni possibilità che ho per ascoltare, parlare, leggere e scrivere in lingua. ❑
9. Ripeto anche mentalmente le parole o le frasi che imparo. ❑
10. Ripasso con frequenza le parole o le frasi apprese. ❑
11. Uso varie fonti di informazione e risorse (dizionari, enciclopedie, grammatiche, ecc.). ❑
12. Prendo appunti e poi me li riorganizzo. ❑
13. Uso tecniche di memorizzazione quali riunire in gruppi le parole apprese, associare parole a immagini, ecc. ❑
14. Cerco di crearmi le regole osservando i comportamenti della lingua che sto studiando e poi verificando le mie regole attraverso i testi che incontro e la comunicazione con l'insegnante e i compagni ❑
15. Se quando dico o scrivo qualcosa non mi capiscono o non capiscono le mie intenzioni, cerco di riformulare quanto produco con nuove parole, strutture o registri. ❑
16. Se quando sto ascoltando o leggendo non capisco, o non abbastanza, ripenso allo scopo dell'attività e cerco di modificare il modo in cui leggo o ascolto. ❑
17. Uso la mia conoscenza del mondo, quanto so e ho vissuto per migliorare la mia comprensione della lingua straniera e la mia produzione. ❑
18. Uso la mia conoscenza del mondo per essere socialmente e non solo linguisticamente corretto. ❑
19. So che a volte tradurre nella mia lingua può essere utile, ma che non è l'unico modo per imparare e ricordare. ❑
20. Cerco di pensare in lingua.

21. Non penso che sia negativo avere delle interferenze con la mia lingua madre, se questo può aiutare la comunicazione, ma cerco progressivamente di superarle. ❑
22. Uso tutte le strategie e le conoscenze possibili per indovinare il significato di parole nuove. ❑
23. Cerco di ricollegare una parola o una frase al contesto per ricordarla meglio. ❑
24. Creo riassunti mentali o scritti della lingua e delle informazioni trovate nelle attività. ❑
25. So che lavorare con i compagni mi aiuta ad apprendere. ❑
26. So che fare domande, chiedere spiegazioni e chiarimenti fa parte del mio ruolo di studente e lo faccio quando è necessario nel rispetto delle dinamiche della lezione. ❑
27. Quando devo fare un'attività che sembra difficile cerco di convincermi di esserne all'altezza. ❑

Per autovalutarsi

1. Scriva due definizioni sintetiche di *motivazione* e di *analisi dei bisogni.*
2. Pensi al suo modo di apprendere o a quello di una persona che conosce molto bene. Riesce a descriverlo attraverso gli strumenti forniti in questo percorso?

Per saperne di più

Balboni, P. E., *Le sfide di Babele*, UTET Libreria, Torino 2002.

Cornoldi, C., *Metacognizione ed apprendimento*, Il Mulino, Bologna 1995.

Danesi, M., *Manuale di tecniche per la didattica delle lingue moderne*, Armando, Roma 1988a.

Danesi, M., *Il cervello in aula, neurolinguistica e didattica delle lingue*, Guerra Edizioni, Perugia 1998.

Ellis, R., *The study of Second Language Acquisition*, OUP, Oxford 1994.

Holec, H., *Autonomy in Foreign Language Learning*, OUP, Oxford 1981.

O'Connor, J., Seymour, J., *NLP, Neuro-linguistic Programming*, The Aquarian Press, Londra 1990.

O'Malley, J. M., Chamot, A. U., *Learning Strategies in Second Language Acquisition*, CUP, Cambridge 1990.

Oxford, R., *Language Learning Strategies: What Every Teacher Should Know.*, Newbury House, New York 1990.

Stern, H. H., *Issues and Options in Language Teaching*, OUP, Oxford 1992.

Wenden, A., Rubin, J., *Learner strategies in language learning*, Prentice-Hall, Cambridge 1987.

Appunti su questo percorso

Informazioni utili, meno utili:

....

....

....

....

Parti da rileggere:

....

....

....

....

Osservazioni su questo percorso in relazione ad altri testi:

....

....

....

....

Ricadute e rapporti con l'insegnamento:

....

....

....

....

Altro:

....

....

....

....

Percorso 3

La gestione della classe

3.1 Il ruolo dell'insegnante

L'insegnante oggi assume parecchi ruoli, spesso diversi tra loro. Pensi alla sua esperienza come insegnante di lingue o come studente. Quali di questi ruoli ha incontrato?

L'insegnante è

- colui che organizza e programma le attività didattiche; ❑
- colui che analizza i bisogni degli studenti; ❑
- colui che facilita il processo comunicativo tra i membri della classe; ❑
- uno dei partecipanti alle attività del gruppo classe; ❑
- colui che fornisce il *feedback* sull'efficacia della comunicazione; ❑
- colui che gestisce il processo di insegnamento/apprendimento; ❑
- colui che gestisce le dinamiche del gruppo classe; ❑
- colui che dà informazioni, una risorsa didattica; ❑
- colui che crea le condizioni per svolgere un'attività, spiegandone i meccanismi metodologici; ❑
- il regista durante le attività di una recita a soggetto; ❑
- colui che spiega e poi verifica e valuta; ❑
- colui che controlla la *performance* e corregge quando si sbaglia; ❑
- colui che valuta il percorso di apprendimento; ❑
- colui che dà lo stimolo per far iniziare l'attività linguistica; ❑
- un *tutor* che aiuta nel percorso di apprendimento; ❑
- colui che conosce la psicologia umana e le dinamiche di gruppo. Il cui obiettivo primario è far star bene gli studenti perché apprendano meglio; ❑
- colui che osserva il modo di apprendere di ogni studente per cercare di porre in pratica strategie corrette per mettersi in comunicazione con i singoli e di aiutarli a migliorare le capacità di apprendimento; ❑
- un tecnico informatico, audio, video; ❑
- un'enciclopedia, un dizionario vivente. ❑

Nel corso dei secoli l'insegnante ha assunto ruoli diversi a seconda del modello glottodidattico dominante o cui guardavano il docente direttamente oppure l'istituzione scolastica.

Se si confronta quanto avviene nei metodi strutturalistici e formalistici e nell'approccio comunicativo, le differenze risultano evidenti. Nel primo caso il ruolo dell'insegnante è centrale, l'insegnante *è* il modello di lingua. Il suo compito principale è fornire lo stimolo, per poi controllare e correggere la risposta degli studenti.

L'insegnante deve conoscere perfettamente la lingua che insegna, essere possibilmente madrelingua o comunque molto bravo, un ottimo tecnico in grado di somministrare agli studenti gli stimoli necessari attraverso strumenti quali il registratore o il laboratorio linguistico.

L'ottima conoscenza della lingua, ma anche della cultura e quindi degli aspetti sociolinguistici, data l'enorme importanza che ciò assume, è quanto si richiede all'insegnante nell'approccio comunicativo, dove tuttavia l'azione didattica non è catalizzata dal modello stimolo-risposta-rinforzo. La correzione degli errori da parte dell'insegnante avviene a seconda delle circostanze e delle necessità didattiche.

L'obiettivo primario è la comunicazione e non la perfezione formale dell'*output* dell'allievo, salvo i casi in cui l'accuratezza è l'oggetto dell'azione didattica.

In questo senso l'insegnante è prima di tutto un facilitatore del processo comunicativo che si attiva tra gli allievi della classe e tra questi l'insegnante e i materiali didattici. L'insegnante stesso è poi parte del processo comunicativo, della vita della classe dove agisce quale organizzatore dei materiali e delle attività[1].

Altro ruolo determinante è dettato dall'enorme importanza attribuita dall'approccio comunicativo allo studente che porta l'insegnante a prestare una costante attenzione all'analisi dei bisogni degli studenti, sia nel decidere cosa proporre e come proporlo in base alle caratteristiche d'apprendimento degli allievi, sia nel verificare l'avvenuta comprensione e acquisizione di quanto viene insegnato.

Altro elemento fondamentale del ruolo dell'insegnante è l'atteggiamento psicologico, da cui deriva la relazione che si instaura con la classe. L'insegnante deve esprimere un'azione didattica tendente a eliminare quei filtri affettivi che impediscono una corretta acquisizione: in sostanza, l'atmosfera della classe deve risultare distesa, amichevole, motivante[2].

Dunque, il ruolo dell'insegnante si modifica a seconda del momento della lezione, a seconda degli obiettivi didattici e delle dinamiche della classe.

Nell'attività in apertura di percorso vengono elencati alcuni comportamenti e azioni tipici dell'insegnante che sono parte integrante del ruolo docente.

[1] Barren, Candlin (1980).
[2] Krashen, Terrell (1983).

Quello che l'aula riserva al docente è un compito spesso non facile. Alla base di tutto sta, come non ci stanchiamo di affermare in questo volume, una solida formazione metodologica dell'insegnante e un'accurata preparazione dei momenti della lezione, nonché una forte capacità di analizzare le dinamiche di gruppo e i comportamenti dei singoli per cercare di creare la miglior condizione possibile per lo svolgimento della lezione.

3.2 La disposizione della classe e la posizione dell'insegnante

Proviamo a far riaffiorare ricordi che molte persone adulte ancora hanno dentro, frutto di un vissuto personale o di quanto letto e appreso.

La disposizione tradizionale della classe vuole l'insegnante seduto dietro la propria cattedra, spesso sopraelevata su una pedana per meglio controllare gli studenti, con una lavagna come ausilio per il proprio percorso d'insegnamento e per la verifica dell'apprendimento degli allievi. Gli studenti siedono di fronte alla cattedra, in banchi disposti per file parallele.

Solitamente il modello di azione didattica consiste in un'unica forma di comunicazione: essa passa dall'insegnante alla classe ed eventualmente, se ciò viene sollecitato dal docente o per alzata di mano, dal singolo studente all'insegnante. Momenti di interazione tra studenti, lavori di coppia o gruppo sono raramente ammessi e rappresentano l'eccezione alla regola.

Questa disposizione logistica della classe e questa modalità d'insegnamento costituiscono probabilmente quanto di più distante si possa immaginare per una risposta efficace ai bisogni del moderno insegnamento delle lingue. Parlare rivolgendosi alla schiena del proprio interlocutore, quale può essere il compagno del banco di fronte, è quantomeno innaturale.

Nonostante si sia da tempo diffusa questa consapevolezza, molte istituzioni scolastiche continuano a riproporre strutture inadeguate, espressioni di un vecchio modo di intendere gli spazi didattici.

Come cambiare la disposizione dei banchi dipende da molti fattori. Non vi è un unico modo, migliore degli altri e, tuttavia, sicuramente si impone una riflessione su questo punto per cercare di migliorare, laddove possibile, le condizioni per l'apprendimento.

A volte è il collega che seguirà in quell'aula a impedire una riorganizzazione dei banchi; a volte è il numero degli studenti nella classe; a volte la paura di disturbare, di fare troppo rumore; altre volte semplicemente l'abitudine. In linea di massima si dovrebbe cercare di "detronizzare" l'insegnante e di portarlo più a contatto con gli allievi, in modo tale che non si creino maggiori barriere per alcuni e minori per altri, come nel caso delle varie file parallele di banchi. Una disposizione a semicerchio dei banchi o a ferro di cavallo, oppure con i banchi disposti a quadrilatero su tre lati e con il quarto lato occupato dal docente è quanto potrebbe ovviare al problema, pur nell'utilizzo delle strutture esistenti.

Tra gli altri vantaggi che questa disposizione presenta, essa permetterebbe agli studenti di classi non troppo numerose, in aule sufficientemente ampie, di vedersi in faccia l'un l'altro, di poter eseguire più agevolmente attività a coppie o a gruppi.

Nella gestione della classe, solitamente, il docente è portato a considerare la disciplina e il silenzio le riprove di una corretta condizione per l'apprendimento. In realtà nella lezione di lingua straniera, se ci si propone di creare situazioni comunicative in cui tutti gli allievi possano avere il massimo di opportunità di produrre lingua, sarà auspicabile individuare modalità di lavoro quali il lavoro a coppia o in gruppi e, quindi, il rumore e addirittura la confusione, a volte, saranno il logico pedaggio da pagare.

Visto in positivo, il rumore dato dalla conversazione tra studenti può costituire un'enorme risorsa, non solo perché è conseguenza del ruolo attivo che i discenti ricoprono nell'esecuzione di un'attività, ma anche perché può dare una scossa alla classe, può essere l'espressione di una variazione rispetto a modalità didattiche adottate durante la lezione fino a quel momento. In sostanza entra a far parte di un più ampio discorso sulla necessità di fornire stimoli sempre vari alla classe. In quest'ottica anche la possibilità di svolgere delle attività linguistiche non seduti, ma in piedi, muovendosi per la classe, ad esempio alla ricerca di un compagno a cui fare domande per riempire un questionario, rappresenta per il docente un'ulteriore risorsa per rendere più attiva, accattivante, proficua la lezione.

La comunicazione è fatta di parole, ma anche di contatti di altra natura: dagli sguardi alla posizione dei corpi, al contatto fisico. L'insegnante che durante un esame scritto vuole mettere in difficoltà gli studenti passeggerà per i banchi e farà pesare il proprio ruolo di controllore; durante un esame orale lo stesso scopo può essere raggiunto interrompendo lo studente che parla quando sta rispondendo correttamente per passare ad altra domanda oppure negandogli il contatto oculare e impedendogli di cogliere nella mimica facciale eventuali cenni di assenso o dissenso.

I corpi, dunque, parlano e non solo durante momenti di verifica come quelli degli esempi, ma anche durante il normale svolgimento della lezione. Il docente che rimane seduto dietro la propria cattedra per tutto il tempo della lezione pone tra sé e la classe una barriera fisica che può facilmente diventare una barriera psicologica. Il docente in piedi di fronte agli studenti con il corpo inclinato all'indietro dà una sensazione di allontanamento, proiettarsi invece in avanti, cercare il contatto positivo attraverso lo sguardo e il sorriso permette di creare un'atmosfera più rilassata e quindi più consona all'apprendimento.

Se poi il docente dimostra nei fatti di non essere il protagonista assoluto della lezione, nemmeno da un punto di vista psicologico, consentendo agli studenti di introdursi anche con momenti di alleggerimento, quali battute o interruzioni dell'azione didattica, ciò non può fare che bene, se vissuto in positivo, alla vita della classe.

Il fine da perseguire fonda su vari presupposti:

- la centralità del discente;
- la convinzione che si impari facendo e che quindi il ruolo centrale del discente si esplichi attraverso il suo essere attivo e responsabile;
- il rispetto dei ruoli diversi all'interno della classe, ruoli che, tuttavia, in alcun modo sono riconducibili a vecchie concezioni autoritarie di prevalenza e superiorità del docente, bensì a un rapporto paritario e collaborativo tra i soggetti;
- la volontà di far crescere un ambiente sereno in cui la motivazione della classe possa essere mantenuta alta non solo attraverso il lavoro, le attività proposte, ma anche attraverso il come questo lavoro viene svolto: provando piacere nel fare e nello stare insieme.

L'insegnante, quindi, si muove, cammina per la classe, si avvicina o si allontana dagli studenti a seconda del momento e dell'attività didattica. Se sta introducendo un nuovo compito, se sta spiegando alla classe cosa fare, se necessita di un'attenzione focalizzata su se stesso, allora si potrà porre in piedi di fronte alla classe, ma se teme che la propria presenza possa inibire la classe, si manterrà seduto. Al contrario, l'insegnante camminerà fra i banchi durante le attività a coppie o a gruppi, facendo capire alla classe che il suo ruolo in quel momento non è quello del giudice pronto ad assegnare un voto, ma quello di un consigliere che può aiutare nei momenti di difficoltà e allo stesso tempo di un controllore, per permettere, con modalità diverse a seconda dei casi, la correzione degli errori.

Questi e altri piccoli accorgimenti possono trasformare una lezione, così come azioni didattiche condotte in modo consapevole possono portare a un migliore livello di apprendimento in un'atmosfera rilassata e aperta alla presenza di tutti i tipi di studenti.

Come viene analizzato in questo volume nel percorso 2 dedicato alle strategie e agli stili di apprendimento, certi discenti possono trovare difficoltà nel sintonizzarsi sulla lunghezza d'onda proposta dal docente. Si tratta di studenti prevalentemente cinestesici o visivi, o ancora di studenti che hanno sviluppato in maniera particolare le competenze tipiche dell'emisfero destro del cervello, per non parlare di altre caratteristiche di tipo psicologico e caratteriale (l'introversione, ad esempio).

Occorre fare molta attenzione a questi aspetti che potrebbero risultare meno noti al docente e soprattutto è necessario che l'insegnante cerchi di tradurre queste considerazioni e i principi sottesi in pratica didattica. Ad esempio, il tipo di studente privilegiato nella didattica tradizionale è colui che ha sviluppato maggiormente le competenze tipiche del cervello sinistro e che meglio assimila l'*input* esterno attraverso l'udito. Ben più in difficoltà è l'individuo che ha bisogno dell'emozione, della sensazione per capire il reale e che privilegia la visione globale all'analisi dettagliata. Cercare una modalità di intervento didattico più generalizzante è sicuramente uno dei compiti del moderno insegnante.

3.3 L'autovalutazione dell'azione didattica del docente

Sempre più spesso si sente la necessità, più che legittima in varie circostanze, di misurare il prodotto di un'azione didattica. Da qui, in anni più o meno recenti, è derivato l'aumento dell'interesse verso le certificazioni linguistiche, ad esempio, o verso strumenti in grado di valutare molte componenti del processo d'insegnamento/apprendimento, quali le certificazioni di qualità.

Riteniamo indispensabile, però, chiarire il nostro punto di vista in merito: il processo d'insegnamento/apprendimento porta a raggiungere certi obiettivi formativi che si possono misurare oggettivamente attraverso strumenti come quelli ricordati sopra, ma spesso la crescita del discente risulta difficilmente quantificabile e dipende da fattori molteplici. Pertanto, non è sufficiente, nel caso del docente di lingua, poter contare su un insegnante linguisticamente, culturalmente, tecnicamente preparato, su un insegnante con un'ottima formazione glottodidattica: gli aspetti caratteriali del docente, il suo atteggiamento nei confronti degli studenti, il suo grado di consapevolezza di quanto avviene in classe, la sua capacità di gestire la classe applicando i principi metodologici e le tecniche sono alcuni tra i numerosi altri fattori che vanno presi in considerazione.

Tuttavia, non sempre si è consapevoli di queste componenti o meglio si fa fatica ad avere uno sguardo d'insieme delle dinamiche che costituiscono la prassi dell'insegnamento.

La parte che segue fornisce molti spunti di riflessione nella convinzione che, come per lo studente la consapevolezza del percorso d'apprendimento in atto migliora i risultati, per l'insegnante la consapevolezza del proprio agire sia un momento essenziale per il miglioramento della professionalità.

Si tratta di uno strumento pratico che ha come scopo quello di far riflettere su quanto è avvenuto in classe durante una lezione. Le azioni descritte sono la traduzione di comportamenti didattici corretti, la cui lettura può arricchire il bagaglio professionale sia di chi si sta preparando per svolgere la professione del docente, sia di chi già insegna. Un'ulteriore riflessione in questo senso viene svolta nel paragrafo 3.7, dedicato alla disciplina, del presente percorso.

Per iniziare

	Sì	No
	❑	❑
• Ho preparato la lezione?	❑	❑

La lezione

• Era chiaro lo scopo della lezione?	❑	❑
• Le diverse parti della lezione sono risultate chiare?	❑	❑
• Sono apparso interessato alla lezione?	❑	❑
• Ho sorriso spesso?	❑	❑
• Ho usato una pronuncia chiara e un tono di voce adeguato?	❑	❑
• Ho parlato in modo naturale?	❑	❑
• Ho dato istruzioni chiare?	❑	❑
• Ho scritto sulla lavagna in maniera chiara?	❑	❑
• Ho usato un modo di muovermi, di atteggiarmi, una mimica efficace?	❑	❑
• Ho organizzato l'aula, in quanto spazio fisico, in modo da ottenere la miglior interazione con e tra gli studenti?	❑	❑
• Ho sempre cercato di ricordarmi che sono gli studenti che hanno bisogno di parlare e far pratica e non l'insegnante?	❑	❑
• Ho agito da ascoltatore attivo: ho, cioè, rese chiare agli studenti le mie reazioni?	❑	❑
• Ho usato i supporti audio e quelli visivi o informatici in maniera appropriata?	❑	❑
• Ho voluto seguire a tutti i costi lo schema della lezione o ho fatto ciò che si è dimostrato più utile per gli studenti?	❑	❑
• Ho cambiato lo schema della lezione quando ho notato che gli studenti non stavano lavorando in modo produttivo?	❑	❑

L'applicazione dei principi metodologici

• Ho fatto attenzione a mantenere un equilibrio tra le varie abilità linguistiche sviluppate durante la lezione?	❑	❑
• Ho cercato di integrare il libro di testo per renderlo meno noioso e comunque più adatto alle esigenze?	❑	❑
• Ho fatto attenzione a non privilegiare un sillabo (ad esempio la grammatica) a scapito di altri?	❑	❑
• Ho applicato coerentemente un approccio induttivo	❑	❑
invitando gli studenti a scoprire le novità della lezione prima di passare a una spiegazione frontale?	❑	❑

	Sì	No
• Ho gestito la lezione attraverso una notevole varietà di attività?	❏	❏
• Ho alternato le varie tipologie di lezione (frontale, a coppie, a gruppi, ecc.)?	❏	❏
• Ho utilizzato attività coinvolgenti per gli studenti?	❏	❏
• Ho utilizzato attività comunicative?		
• Ho abusato della traduzione e della lingua madre degli studenti?	❏	❏
• Ho correttamente cercato di guidare le spiegazioni di grammatica secondo i criteri dell'essenzialità e non ho descritto in modo esaustivo tutto quanto c'era da dire sulla nuova struttura?	❏	❏
• Ho colto tutte le opportunità offerte dal testo e dalla lezione per ripassare, riutilizzandoli, elementi già affrontati?	❏	❏
• Ho evitato domande del tipo "Avete capito?" oppure "Questo l'abbiamo già fatto. Vi ricordate?" o altre domande a cui la risposta affermativa o negativa degli studenti in real tà non mi dà elementi per valutare l'efficacia della mia azione didattica?	❏	❏
• Ho valutato l'input della lezione in modo da renderlo né troppo alto né troppo basso?	❏	❏
• Ho sviluppato in modo corretto le varie fasi della lezione: motivazione, presentazione, pratica, verifica, recupero?	❏	❏
• Ho cercato di sviluppare oltre alla lingua italiana anche la cultura?	❏	❏
• Ho spiegato più del necessario?	❏	❏
• Ho limitato il mio parlare al minimo necessario?	❏	❏
Gli errori		
• Ho alternato attività che ponevano l'attenzione sulla correttezza a altre in cui ciò che era importante era comunicare?	❏	❏
• Ho evitato di correggere gli errori quando non era indispensabile?	❏	❏
• Ho cercato di creare un'atmosfera in cui gli studenti non avessero paura di sbagliare?	❏	❏
• Ho dato la possibilità agli studenti di fare una pausa quando ha capito che erano troppo stanchi per continuare proficuamente a lavorare?	❏	❏
• Ho corretto gli errori a seconda dello scopo dell'attività, a volte durante, a volte dopo la fine dell'attività stessa?	❏	❏
• Ho corretto i compiti assegnati per casa senza tuttavia sottrarre troppo tempo al resto della lezione?	❏	❏

Il rapporto con gli studenti	**Sì**	**No**
• L'atmosfera in classe era distesa e amichevole?	❑	❑
• Ho considerato gli studenti come dei contenitori vuoti da riempire o più correttamente ho cercato di renderli partecipi e attivi nel processo di apprendimento?	❑	❑
• Ho incoraggiato gli studenti a partecipare attivamente alla lezione?	❑	❑
• Gli studenti hanno partecipato attivamente alla lezione?	❑	❑
• Ho cercato costantemente di tenere alta la motivazione degli studenti?	❑	❑
• Mi sono mosso per la classe, cercando di mantenere un con tatto visivo con gli studenti, anziché starmene seduto alla cattedra con lo sguardo rivolto al mio testo?	❑	❑
• Mi sono rivolto agli studenti usando il loro nome e non un generico "tu" o "Lei"?	❑	❑
• Ho rispettato i tempi di risposta e i modi di apprendimento degli studenti?	❑	❑
• Ho incoraggiato gli studenti a fare domande, anche per chiarire eventuali dubbi?	❑	❑
• Ho gratificato gli studenti con gli strumenti a mia disposizione (bei voti, parole d'apprezzamento)?	❑	❑
• Ho coinvolto tutti gli studenti nel lavoro, o solamente i migliori, i più simpatici, ecc.?	❑	❑
• Mi sono mostrato interessato a ogni singolo studente quale persona e non solo alla classe nel suo insieme?	❑	❑
• Ho cercato di rendere gli studenti consapevoli di quello che stavano facendo, chiarendo l'obiettivo della lezione e delle attività quando l'ho ritenuto opportuno?	❑	❑
• Ho insegnato privilegiando i bisogni dei miei studenti e non il programma da svolgere?	❑	❑
• Ho cercato di fare cose interessanti per gli studenti e non per me?	❑	❑
• Ho cercato di utilizzare al meglio le conoscenze degli studenti, elicitandole prima di iniziare le attività nuove o nel momento del ripasso?	❑	❑
• Ho chiesto alla fine della lezione una valutazione da parte degli studenti: cosa è piaciuto loro o cosa hanno trovato meno coinvolgente, troppo difficile, ecc.?	❑	❑

3.4 La lingua della classe

Non c'è e non c'è stata nel tempo unanimità tra i metodologi[3] riguardo all'uso della lingua *target* e/o della lingua madre degli studenti per svolgere quelle azioni che caratterizzano la vita della classe: dare istruzioni, spiegazioni, attivare le preconoscenze, svolgere attività di inferenza o elicitazione, parlare di temi culturali non gestibili in L2, ecc.[4]

Negli ultimi anni è sempre più frequente trovarsi di fronte a discenti le cui esperienze linguistiche sono varie, sia per quanto riguarda il modo in cui sono state apprese le lingue, sia per il numero di lingue straniere conosciute. Così, ad esempio, gli studenti che si avvicinano all'italiano come lingua straniera molto spesso hanno già avuto esperienza di studio di almeno un'altra lingua straniera in contesto scolastico.

Le politiche educative dei singoli stati e di istituzioni sovranazionali quali l'Unione Europea portano anch'esse a rafforzare le possibilità di esposizione formale a più di una lingua straniera durante gli anni dell'istruzione obbligatoria[5]. Diventa, dunque, particolarmente diffusa la situazione didattica in cui, in classi multilingui, la comunicazione può avvenire non nella lingua *target* e nemmeno nella lingua madre di tutti gli studenti, bensì in una terza lingua, quale può essere con molte probabilità l'inglese. Ciò comporterebbe una riflessione sul profilo culturale del docente, ma soprattutto, per l'ambito oggetto di questa riflessione, ci impone di tener presente quest'ulteriore possibilità nello sviluppo del presente paragrafo.

[3] Per fornire solo uno dei possibili spunti di riflessione sul ruolo della L2 in classe ricordiamo un metodo che ha suscitato interesse a livello internazionale: la *Total Physical Response*, Asher (1977). Per una rapida carrellata sui metodi per l'insegnamento/apprendimento delle lingue, si veda Freddi (1994, pp. 162 - 198).

[4] Per l'attività che segue siamo in parte debitori a Doff (1988, p. 122). Si vedano inoltre per lo sviluppo di questa tematica in ambito anglosassone Heaton (1981, 1990), nonché Willis (1981).

[5] L'inglese è obbligatorio per tutti, così come una seconda lingua straniera a scelta tra quelle parlate nei paesi dell'Unione Europea, per quanto riguarda gli stati membri dell'UE. In Italia: una lingua straniera alle elementari e due lingue straniere a partire dalla scuola media.

Nella sua esperienza di insegnante o di studente di lingua straniera quale lingua veniva o viene usata dal docente nei diversi momenti della lezione?

	Lingua madre degli studenti	Lingua oggetto di studio	Un'altra lingua	A volte L1, o L2 o altra lingua
All'inizio per salutare e introdurre la lezione.				
Nella fase di motivazione per elicitare conoscenze già acquisite o inferire contenuti prima della fase di presentazione.				
Nella fase di presentazione di nuovi elementi linguistici.				
Per dare istruzioni su come svolgere una nuova attività.				
Per le spiegazioni grammaticali.				
Per verificare la comprensione di un testo di ascolto o lettura.				
Per spiegare nuovo lessico.				
Per correggere gli errori.				
Per concludere la lezione e assegnare i compiti per casa.				
Per mantenere la disciplina.				

In un contesto didattico monolingue anche la risposta dello studente può essere formulata in lingua madre o in L2.

In che situazioni l'insegnante pretende una risposta in L2 o accetta quella nella lingua madre degli studenti?

	Lingua madre degli studenti	Lingua oggetto di studio	Un'altra lingua	A volte L1, o L2 o altra lingua
All'inizio, per salutare e introdurre la lezione.				
Nella fase di motivazione per rispondere a domande che servono per elicitare conoscenze già acquisite o inferire contenuti prima della fase di presentazione.				
Nella fase di presentazione di nuovi elementi linguistici.				
Per chiedere spiegazioni in generale.				
Per chiedere spiegazioni grammaticali.				
Per rispondere a domande di verifica della comprensione di un testo di ascolto o lettura.				
Per spiegare una parola nuova.				
Per correggere gli errori propri o dei compagni.				
Per intervenire su temi culturali troppo difficili da trattare in lingua.				
Quando ci si rivolge all'insegnante per qualunque cosa.				
Quando ci si rivolge ai compagni per qualunque cosa.				

Probabilmente l'esperienza di ognuno di noi porta a individuare casi diversi dove i comportamenti di studenti e docenti sono anch'essi risultati alquanto difformi.

La situazione della classe multilingue e in presenza di un docente non in grado di comunicare con gli studenti nella loro lingua porta a un utilizzo esclusivo della lingua oggetto di studio come unico strumento di comunicazione.

Molto più spesso, però, in classe si sviluppano modelli di comportamento che causano l'introduzione di un'altra lingua, la madrelingua degli studenti soprattutto, come lingua della comunicazione e relegano la lingua *target* a un ruolo secondario, almeno per quanto riguarda gli scambi di reale comunicazione che avvengono nell'aula.

Il rischio che corre il docente che permette l'instaurarsi di questi comportamenti è che la lingua oggetto di studio resti tale e dentro l'aula scarseggino i momenti di comunicazione, che non siano quelli creati in modo artificioso attraverso le attività.

Inoltre, se l'obiettivo prioritario dell'insegnamento della lingua straniera è quello di fornire una competenza d'uso, è importante conferire alla lingua un'immediata dimensione di autenticità e vitalità, in quanto strumento per la comunicazione.

Ci pare utile aggiungere, qui, un ulteriore spunto di riflessione: molto spesso l'insegnamento linguistico è schiacciato sull'acquisizione di abilità comunicative interpersonali di base e fatica a espandersi verso un uso che investa anche ambiti culturali diversi[6].

Utilizzare la lingua per apprendere, quindi anche nell'uso comunicativo in classe, e non solo per simulare situazioni comunicative reali, può contribuire ad attivare capacità cognitive superiori e a dare la possibilità agli studenti di usare la lingua per raggiungere scopi diversi da quelli normalmente oggetto delle attività linguistiche. In sostanza per rafforzare in loro quell'abilità di comunicare in lingua a prescindere

[6] Jim Cummins propone una distinzione tra BICS (*Basic Interpersonal Communicative Skills*) e CALP (*Cognitive Academic Language Proficiency*), si veda Cummins (1979, pp. 222 – 251). Coonan riprende il concetto in COONAN, C. M., "La lingua straniera come veicolo d'apprendimento", www.unive.it/riebi e così lo spiega.

[Il BICS di Cummins è una competenza di un tipo] comunemente raggiunto nell'insegnamento "tradizionale" della lingua, è una competenza che consente delle interazioni non sofisticate su argomenti comuni e quotidiani. [Il concetto di CALP invece descrive] una competenza elaborata e sofisticata che consente all'individuo di intraprendere nella lingua delle attività cognitive d'ordine superiore. [...] È il tipo di competenza che prepara l'individuo per una vita professionale perché gli consente di lavorare in quella lingua. [Lo studente nella classe di lingua si troverà a compiere] certe funzioni linguistiche e cognitive, nella lingua straniera quali, per esempio: definire, speculare, valutare, motivare, illustrare, dimostrare, elencare, verificare, provare, paragonare, indicare causa ed effetto, ecc. [...] Qui si vede l'utilità della distinzione BICS e CALP, perché è la competenza CALP che permette allo studente di eseguire in maniera efficace le suddette operazioni intellettuali nella lingua straniera. Allo stesso tempo si sviluppa CALP impegnando lo studente in attività linguistiche che sono impegnative dal punto di vista cognitivo. In altre parole CALP si sviluppa quando la lingua è usata per apprendere.

La stessa autrice sviluppa ulteriormente e approfondisce il concetto attraverso degli esempi nel suo testo (Coonan, 2002, pp. 80 – 87).

dall'argomento, la quale è l'obiettivo ultimo dell'apprendimento linguistico.

È opportuno, allora, incentivare e stimolare il più possibile l'uso della lingua oggetto di studio come strumento per la comunicazione in classe, sebbene sia anche necessario notare che l'imposizione da parte del docente di un uso esclusivo della L2 in classe può avere effetti negativi rilevanti: da un punto di vista della motivazione degli studenti può contribuire a scoraggiare gli studenti che hanno difficoltà a comprendere e a esprimersi in lingua, quelli, giusto per fornire uno dei tanti esempi possibili, che mettono in atto strategie di autocontrollo miranti a eliminare gli errori di grammatica. Una situazione come quella descritta può portare all'insorgere di forti filtri affettivi che influiscono negativamente sull'apprendimento.

Vi è poi un problema di tipo contenutistico, ad esempio se l'argomento toccato in classe porta a riflessioni culturali impegnative e gli studenti non posseggono gli strumenti linguistici per affrontarle, si rischia di perdere l'opportunità di approfondire tali tematiche. In tali casi può essere necessario, se possibile, condurre l'approfondimento nella lingua madre degli studenti.

L'efficienza in classe è un altro punto che porta a riflettere sull'opportunità di utilizzare anche la lingua madre in certi frangenti: ad esempio, se si deve spiegare un argomento di grammatica in lingua, ciò può portare a un uso non razionale del tempo a disposizione e alla necessità di coinvolgere gli studenti in pratiche di riflessione metalinguistica in L2 che spesso poco hanno a che fare con lo scopo stesso dell'insegnamento, normalmente rivolto verso una comunicazione di tipo quotidiano per l'acquisizione di una competenza d'uso linguistica e non metalinguistica. In questo caso è consigliabile impiegare la lingua madre degli studenti, perlomeno per riassumere le spiegazioni grammaticali dopo aver contestualizzato e presentato in L2 le strutture oggetto di riflessione.

Da ultimo occorre sottolineare un altro aspetto legato a quello appena trattato: l'efficacia della comunicazione. Le spiegazioni fornite in L2 potrebbero non essere capite appieno dagli studenti e l'indubbio vantaggio creato dall'uso in classe della lingua oggetto di studio per creare delle situazioni di autentica comunicazione metalinguistica verrebbe in parte annullato. Sarà allora il docente che, valutato il livello della classe sia da un punto di vista linguistico che culturale e delle abilità di apprendimento, deciderà in che modo esprimersi, sempre tenendo a mente i rischi collegati a un abuso dell'una o dell'altra lingua.

Un discorso a parte va fatto per la traduzione. Senza entrare nel merito dell'argomento, ci pare qui opportuno rilevare come spesso la traduzione di singole parole possa costituire una delle risorse principali a disposizione del docente per comunicare significati con rapidità ed efficacia.

Tuttavia, se la traduzione dalla L2 alla L1 di termini incontrati nei testi o necessari allo studente per la comunicazione può rappresentare uno strumento efficace, un abuso di questa tecnica e ancor più un suo uso slegato da accorgimenti di tipo induttivo non consentono di sviluppare appieno nello studente le abilità collegate alla comprensione dei significati, come ad esempio la comprensione attraverso il contesto, la riflessione sulla funzione della parola all'interno della frase, oppure l'interpretazione dell'etimologia o di appartenenze semantiche del termine.

3.5 I supporti didattici

All'insegnante di lingua oggi viene richiesto di esprimere la propria professionalità in una molteplicità di modi.

Oltre a una preparazione a tutto tondo che tocca ambiti a volte molto distanti (dalle competenze linguistiche, a quelle letterarie, da quelle settoriali per affrontare insegnamenti specifici, quali il linguaggio del diritto o della medicina, alle competenze glottodidattiche, dalle conoscenze psico-pedagogiche alle competenze informatiche) spesso si richiede al docente di farsi carico di una serie di problematiche legate all'applicazione pratica della sua professionalità. E' il caso dei supporti didattici.

Ha a disposizione quattro desideri. A quali di questi supporti didattici non rinuncerebbe per accompagnare il libro di testo?

- Lavagna ❑
- Lavagna luminosa ❑
- Registratore per audio cassette o cd-audio ❑
- Videoregistratore ❑
- Pc ❑
- Maxischermo con proiettore a cristalli liquidi ❑
- Fotocopie ❑
- Poster didattici ❑
- Oggetti reali ❑
- *Flashcard* ❑

A seconda delle circostanze, i sussidi didattici possono risultare più o meno importanti. Questo influisce sulla programmazione del docente e, prima ancora, dell'istituzione che spesso si torva a dover affrontare costi finanziari rilevanti. Non è raro trovare scuole e università che dopo aver sostenuto spese anche ingenti, ad esempio per la costituzione di un laboratorio linguistico multimediale di ultima generazione, si ritrovano con una struttura sottoutilizzata che non trova nella pratica l'applicazione per la quale era stata progettata.

Le ragioni di un insuccesso di questo tipo sono spesso molteplici: la difficoltà di pianificare oltre all'acquisto dello strumento anche la manutenzione costante dello stesso; la difficoltà di impiego per il forte grado di conoscenze tecniche necessarie da parte del docente; il limite fisico di una collocazione rigida che porta a difficoltà di organizzazione dei calendari e degli orari scolastici e di spostamento delle classi; la facilità con cui si incorre in problemi tecnici non risolvibili se non attraverso l'intervento di un esperto che alla lunga demotiva anche il più coriaceo e convinto dei docenti; la facilità con cui gli studenti possono manipolare volontariamente o involontariamente gli strumenti; la necessità di dipendere da materiali di consumo a volte momentaneamente non disponibili; lo sforzo necessario in fase di programmazione didattica per inserire correttamente l'uso del supporto didattico nella lezione, ecc.

Questi limiti oggettivi, così come tanti altri ravvisabili, non devono tuttavia spaventare il docente, né scoraggiare l'utilizzo di questi sussidi. Basti pensare ai vantaggi offerti da strumenti quali il registratore audio per lo sviluppo non solo dell'abilità di ascolto, o le opportunità per una interazione fino a poco tempo fa inimmaginabile che Internet consente.

Compito dell'insegnante rimane la valutazione del supporto didattico che intende utilizzare per far sì che qualsiasi scelta faccia sia coerente con la propria programmazione.

Osservi la seguente lista di criteri per valutare i sussidi didattici e aggiunga altre voci, se lo ritiene opportuno.

1. Si può adattare a tutte le classi.
2. È trasportabile o va lasciato fisso in un'aula.
3. È facilmente danneggiabile da parte degli studenti.
4. Richiede molto lavoro da parte dell'insegnante in fase di preparazione della lezione.
5. Richiede molte conoscenze tecniche.
6. Richiede tempo durante la lezione per applicarlo.
7. Costo.
8. È riutilizzabile.
9. Non offre rischi (ad es.: l'elettricità non disponibile).
10. È indispensabile alla lezione o è sostituibile con altri strumenti.
11. Permette un reale, sensibile miglioramento della lezione.
12. Aumenta la motivazione degli studenti.
13. Aumenta le possibilità di comunicazione e interazione.

14 ______________________________

15. ______________________________

16. ______________________________

Nei paragrafi seguenti si cercherà di mettere in luce alcuni spunti di riflessione con lo scopo di permettere un più cosciente ed efficace uso di alcuni di questi strumenti.

Altri supporti didattici, quali il videoregistratore o il pc vengono trattati nel percorso 14 dedicato alle glottotecnologie.

3.5.1 La lavagna

Supporto didattico per antonomasia, la lavagna continua a essere pressoché insostituibile.

Nonostante la diffusione e la presenza immancabile di questo strumento all'interno delle classi, ci pare opportuno riflettere sull'uso che normalmente se ne fa, nel tentativo di fornire alcuni suggerimenti utili per un'ottimizzazione del suo impiego.

Ripensi alla sua esperienza di studente o docente e analizzi alcuni elementi che hanno caratterizzato un episodio in cui la lavagna è stata usata in modo particolarmente positivo o negativo.

Ora legga le raccomandazioni che seguono. Metta una X a fianco di quelle che non condivide.

Non lasciare la classe inattiva mentre si scrive alla lavagna. ❑
È il primo dei suggerimenti. L'insegnante che ha la necessità di scrivere a lungo alla lavagna dovrebbe cercare di coinvolgere gli studenti in questo processo o, in alternativa, impiegare il tempo degli studenti in altre attività didattiche mentre si sta scrivendo il testo.
Innanzitutto, potrebbe rivelarsi utile non perdere il contatto con gli studenti, leggendo ad alta voce, man mano che si scrive, le varie parti del testo e mantenendosi parzialmente girati verso gli studenti in modo tale da poterli osservare. Se il testo che si scrive alla lavagna deve essere ricopiato dalla classe, si può dividere la lavagna in quattro parti, rendendo così possibile il coinvolgimento degli studenti, facendo loro leggere il testo che si sta scrivendo e facendolo ricopiare a pezzi, senza attendere di aver scritto tutto.
Un altro modo per coinvolgere gli studenti è chiedere loro il significato di termini che si stanno usando o di spiegare qualcosa di quanto si sta presentando alla lavagna, ad esempio se si tratta di un riassunto di una spiegazione strutturale, si potrebbe indurre gli studenti a un ulteriore momento riassuntivo o a fornire esempi aggiuntivi utilizzando la struttura oggetto di riflessione. Questa procedura può anche fornire al docente utili elementi di *feedback*, oltre a permettere di non usare in maniera improduttiva il tempo della scrittura alla lavagna.

Predisporre sempre la lavagna all'inizio della lezione. ❑
Oltre a pulire la lavagna è opportuno individuare metodi per sud-

dividere lo spazio a disposizione destinando settori della superficie a compiti diversi. In una suddivisione in due parti, ad esempio, si potrebbe tenere una sezione per le frasi, le parole, ecc. che devono rimanere scritte alla lavagna fino alla fine della lezione; l'altra sezione, più grande o più piccola della precedente, sarebbe disponibile per ciò che può essere cancellato nel corso del lavoro.
Stessa cosa se si decidesse di suddividere in tre o più sezioni lo spazio disponibile: una di queste sezioni potrebbe essere destinata al nuovo lessico incontrato, un'altra alle strutture e così via.

Essere il più possibile ordinati. ❑
Per cercare di risparmiare tempo e non perdere il controllo della classe, a volte gli insegnanti tendono a trascurare aspetti legati all'ordine e alla precisione, nonché a una scrittura il più possibile comprensibile per un pubblico la cui madrelingua non è quella in cui si sta scrivendo.
Occorre assicurarsi che quanto scritto sia leggibile e venga compreso dagli studenti.
Tenere attiva la classe durante la scrittura può servire anche a questo scopo. È sufficiente chiedere a uno studente a turno di leggere quello che si è scritto.

Programmare il lavoro alla lavagna. ❑
L'uso della lavagna può essere anch'esso almeno in parte programmato a priori, lasciando alle necessità che emergono in modo inatteso durante la lezione un'area della lavagna e a quanto invece già pianificato un'altra zona che sarà anch'essa una di quelle che non verranno cancellate fino alla fine della lezione.

Non dimenticare le caratteristiche degli studenti. ❑
Quegli studenti che hanno maggiormente sviluppato certe caratteristiche possono non rispondere come sperato agli stimoli visivi forniti da quanto scritto alla lavagna. Come già più volte sottolineato, gli individui hanno modi diversi di apprendere e di recepire le informazioni dall'esterno, così come è diversa la collaborazione tra i due emisferi del cervello. È opportuno che il docente abbia alcuni accorgimenti che possono rivelarsi utili: ad esempio è consigliabile alternare a liste sequenziali, lineari (modello 1) altre di tipo reticolare (modello 2):

Modello (1)

Famiglia
Padre
Madre
Figlio
Figlia
Fratello
Sorella
....

Modello (2)

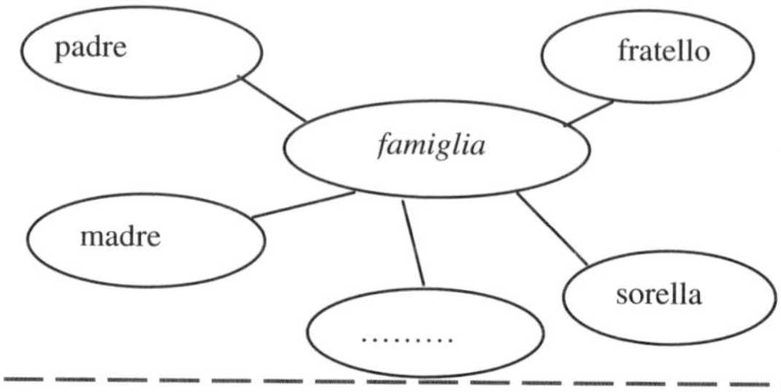

Se si usa la lavagna per riassumere sotto forma di appunti quanto incontrato durante la lezione, è importante alternare modelli di organizzazione del testo tradizionali ad altri quali le mappe concettuali.

Rileggere quanto è stato scritto ❑
Occorre valutare a seconda del tipo di classe l'opportunità di leggere ad alta voce il testo scritto alla lavagna, attirando l'attenzione visiva degli studenti sulla scrittura. È sufficiente, per ottenere questo effetto, accompagnare la lettura con il movimento della mano che scorre sotto il testo scritto sulla lavagna. Ciò permette di coinvolgere maggiormente sia gli individui prevalentemente auditivi, sia quelli che prediligono i sistemi di rappresentazione visivo e cinestesico.

3.5.2 La lavagna luminosa

La lavagna luminosa è uno strumento, disponibile ormai da decenni, che richiede un basso livello di preparazione tecnica da parte del docente e che risulta ancora molto utile, in particolare quando si ha di fronte un pubblico numeroso.

Le lavagne luminose sono spesso a disposizione delle istituzioni educative, dato il loro costo non eccessivo se paragonato a quello di un proiettore a cristalli liquidi per computer.

Sono molteplici gli usi che se ne possono fare: da un utilizzo in alternativa alla lavagna con gesso per scrivere sul momento, a uno per la presentazione di materiale preparato in precedenza.

È particolarmente indicato in presenza di classi numerose o di un pubblico di ascoltatori quando si ritiene che la fotocopia non porti agli stessi risultati di concentrazione. Infatti, nel caso di una lezione frontale, la lavagna luminosa può servire meglio di una fotocopia allo scopo di accompagnare l'esposizione orale del docente, poiché gli studenti sono portati a guardare nella direzione dell'immagine proiettata solitamente alle spalle dell'insegnante. Questo porta a un più facile contatto visivo tra il docente e la classe, aumentando di conseguenza le possibilità di mantenere la concentrazione degli studenti. Ciò è particolarmente vero se, usando la lavagna luminosa, si adotta un accorgimento fondamentale: evitare l'*effetto karaoke*. Cioè se non si costringe lo studente a leggere ciò che il relatore sta dicendo; in altre parole, i lucidi per lavagna luminosa usati durante le presentazioni alla classe non devono contenere tutto il testo di quanto dice il docente, ma devono fungere da strumento per poter seguire meglio lo sviluppo della presentazione e favorire stimoli per prendere appunti in maniera più agevole.

La lavagna luminosa può essere anche di grande aiuto per rappresentare immagini cui si vuol dare senza troppe difficoltà una possibilità di animazione. Infatti è sufficiente predisporre vari strati sovrapposti di lucidi per ottenere maschere che permettono di cambiare l'immagine iniziale.

Questo vale anche per i testi scritti: si pensi all'utilità di questo strumento in fase di correzione di un'attività di *cloze* o completamento, ad esempio.

3.5.3 L'audioregistratore

Non vi è momento della lezione in cui lo studente non sia chiamato a far pratica di comprensione orale. Anche quando si affrontano temi di grammatica o di civiltà i moderni manuali possono offrire spunti per l'ascolto.

Il registratore è diventato ormai parte integrante del corredo dell'insegnante di lingua; il suo uso è fondamentale per permettere al docente di organizzare la giusta esposizione della classe all'*input* orale dato dalle cassette o cd audio che completano la maggior parte dei manuali di lingua. In questa sede interessa richiamare l'attenzione su un aspetto che può determinare effetti negativi sull'insegnamento.

Il laboratorio linguistico costituisce una risorsa molto importante per l'insegnamento, ma la sua rigidità impone ritmi che non si accordano in maniera armonica con la moderna pratica glottodidattica. Infatti, un uso ottimale del tempo della lezione porta a integrare la maggior parte delle componenti del percorso di educazione linguistica, di cui una è l'ascolto, all'interno della stessa sessione di lavoro; si affrontano, cioè, tematiche di tipo strutturale o lessicale, ad esempio, ma attorno a queste si cerca di creare occasioni per sviluppare anche le quattro abilità principali, così come altri sillabi. In altre parole, non è pensabile, se si intende rispettare i principi glottodidattici a cui si richiamano molti dei corsi di lingua in uso, riprendere in un secondo momento attività di ascolto previste all'interno dell'unità didattica o della unità di apprendimento proposta dal manuale o rimandarle a quando si ha accesso al laboratorio linguistico.

La soluzione è dunque il registratore portatile che, nonostante la non sempre buona qualità di riproduzione, permette di rispettare correttamente lo sviluppo della lezione.

Le stesse considerazioni, fin qui fatte per situazioni in cui la presenza del laboratorio linguistico potrebbe spingere a raggruppare le attività di ascolto, valgono per situazioni didattiche in cui le scelte dell'istituzione non hanno mai portato ad acquisire un numero sufficiente di registratori portatili. È compito del docente di lingue convincere, e prima di tutto convincersi, del carattere imprescindibile di questo strumento per la moderna lezione di lingua.

Quanto esposto vale ovviamente per contesti di insegnamento della lingua comune in aula e non per situazioni particolari o di insegnamento di discipline collegate, ma diverse dalla didattica della lingua.

L'uso del registratore è piuttosto semplice e non richiede altro che un po' di preparazione per posizionare correttamente il nastro sull'attività richiesta prima dell'inizio della lezione. Con la diffusione di nuove tecnologie quali il cd e il dvd questa fase di preparazione non risulta più essere necessaria, grazie alla rapidità con cui si riesce a rintracciare le tracce audio desiderate.

Per una disamina delle possibili attività e tecniche per l'insegnamento dell'ascolto si veda il percorso 5 dedicato alle abilità primarie.

I materiali audio a disposizione dell'insegnante sono oggi numerosi e vari, così come le fonti.

Quali obiettivi sono raggiungibili grazie all'audioregistratore? Indichi con + ciò che ritiene possibile solo con il registratore, con - gli obiettivi non raggiungibili con il registratore e con +/- quelli per i quali l'uso del registratore è possibile, ma non indispensabile.

Per migliorare la capacità di ascolto di materiale autentico.	❑
Per integrare con l'ascolto il percorso didattico.	❑
Per migliorare la pronuncia.	❑
Per registrare gli studenti e permettere loro di valutarsi.	❑
Per ascoltare musica a fini linguistici.	❑
Per dare un esempio dei dialetti, delle varietà e degli accenti.	❑
Per fare dei dettati.	❑
Per accompagnare la lettura di un testo.	❑
Per fare scambi internazionali di corrispondenza.	❑
Per permettere agli studenti di interagire con un madrelingua.	❑

3.5.4 Gli oggetti (*realia*)

Legga un suggerimento su come presentare le funzioni *offrire* e *richiedere*. Cosa ne pensa?

Per presentare queste funzioni potrebbe portare in classe alcuni frutti, mela, pera, arancio, ecc. sempre due per ogni tipo. Li potrebbe mostrare agli studenti della sua classe di italiano LS o L2 e chiedere se ne conoscono i nomi, dirli loro, scriverli alla lavagna e poi chiedere a uno studente: "Quale frutto ti piace[7]?" Ricevuta la risposta, con un esplicito gesto della mano che si allunga verso lo studente il quale, poniamo, ha scelto la mela, gliela si potrebbe offrire dicendo: "Vorresti una mela?". Ricevuta o stimolata la risposta positiva: "Sì, grazie", si potrebbe aggiungere: "Anch'io vorrei una mela!" e prendere l'altra mela, portandola verso di sé.
Questo può essere ripetuto con vari studenti.

[7] Il verbo piacere in italiano ha una costruzione grammaticalmente complessa, ma a livello di ricezione passiva si incontra molto presto nel percorso di apprendimento linguistico, soprattutto utilizzato dall'insegnante.

Nell'attività gli oggetti costituiscono la base di una presentazione sia lessicale, estremamente rapida ed efficace, che funzionale e strutturale.

Oltre a oggetti che rappresentino la realtà del mondo degli studenti, è possibile utilizzare immagini ritagliate da riviste, fotografie personali che avvicinano il vissuto degli studenti alla classe personalizzando l'insegnamento, oppure oggetti caratteristici del paese di cui si studia la lingua.

I vantaggi sono molteplici: a livello didattico, come mostrato nell'attività, possono contribuire a diminuire la necessità di spiegazioni anche metalinguistiche, permettono di utilizzare altri strumenti comunicativi, non solo la parola, ma anche i gesti ad esempio, ampliando le possibilità di imitazione della comunicazione reale, troppo spesso ridotta in classe a un fatto puramente verbale.

Da un punto di vista psicologico possono aiutare gli studenti a calarsi nella concretezza del mondo reale, aprendo nuove frontiere al coinvolgimento di vari modi di interpretare la realtà. Ad esempio, l'uso degli oggetti è una delle preziose strategie a disposizione dell'insegnante per coinvolgere anche sensi "secondari" nella vita della classe, quale il tatto, o come nell'attività proposta, l'olfatto.

Inoltre il loro impiego dà la possibilità di creare situazioni in cui la scoperta della lingua avviene in modo induttivo, rendendo gli studenti reali protagonisti del processo. Ancora una volta questo può essere d'aiuto nello stimolare ed entrare meglio in contatto con discenti che presentano varie tipologie di apprendimento. Ciò risulta ancor più evidente nel caso di studenti in ambiente L2 analfabeti o di lingue molto lontane da quella insegnata e che il docente non conosce.

Da ultimo, non solo con i bambini, gli oggetti possono costituire la molla che permette allo studente di calarsi in un ruolo e recitare una parte eliminando o abbassando fortemente i filtri affettivi. A volte basta far recitare una scenetta fatta di azioni concrete, come l'indossare diversi capi di abbigliamento presenti nell'aula, per ottenere risultati di gran lunga superiori a quanto può essere raggiunto senza la possibilità di far toccare materialmente gli oggetti ed eseguire le azioni a essi collegate.

3.5.5 I poster didattici

I sussidi di tipo visivo offrono enormi possibilità di utilizzo in classe e inoltre consentono di attivare la percezione visiva come strumento di interpretazione dell'informazione.

Un altro grande vantaggio è dato, nel caso dei poster didattici, dal fatto che questi strumenti danno colore e personalizzano le aule, spesso così insapori.

Sarebbe sbagliato considerare i poster, in particolare quelli creati direttamente dagli studenti, strumenti idonei solo a un pubblico di bambini: l'efficacia delle immagini e il conforto che può dare un'aula più personalizzata sono elementi rilevanti anche per adolescenti e adulti dei quali stimolano la creatività. I poster rappresentano una valida alternativa, anche se limitata, ad altri supporti didattici quali il dizionario per immagini o le schede riassuntive di grammatica.

Sono inoltre particolarmente utili anche nel caso in cui l'insegnante e la classe ravvisino la necessità di aver sempre sott'occhio elementi di difficile apprendimento, ad esempio una struttura che la classe sbaglia frequentemente.

Nel caso della lingua italiana, un poster con solamente la parola NE potrebbe risultare utile per cercare di richiamare l'attenzione di una classe di ispanofoni, ad esempio, a un uso corretto del pronome in questione. L'insegnante dovrebbe solamente puntare il dito, attirando l'attenzione sul poster e non avrebbe bisogno di parlare per correggere, quando necessario, l'errore commesso.

3.5.6 Le *flashcard*

Anche quelle che con termine inglese si definiscono *flashcard* hanno una funzione simile ai poster didattici. Si tratta di immagini che stimolano e inducono una reazione creativa di tipo linguistico o di monitoraggio della produzione in lingua.

Sono come delle cartoline su cui viene indicata una parola, un'immagine e che l'insegnante mostra nel momento della necessità, evitando il ricorso alla lingua per dare istruzioni e indicazioni agli studenti.

Come esempio ipotizziamo un'attività basata sulla scoperta dell'azione che uno studente fa solitamente in un determinato momento della giornata. L'insegnante fornisce a uno studente una cartolina che contiene l'immagine di una persona che sta ascoltando musica leggendo. La classe deve fare delle ipotesi formulando delle frasi basate su altre cartoline che l'insegnante mostrerà fino ad arrivare a quella rappresentante l'attività consegnata allo studente. In questo modo si può praticare in maniera abbastanza guidata il lessico della routine e il presente indicativo, prima di passare a una fase più libera in cui a coppie gli studenti fanno la stessa cosa senza l'ausilio delle *flashcard*.

Per creare giochi di ruolo e simulazioni di diverso tipo le *flashcard* possono essere strumenti estremamente duttili ed efficaci, la cui preparazione può rivelarsi complessa, ma che, una volta preparate, possono essere riciclate in occasioni future.

Infine si tratta di strumenti che rapidamente innescano meccanismi comunicativi anche a livelli bassi di competenza linguistica come nel caso dell'esempio.

3.6 Dall'individuo alla classe

L'organizzazione della classe e la gestione del lavoro del gruppo sono fattori aggiuntivi che pongono altre importanti questioni all'attenzione dell'insegnante, non solo di tipo organizzativo. Essi chiamano in causa, infatti, scelte metodologiche rilevanti.

Il modello d'insegnamento *ex cathedra* non funziona più, non risponde ai moderni criteri metodologici. Oggi si impone una radicale revisione del modello tradizionale e un avvicinamento a condizioni d'apprendimento e principi metodologici che si ispirano all'apprendimento collaborativo o cooperativo, in particolare al *cooperative learning*.

L'insegnamento tradizionale è di tipo individualistico e la comunicazione passa dal docente alla classe intesa non come gruppo, ma come singoli individui riuniti in un'aula con scarse possibilità di interazione tra loro e senza poter contare su apporti concettuali quali quelli forniti da una concezione sociale, collaborativa dell'apprendimento. Basti pensare, in tal senso, a un aspetto apparentemente banale che abbiamo già analizzato: molte delle aule di lingua continuano a presentare la disposizione tradizionale dei banchi, quella con le file che guardano la lavagna e la cattedra dove siede l'insegnante, una disposizione che racchiude in sé una filosofia dell'apprendimento di tipo individualistico.

L'aula di lingua al passo con i tempi auspicabilmente non presenta banchi disposti a file, ma a semicerchio o altro, così come accennato in questo percorso. Una organizzazione della classe in senso cooperativo impone dei cambiamenti fisici, la disposizione dell'aula, e metodologici, il modo di intendere il lavoro dello studente.

Uno dei presupposti per accogliere certe tipologie di lavoro è che l'apprendimento migliora tramite la collaborazione con i compagni attraverso il lavoro di gruppo.

All'insegnante è affidato il compito fondamentale di organizzare il gruppo e ovviamente tutto quanto attiene alla progettazione e alla regia dell'attività didattica.

Il lavoro cooperativo è basato sul rispetto reciproco dei membri del gruppo, sulla consapevolezza che il gruppo si fonda sulle parti di lavoro affidate a ogni membro e che quindi ognuno è vincolato agli altri da un rapporto di interdipendenza. Da qui deriva la necessità di sviluppare e affermare la responsabilità individuale, premessa indispensabile per la crescita di individui critici, autonomi, consapevoli e responsabili del proprio percorso d'apprendimento.

L'apprendimento e l'insegnamento attraverso la collaborazione tra pari, diventa lo strumento principale di lavoro e anche l'insegnante si trova spesso a operare in condizioni in cui deve collaborare con i gruppi senza poter riportare la modalità di insegnamento al vecchio modello *ex cathedra*.

Uno scenario oggi sempre più diffuso è rappresentato dai progetti tra classi basati su un tema da elaborare a distanza, per via telematica, attraverso la corrispondenza tradizionale o altro.

Tale schema di lavoro si basa sull'interazione tra i partecipanti al progetto che impone ruoli ai vari attori del processo la cui forza destabilizzante per il modello d'insegnamento tradizionale è facilmente intuibile. Immaginiamo la situazione in cui l'insegnante e la classe stiano valutando il materiale arrivato via e-mail, parte del lavoro svolto dai *partner* del progetto. La revisione di questo materiale avverrà attraverso la discussione, le osservazioni e le valutazioni di tutti i membri della classe, che a loro volta prepareranno la loro parte del progetto da inviare ai *partner,* frutto anch'essa di una negoziazione continua tra i membri della classe e resa possibile dall'approccio collaborativo.

Le conoscenze e la professionalità dell'insegnante saranno indispensabili per lo svolgimento del lavoro, ma la sua lezione non sarà chiaramente più basata sul modello esclusivo della conferenza, della lezione frontale. Quanto viene prodotto ha, dunque, non più un unico destinatario, l'insegnante (pensiamo al tradizionale tema in classe), ma tanti destinatari quanti sono i membri delle classi coinvolte nel progetto didattico.

Oggi è facile trovare esperienze basate su collaborazioni a distanza via Internet, posta elettronica o altro strumento telematico, ma non altrettanto facile è cogliere le valenze collaborative dei progetti proposti.

Alcuni vantaggi di questo modo di lavorare ispirato al *cooperative learning*[8] vengono così sintetizzati in Joyce e Weil[9]:

1. la sinergia generata in contesti cooperativi produce più motivazioni di quella generata nei contesti individualistici, competitivi. I sentimenti di coesione producono energia positiva;
2. i membri dei gruppi cooperativi imparano gli uni dagli altri: in un contesto cooperativo ciascuno può essere di aiuto più che in una struttura che genera isolamento;
3. interagire con altri in modo reciproco produce complessità cognitiva e sociale e crea una maggiore attività intellettiva che a sua volta migliora l'apprendimento;
4. la cooperazione produce migliori sentimenti nei confronti degli altri, riducendo l'alienazione e la solitudine, costruendo le relazioni e fornendo una visione positiva degli altri.
5. la cooperazione migliora l'autostima non solo attraverso il migliore apprendimento ma anche attraverso la sensazione di essere rispettati e di importare agli altri.
6. gli studenti rispondono all'esperienza del lavoro di gruppo cooperativo aumentando il loro livello di competenza sociale
7. gli studenti, compresi i bambini delle scuole elementari, possono imparare a migliorare la loro abilità di lavorare assieme.

[8] Comolgio, Cardoso (1996).
[9] Joyce (1992, p. 14), riprendiamo la traduzione italiana da Banzato, p. 10.

3.6.1 L'individualizzazione

L'enfasi fin qui posta sulla collaborazione all'interno della classe non deve, tuttavia, trarre in inganno. Apprendimento collaborativo e necessità di rendere sempre più individualizzato il lavoro in classe in realtà sono le due facce della stessa medaglia.

L'individuo, con i suoi bisogni e prima ancora con le sue caratteristiche personali è posto al centro del percorso d'apprendimento/insegnamento che si esplica attraverso le dinamiche collaborative che si instaurano in classe.

Come già ravvisato in questo testo, l'insegnamento tradizionale *ex chatedra* poneva altri parametri per lo sviluppo del percorso didattico, quali i programmi da svolgere, e non poneva attenzione all'individuo nonostante le modalità comunicative insegnante-singolo studente che in esso prevalevano.

Vi sono luoghi e tempi deputati e maggiormente idonei a un approccio individualizzato al lavoro di quanto non sia la normale lezione in classe, ad esempio i centri di autoapprendimento[10] che da anni sono presenti in molte istituzioni, soprattutto a livello universitario e che ultimamente si stanno arricchendo attraverso l'enorme potenzialità offerta dalla multimedialità, dalla telematica, da Internet oppure, in contesti particolari e speciali, le lezioni individuali o semi-individuali.

Il lavoro domestico rimane l'ambito in cui lo studente ha più possibilità di compiere un percorso di tipo individuale. Il monitoraggio e la guida dell'insegnante rimangono indispensabili per un corretto approccio allo studio domestico.

Raggiungere un buon livello di individualizzazione in classe è comunque possibile in ogni fase della gestione del corso, dall'analisi dei bisogni alla preparazione degli esami finali.

[10] Si veda tra le numerose proposte bibliografiche riguardanti il *self-access* il testo SHEERIN, S., *Self-access*, OUP, Oxford 1989.

Osservi la lista che segue e indichi quali strumenti le paiono idonei a sostenere e promuovere un lavoro di tipo individuale in classe (CL), sia in classe che a casa (CL e CA) e quali infine ritiene utilizzabili solo a casa o comunque al di fuori delle ore di lezione (CA).

Strumenti	CL	CA	CL e CA
Fotocopie			
Libro degli esercizi			
Testo di civiltà			
Grammatica di riferimento			
Letture graduate			
Articoli di giornali e riviste			
Internet			
Programmi per computer per l'apprendimento della lingua			
Video.			
Attività differenziate assegnate dall'insegnante a seconda delle esigenze e dei livelli dei singoli studenti			
Materiale audio			

Durante il lavoro in classe è opportuno riservare momenti della lezione o comunque di un segmento del corso (diverse lezioni che tipicamente concorrono a formare un'unità didattica) a un lavoro di tipo individuale.

Uno degli ambiti ideali è il recupero susseguente la verifica formativa[11], alla fine dell'unità didattica. Si tratta di cogliere e annotare i bisogni emersi attraverso i dati raccolti con la verifica e proporre un lavoro differenziato a seconda delle necessità ai singoli o a gruppi di

[11] Si veda il percorso 12.

studenti. Qualcuno potrebbe vedersi, così, impegnato in attività di lettura, altri in attività di grammatica e così via. A questi momenti se ne aggiungeranno altri in cui l'insegnante può sviluppare percorsi da gestire con tutta la classe.

Strumenti adatti a questo scopo sono oltre alle fotocopie, i materiali proposti dal libro di casa o dal libro degli esercizi che spesso completano il manuale, i testi di grammatica di riferimento, ma anche le letture graduate, articoli di giornale e, se si riesce all'interno della classe a creare condizioni grazie alle quali il lavoro dei singoli studenti o dei gruppi non viene disturbato, materiale audio (con registratore e cuffie) o Internet e software didattico per il computer.

Se il recupero può risultare il momento più idoneo e meno destabilizzante per il ritmo normale della lezione, nel caso di classi eterogenee con livelli di competenza linguistica e comunicativa diversificati è necessario programmare il lavoro tenendo in considerazione una maggior frequenza di momenti di lavoro individualizzato, eludendo così una concezione della didattica basata sullo svolgimento di un programma preconfezionato.

Tale impostazione è resa possibile da una costante attenzione alle *performance*, nonché alle modalità di apprendimento di ogni studente durante il normale svolgimento della lezione. Da qui un'ovvia considerazione che trova via via sempre maggior riscontro nella realtà quotidiana e che, tuttavia, purtroppo spesso aumenta la divaricazione tra teoria e prassi didattica: le classi di lingua non possono essere formate da più di 15, massimo 20 allievi.

3.6.2 Il lavoro in plenaria

Il lavoro in plenaria offre numerosi vantaggi e svantaggi. Analizzi attentamente la lista che segue e alla fine decida se, nel modello d'insegnamento che lei considera ottimale, i vantaggi sono superiori agli svantaggi o viceversa.

Vantaggi	*Svantaggi*
L'insegnante controlla l'*input*.	Non vi è spazio per le diversità tra gli studenti: la velocità e modalità di apprendimento dei singoli non sono il parametro a cui il docente fa riferimento.
L'insegnante controlla l'*output* del singolo studente chiamato a interagire.	Studenti con difficoltà caratteriali come la timidezza possono trovare difficile esprimersi di fronte all'intera classe.
La classe è esposta a un *input* linguistico, quello dell'inse-	Il centro dell'azione didattica è l'insegnante e non lo studente.

gnante o di un nastro registrato, corretto e di ottimo livello in quanto a pronuncia. Gli studenti sono normalmente silenziosi e più facilmente controllabili.	Gli studenti non sono controllabili. Dietro l'apparente silenzio, anziché la concentrazione potrebbe esserci la disattenzione, la demotivazione, ecc.
Le istruzioni per le attività vengono date con maggior chiarezza e uniformità.	Gli studenti non sono chiamati a un costante ruolo attivo e di responsabilità nel processo d'apprendimento.
Non si lasciano emergere personalità dominanti o negative che all'interno dei gruppi potrebbero innescare dinamiche scorrette, schiacciando gli studenti più deboli.	Sono scarse le possibilità di creare momenti di comunicazione.
....	Il tempo classe viene usato in maniera poco efficiente. Se la comunicazione con il docente è l'unico modo per parlare, le opportunità che ha uno studente in ogni lezione sono ridotte.
....	Non vi è alcuna possibilità di instaurare dinamiche d'apprendimento di tipo collaborativo.
....	A volte le spiegazioni dei compagni risultano più comprensibili, anche perché è spesso più facile dire di non aver capito a un compagno che al docente, in particolare se si teme il giudizio di quest'ultimo.
....	....

In un corretto approccio didattico ancora una volta si raccomanda, non un uso esclusivo di una o più delle tipologie di intervento, ma un utilizzo attento di tutte le modalità che l'insegnante ha il compito di dosare con sapienza e accuratezza.

3.6.3 Il lavoro a coppie

Le modalità di lavoro collaborativo trovano l'alveo ideale nell'ambito di un insegnamento basato sulla centralità dello studente e sulla sua capacità di seguire in maniera consapevole e responsabile il percorso d'apprendimento.

È molto meno probabile che l'insegnante, il quale non ha abituato gli studenti a considerarsi protagonisti responsabili del proprio percorso, incontri difficoltà nel momento in cui all'interno di una tipologia di lezione basata sulla sua centralità decide, magari perché spinto dalle attività proposte dal manuale in adozione, di intercalare l'insegnamento in plenaria o con gli studenti che lavorano individualmente, con tipologie di tipo collaborativo.

In altre parole, il lavoro a coppie e a gruppi va ben oltre la dimensione della tecnica, si tratta di un *modus operandi* che implica scelte metodologiche ben precise. Solo così è possibile affrontare i numerosi svantaggi che queste modalità presentano e che sono stati in parte citati nel paragrafo precedente.

Continuando a ragionare in termini di vantaggi e svantaggi, quelli che risultano essere gli svantaggi del lavoro in plenaria sono in buona parte i punti di forza del lavoro in coppia.

In particolare con il lavoro a coppie lo studente è chiamato a un ruolo attivo, volto alla realizzazione di atti comunicativi, può trovare nel compagno e nella modalità stessa di lavoro la possibilità di superare diversi filtri affettivi, può determinare meglio la velocità e la modalità dell'apprendimento.

Allo stesso tempo però l'insegnante può trovarsi in situazioni che richiedono un suo oculato intervento, come nel caso di un aumento insostenibile del livello di rumore o nel caso di una forte differenza nei tempi di esecuzione dell'attività proposta da parte delle diverse coppie. Oppure altro punto a volte difficile da affrontare è la mancanza di fluidità nella lingua di studio che porta gli studenti a un utilizzo della madrelingua in classi monolingui o di altra lingua comune, oppure a lunghi silenzi in mancanza di altro modo di comunicare.

Meno preoccupante è invece l'obiezione che a volte viene mossa al lavoro in coppia riguardo alla pronuncia spesso approssimativa e ai possibili errori: dipende dall'insegnante decidere in che modo correggere gli eventuali errori, se intervenire immediatamente appena sentito l'errore, interrompendo il lavoro della coppia, o riservarsi di farlo ad attività terminata, magari in plenaria.

Importante è riflettere sul fatto che non vi è solo l'accuratezza come obiettivo dell'apprendimento linguistico e che, anzi, la *fluency*, la possibilità di comunicare in maniera fluida è altrettanto importante, se non più importante della accuratezza, almeno in certi momenti come quelli delle attività a coppie basate, appunto, sullo sviluppo delle abilità comunicative.

Altro punto su cui l'insegnante è chiamato a un'attenta verifica è quello dell'equilibrio all'interno della coppia. È necessario prevedere momenti di controllo del modo di lavorare delle coppie in modo tale da evitare di incorrere in risultati non desiderati.

A seconda dell'obiettivo che si intende raggiungere si deve, cioè, coscientemente decidere se creare coppie di studenti dello stesso livello oppure di livello diverso, affinché sia lo studente più debole che quello più efficace possano trarre beneficio, l'uno dall'aiuto e dal modello fornito dal secondo, l'altro dal ruolo assunto di coadiutore dell'insegnante nel processo d'insegnamento.

Altra modalità di formazione delle coppie è una scelta del tutto casuale che può aver il vantaggio, se applicata con frequenza, di far lavorare e conoscere gli studenti fra di loro e di evitare momenti di stanchezza e demotivazione data dalla abitudine alle dinamiche che si instaurano all'interno della coppia.

D'altro canto, tuttavia, l'insegnante dovrà essere estremamente attento a come organizzare le coppie in quanto a volte è difficile ottenere equilibri positivi e distruggerli attraverso un costante rimescolamento delle coppie può rivelarsi negativo.

3.6.4 Il lavoro a gruppi

Simili considerazioni possono essere ripetute per il lavoro a gruppi che presenta indicativamente gli stessi vantaggi e svantaggi del lavoro a coppie.

Permette anch'esso di cogliere la maggior disponibilità di tempo dedicato alla *fluency* rispetto al lavoro in plenaria e inoltre incoraggia ancor più del lavoro a coppie un atteggiamento collaborativo caratterizzato dall'assunzione di responsabilità nei confronti di più persone che fanno parte del gruppo.

Fornisce inoltre maggiori possibilità di interazione poiché può contare sulla partecipazione dinamica di più individui. È un ottimo banco di prova per lo sviluppo di capacità di interazione e per la crescita dell'autonomia del discente.

Anche nel caso del lavoro a gruppi gran parte del successo dell'attività dipende dalle capacità del docente di organizzare in maniera corretta il gruppo, a partire dalla presentazione dell'attività, da svolgersi solitamente in plenaria, all'esecuzione dell'attività, con il monitoraggio dell'insegnante.

Durante la preparazione l'insegnante cercherà di stimolare la motivazione della classe, fornirà le istruzioni necessarie all'esecuzione dell'attività, presenterà le eventuali parole chiave o concetti per affrontare con maggiori possibilità di riuscita l'attività. Nel fare ciò cercherà di stimolare atteggiamenti induttivi alla scoperta di eventuali temi (strutturali, lessicali, contenutistici) dell'attività, attiverà strategie di inferenza ed eliciterà conoscenze già in possesso degli studenti. Disporrà, poi, la suddivisione in gruppi e informerà sul proprio ruolo durante l'attività. Durante lo svolgimento l'insegnante osserverà i gruppi, interverrà per aiutare in momenti di difficoltà, cercherà di bilanciare le varie personalità all'interno dei gruppi, incoraggerà il gruppo a gestire il proprio lavoro in un'ottica collaborativa e di negoziazione. Assegnerà se necessario ruoli diversi ai vari membri del gruppo. Scoraggerà l'uso della madrelingua e di atteggiamenti scorretti da un punto di vista disciplinare. Prenderà nota di eventuali errori di lingua e preparerà la fase successiva alla fine dell'attività indirizzando il lavoro dei gruppi e influendo con discrezione sui tempi di esecuzione dell'attività, sempre attento a non lasciar protrarre troppo a lungo l'attività per non renderla noiosa.

La fase finale è svolta solitamente in plenaria ed è il momento in cui vengono analizzati e messi in comune i risultati del lavoro dei gruppi. È possibile rinviare questa fase di *feedback* a una lezione successiva se il prodotto dei gruppi necessita di una correzione accurata da parte del docente. In questo caso è bene, tuttavia, ricordare che ogni volta che ci si riallaccia a qualcosa di svolto in lezioni precedenti è necessario iniziare con una fase di motivazione per ridestare la giusta curiosità intellettuale negli studenti.

Durante l'ultima fase il docente può, se lo ritiene opportuno, riprendere errori fatti durante i lavori dei gruppi e riflettere sulle dinamiche messe in luce dall'attività, siano esse positive o negative, in modo tale che la classe possa procedere nell'acquisizione cosciente di metodologie di lavoro e strategie di apprendimento.

Nella composizione dei gruppi l'insegnante prenderà in considerazione diverse variabili e possibilità.

Il numero dei membri del gruppo è una di queste: non vi è un numero massimo di studenti per gruppo, ma per permettere di non ricreare le condizioni di una miniclasse, dove alcuni membri possono evitare di agire attivamente durante l'attività e dove si rischia il formarsi di sottogruppi, è forse opportuno creare gruppi con cinque membri al massimo.

Altra variabile è l'assegnazione di ruoli: a un membro può essere richiesto di agire da direttore, da *leader* del gruppo, a un altro da segretario e così via, stimolando in questo modo l'idea che l'assunzione di ruoli all'interno del gruppo responsabilizza in maniera settoriale i membri, rendendo contemporaneamente più interdipendenti le persone. Il direttore non può prescindere dal segretario e così via.

L'insegnante, in questo modo, può anche agire cercando di individualizzare il percorso d'apprendimento. Deciderà in base alle caratteristiche dei singoli quale ruolo conferire, nel duplice intento di far funzionare al meglio il gruppo e allo stesso tempo di creare le condizioni per una crescita di ogni singolo studente, non solo da un punto di vista linguistico, ma anche per quanto concerne le strategie di apprendimento e le abilità di interazione.

Le caratteristiche dei singoli studenti influiscono anche sulla tipologia di attività da far svolgere in gruppo: se alla base dell'attività vi è l'esigenza di risolvere un problema, formulando ipotesi, verificandole e quindi raggiungendo nel gruppo l'accordo su una soluzione, occorrerà che l'insegnante faccia attenzione alle capacità di collaborazione dei singoli e ponga anche il raggiungimento di buone capacità di cooperazione tra gli obiettivi del proprio percorso didattico.

Vi sono, comunque, numerose tipologie di attività di gruppo, non necessariamente a *problem-solving*, ma l'obiettivo principale del lavoro di gruppo è la creazione di situazioni in cui gli studenti possano essere motivati a comunicare e, dunque, la discussione che si può innestare attorno alla necessità di negoziare ipotesi e soluzioni può stimolare la comunicazione meglio di altre tipologie di attività.

3.7 La disciplina in classe

Osservi due commenti di due diversi insegnanti. Quale trova più vicino alla sua idea di disciplina?

1) Per me una classe è disciplinata quando c'è silenzio in aula e gli studenti mi seguono.

2) Una classe disciplinata è un gruppo di studenti e un insegnante che condividono una serie di regole e le rispettano per raggiungere degli obiettivi.

Normalmente si associa la disciplina al silenzio ed effettivamente è molto più probabile che una classe che sta lavorando in modo corretto per raggiungere gli obiettivi della lezione sia in relativo silenzio e alterni la propria partecipazione anche rumorosa durante le attività comunicative in coppia o a gruppi, a momenti sempre partecipati, ma di maggior concentrazione e attenzione rivolta all'insegnante, a uno o più compagni, a un registratore, a un testo di lettura, ecc.

È, tuttavia, importante riflettere sul fatto che le moderne tecniche di insegnamento portano immancabilmente a un auspicabile coinvolgimento della classe e quindi a un aumento del rumore in classe.

Paradossalmente è più preoccupante una classe in cui non vi sono mai momenti di rumore che interrompano il monologo dell'insegnante, la voce di un solo studente per volta o la concentrazione su attività individuali di lettura o scrittura.

I parametri per definire la disciplina, dunque, sono altri. Prima di analizzare i comportamenti di studenti e insegnante vale la pena considerare il ruolo che assume anche in questo ambito la condivisione consapevole da parte di tutti i protagonisti di una serie di obiettivi a cui si legano alcuni principi.

Uno degli obiettivi prioritari dell'insegnamento è l'autonomia critica dello studente cioè la sua capacità di analizzare, valutare, agire nel contesto didattico in modo tale da permettere un percorso di apprendimento consapevole.

Gli obiettivi didattici vengono, dunque, esplicitati all'inizio del corso e, di norma, durante le lezioni, allo stesso modo in cui sono oggetto di insegnamento esplicito anche le strategie di apprendimento. Allo studente vengono chiariti, in termini semplici o complessi a seconda degli obiettivi e delle caratteristiche della classe, concetti relativi all'apprendimento della lingua, al funzionamento delle attività, alle componenti che costituiscono una lezione di lingua, ecc.

Allo stesso modo, si pongono delle regole, in maniera più o meno democratica, per creare la giusta condizione per l'apprendimento in classe e fuori della classe: esse coinvolgono sia l'insegnante che lo studente. In sostanza si scrivono le clausole del contratto formativo, partendo dal presupposto che è meglio prevenire che curare: è opportuno creare le condizioni per ottenere comportamenti disciplinati piuttosto che cercare di porre rimedio quando non vi è più disciplina.

Il rispetto delle regole da parte dell'insegnante è condizione indispensabile perché anche gli studenti agiscano allo stesso modo: ad esempio, se in classe non si fuma, come è logico, l'insegnante non può fare eccezione, o se la puntualità è considerata una delle regole di base, anche l'insegnante dovrà adeguarsi.

Ma oltre a questi esempi, tutto sommato banali, si possono individuare numerosi altri comportamenti che caratterizzano l'operare dell'insegnante di oggi.

Prima di leggere la parte seguente, provi a pensare a come deve comportarsi l'insegnante in classe, quali atteggiamenti e caratteristiche deve avere per poter rispondere alle necessità dell'insegnamento e per riuscire a mantenere la disciplina.

L'insegnante è un punto di riferimento per la classe e questo impone alcuni presupposti: l'insegnante deve essere preparato, sia per quanto riguarda la propria materia d'insegnamento, sia per quanto attiene ad aspetti trasversali quali la capacità di cogliere dati di tipo psico-pedagogico; oltre alla preparazione di base che gli conferisce autorevolezza, deve dimostrare interesse nei confronti degli studenti, del loro percorso e del proprio lavoro, ad esempio preparando regolarmente le lezioni e utilizzando l'improvvisazione solo in momenti di necessità didattica, come può essere appunto il bisogno di porre rimedio a situazioni di indisciplina o di noia.

Deve cercare di creare un clima propizio per l'apprendimento, mirare al soddisfacimento dei bisogni formativi degli studenti, realizzando un ambiente in cui si sta bene e si impara con piacere.

Deve dimostrarsi coerente e imparziale; deve mantenere un atteggiamento sempre rispettoso nei confronti degli studenti, anche nei momenti in cui ritiene opportuno un legittimo intervento duro e deciso per risolvere situazioni d'emergenza disciplinare.

Deve saper decidere e optare per possibili soluzioni anche spiacevoli quali provvedimenti disciplinari, se questi sono stati minacciati come possibili in determinate situazioni: ad esempio se la sanzione prevista dall'istituzione per chi volutamente e ripetutamente disturba la lezione è l'allontamento momentaneo dalla classe, l'insegnante deve sapersi dimostrare deciso nel somministrarla. Allo stesso tempo, però, occorre che sappia cedere e non presentarsi in maniera autoritaria: se una volta gli studenti chiedono di posticipare un *test* concordato preventivamente, accettare la loro richiesta può risolvere la situazione di tensione, sempre che questo costituisca un'eccezione.

Deve comportarsi in modo da evitare atteggiamenti punitivi e richieste di obbedienza acritica lavorando sulla condivisione delle regole e degli obiettivi, consapevole che la meta è l'autodisciplina e non l'imposizione della disciplina alla classe.

Deve essere in grado di motivare gli studenti, all'occorrenza facendo ricorso a tecniche didattiche e strategie di emergenza, quali attività interessanti e rilassanti per porre rimedio a momenti critici e deve sapere interrompere la lezione inserendo la giusta attività che riporti un corretto clima in classe: ad esempio introdurre un *test* autovalutativo o un'attività scritta o di lettura individuale può riportare la calma in classe e dar modo poi di continuare meglio la lezione, così come possono fare, in momenti di stanchezza un'attività ludica di *problem-solving*, gli indovinelli, i cruciverba, ecc.

Quella che segue è una tabella in cui vengono elencati suggerimenti per l'insegnante in merito alla disciplina[12]. Se le è possibile, elimini le tre proposte che le sembrano meno importanti, almeno per il contesto in cui opera.

1. All'inizio si presenti alla classe con un atteggiamento severo e deciso, potrà essere più rilassato in seguito.
2. Cerchi di ottenere il silenzio prima di iniziare a parlare alla classe.
3. Impari e usi i nomi degli studenti, preferibilmente i nomi propri.
4. Prepari accuratamente la lezione.
5. Non resti immobile dietro la cattedra, ma si muova per la classe.
6. Dia un inizio vivace alla lezione e mantenga poi alto l'interesse e la curiosità con argomenti e attività stimolanti e partecipate.
7. Parli alla classe e scriva sulla lavagna in modo chiaro.
8. Si accerti che gli studenti abbiano capito le istruzioni, ma non attraverso domande tipo "avete capito?". Piuttosto usi strategie che portino gli studenti a ripetere in parte le istruzioni date.

[12] La tabella è stata adattata da Ur (1996, p. 263); si veda anche Wragg (1981).

9. Prepari del materiale supplementare, soprattutto per rispondere a momenti di calo dell'attenzione e per differenziare il lavoro degli studenti quando necessario.
10. Cerchi costantemente il contatto oculare e anche di altro tipo con la classe quando sta parlando, ad esempio moduli la voce in modo da ottenere maggior attenzione quando lo ritiene opportuno.
11. Impari ad avere sempre il polso della classe cogliendo segnali, per capire se vi è stanchezza, noia, interesse, curiosità, ecc.
12. Sviluppi tecniche adeguate per porre le domande.
13. Impari a gestire il tempo classe in modo adeguato. Eviti le corse per finire quanto aveva programmato o eviti i buchi avendo terminato la lezione in anticipo.
14. Prepari sempre materiale aggiuntivo da inserire in caso di necessità, ad esempio quando finisce la lezione troppo rapidamente.
15. Renda il lavoro adatto agli studenti, a seconda dell'età, degli interessi, delle capacità e dello spessore culturale.
16. Renda il più variata possibile la lezione cambiando spesso il tipo di attività e cercando di non essere prevedibile.
17. Cerchi di cogliere rapidamente l'insorgere di problemi di disciplina e agisca tempestivamente per porvi rimedio.
18. Eviti lo scontro con il singolo studente o la classe.
19. Spieghi le regole e agisca coerentemente per rispettarle e farle rispettare.
20. Non si mostri superiore agli studenti e li tratti con rispetto.
21. Usi in modo adeguato lo *humor* e l'ironia evitando di urtare la sensibilità degli studenti.
22. Dimostri interesse per il suo lavoro e per il percorso di apprendimento degli studenti.
23. Tratti gli studenti con calore e in modo amichevole.
24. Cerchi di risultare un insegnante autorevole e non autoritario, ma sia rigido e severo se necessario.
25. Non abbia paura di ammettere il proprio errore.
26. Si mostri coinvolto nel lavoro, facendo capire agli studenti che anche lei ha qualcosa da imparare, se non dal lavoro svolto in classe, dagli studenti quali persone.

3.8 La classe ideale

Il titolo del paragrafo è quasi provocatorio o quantomeno vuole provare a far pensare a quali possano essere le condizioni che fanno avvicinare una classe in generale, con tutte le sue componenti, all'idea di classe ideale.

Rifletta sul concetto di classe ideale. Com'è la sua classe ideale?

Ben più realistico è il caso di classi problematiche in cui l'insegnante deve fare i conti con condizioni lontane e apparentemente inconciliabili con i criteri che abbiamo fin qui cercato di applicare per creare le migliori condizioni possibili per l'insegnamento/apprendimento.

3.8.1 Le classi problematiche

In questa categoria inseriamo vari tipi di classi, quelle numerose, le classi deboli, quelle eterogenee, quelle demotivate.

Consideriamo qui il caso delle classi numerose, cercando di fornire indicazioni per un approccio eclettico che può essere utile, *mutatis mutandis*, anche per la gestione di classi eterogenee o deboli. In questo percorso abbiamo posto un limite massimo ideale di studenti per classe per poter rendere efficaci le proposte glottodidattiche che si richiamano all'approccio comunicativo e ai contributi dei metodi umanistico-affettivi. In realtà 15-20 studenti per classe è un numero che per molti insegnanti risulterebbe una sorta di paradiso, abituati come sono a classi di 30 e più studenti.

In classi numerose il tentativo di personalizzare il lavoro diventa ovviamente più difficile e la gestione di diverse tipologie di attività a volte impossibile. Ciononostante è necessario riflettere con attenzione su quali attività pongono problemi e quali invece risultano comunque fattibili, anche se con maggior sforzo da parte dell'insegnante.

Tendenzialmente in presenza di classi numerose l'insegnante di lingua è portato a utilizzare tecniche e creare attività che non rischiano di fargli perdere il controllo e che non creano livelli di rumore troppo elevati. Il pericolo è quello di perpetuare un modello di insegnamento centrato sul docente, di preferire le abilità scritte a quelle orali, di non proporre attività comunicative che sviluppino le capacità di interazione degli studenti.

È quindi relativamente semplice indicare quali attività possono essere le più diffuse in classi numerose: esercizi scritti di vario genere e di grammatica, lettura individuale, ascolto guidato dall'insegnante, domande dell'insegnante al singolo studente, ripetizione corale, lavoro a catena in cui sempre solo una persona parla, esercizi strutturali, dettati, spiegazioni *ex chatedra*, lezioni frontali.

È sicuramente un'ampia gamma di attività, sufficiente per far passare l'ora di lezione, ma indubbiamente mancano molte componenti didattiche.

Quali di queste altre attività secondo lei sono possibili, anche se di difficile gestione, con una classe di 30 e più studenti?

	Sì	No	Non so
Lavoro a coppie	❑	❑	❑
Lavoro di gruppo	❑	❑	❑
Drammatizzazione	❑	❑	❑
Role play	❑	❑	❑
Giochi didattici	❑	❑	❑
Progetti di gruppo	❑	❑	❑
Uso di canzoni	❑	❑	❑
Scoperta induttiva della lingua	❑	❑	❑
Insegnamento tra pari	❑	❑	❑
Lavoro differenziato di recupero	❑	❑	❑
....	❑	❑	❑
....	❑	❑	❑

Uno sforzo di immaginazione può portare a ridisegnare il modo in cui certe attività possono essere realizzate. Ad esempio se il rischio del lavorare a coppie è la perdita del controllo della classe da parte del docente e l'indisciplina, forse, se si opta per soluzioni di compromesso, il problema può essere in parte risolto: mentre metà della classe lavora in coppia su una certa attività, l'altra metà svolge un altro tipo di attività in silenzio.

Per autovalutarsi

1. Come bisognerebbe disporre i banchi per ottenere una sistemazione in armonia con una metodologia comunicativa?
2. In poche righe esprima la sua opinione sulla necessità di autovalutarsi del docente.
3. Pro e contro dell'utilizzo della lingua straniera in classe.
4. Rappresenti graficamente su un foglio un buon utilizzo della lavagna.
5. Elenchi alcune strategie per giungere a rendere il più individualizzata possibile l'azione docente.
6. Cosa si intende in questo percorso con il termine *disciplina*?

Per saperne di più

BALBONI, P. E., *Didattica dell'italiano a stranieri*, Bonacci, Roma 1994.

BALBONI, P. E., *Elementi di glottodidattica*, La Scuola, Brescia 1990.

COMOGLIO, M, CARDOSO, M., *Insegnare e apprendere in gruppo. Il Cooperative Learning*, LAS, Roma 1996.

COONAN, M. C., *La lingua straniera veicolare*, UTET Libreria, Torino 2002.

DOFF, A., *Teach English*, CUP, Cambridge 1988.

FREDDI, G., *Glottodidattica. Fondamenti, metodi e tecniche*, UTET Libreria, Torino 1994.

HARMER, J., *The Practice of English Language Teaching*, Longman, Londra 1983.

HEATON, J., *Classroom Teaching*, Longman, London 1990.

HUBBARD, P. et al., *A Training Course for Tefl*, OUP, Oxford 1986.

KRASHEN, S. D., TERRELL, T. D., *The Natural Approach: Language Acquisition in the Classroom*, Pergamon, Oxford 1983.

LEWIS, M., HILL, J., *Practical Techniques for language Teaching*, LTP, Londra 1985.

SHEERIN, S., *Self-access*, OUP, Oxford 1989.

UR, P., *A Course in Language Teaching*, CUP, Cambridge 1996.

WILLIS, J., *Teaching English through English*, Longman 1981.

Appunti su questo percorso

Informazioni utili, meno utili:

....

....

....

....

Parti da rileggere:

....

....

....

....

Osservazioni su questo percorso in relazione ad altri testi:

....

....

....

....

Ricadute e rapporti con l'insegnamento:

....

....

....

....

Altro:

....

....

....

....

Percorso 4

I materiali didattici

Legga le dichiarazioni di diversi insegnanti di lingua. Indichi con il simbolo ✓ nel quadratino se è d'accordo, con x se non è d'accordo, con ✓/x se la dichiarazione non le suscita una reazione particolare.

C) Sono sempre alla ricerca di un libro di testo che prima di tutto sia motivante per i miei studenti, che non li annoi e allo stesso tempo permetta a me di entrare in classe senza aver preparato la lezione, facendo comunque una figura accettabile. ❑

D) Non esiste un libro di testo che possa andar bene per tutti. L'idea stessa di libro di testo è dunque sbagliata. Io lavoro con i miei materiali: gli studenti stanno bene, si divertono e imparano. Poco importa se alla fine il loro percorso non sarà ordinato ed esaustivo come con un libro di testo. ❑

E) È vero che non esiste il manuale perfetto, ma per fare un libro ci vogliono anni, se è fatto bene... Per bella che sia un'attività creata da me, difficilmente riesce a prendere in considerazione tutto ciò che si deve tener presente e soprattutto è difficile che si inserisca armonicamente in un percorso complesso come quello che prevede non solo l'insegnamento della grammatica. Ho bisogno di un testo in cui aver fiducia e su cui possa basarmi, poi se voglio e ho tempo, o se c'è bisogno, posso integrare il testo con altre attività. ❑

F) Basta con le fotocopie! C'è bisogno di un manuale su cui basarsi. Gli studenti hanno bisogno di potersi ritrovare in un testo. Senza dover cercare tra fogli e foglietti. E poi vuoi mettere, la differenza tra un bel testo a colori e delle fotocopie che sono già così brutte solo a guardarle!? Se vogliamo essere coerenti anche la grafica serve a far star bene gli studenti e a permettere che apprendano meglio. ❑

4.1 Libro di testo o materiali preparati dall'insegnante

Non è raro imbattersi in situazioni in cui il problema del ruolo dei materiali viene posto nei termini, polarizzati, del titolo di questo paragrafo, come se la questione fosse riconducibile a una scelta in alternativa a un'altra.

Obiettivo di questo percorso è analizzare le problematiche legate ai materiali didattici e fornire gli strumenti per la valutazione critica di quanto offre il mercato editoriale oggi, sulla base di principi che comunque prevedono una certa flessibilità, convinti come si è che il manuale perfetto non è di questo mondo.

A favore dell'utilizzo di strumenti già predisposti, i libri stampati, ma anche, in parte, i corsi di lingua su supporti multimediali, giocano alcune considerazioni. Innanzitutto la rispondenza del testo a criteri metodologici che gli autori hanno deciso di abbracciare.

Un testo nasce, o dovrebbe nascere, ispirandosi a quadri di riferimento quale il *Common European Framework of Reference* (Council of Europe, 2001 [2002]), ciò permette di costruire un testo che si proponga di perseguire obiettivi riconosciuti come validi a livello internazionale.

Viviamo in un'epoca in cui *globalizzazione* è la parola chiave e, per quanto riguarda l'insegnamento delle lingue, come tante altre attività educative, la certificazione internazionale sta sempre più sostituendo, almeno in quanto a leggibilità, diplomi, certificati, ecc. rilasciati a livello locale. In quest'ottica risulta chiaro che attenersi a studi metodologici riconosciuti conferisce al testo una credibilità che altrimenti non sarebbe altrettanto facilmente leggibile.

Ma non vi è solo questo fattore: la glottodidattica oggi parla un linguaggio sempre più internazionale, globalizzato, gli insegnanti di italiano lingua straniera o L2, ad esempio, si avvicinano a esperienze formative provenendo da indirizzi diversi: molto spesso si tratta di docenti formatisi in corsi di laurea di lingue straniere o che hanno avuto percorsi formativi di tipo linguistico che li hanno esposti alla metodologia per l'insegnamento di lingue quali l'inglese, lo spagnolo, il francese, ecc.

In sede di preparazione professionale, prima dell'inizio dell'attività docente e durante il servizio, molte esperienze si propongono come obiettivo, tra gli altri, quello di fornire delle conoscenze, un linguaggio metodologico comune al più ampio numero possibile di insegnanti[1]. In altre parole: oggi la necessità di confrontarsi con esperienze metodologiche molteplici, che accolgono stimoli provenienti da più

[1] Si vedano per l'insegnamento dell'italiano a stranieri, ad esempio, gli obiettivi del Master Itals dell'Università di Venezia, oppure per l'insegnamento dell'inglese quale lingua straniera la ormai pluridecennale attività della RSA britannica.

ambiti della stessa disciplina, trova risposte che solo alcuni anni fa non erano pensabili, si pensi solamente agli orizzonti che la formazione a distanza ha dischiuso.

Collegato a questo punto, sempre a favore dell'uso del libro di testo, vi è il fatto che le unità didattiche o altre realizzazioni operative del progetto didattico risultano essere la traduzione coerente del sillabo e non il frutto di una creazione difficilmente integrabile in modo equilibrato con tutti gli aspetti legati al sillabo, anzi al multisillabo, sebbene l'attività possa risultare motivante e metodologicamente adeguata. Il libro di testo offre la possibilità didattica di seguire un percorso, pianificato, organizzato e realizzato in una proposta bilanciata e integrata che tiene presente molteplici aspetti legati al progetto educativo nel suo insieme.

Per lo studente il libro di testo costituisce una guida, un riferimento organizzato, spesso fornito di materiali di consultazione, quali glossari, schemi riassuntivi ecc. che permettono uno sguardo d'insieme e una possibilità di gestione autonoma in fase di studio, possibilità che le fotocopie (il supporto principale oggi usato dal docente per fornire attività create o "rubate" da altri testi) difficilmente possono dare.

Questo permette allo studente di affrancarsi maggiormente dall'insegnante e di gestire autonomamente parte del proprio percorso senza dover fare ricorso all'assistenza, alla consulenza del docente.

Inoltre, la grafica, che è prima di tutto uno strumento utile per aumentare e mantenere la motivazione dello studente, ma anche per entrare in sintonia con individui sensibili a una comunicazione visiva ed empatica, risulta sul libro a colori più efficace rispetto alla presentazione del materiale permessa dalla fotocopia. Il tutto agisce in funzione di un innalzamento del livello di apprendimento da parte dello studente.

L'insegnante inesperto può trovare nel manuale una possibilità di approfondimento della propria formazione didattica, senza il pericolo di esporre gli studenti ai rischi connessi all'inesperienza. Questo può accadere, in particolare, se il manuale è fornito di guida per l'insegnante. Il libro di testo e la guida permettono di usufruire di vari supporti che agevolano il lavoro degli insegnanti e a volte li rassicurano: ad esempio, nel caso di docenti non madrelingua.

Per l'insegnante stanco o demotivato, così per quello oberato da impegni di lavoro, il libro di testo costituisce un valido alleato per condurre le proprie attività didattiche senza la necessità di trascorrere troppo tempo nella preparazione dei materiali, oltre che delle lezioni.

D'altra parte, e veniamo alle possibili controindicazioni, il libro di testo è un materiale standardizzato, che deve andar bene per pubblici diversi e che a volte stenta ad adattarsi alle esigenze della classe o del singolo studente.

Può risultare troppo difficile o troppo facile come livello di *input* linguistico oppure inadeguato su un piano culturale. L'utilizzo dello stesso manuale può dare risultati diversi in classi diverse.

Se il libro di testo, cioè la metodologia seguita dagli autori, e l'insegnante non si trovano in sintonia, cioè se l'insegnante non ne condivide i presupposti didattici e stravolge l'impostazione del testo, l'interazione tra questi due elementi può risultare nociva per lo studente. Ad esempio questo può avvenire se il docente, convinto della propria impostazione metodologica, decide di inserire molti esercizi grammaticali che appesantiscono oltremodo il testo e non permettono di sviluppare il percorso didattico secondo i modi e i tempi previsti dagli autori.

L'uso del libro di testo inibisce il docente creativo che ama integrare il percorso didattico, o quanto meno lo obbliga a produrre delle scelte all'interno del manuale, eliminando e sostituendo delle attività.

Per assurdo un fenomeno opposto può accadere nel caso di un docente "pigro", che segue pedissequamente il manuale senza apportare modifiche o intervenire con proprie integrazioni. Questo docente avrà maggiori difficoltà a crescere professionalmente come creatore di materiali didattici.

Il libro di testo non è flessibile quanto il materiale creato *ad hoc* dal docente, invecchia più rapidamente di un articolo tratto dal quotidiano del giorno, le immagini e la grafica possono risultare fuori moda dopo pochi anni dalla pubblicazione del testo. La struttura del libro di testo è rigida. Se da un lato il programma è basato sullo svolgimento di un percorso più o meno prestabilito e dall'altro non si vuole snaturare il percorso del manuale, si riduce lo spazio per intervenire con progetti didattici, di durata superiore alla singola attività.

Il libro di testo tende a uniformare gli studenti, a omologarli.

Il titolo allude a una sorta di dicotomia tra materiali preparati dal docente e libri di testo. In realtà, anche se questa può essere la dimensione di diversi docenti, molti insegnanti di lingua valutano in maniera critica il libro di testo adottato e lo integrano con materiali di propria creazione, avendo cura di apportare le necessarie modifiche al percorso proposto dal manuale, cioè tagliando attività e integrandole con altre.

Questa pratica, che potrebbe costituire la giusta soluzione del problema, presuppone, tuttavia, una solida consapevolezza e conoscenza da parte del docente dei criteri metodologici su cui si basa il manuale e, imprescindibile, una costante attenzione ai bisogni formativi dei propri studenti.

4.2 Valutare i libri di testo[2]

Quando prende in mano per la prima volta un libro di testo per l'insegnamento della lingua straniera, su quali aspetti

[2] Si veda Mezzadri (2000).

focalizza l'attenzione? Prima di leggere il prossimo paragrafo faccia una lista dei fattori che determinano la sua analisi.

4.2.1 Segreti e trappole della copertina

Prendiamo i corsi di lingua italiana per stranieri, definiti anche manuali o metodi, e partiamo dall'analisi della copertina, primo importantissimo contatto con il testo.

Vi sono certi termini che compaiono molto spesso sulle copertine dei corsi di lingua italiana: *comunicativo, grammatica, multimediale, civiltà* …

Ognuna di queste parole racchiude in sé una pluralità di concetti al punto da renderla non completamente comprensibile a un primo impatto.

Multimediale: significa che il testo è corredato da una cassetta audio, da un video, oppure che c'è anche un cd-rom e magari applicazioni in rete?

Grammatica: si tratta di un testo di grammatica di riferimento? O semplicemente l'autore vuol dire che la grammatica è particolarmente importante, al punto da sentire la necessità di porre in copertina il termine, magari a fianco o in prossimità di un'altra parola chiave: corso di lingua?

È difficile per autore ed editore sottrarsi al desiderio (che a volte è una necessità) di caratterizzare subito il proprio testo, fin dal primo contatto visivo con il possibile utente.

Ciò non è di per sé negativo, anzi; tuttavia non può essere considerato sufficiente, né da parte di chi crea l'opera, né da parte di coloro che l'avvicinano per la prima volta.

Un termine, come detto, può racchiudere tanti significati: *comunicativo* per qualcuno può trasmettere la volontà di sviluppare la comunicazione orale, per altri implica che le attività propongono, quando è possibile, situazioni realmente comunicative, in senso etimologico (comunicare = mettere in comune) e quindi si basano sul cosiddetto *information gap*. Ad altri ancora la semplice vista del termine *comunicativo* fa venire alla mente tutta una serie di concetti e principi ispirati dall'ormai trentennale esperienza dell'approccio comunicativo.

Insomma, il rischio è quello di trovarsi di fronte a un'infinità di termini evocativi, spesso suggestivi, ma proprio per questo troppo legati al vissuto del singolo, cioè si genera una reazione che è l'esatto contrario di quanto questi *slogan* introduttivi vorrebbero produrre.

Dunque l'analisi della copertina non può fermarsi al primo sguardo, visto che, così come accade per i sottotitoli, anche i titoli spesso non dicono granché. Allora, prima di aprire il testo, un'occhiata all'ultima pagina della copertina forse può rivelarsi più interessante.

Sul retro del libro viene di solito riportata una specie di riassunto dei concetti metodologici principali sviluppati più ampiamente nell'introduzione, oltre all'elenco delle parti che compongono l'opera.

4.2.2 Uno sguardo all'interno

Copertina, introduzione, materiali promozionali, cataloghi portano a una lettura di testi esplicativi e introduttivi alla filosofia del manuale, ma a volte è salutare superare il testo scritto e lasciarsi andare alle emozioni, alle sensazioni, a quanto il libro ci comunica, di piacevole o di sgradevole, aprendolo.

L'impaginazione, la grafica, l'utilizzo dello spazio sulla pagina, i colori sono tutti elementi grafici, facilmente riconducibili a categorie dell'estetica, e forse anche per questo in passato trascurati, che in realtà fanno trapelare l'impostazione metodologica dell'autore: oggi un libro è accattivante, o non lo è, non per un problema di costi e *marketing*, o non solo per questo. Il colore e le belle immagini sono sinonimo prima di tutto di un atteggiamento molto attento alla motivazione dello studente, al piacere che questi deve provare nell'affrontare lo studio della lingua.

In secondo luogo essi sono veicoli di una precisa volontà di rappresentazione culturale della civiltà del paese di cui si intende insegnare la lingua e questo atteggiamento inserisce l'opera che ne è ricca tra quei lavori che accolgono il valore attribuito dall'approccio comunicativo agli aspetti socio-culturali.

4.2.3 Principi generali

Procedendo nell'analisi risulta opportuno elencare i più frequenti e importanti principi metodologici, alla base dei moderni testi di lingua che genericamente si ispirano all'approccio comunicativo e alle sue evoluzioni degli ultimi quindici anni circa, riconducibili a un espressione: *umanistico-affettivo*.

Multisillabo: insegnare una lingua non significa solamente curare un settore della conoscenza (ad esempio la grammatica), ma elaborare una serie di programmi, di sillabi da sviluppare durante il corso di cui i principali sono: funzioni/nozioni, situazioni, lessico, grammatica, abilità primarie, fonologia, civiltà, abilità d'apprendimento e di studio.

Sviluppo integrato dei sillabi: non è corretto pensare di dover attendere fino a che lo studente abbia appreso determinate strutture grammaticali, prima di cominciare a sviluppare, ad esempio, il sillabo della produzione orale. Con quale lessico, quali funzioni, tecniche espressive, ecc. questo studente affronterebbe l'ardua impresa di parlare se non gli è stata data la possibilità di acquisire contemporaneamente tutta una serie di competenze e conoscenze?

Fluenza e accuratezza bilanciate: questi due termini sono spesso visti in contrapposizione, così come un'altra coppia di concetti che parzialmente si sovrappone ai primi due: competenza comunicativa e competenza linguistica. La fluenza (*fluency*) è obiettivo da perseguire fin dagli inizi dell'apprendimento dell'italiano.

Così come è comune conoscenza di ogni insegnante che, per quanto riguarda l'italiano, nel primo livello di studio della lingua la grammatica riveste molta importanza, ma lessico e pronuncia non sono da meno, allo stesso modo è fondamentale convincersi che scopo primario dell'insegnamento linguistico è la comunicazione, di cui la fluenza costituisce un elemento imprescindibile.

Ne consegue, nel metodo, la ricerca di un corretto equilibrio tra i due termini dell'opposizione.

Abilità integrate e bilanciate: le cosiddette macroabilità o abilità primarie, ascoltare e leggere, parlare e scrivere, sono l'oggetto di uno dei sillabi.

Non si impara ad ascoltare o a parlare tutto d'un tratto, al contrario anche per le abilità primarie occorre prevedere un programma di sviluppo estremamente accurato, ricco di tecniche in grado di far acquisire e/o mettere in pratica le molteplici sottoabilità di cui le quattro principali si compongono.

A quale delle quattro dare priorità dipende dal tipo d'insegnamento linguistico; ad esempio insegnando L2 a bambini della scuola primaria, la scrittura riveste un ruolo secondario rispetto alle abilità orali. Nell'insegnamento ad adulti, la variabile è il tipo di bisogni degli studenti. Se si insegna l'italiano per scopi specifici, ad esempio per fini accademici, a studenti stranieri presso università italiane e l'obiettivo è far sì che possano capire le lezioni o il materiale didattico in esse utilizzato, è ovvio che ascolto e lettura saranno prioritari.

Normalmente nei casi di corsi di italiano generale per adulti o giovani adulti le abilità primarie sono insegnate in modo bilanciato e integrato. Va comunque sottolineato difficilmente l'insegnamento avviene considerando ogni abilità in modo separato, in particolare data l'impellente necessità di rispettare un altro principio, definibile con un'espressione: *task-based*.

Basato sui compiti (task-based): un principio pedagogico applicabile non solo all'apprendimento linguistico è che "si impara facendo"; da qui deriva che attività strutturate in questo modo: *1 Ascolta il dialogo. 2 Ascolta nuovamente il dialogo e poi rispondi alle domande*, non sono adeguate. Il primo ascolto non mette in atto le strategie necessarie per promuovere l'apprendimento linguistico.

Va poi aggiunto che la conoscenza linguistica non è fine a se stessa, visto che la lingua è comunicazione e comunicare significa usare la lingua per uno scopo. Occorre, dunque, agire didatticamente in modo da attivare ogni risorsa d'apprendimento dello studente sempre nel nome del *fare con la lingua*.

Approccio a spirale: è questo un altro cardine della moderna glottodidattica che ben si sposa con l'idea precedente.

Affermare, ad esempio, che i nostri studenti hanno fatto il congiuntivo, implicando che devono essere in grado di usare tutte le strutture insegnate in precedenza, è un grave errore pedagogico che porta a commetterne un secondo altrettanto grave: tornare a spiegare, attraverso una presentazione di tipo deduttivo, quanto gli studenti hanno dimenticato. Il concetto di spirale nell'insegnamento linguistico implica, invece, un approccio diverso; bisogna prevedere la necessità di ritornare sugli argomenti trattati, ma salvaguardando un altro criterio fondamentale che potremmo riassumere così: perché ci sia apprendimento deve esserci motivazione e non esiste motivazione senza lo stimolo dato dalla scoperta del nuovo. Quindi non ripasso, ma revisione e ampliamento, come espressione didattica dell'approccio a spirale. Senza trascurare che si impara la lingua utilizzandola e poi tornando a incontrare quanto studiato per usarlo in contesti differenti.

Se la motivazione è fondamentale per promuovere l'apprendimento, allora risulta necessario applicare alcuni criteri che sono alla base di una corretta ricerca della motivazione: stimolare la curiosità, di cui il piacere è una componente fondamentale attraverso la *varietà* delle attività e del loro formato, evitando la monotonia causata da un approccio sempre uguale a se stesso, letale per la motivazione.

Occorre, inoltre, promuovere motivazione e curiosità attraverso la scoperta della lingua, cioè attraverso un *approccio induttivo* all'insegnamento del lessico e della grammatica, ad esempio, oppure rendendo gli studenti partecipi e consapevoli del proprio percorso d'apprendimento.

Oltre a stimolare la motivazione, l'approccio induttivo rispetta due criteri fondamentali della neurolinguistica attuale: *bimodalità e direzionalità*. Secondo il principio della direzionalità, il cervello elabora le informazioni solo nel rispetto del passaggio dall'emisfero destro a quello sinistro, nell'ordine; ne consegue che l'apprendimento linguistico avviene meglio attraverso metodi induttivi, gli unici che rispettano la teoria della direzionalità.

Errori: altro ambito di sicuro rilievo è costituito dal trattamento degli errori. I corsi di lingua, i manuali, spesso lasciano all'insegnante la decisione su come affrontare quello che invece è una pedina fondamentale dell'apprendimento, la verifica, la correzione dell'errore e la conseguente fase di recupero.

È quindi importante valutare i testi a disposizione nelle loro varie parti e componenti: ad esempio, alcuni testi riportano sulla guida dell'insegnante note con le quali il docente può affrontare in un modo o in un altro la correzione.

A volte, infatti, seguendo la filosofia del testo, è necessaria una correzione immediata, altre volte le strategie di correzione devono essere altre, differite rispetto all'esecuzione dell'attività. È bene, per un migliore utilizzo del manuale, trovare questi richiami nella guida, almeno fintanto che l'insegnante non si sia abituato alla metodologia voluta dall'autore. Per quanto flessibili possano essere, i manuali sono sempre scritti prevedendo un'applicazione didattica di un certo tipo che è compito dell'autore far acquisire agli utenti, cioè a studenti e insegnanti.

Oltre alla gestione degli errori, parte fondamentale della moderna azione didattica è la verifica e la valutazione. A volte i testi propongono batterie di *test* progressivi a uso e consumo dell'insegnante, ma occorre fare molta attenzione in quanto troppo spesso questi strumenti risultano avulsi dallo sviluppo dell'unità didattica. Una creazione simultanea dei materiali che compongono le varie parti delle unità didattiche, incluso dunque il *test* o altro strumento di verifica, è quanto risulta auspicabile.

Unità didattiche: è il modello operativo oggi più diffuso nei manuali, ma non sempre le unità risultano adeguate. I principi presentati sopra dovrebbero trovare nelle UD la traduzione operativa e l'insegnante ha gioco facile nel valutarne alcuni tratti essenziali: ad esempio, se i diversi sillabi vengono sviluppati in maniera chiara o se uno di essi risulta preponderante; se le attività sono variate; se si punta a sfruttare le risorse cognitive degli studenti, attivandole attraverso percorsi di preparazione all'ascolto o alla lettura dei testi, ecc.

Inoltre l'impostazione delle unità fa capire se la suddivisione del percorso risponde ai criteri dell'unità d'apprendimento[3].

Le unità didattiche costituiscono la traduzione operativa di un progetto basato su quadri di riferimento riconosciuti quale il *Framework*, ad esempio.

Studenti e insegnanti: il ruolo di entrambi questi soggetti è determinante e non può che essere stabilito a priori dall'autore. All'insegnante spetta decidere se quanto proposto dall'autore attraverso il testo corrisponde al proprio modello metodologico.

È molto facile intuire, dando una scorsa al testo dello studente e alla guida dell'insegnante, se il tipo d'insegnamento proposto vede al centro l'allievo e i suoi bisogni o l'insegnante; se lo studente è il classico bicchiere da riempire o se è chiamato a un ruolo attivo nella gestione del proprio processo d'apprendimento.

Il raggiungimento di obiettivi legati allo sviluppo delle strategie di apprendimento finalizzate all'autonomia critica del discente sta acquistando sempre più importanza nell'ambito della didattica delle lingue straniere. La necessità di un'impostazione di questo tipo risulta chiara e ineludibile in particolare sotto la spinta di aperture a esperienze d'apprendimento *online*, attraverso l'uso delle nuove tecnologie e dei siti *web*[4].

Riequilibrare l'insegnamento offrendo spazio, oltre che ai sillabi con-

[3] Vedi il percorso 1 *I modelli operativi*.

[4] Si veda il percorso 14.

sueti nelle realizzazioni attuali dell'approccio comunicativo, anche al sillabo delle abilità di studio e delle strategie di apprendimento diventa, tra l'altro, un modo per rispondere ulteriormente alle istanze della pedagogia umanistico-affettiva.

Altri stimoli potrebbero essere aggiunti nel tentativo di rendere il più consapevole possibile il contatto dell'insegnante con i manuali per l'insegnamento linguistico a stranieri. Tuttavia, quanto proposto sopra, può già costituire una base da cui partire.

La parte che segue può concorrere a tradurre questi concetti in prassi di lavoro, può aiutare a dar vita all'analisi consapevole da parte dell'insegnante dei materiali pubblicati: si tratta di una griglia, pronta per l'uso, per la valutazione di qualsiasi testo di lingua (metodo, materiale supplementare, ecc.), senza nessuna velleità tassonomica scientifica.

Vi si troveranno molte domande che possono venire integrate con ulteriori spunti da prendere in considerazione quando si esamina un testo.

La scelta operata ha riguardato gli aspetti per così dire principali.

4.3 Una griglia per la valutazione dei libri di per l'insegnamento di una lingua straniera

Per una più rapida analisi di un libro per l'insegnamento della lingua straniera, in particolare per l'italiano a stranieri, proponiamo qui una griglia in cui i criteri esposti in precedenza vengono riassunti.

Componenti: sono presenti queste componenti: libro dello studente, eserciziario, guida dell'insegnante, cassette/cd audio per la classe e il lavoro autonomo, video, *software*, chiavi delle attività, *test* d'ingresso, progressivi, d'autovalutazione, applicazioni Internet?
Aspetto: il libro si presenta moderno, attraente, colorato, ricco di foto attuali?
Uso: chi sono i destinatari? Di che età? Di che livello è il testo? È un testo di lingua generale, un libro per la consultazione (grammatica di riferimento o altro), un testo per l'insegnamento della lingua per fini specifici?
Autenticità: l'impostazione culturale, le immagini, la lingua, le situazioni risultano autentiche? Il materiale audio e di lettura presenta momenti di reale autenticità o tutto il materiale è creato a priori dall'autore?
Selezione e gradualità: i testi e/o i compiti proposti sono graduati a seconda del livello? Il libro è coerente e appropriato per il pubblico cui si rivolge? È vario nei testi utilizzati e tipologia di attività? La lunghezza e durata delle attività sono appropriate? Il formato delle attività è vario (lavori di coppia, gruppo, ecc.)?

Organizzazione: la copertina fornisce informazioni chiare ed esaurienti? Il testo presenta le seguenti componenti: indice, introduzione metodologica, titoli e sottotitoli delle unità, unità di revisione e ampliamento o altre forme di valutazione e *testing*, glossario, trascrizioni degli ascolti, materiale di consultazione? Le istruzioni sono chiare e di livello giusto? L'impaginazione è chiara e immediata? Le varie sezioni che compongono le pagine sono ben evidenziate, cioè è chiaro quando si stanno svolgendo attività di lessico, grammatica, ecc.? Gli obiettivi del testo nel suo complesso e delle singole parti (unità didattiche) sono chiari?

Unità didattiche: è suddiviso per unità didattiche? Le unità didattiche costituiscono la traduzione operativa di un progetto basato su quadri di riferimento riconosciuti quale, ad esempio, il *Framework*? Le fasi dell'UD sono correttamente impostate? Le attività rispettano il principio "si impara facendo", sono basate su compiti assegnati? Vi sono regolarmente attività di pre-, durante, post- lettura o ascolto? È multisillabica? Vi è equilibrio tra fasi e attività incentrate sull'accuratezza e altre basate sulla fluenza? Concorrono a creare un libro autenticamente comunicativo o danno vita a un testo grammatical-traduttivo o strutturalistico mascherato? Le attività contenute nelle UD forniscono molti spunti per l'utilizzo autentico della lingua, e non solo per consolidare la forma appresa? Il percorso dell'UD è suddiviso o suddivisibile in unità di apprendimento?

Grammatica: la grammatica è presentata in contesto? In modo induttivo/deduttivo? Vi sono attività di grammatica comunicativa?

Vocabolario: viene sviluppato il sillabo del lessico? In che modo? Vi sono attività induttive per affrontare il lessico?

Ripasso: come è affrontata la fase di verifica e recupero dell'UD? È applicato l'approccio a spirale? La verifica e il recupero sono condotti nella ricerca della motivazione dello studente attraverso una diversa presentazione e un diverso utilizzo dei materiali? I materiali presenti nelle varie componenti del testo (libro studente, eserciziario, ecc.) offrono la flessibilità e la ricchezza necessaria per poterli usare in sede di recupero?

Studenti e insegnanti: che tipo d'insegnante prevede il testo? Chi è al centro del processo didattico, l'insegnante o lo studente? Che ruolo ha lo studente: deve ricevere solamente o essere pronto anche a dare, a partecipare in modo attivo alla lezione, a rendersi responsabile in modo consapevole del proprio percorso d'apprendimento? Che spazio è assegnato nel testo alle cosiddette abilità di studio o strategie d'apprendimento? C'è attenzione per i diversi stili di apprendimento? Che spazio è dato al confronto e all'opera di sensibilizzazione degli studenti sul modo in cui il testo richiede che venga insegnata la lingua?

Multimedialità: com'è intesa la multimedialità? È integrata nel testo? Anche chi non ha accesso agli strumenti necessari può utilizzare il testo su carta in modo proficuo?

Vari: il testo presenta problemi particolari per lo studente? Per l'insegnante? È facile da usare, sia per il docente che per lo studente? Il prezzo del testo è alto? E il prezzo dei vari componenti? Il formato è scomodo? È conforme al programma che si deve svolgere? Il libro è interessante per lo studente? E per l'insegnante?

4.4 Usare e integrare un libro di testo

Quali dei seguenti comportamenti ritiene corretti nel caso in cui un insegnante decida di integrare un libro di testo con altri materiali?

1. Ho dovuto analizzare i pro e i contro del testo.
2. Ho creato materiali integrativi perché la classe ne aveva bisogno.
3. Ho spiegato ai miei studenti perché integravo il testo con altro materiale.
4. Ho aggiunto materiale prima di aver sperimentato come funzionava il testo in classe.
5. Se il libro di testo non è conforme alle mie abitudini didattiche cerco di modificarlo subito.
6. Mi segno ciò che ha funzionato e ciò che invece andrebbe modificato e durante il corso successivo introduco miei materiali.
7. Se lo svolgimento dell'unità o delle singole attività come previsto dal libro non funziona, intervengo sul momento e modifico l'andamento della lezione. Ad esempio salto un'attività o faccio ascoltare una registrazione una volta in più.
8. Pianifico la mia lezione con attenzione prevedendo possibili tagli se non mi rimane tempo.
9. Quando inserisco un'attività mia non mi preoccupo dello sviluppo dell'unità. Ad esempio se i miei studenti sono stanchi gli faccio ascoltare una canzone, anche se non c'entra niente con la lezione.

10. Analizzo il testo e se è carente in certe parti che interessano o servono ai miei studenti le integro con mio materiale, ad esempio nel caso in cui non fornisca strumenti per esercitare la pronuncia.
11. A volte se i testi sono troppo difficili devo intervenire con attività aggiuntive per far notare e insegnare le parole chiave o per spiegare meglio la situazione, ecc.
12. Qualsiasi cosa il testo proponga risulta vecchia e quindi la integro con materiali aggiornati.
13. Sto molto attento alla motivazione dei miei studenti. Se il livello di attenzione e di interesse cala, intervengo con miei materiali.
14. Nel momento della verifica e del recupero inserisco materiali miei se il testo non ne fornisce a sufficienza.
15. Non do mai la possibilità agli studenti di lavorare autonomamente sul testo, devono aspettare che sia io a fornire materiali per lo studio e il ripasso.

Sono tanti i fattori che determinano la scelta di un libro di testo e che, ancor prima, inducono il docente a decidere se utilizzare un testo di base oppure optare per un'impostazione d'altro genere, attraverso *collage* di materiali presi da altri testi o creati *ad hoc*.

Altra opzione può essere affidarsi a materiali multimediali o allo studio *online*.

La scelta dipende in parte dalle caratteristiche del singolo insegnante e spesso dalla filosofia alla base del progetto educativo dell'istituzione cui fa riferimento il docente; in parte, però, essa viene determinata anche dalla disponibilità di mezzi, sussidi e risorse economiche. Se risulta improponibile, per ragioni legate ai costi, chiedere agli studenti di acquistare un determinato manuale, diventa ovvio dover scegliere altre vie.

Nel caso in cui l'insegnante possa contare su un valido libro di testo, l'atteggiamento consigliato per un suo corretto utilizzo è sempre all'insegna della flessibilità.

Come già notato, i libri di testo sono materiali standard creati spesso per pubblici molto vasti e ciò comporta l'intervento critico e creativo del docente non solo nel momento della scelta del libro, ma soprattutto durante la sua applicazione quotidiana.

Il libro può essere di per sé uno strumento eccezionalmente valido, moderno, attraente, ma se il docente non è stato in grado o non ha ritenuto opportuno entrare nei meccanismi del testo, comprendendoli, il suo uso può risultare addirittura controproducente.

Premessa corretta per qualsiasi ipotesi di integrazione di un manuale con materiale creato dal docente è che l'insegnante abbia capito la filosofia e il funzionamento del manuale, lo stia applicando in maniera coerente con gli obiettivi dello stesso e con le caratteristiche della propria classe e che crei materiali metodologicamente compatibili con quanto il testo prevede.

Per amor di chiarezza, tentiamo ancora una volta un esempio estremo e forse banale: se il manuale prevede di concentrarsi molto sull'uso della lingua, su attività comunicative basate sui significati e non sulle forme e, tuttavia, il docente interviene con infinite batterie di esercizi strutturali perché convinto che solo dopo dosi massicce di esercizi sulla forma gli studenti apprendano e sappiano usare una determinata struttura, allora il contrasto tra le due proposte didattiche risulta talmente palese e forte che una convivenza tra manuale e docente può non essere realizzabile.

Oltre alle caratteristiche intrinseche alle attività vi sono dati più transitori e volubili da prendere in considerazione, come quelli legati alle caratteristiche degli studenti o all'andamento della singola lezione.

Una lezione può avere dei momenti di difficoltà, dovuti a svariate ragioni, non ultimo alla condizione psico-affettiva dell'insegnante e degli studenti. In questi casi, che possono essere frequenti, l'insegnante dovrebbe essere in grado di intervenire e modificare l'andamento della lezione stessa con tagli alle attività, cambiamenti al loro sviluppo, aggiunte di materiali e attività alternative.

Tutto questo presuppone una preparazione scrupolosa di ogni singola lezione, un'analisi attenta delle proposte fornite dal testo e dalle attività aggiuntive o alternative fornite dal docente, e, non ultima, una notevole capacità d'improvvisazione, al servizio dell'osservazione puntuale delle reazioni della classe durante lo svolgimento della lezione.

Improvvisazione che deve essere comunque supportata a priori dalla preparazione attenta della lezione e dalla capacità di prevedere possibili momenti di difficoltà[5]. A questo fine aiutano l'esperienza del docente e i consigli che spesso gli autori dei testi forniscono riconoscendo la particolare difficoltà di un'attività, di un testo utilizzato o di un aspetto linguistico al centro dell'attenzione.

È buona abitudine evidenziare i punti deboli (ma anche ciò che funziona particolarmente bene) del libro di testo, in modo tale da essere pronti nel corso successivo a intervenire per migliorare il testo se necessario.

Questo consiglio presuppone un dato abbastanza rilevante: un libro di testo non può essere scelto e poi cambiato nel breve volgere di un corso o di un semestre, a meno che non ci si renda conto di aver completamente sbagliato la scelta. È necessario cercare di sperimentare il testo prima di una sua eventuale adozione, ma poi, una volta effettuata la scelta, sono tanti gli aspetti e i segreti di un libro che consigliano di non sostituirlo troppo rapidamente.

[5] Si vedano i percorsi 1 *I modelli operativi* e 3 *La gestione della classe.*

Vi è, infatti, la necessità di far adattare coloro che usano il testo, docenti e studenti, al modo di funzionare del libro e viceversa; ed è un percorso che richiede tempo. Non a caso la maggior parte dei sistemi educativi prevede un minimo di anni in cui il testo in adozione non può essere sostituito e non si tratta, come forse erroneamente si è portati a credere, solamente di ragioni legate all'organizzazione scolastica.

La maggior parte dei libri di testo, per loro natura, offre uno schema di riferimento che può dare quel qualcosa in più alle lezioni di lingua rispetto a corsi gestiti attraverso materiali creati *ad hoc* dal docente e fornisce la possibilità di uno sviluppo armonico e coerente del progetto educativo, ma allo stesso tempo si presenta in modo rigido, non tiene conto delle possibili variabili, quale ad esempio la durata della singola lezione (a volte di 45 o 50 minuti, altre di 60 o di 90, ecc.) o le condizioni logistiche della classe (classi dotate di strumenti multimediali e altre dove il gesso può essere un lusso) o ancora le caratteristiche del pubblico, ecc.

A questa rigidità innata fa da contraltare, come già detto, la coerenza, l'attenzione allo sviluppo del percorso didattico interno al progetto che il libro realizza; normalmente l'unità minima di questo percorso è rappresentata dalla singola attività, ma il segmento di programma da tenere come riferimento è solitamente l'unità didattica o l'unità di apprendimento e a volte la lezione o il modulo, a seconda della denominazione adottata dal testo e dalle caratteristiche del lavoro svolto. Ciò implica l'impossibilità per l'autore del testo di determinare fin dove nel corso della lezione si "arriverà" in ogni singola circostanza e quindi l'intervento dell'insegnante diventa quanto mai necessario in fase di motivazione all'inizio della nuova lezione e di collegamento con quanto svolto nella lezione precedente.

È chiaro che l'insegnante abituato a lavorare con materiali propri e che si realizza professionalmente esprimendo la propria creatività nella realizzazione di attività didattiche può ritenere limitativo il ruolo assegnatogli in un contesto come quello disegnato fin qui.

Tuttavia, è importante notare come il tempo risparmiato evitando di preparare la maggior parte del materiale didattico e la tranquillità di poter seguire un percorso didattico corretto, permettono di liberare risorse ed energie da riversare in altri ambiti della funzione docente, quali ad esempio l'osservazione dei singoli studenti, lo sviluppo dei percorsi di apprendimento individuali, la ricerca della giusta atmosfera in classe, l'attenzione al mantenimento della motivazione degli studenti, la realizzazione del processo di valutazione, per citarne solo alcuni.

La moderna didattica della lingua e i supporti che sempre più spesso sono a disposizione di studenti e insegnanti consentono di integrare e arricchire il corso tradizionale, che si svolge tra le mura della classe con alcune appendici nel lavoro domestico.

Il docente è spesso in grado di ritagliare degli spazi per progetti didattici, la cui complessità e durata vanno ben oltre la singola attività didattica, dando vita ad esempio a scambi internazionali con altri studenti per via telematica o a percorsi di approfondimento e ricerca attraverso l'uso di Internet.

Questi progetti conferiscono al docente un ruolo nuovo che gli permette di esplicitare certe caratteristiche creative e inoltre impone l'applicazione di principi metodologici moderni quali ad esempio lo spostamento del fulcro della classe verso il discente e la promozione della sua la centralità o l'applicazione di metodologie di lavoro di tipo collaborativo.

4.5 Scrivere attività didattiche

Cercando di entrare nello specifico delle attività create dall'insegnante a integrazione dei percorsi fatti con un libro di testo, alcune osservazioni paiono d'obbligo. Innanzitutto il materiale didattico deve rispecchiare o quantomeno non essere in contrasto con lo sviluppo del percorso proposto dal manuale: questo significa non solo coerenza metodologica, ma anche attenzione rivolta ai livelli dell'*input* fornito dal materiale aggiuntivo, al tipo di abilità coinvolte e alla loro integrazione con il percorso del manuale.

Ad esempio, se si pensa di inserire un'attività di lettura, ciò può non essere opportuno dopo aver eseguito attività analoghe seguendo l'andamento del testo.

Spesso, poi, vengono introdotti materiali traendo spunto da un aspetto del percorso d'apprendimento proposto dal manuale, ad esempio una struttura grammaticale o un tema di civiltà, ma è opportuno ricordare sempre che l'insegnamento della lingua è di tipo multisillabico e in ogni attività, se possibile, è necessario ricercare una coerenza che avvicini vari aspetti del percorso e non uno unico.

L'unità di apprendimento continua poi a essere il segmento minimo da tenere a mente anche nel momento dell'introduzione di un'attività aggiuntiva.

Le attività proposte debbono, inoltre, essere in armonia con lo sviluppo dei vari sillabi ed è bene ricordare sempre che l'essere umano apprende facendo e che il riutilizzo diversificato è indispensabile per non dimenticare.

Quindi, tra le considerazioni da fare nel momento della preparazione di un'attività integrativa, vi è la necessità di applicare un corretto approccio a spirale per consentire allo studente di cimentarsi con l'uso della lingua appresa.

È questo che alla fine fa la differenza tra un'attività creata in proprio dal docente, anche se può risultare più affascinante e fruttifera di qualsiasi altra presentata in un manuale, e lo sviluppo di un buon libro di testo: l'attività corre il rischio di essere estemporanea, di creare corrette condizioni di lavoro sul momento, ma in modo avulso rispetto al contesto dei sillabi che si cerca di sviluppare.

Ancora una volta, per rendere più concreto quanto affermato, proponiamo l'esempio di corsi di italiano per stranieri basati sull'uso di un libro di testo il cui obiettivo è fondamentalmente lo sviluppo del sillabo grammaticale.

In un caso come questo l'insegnante di massima sente il bisogno di integrare il testo con attività miranti a sviluppare il lessico, l'ascolto, la produzione orale, le abilità di studio, la fonetica, la civiltà, ecc., ma realizzare ciò in modo sistematico, attraverso materiali creati in proprio e farlo in maniera metodologicamente corretta può, quasi certamente, diventare un lavoro improbo.

A integrazione di quanto esposto in questo paragrafo, con il contributo del lettore, si vorrebbero qui delineare alcune caratteristiche pratiche che i materiali proposti dall'insegnante dovrebbero presentare.

Come dovrebbe essere il materiale proposto dall'insegnante? Osservi la lista che segue e valuti con un numero su una scala da 1 a 5 (1 meno importante, 5 più importante) le caratteristiche dei materiali a seconda della rilevanza che vi attribuisce.

- Dovrebbe risultare facile allo studente raccogliere il materiale in modo ordinato. ❏
- Il materiale dovrebbe essere presentato in modo ordinato, scritto a macchina; l'insegnante dovrebbe scrivere a mano solo per scopi specifici. ❏
- Il materiale dovrebbe essere presentato con un'impaginazione grafica chiara e attraente. ❏
- Le attività e i testi presentati dovrebbero tener conto del livello di conoscenza linguistica e culturale dello studente. ❏
- Prima di produrre il materiale l'insegnate dovrebbe analizzare in modo sistematico vari aspetti metodologici legati al programma, allo sviluppo del percorso (unità didattica e d'apprendimento) in svolgimento, alle caratteristiche e ai bisogni della classe, ecc. ❏
- Il materiale proposto dovrebbe integrarsi con quanto visto in precedenza e ciò che viene dopo nel corso della lezione, dell'unità didattica o d'apprendimento, del programma. ❏
- Le fotocopie o le pagine stampate dovrebbero essere preferibilmente a colori. ❏

- Bisognerebbe evitare di proporre materiali che comportano un uso improduttivo del tempo della lezione, come ad esempio ricopiare il testo di una canzone alla lavagna. ❑
- Le istruzioni delle attività, soprattutto con classi iniziali, dovrebbero essere formulate con un linguaggio noto agli studenti, lo stesso proposto dal libro di testo. ❑
- Il materiale andrebbe provato, validato, prima di essere usato con la classe. ❑
- L'insegnante dovrebbe sottoporre il materiale usato a un *feedback* degli studenti non solo per verificare quanto è stato appreso, ma anche per valutare il livello di gradimento e motivazione della classe. ❑
- Un'attività proposta dall'insegnante non dovrebbe durare più di 20-25 minuti ❑
- I materiali proposti dovrebbero riguardare argomenti interessanti per la classe a cui vengono presentati in modo da sopperire ai limiti del ma manuale (standarizzazione, rigidità). ❑

Per autovalutarsi

1. Elenchi i principali criteri per la valutazione di un libro di testo per l'insegnamento della lingua straniera.
2. Elenchi i pro e contro dell'adozione di un libro di testo per l'apprendimento della lingua straniera come supporto principale per il lavoro in classe.
3. Scelga le 5 caratteristiche principali dei materiali creati autonomamente dal docente.

Per saperne di più

Questo percorso abbraccia tematiche generali attraverso una prospettiva molto particolare.

Sulla valutazione dei materiali didattici consigliamo la lettura di un testo che propone una impostazione parzialmente diversa da quella presentata in questo percorso e strumenti pratici:

BIRAL, M., "Indicazioni per l'analisi di testi per l'insegnamento dell'italiano come lingua straniera", in DOLCI, R., CELENTIN, P. (a cura di), *La formazione di base del docente di italiano per stranieri*, Bonacci Editore, Roma 2000.

Per un approfondimento su tematiche generali:

BALBONI, P. E., *Le sfide di Babele*, UTET Libreria, Torino 2002.

Appunti su questo percorso

Informazioni utili, meno utili:

....

....

....

....

Parti da rileggere:

....

....

....

....

Osservazioni su questo percorso in relazione ad altri testi:

....

....

....

....

Ricadute e rapporti con l'insegnamento:

....

....

....

....

Altro:

....

....

....

....

Percorso 5

Le abilità linguistiche

5.1 Abilità ricettive e produttive

***Ascoltare e parlare, leggere e scrivere*. Ecco le quattro abilità primarie. Con che criteri sono state formate le due coppie?**

Nella suddivisione delle quattro abilità linguistiche primarie, chiamate anche macroabilità, sono stati seguiti alcuni criteri: la lingua è prima di tutto un fatto orale e la prima coppia è formata dalle due abilità orali.

Inoltre, sia nella prima che nella seconda coppia si è indicata per prima l'abilità ricettiva, perché nell'apprendimento linguistico esiste una sorta di precedenza della ricezione nei confronti della produzione e una maggior attenzione accordata nella didattica agli aspetti ricettivi.

Per alcuni autori questa prevalenza, almeno iniziale, è fisiologica e si traduce nel "periodo del silenzio"[1] in cui l'apprendente non produce, ma raccoglie informazioni ed elabora comportamenti formulando ipotesi, creando un bagaglio personale che gli servirà per passare a una fase in cui la produzione avrà un ruolo di maggior rilievo.

Nell'insegnamento di una lingua straniera in una prospettiva umanistico-affettiva si consiglia di non forzare i tempi e i modi dell'imparare umano e quindi di non anteporre l'abilità di scrittura alle abilità orali, così come si raccomanda di cercare di integrare le varie abilità dando spazio alle abilità di produzione, in particolare al parlato, fin dai primi momenti, pur rispettando la necessità di accordare maggior spazio alla ricezione.

Il fine ultimo rimane, comunque, la creazione di percorsi didattici votati all'integrazione delle quattro abilità. Questo processo rappresenta più fedelmente la modalità di utilizzo delle abilità linguistiche nei processi comunicativi della vita reale, dove è difficile, o comunque infrequente, trovare situazioni in cui chi ascolta è chiamato a un'operazione basata esclusivamente sull'abilità di ricezione orale. È molto più frequente imbattersi in situazioni di comunicazione reale in cui le abilità

[1] DULAY (1982); Job, Tonzar (1993); Freddi (1994).

di ricezione e di produzione si intersecano dando vita a una più complessa interazione.

La somma di queste abilità integrate dà origine a fenomeni che vanno oltre le singole abilità *primarie*[2].

Pensiamo alla complessità di un processo che porta a prendere appunti durante una conferenza. Le abilità linguistiche sono in apparenza la comprensione orale e la produzione scritta che si integrano, ma in realtà il processo è ben più complesso e coinvolge abilità cognitive, strategie di apprendimento, conoscenze di tipo culturale e competenze linguistiche, che danno vita a qualcosa di diverso dalla semplice somma di ascolto e scrittura.

Nella pratica didattica quest'attenzione all'inevitabile integrazione tra le varie abilità, che si affianca a percorsi di insegnamento delle singole abilità primarie, si traduce in attività che vanno considerate come un insieme di diversi momenti.

Un esempio pratico può rendere più concreto questo concetto: una sezione dedicata allo sviluppo del sillabo delle abilità potrebbe proporre un'attività iniziale di pre-ascolto basata sulla lettura del titolo di un articolo di giornale che fornisce lo spunto per un'attività a coppie di previsione sui contenuti della notizia tratta da un radiogiornale che si va ad ascoltare.

Quest'attività di anticipazione dei contenuti, che come si vedrà in seguito permette di alleggerire il carico cognitivo della fase dell'ascolto vero e proprio e dà inizio al processo della comprensione, è possibile sia in forma orale che scritta.

Durante l'ascolto gli studenti devono prendere appunti riempiendo per iscritto una tabella che già riporta l'inizio delle frasi degli appunti.

A questa fase, dopo un controllo orale della comprensione attraverso la lettura di quanto scritto, può fare seguito un'attività di scrittura del riassunto della notizia o la stesura di un articolo di giornale attraverso l'elaborazione degli appunti.

Alla fine lo studente può essere accompagnato a una riflessione conclusiva sulle strategie di apprendimento e le abilità di studio che stanno alla base del processo del prendere appunti.

Le ragioni per cui un individuo utilizza le proprie abilità ricettive nella vita di tutti i giorni sono le più svariate, così come numerosi sono le tipologie testuali e i media coinvolti.

L'analisi dei bisogni ci spinge a identificare alcune categorie per cercare di semplificare il processo. Si ascolta o si legge per piacere o per raggiungere uno scopo[3].

Più complesso è invece definire brevemente ciò che succede nel cervello umano nel momento in cui un *input* orale o scritto lo colpisce[4].

[2] Balboni (1998, p. 12).

[3] Harmer (1983, p. 143).

[4] Per un'analisi di tipo neuropsicologico si veda Denes, Pizzamiglio (1996); per un approccio più legato alla glottodidattica risulta fondamentale il testo Danesi (1998).

Nonostante studi principalmente condotti su individui che presentano afasie abbiano portato a riflessioni ormai secolari in materia, i contributi che la tecnologia offre, in particolare nel campo delle strumentazioni diagnostiche, fanno sì che il mondo scientifico continui a considerare in costante evoluzione questo ambito di ricerca.

Le abilità ricettive

5.2 Ascoltare

Veniamo ora più specificamente all'ascolto. Alcuni autori hanno proposto una visione del processo sotteso all'ascolto che parte da considerazioni legate al modo di elaborare l'informazione.

Si sono così affermati due punti di vista: il primo è quello di coloro che vedono l'ascolto come un processo di tipo *bottom-up*, durante il quale l'*input* auditivo viene suddiviso in segmenti, fino ad arrivare a separare i singoli suoni che lo costituiscono, per poi passare a una fase di ricostruzione del discorso.

L'approccio *top-down*, invece, propone una lettura diversa del processo[5]: quando si ascolta, un ruolo determinante viene ricoperto dalla conoscenza del mondo che colui che ascolta possiede, dalla capacità di utilizzare conoscenze che non sono direttamente trasmesse dalle parole ascoltate, ma che chi ascolta immediatamente attiva per agevolare la comprensione del testo che sta sentendo. Al momento di ripetere ciò che si è ascoltato, di norma, l'individuo compie un'operazione di elaborazione del testo e ripropone quanto ricorda, con evidenti buchi di memoria. Questo porta a concludere che quando si ascolta non si memorizzano tanto le esatte parole, quanto il significato del messaggio che l'insieme del testo propone. Anche se l'ascolto avviene in modo sequenziale e lineare presupponendo quindi un atteggiamento di tipo *bottom-up*.

La conoscenza del mondo, dunque, rappresenta una delle componenti principali del processo di ascolto che si interseca con le conoscenze linguistiche e la competenza comunicativa, nonché con i numerosi processi cognitivi e le strategie coinvolti[6]: utilizzare conoscenze pregresse, inferire, anticipare i contenuti, immaginare, decodificare i suoni, individuare il tipo di testo, individuare ciò che è importante nel testo, utilizzare stimoli visivi, collegare a ciò che viene detto il modo in cui viene formulato il testo, cogliere e valutare la ridondanza del discorso, abbinare al discorso aspetti non linguistici e paralinguistici, fare attenzione all'intonazione, all'accento, al tono della voce di chi parla, fare attenzione a parole conosciute, selezionare, includere o escludere l'informazione, cogliere rapidamente le informazioni necessarie, memorizzare e così via.

[5] Anderson, Lynch (1988); Nunan (1991).
[6] Balboni (1998, p. 18).

Un ruolo fondamentale nel processo che porta alla comprensione è giocato dalla cosiddetta *expectancy grammar*, cioè "la capacità di prevedere che cosa può essere detto in un dato contesto ed in un dato cotesto"[7]

In una prospettiva di tipo *top-down* del processo di comprensione l'*expectancy grammar* si inserisce quale strumento, attivato da un ben definito processo cognitivo, che permette di cogliere la globalità del messaggio attraverso le ipotesi che essa consente di formulare.

Le ipotesi vengono poi comprovate o modificate attraverso l'ascolto o, nel caso della comprensione scritta, attraverso la lettura.

La formulazione delle ipotesi e la loro modifica avvengono attraverso un processo costante che si realizza in tempi anche rapidissimi, non solo prima dell'esposizione al testo orale o scritto, tramite tecniche legate a processi cognitivi quali l'anticipazione, la previsione, l'inferenza e così via, ma anche e soprattutto durante l'ascolto o la lettura. Ciò implica in chi ascolta una fondamentale operazione di selezione delle informazioni che si stanno per ascoltare o leggere e la conseguente "perdita" di parte dei significati del messaggio testuale, compensata dalla possibilità di una migliore comprensione e ritenzione di quanto compreso.

Un processo di questo tipo non è certo semplice da realizzare, in particolare in lingua straniera, e richiede un attento e costante lavoro di sviluppo delle tecniche e delle abilità implicate; questo significa che oggetto del percorso di insegnamento/apprendimento sarà necessariamente l'applicazione ripetuta e costante di tali tecniche e abilità nella convinzione che, anche per quanto riguarda le abilità di ricezione, un loro corretto e puntuale utilizzo costituisca la via principale per un'acquisizione di comportamenti che possano, col tempo e con la pratica, essere applicati dal discente in maniera automatica.

Nella lezione di lingua straniera, ma più in generale in un percorso di educazione linguistica che include anche la propria madrelingua, è fondamentale, quindi, aiutare il discente a sviluppare l'uso dell'*expectancy grammar* e delle tecniche di ricezione attraverso un approccio di tipo *task-based* (basato sui compiti) che permetta di guidare la comprensione indicando e delimitando il campo di ciò che si ritiene necessario capire, nonché di consolidare le strategie di apprendimento coinvolte.

Tradotto in pratica, si tratta di attività strutturate sulla base di compiti esplicitati nelle istruzioni che portano lo studente a compiere operazioni

[7] Balboni (1998, p. 19). Lo stesso Balboni (1999a), così definisce il contesto e il cotesto: *[il contesto è] ciò che compare in un testo, intorno ad un testo, nella situazione in cui si realizza un evento comunicativo.*
Il contesto fornisce le informazioni di base su cui opera il processo di anticipazione, che è essenziale per la comprensione.
[Il cotesto] è la parte del testo che troviamo intorno ad una data unità linguistica: ad esempio, il co-testo di un fonema è la parola in cui esso è inserito, il co-testo di una parola è la frase, quello di una frase è il periodo, e così via. [...] Spesso si include il termine "co-testo" in quello più generico di contesto, che comprende tuttavia anche altri elementi.

volte al miglioramento della comprensione orale o scritta, all'integrazione con altre abilità, all'interazione comunicativa e così via. L'approccio *task-based* consente all'insegnante e allo studente un'esposizione didattica a materiale autentico, imprescindibile se si accoglie la necessità di una prospettiva di tipo *top-down*, ma estremamente ricca di insidie.

Uno dei principi fondamentali della *Second Language Acquisition Theory*[8] di Krashen è la teoria dell'*input* comprensibile, secondo cui, dato un *input* già acquisito, l'apprendimento si realizza se l'esposizione avviene attraverso un *input* + 1, dove 1 è un elemento aggiuntivo seguente nella sequenza dell'ordine naturale che sta alla base dell'apprendimento linguistico.

Ai fini del discorso che stiamo sviluppando non interessa tanto disquisire sulla possibilità di determinare un ordine naturale nell'apprendimento di una lingua straniera appresa non nei primi anni di vita, quanto piuttosto soffermarsi sul concetto di *input* comprensibile che non riguarda prima di tutto la forma, le strutture o le singole parole, bensì i significati.

Per cogliere i significati lo studente deve essere messo nella condizione di poter affrontare dei compiti che gli permettano di comprendere i testi[9].

L'esposizione a un *input* comprensibile è un elemento indispensabile per l'attivazione del *LAD* (*Language Acquisition Device*), cioè del meccanismo innato di acquisizione linguistica che secondo Chomsky ogni essere umano possiede.

5.2.1 L'ascolto nella vita reale

Pensi alla vita reale. Quali situazioni riesce a immaginare in cui si deve esercitare l'abilità di ascolto?

Osservi ora la tabella. Quali altre tipologie di ascolto aggiungerebbe?

1. Conversazione tra due o più persone a cui chi ascolta non prende parte
2. Trasmissione televisiva
3. Trasmissione radiofonica
4. Annunci di altoparlanti
5. Ascolto via computer
6. Lezione
7. Conferenza
8. Conversazione a cui chi ascolta prende parte

[8] Krashen (1982); Krashen, Terrell (1983).

[9] Sulle caratteristiche dei testi d'ascolto torneremo più avanti in questo percorso.

9. Informazioni operative di vario genere (indicazioni stradali, informazioni in negozi, ecc.)
10. Intrattenimento (teatro, cinema, ecc.)
11. Riunioni di lavoro
12. Conversazioni telefoniche
13. Videoconferenze
14. Pubblici dibattiti
15. Cerimonie religiose
16. Canzoni
17. Scambi di informazioni e altro con i colleghi di lavoro
18. ....
19. ....
20. ....

È possibile suddividere la tabella precedente in tre gruppi. Il primo riunisce le tipologie in cui chi ascolta non interagisce parlando, un secondo gruppo le tipologie in cui vi è interazione da parte di chi ascolta e un terzo gruppo in cui si possono avere entrambe le situazioni. Provi a completare lo schema.

Solo ascolto	Ascolto e interazione orale	Solo ascolto o Ascolto e interazione orale

Nella vita reale chiunque è portato a esercitare l'abilità di ascolto in innumerevoli circostanze durante la giornata.

Ma non sempre l'ascolto viene praticato in maniera conscia e spesso non è frutto di un atto di volontà. Si tratta frequentemente di un'esposizione involontaria a rumori ambientali che a seconda dei contesti possono essere arricchiti dalla parola e arricchirla.

Solitamente le occasioni di ascolto sono caratterizzate dall'informalità del discorso, da una forte dose di ridondanza che porta colui che parla ad arricchire il proprio eloquio attraverso elementi del tutto superflui (è il caso di parole quali *cioè, praticamente, allora*), pause e brusche accelerazioni, accompagnate da uno spezzettamento del discorso in brevi segmenti; dalla presenza di un non detto spesso allusivo che richiede da parte dell'ascoltatore una forte capacità di comprensione basata sulla conoscenza del mondo.

E ancora: il lessico utilizzato è spesso informale e non sempre appropriato, spesso si usano espressioni di tipo gergale, a questo in Italia si aggiungono gli innumerevoli tratti legati alle varietà linguistiche locali, sia a livello morfologico che lessicale, di pronuncia, intonazione, ecc., senza dimenticare le differenze di tipo diastratico tra le varie classi sociali, tra gruppi di età e sesso differenti e così via.

Normalmente, poi, l'ascolto viene supportato in maniera multimediale attraverso il contributo spesso determinante dell'ambito visivo ed emotivo: buona parte del messaggio non viene comunicato attraverso la parola, ma attraverso altri elementi espliciti e impliciti, quali ad esempio i gesti o i cenni del capo, gli sguardi, le emozioni che il discorso è in grado di suscitare. Oppure attraverso la conferma delle parole attraverso le azioni di chi ascolta o parla o di soggetti esterni al discorso.

Nella vita reale l'interazione tra chi ascolta e chi parla è spesso molto frequente e rapida, sia in termini di segnalazione della comprensione da parte di chi ascolta, sia per quanto riguarda la costante risposta a messaggi solitamente molto operativi e pratici.

La concretezza e praticità del tipo di ascolto a cui solitamente si è esposti influenza non solo la scelta lessicale, ma anche la struttura del discorso a livello grammaticale e sintattico.

I rumori di fondo caratterizzano lo sviluppo del processo d'ascolto in situazioni di normalità.

Infine, l'ascolto e l'interazione sono caricati di forti valenze di tipo psico-affettivo: a seconda dell'intenzione del parlante e dell'ascoltatore l'interazione è caratterizzata da elementi affettivi, espressi attraverso le parole, il tono della voce, gli elementi prosodici, i gesti, ecc., che comunicano la volontà, ad esempio, di creare armonia o disarmonia tra i soggetti.

A seconda delle finalità di chi ascolta cambia il modo di ascoltare: si può ascoltare per cogliere il senso globale del messaggio, oppure per individuare informazioni specifiche; oppure per capire il senso del discorso in modo approfondito; si può ascoltare in modo attento o disattento, in modo selettivo alla ricerca di conferme delle proprie ipotesi, si può ascoltare mentre si stanno compiendo altre azioni o concentrandosi unicamente sull'ascolto, ecc.

5.2.2 L'ascolto in classe

Pensi alla classe. Quali situazioni riesce a immaginare in cui durante la lezione lo studente deve esercitare l'abilità di ascolto in lingua straniera?

Quali somiglianze individua tra l'ascolto in classe e l'ascolto della vita reale?

Il tentativo di riprodurre in classe situazioni di ascolto della vita reale è, il più delle volte, una finzione.

Quando ci troviamo di fronte a uno scambio di battute tra studenti o tra uno studente e l'insegnante, oppure quando l'insegnante o uno studente raccontano qualcosa, si può affermare di essere in presenza di una comunicazione naturale, autentica.

Diverso è il caso della maggior parte delle attività di ascolto svolte in classe, quelle che prevalentemente si basano sulle registrazioni proposte dal libro di testo o su testi audio opportunamente selezionati dall'insegnante.

Non si tratta in questo momento di definire le caratteristiche intrinseche ai testi d'ascolto e vedere i pro e i contro di materiali cosiddetti autentici o di materiali costruiti *ad hoc*. Quanto si sta esaminando è il meccanismo stesso alla base dell'ascolto attraverso il registratore, il videoregistratore, il computer o realizzato grazie alla lettura dei testi da parte del docente.

Questo meccanismo è ciò che rende non realistica la pratica di ascolto in classe.

Non vogliamo tuttavia esprimere un giudizio su questo punto, ma semplicemente attirare l'attenzione su un dato fondamentale che è foriero di implicazioni spesso negative per la classe.

Un ascolto in classe con cassetta o cd audio, anche se realizzato con testi di tipo autentico, non permette di abbinare al discorso orale tutti quegli altri elementi della comunicazione che sono convogliati attraverso la vista, ad esempio, o che utilizzano l'interazione per sostenere il processo comunicativo.

Prendiamo, allora, il caso di uno studente fortemente influenzato da modalità di apprendimento legate al sistema di rappresentazione cinestesico o visivo: questo individuo, esposto a un *input* dato dal tradizionale registratore audio, può facilmente perdere parte della comprensione del testo ascoltato ed è indotto a una involontaria forma di distrazione.

Sono solo alcuni esempi della peculiarità della pratica dell'ascolto in classe, tuttavia è bene sottolineare subito un punto fondamentale: l'abilità di ricezione orale è una delle abilità linguistiche primarie ed è compito dell'insegnante creare le condizioni affinché, possibilmente durante ogni singola lezione, essa venga praticata e si proceda nello sviluppo delle strategie necessarie ad acquisire il miglior livello possibile di capacità d'ascolto.

Come giudica il comportamento di questo insegnante?

> Il testo per l'insegnamento della lingua che ho adottato fornisce le trascrizioni dei dialoghi d'ascolto, quasi sempre sulla pagina stessa del libro dello studente. Questo, lo trovo molto utile perché gli studenti spesso non capiscono quando ascoltano e invece se gli si fa leggere il dialogo mentre lo ascoltano, riescono a fare le attività.

Un atteggiamento come quello sopra descritto è tutt'altro che inconsueto. Ciò in parte è dovuto alla natura stessa di molti libri che riproducono la trascrizione del testo delle attività di ascolto, in parte alla pressione degli studenti, spesso abituati ad avvicinarsi alla lingua straniera attraverso la lettura piuttosto che attraverso l'ascolto.

In parte è causato da impostazioni metodologiche errate che spingono l'insegnante a non considerare l'importanza di un corretto sviluppo del processo dell'ascolto.

È piuttosto frequente incontrare docenti che enfatizzano il prodotto, il risultato, ad esempio, delle risposte esatte date a un'attività di comprensione, demotivando e mortificando lo studente che non riesce a comprendere le informazioni necessarie per quelle risposte, creandogli filtri affettivi, portandolo a ricercare sicurezza nella lettura della trascrizione dell'ascolto.

Alla base, poi, vi è la convinzione che il docente debba insegnare tutto ciò che lo studente deve sapere e che nulla può sfuggire al controllo dell'insegnante e così i testi d'ascolto, ma più in generale le attività legate alle abilità primarie, vengono graduati e ripuliti da molti dei tratti tipici della lingua autentica, considerati dispersivi e fonte di inutile distrazione; il risultato è la frequente forte distanza tra quanto viene proposto in classe e la comunicazione della vita reale.

I meccanismi di apprendimento della lingua, come è stato sottolineato, inducono, in realtà, a privilegiare un'esposizione globale alla lingua, per poi procedere in un secondo momento all'analisi degli elementi oggetto di riflessione.

Spetterà a chi ascolta, allo studente nel caso della lezione di lingua, cercare di applicare le strategie necessarie per arrivare a comprendere ciò che costituisce l'obiettivo dell'ascolto.

Nella realtà raramente si ascolta per capire tutto, il più delle volte si ascolta per raggiungere obiettivi che non implicano la comprensione di ogni singola parola o frase.

La diatriba tra fautori dell'ascolto autentico, inteso come esposizione a materiali per la comprensione orale non creati artificialmente dagli autori dei libri per l'insegnamento della lingua a stranieri, ma attinti dalla realtà o frutto di improvvisazione, e coloro che al contrario preferiscono servirsi di materiali graduati e creati artificiosamente non è però di semplice soluzione e non convincono prese di posizione che si richiamano a dogmi metodologici nell'uno o nell'altro senso.

L'approccio comunicativo, accettando l'idea[10] della priorità dell'abilità di ricezione orale su quella scritta ha insegnato ad affrontare il problema attraverso un atteggiamento eclettico che permette di considerare i vari momenti del percorso di educazione linguistica in maniera integrata, ma autonoma.

In determinati momenti della lezione, come quello della presentazione di certe strutture, è possibile fare ricorso a testi di ascolto costruiti appositamente o a testi ibridi, contenenti elementi linguistici su cui focalizzare l'attenzione in modo diretto e altri invece che non diventano oggetto di comprensione diretta da parte dello studente.

È importante, comunque, cercare di riproporre, nel caso di situazioni e testi basati sui tratti del quotidiano, un tipo di lingua e di discorso il più possibile vicino all'oralità, cioè testi che abbiano le caratteristiche accennate nel paragrafo 5.2.2.

Un discorso diverso occorre fare per attività d'ascolto basate su testi che riproducono tipologie specifiche quali la conferenza, la lezione scolastica o universitaria, ecc.: in questi casi il parametro cui fare riferimento non è quello dell'oralità del quotidiano, ma piuttosto quello dell'analisi testuale e della gestione del lavoro linguistico in chiave *task-based*.

Le abilità sollecitate nei due tipi di ascolto sono solo in parte simili, in particolare nell'ascolto che potremmo definire accademico[11] giocano un ruolo fondamentale l'identificazione dello scopo e del tema della lezione o conferenza, la capacità di seguirne lo sviluppo attraverso la comprensione di segmenti anche lunghi, a differenza di quanto avviene nella lingua della conversazione, di parole chiave e di lessico specifico del linguaggio accademico e il riconoscimento delle intenzioni del parlante; la capacità di soffermare l'attenzione su parti del discorso per rendere possibile una prima operazione di memorizzazione.

[10] La tradizione della moderna linguistica a partire dalla seconda metà dell''800 ha sottolineato la priorità dell'abilità di comprensione orale su quella scritta. In questo modo viene messa in discussione l'impostazione tipica dell'approccio grammatico-traduttivo che aveva come scopo principale dello studio di una lingua straniera la comprensione della letteratura scritta in quella lingua o di esercitare e sviluppare le capacità cognitive del discente. Per un'analisi di questi aspetti relativi alla storia degli albori del moderno insegnamento della lingua straniera si veda il capitolo 1 di Richiards, Rodgers (1986).

[11] Nunan adotta questa definizione in Nunan (1989, p.24).

Spesso l'abilità d'ascolto è strettamente integrata con l'abilità di scrittura, per prendere appunti, e con strategie di apprendimento che portano alla stesura di una forma iniziale di mappa cognitiva per la successiva ricostruzione del testo.

Con quali delle seguenti affermazioni si trova d'accordo (✓)? Con quali non è d'accordo (X)? Per quali non saprebbe esprimere un'opinione personale (✓/X)?

	✓	X	✓/X
Il materiale autentico è difficile per studenti a livelli elementari.			
Solo il materiale autentico permette di sviluppare l'abilità d'ascolto.			
Bisogna alternare materiali autentici con materiali costruiti *ad hoc* a seconda dello scopo dell'attività.			
Si possono usare i materiali autentici applicando un approccio basato sui compiti.			
I testi d'ascolto, autentici o costruiti che siano, devono risultare naturali, non rallentati o epurati da pause e altre caratteristiche della lingua orale.			
I rumori di fondo fanno parte dell'ascolto nella realtà e possono essere oltre che una fonte di distrazione un aiuto per l'ascoltatore che può utilizzare altri strumenti al di là della comprensione del testo verbale.			
Anche i materiali costruiti dagli autori di testi di lingua per studenti stranieri possono sembrare autentici.			

Ci pare opportuno ora condurre una breve riflessione su alcune delle ragioni principali che determinano l'importanza dell'insegnamento dell'ascolto in classe.

Si è già detto della natura prioritariamente orale dell'insegnamento della lingua che nell'approccio comunicativo si fonda su uno spostamento di enfasi dalla forma al significato, dalla conoscenza della lingua quasi fine a se stessa o per la comprensione e l'apprezzamento di testi prevalentemente scritti, a una concezione della lingua quale strumento per la comunicazione, per l'interazione. In classe, dunque, occorre sviluppare l'abilità di produzione orale che non può esistere se non in stretto collegamento con l'abilità di ricezione orale e con i processi cognitivi sottesi a entrambe e generati dalla loro integrazione. Per poter comunicare bisogna prima di tutto capire ciò che ci viene detto. E per far ciò lo studente deve essere addestrato attraverso una sistematica pratica all'ascolto.

L'ascolto permette inoltre di verificare le ipotesi linguistiche che l'individuo che parla ha tradotto in un testo orale: se una frase è stata formulata correttamente da un punto di vista della grammatica, del lessico, del registro, ecc., l'ascolto della risposta o la percezione consapevole della reazione dell'interlocutore permettono di valutare la correttezza di quanto detto.

La pratica costante dell'ascolto e lo sviluppo delle abilità cognitive che esso permette fanno sì che lo studente possa apprendere lessico nuovo, strutture, ecc. che in un secondo momento può applicare in fase di produzione orale o scritta, così come avviene con la lettura.

L'ascolto fornisce modelli di pronuncia e intonazione che costituiscono la base dell'apprendimento riguardo al sistema fonetico della lingua.

La pratica dell'ascolto consente di rivedere, anche in modo inconscio o quanto meno senza che essi siano il centro dell'attenzione, elementi linguistici già appresi, permettendo l'applicazione del principio dell'approccio a spirale.

L'ascolto, essendo parte fondamentale del processo comunicativo, rende possibile in classe situazioni di interazione che costituiscono un momento determinante per la riproduzione del normale contesto comunicativo al di fuori della classe.

5.2.3 Le attività d'ascolto in una prospettiva di sillabo

Il Quadro Comune di Riferimento riporta uno schema di rappresentazione delle competenze dei discenti per quanto riguarda i vari livelli di riferimento[12].

Eccone un sunto[13]:

Livello Base	**A1**	Comprende e usa espressioni di uso quotidiano e frasi basilari tese a soddisfare bisogni di tipo concreto. Sa presentare se stesso/a e gli altri ed è in grado di fare domande e rispondere su particolari personali come dove abita, le persone che conosce e le cose che possiede.

[12] Council of Europe (2002), pp. 34-35.

[13] Dal documento del Progetto Lingue 2000 dell'allora Ministero della Pubblica Istruzione, progetto finanziato con i fondi della legge 440/97, il cui scopo era "di innovare l'insegnamento/apprendimento delle lingue straniere favorendo l'acquisizione di competenze comunicative per gli allievi di ogni ordine e grado di scuola".

		Interagisce in modo semplice purché l'altra persona parli lentamente e chiaramente e sia disposta a collaborare.
	A1	Comprende frasi ed espressioni usate frequentemente relative ad ambiti di immediata rilevanza (Es. informazioni personali e familiari di base, fare la spesa, la geografia locale, l'occupazione). Comunica in attività semplici e di routine che richiedono un semplice scambio di informazioni su argomenti familiari e comuni. Sa descrivere in termini semplici aspetti del suo background, dell'ambiente circostante sa esprimere bisogni immediati.
Livello Autonomo	**B1**	Comprende i punti chiave di argomenti familiari che riguardano la scuola, il tempo libero ecc. Sa muoversi con disinvoltura in situazioni che possono verificarsi mentre viaggia nel paese in cui si parla la lingua. È in grado di produrre un testo semplice relativo ad argomenti che siano familiari o di interesse personale. È in grado di descrivere esperienze ed avvenimenti, sogni, speranze e ambizioni e spiegare brevemente le ragioni delle sue opinioni e dei suoi progetti.
		Comprende le idee principali di testi complessi su argomenti sia concreti che astratti, comprese le discussioni tecniche nel suo campo di specializzazione. È in grado di interagire con una certa scioltezza e spontaneità che rendono possibile un'interazione naturale con i parlanti nativi senza sforzo per l'interlocutore. Sa produrre un testo chiaro e dettagliato su un'ampia gamma di argomenti e spiegare un punto di vista su un argomento fornendo i pro e i contro delle varie opzioni.
Livello Padronanza	**C1**	Comprende un'ampia gamma di testi complessi e lunghi e ne sa riconoscere il significato implicito. Si esprime con scioltezza e naturalezza. Usa la lingua in modo flessibile ed efficace per scopi sociali, professionali e accademici. Riesce a produrre testi chiari, ben costruiti, dettagliati su argomenti complessi, mostrando un sicuro controllo della struttura testuale, dei connettori e degli elementi di coesione.
		Comprende con facilità praticamente tutto ciò che sente e legge. Sa riassumere informazioni provenienti da diverse fonti sia parlate che scritte, ristrutturando gli argomenti in una presentazione coerente. Sa esprimersi spontaneamente, in modo molto scorrevole e preciso, individuando le più sottili sfumature di significato in situazioni complesse.

Osservi la tabella proposta sopra e sottolinei le abilità che dipendono dall'ascolto o comunque lo coinvolgono.

A seconda dei livelli, come si deduce dalla tabella sopra riportata, lo studente è chiamato a svolgere dei compiti basati su determinate abilità.

Nell'attività seguente sono state elencate alcune possibili abilità che lo studente arriva a sviluppare durante il percorso di educazione linguistica per quanto riguarda l'ascolto.

La lista[14] non vuole essere esaustiva, ma solamente uno strumento con cui affinare le proprie capacità di osservazione e analisi dell'abilità di ricezione orale in contesto didattico.

Per rendere possibile l'attività sono stati individuati tre livelli che solo a grandi linee possono corrispondere al raggruppamento presentato nella tabella riassuntiva dei livelli del Quadro comune di riferimento sopra riportata.

Osservi la lista: si tratta di attività per l'abilità di ricezione orale che non sono state suddivise per livello. Provi a fare lei una divisione completando la tabella che segue.

1. Riconoscere il numero degli interlocutori.
2. Capire semplici descrizioni di cose, persone, luoghi.
3. Riconoscere i numeri.
4. Capire semplici descrizioni di azioni e scene.
5. Capire i giorni della settimana, i mesi e le date.
6. Seguire un discorso articolato con attenzione e pronunciato in modo chiaro e lento.
7. Sviluppare capacità d'inferenza ascoltando un testo e rispondere a quesiti inferenziali di tipo vero/falso.
8. Sviluppare capacità d'inferenza ascoltando un testo e suggerire una conclusione appropriata.
9. Seguire argomentazioni anche estese su un tema noto.
10. Capire la lingua parlata in modo standard su temi noti o non familiari.
11. Capire parlanti di lingua madre che parlano tra loro.
12. Estrarre informazioni dettagliate da un testo.
13. Cogliere le idee principali in testi comuni in ambiente professionale, anche di tipo tecnico.
14. Capire e svolgere una serie di istruzioni collegate.
15. Capire i numeri.

[14] Per una ampia trattazione di questo tema, oltre al *Framework*, si veda il tentativo di Nunan (1989, pp. 196 – 202).

16. Capire ed eseguire semplici ordini in classe (alzati, siediti, apri il libro, ecc.).
17. Capire domande relative a dati personali di base (nome, età, lavoro, ecc.).
18. Distinguere tra l'italiano e un'altra lingua.
19. Capire dove iniziano e finiscono le parole.
20. Capire l'ora.
21. Capire un testo che riporta in modo semplice dei fatti.
22. Capire informazioni su temi relativi alla vita di tutti i giorni o al lavoro.
23. Capire una breve narrazione con eventi riportati non in ordine.
24. Identificare il genere di un testo.
25. Riconoscere i legami tra le persone che partecipano all'interazione.
26. Afferrare il senso di un testo esteso.
27. Attribuire caratteristiche e stati d'animo agli interlocutori attraverso la voce, il tono, ecc.
28. Capire un testo e trasformare l'informazione presentandola in una forma diversa (una tabella, un grafico, ecc.).
29. Capire un testo e rispondere a quesiti del tipo vero/falso.
30. Attraverso il supporto delle illustrazioni capire semplici descrizioni.
31. Capire ed eseguire sequenze di istruzioni (due o tre).
32. Individuare parole chiave.
33. Riconoscere il registro.
34. Differenziare tra esposizione di fatti e presentazione di opinioni.
35. Capire il senso generale di una narrazione.
36. Capire i dettagli di una conversazione su temi non conosciuti.
37. Capire testi su temi conosciuti sia concreti che astratti.
38. Capire le informazioni in trasmissioni televisive e radiofoniche in cui la lingua sia standard (documentari, notiziari, ecc.).
39. Capire i punti principali di notizie lette in telegiornali e radiogiornali su argomenti conosciuti.
40. Capire film e sceneggiati in cui le immagini e il contesto aiutano a comprendere il parlato.

Livello 1	Livello 2	Livello 3

Soluzioni:
Primo livello
18, 32, 1, 17, 2, 3, 19, 16, 31, 4, 30, 20, 15, 5, 29, 21, 6, 28, 7.
Secondo livello
14, 22, 35, 27, 8, 23, 12, 26, 34, 24, 33, 25, 36.
Terzo livello
10,13, 37, 9, 38, 39, 40, 11.

5.2.4 Le tecniche d'ascolto

La pratica didattica quotidiana porta l'insegnante a un costante lavoro di ricerca di materiali d'ascolto, così come di attività per lo sviluppo delle altre abilità primarie e delle molteplici abilità integrate.

A volte lo strumento principale a disposizione del docente, il libro di testo adottato, fornisce un supporto non adeguato allo sviluppo dell'abilità di ricezione orale: oltre a testi troppo spesso poco rispettosi delle caratteristiche dell'oralità, vi si trovano in abbondanza modelli di attività ripetitivi e demotivanti, basati su una limitata gamma di tipologie di attività.

Inoltre, l'insegnante ha frequentemente bisogno o sente il desiderio di esporre la classe a testi di ascolto autentici, quali spezzoni di film, trasmissioni televisive o radiofoniche, che raramente fanno parte del corredo del libro di testo, non fosse altro che per ragioni legate alla difficoltà per gli editori di ottenere o acquistare le necessarie liberatorie in base alle normative vigenti sui diritti d'autore.

Questo comporta per l'insegnante un lavoro di preparazione dei propri materiali di ascolto e un loro sfruttamento didattico in classe.

Nel paragrafo precedente abbiamo cercato di fornire alcuni strumenti e spunti di riflessione per orientare le scelte didattiche in base ai livelli di conoscenze dei discenti, in questo paragrafo presentiamo una carrellata sulle più diffuse tipologie di attività di ricezione, spesso utilizzabili sia per la comprensione orale che scritta.

Stimolare la motivazione degli studenti; attivare le loro capacità legate alla *expectancy grammar* con attività di inferenza ed elicitazione di conoscenze già acquisite nel corso delle lezioni o che fanno parte della conoscenza del mondo, del bagaglio culturale in senso lato dei discenti; introdurre elementi fondamentali, come ad esempio parole chiave non conosciute, per permettere una corretta comprensione del testo che si andrà ad ascoltare, queste sono alcune delle azioni che l'insegnante compie in una fase precedente all'ascolto di introduzione dell'attività.

A questo scopo l'insegnante potrebbe utilizzare immagini che introducono la situazione e il tema dell'ascolto, oppure potrebbe raccontare, chiacchierare sull'argomento oggetto dell'attività, potrebbe porre domande alla classe per elicitare le preconoscenze degli studenti, potrebbe fornire spunti di riflessione su argomenti secondari trattati nel testo d'ascolto, fare riflettere sul titolo, lavorare sull'esperienza dei singoli studenti in un ambito legato al tema del testo, e così via. Per fare ciò occorre applicare delle tecniche didattiche.

La fase successiva, quella dell'ascolto vero e proprio impone un utilizzo di tecniche che permettano di applicare i dettami di un corretto approccio *task-based* che vuole lo studente protagonista di attività cognitive e operative basate su compiti da realizzare durante l'ascolto.

Lo stesso vale per la fase successiva, quella del dopo ascolto che include oltre alla verifica della comprensione, eventuali espansioni di quanto proposto attraverso il materiale su vari piani: linguistico, culturale, delle strategie d'apprendimento, ecc.

Abbinamento

Allo studente viene presentato un testo e il compito da svolgere consiste nell'abbinare determinati dati inclusi nel testo a immagini, singole parole, definizioni, dati numerici, ad esempio di tipo statistico.

Quando lo studente rileva la presenza del dato richiesto dà la risposta in base alle istruzioni ricevute.

Le attività di abbinamento possono essere sia molto semplici e adatte a livelli iniziali in quanto possono supportare il processo cognitivo attraverso elementi non verbali, quali le immagini o i numeri. Oppure si possono realizzare in modo più complesso, ad esempio quando si chiede di mettere in ordine le varie componenti del testo di ascolto o lettura: lo studente potrebbe essere chiamato a numerare nell'ordine corretto alcune definizioni o brevi riassunti che riportano il contenuto di segmenti del testo oggetto di comprensione.

Questo tipo di tecnica permette un interessante utilizzo di testi autentici, poiché consente di spostare l'attenzione da elementi verbali alla comunicazione non verbale. Ad esempio questo avviene nel caso in cui alla classe venga richiesto di abbinare in un dialogo tratto da un film, uno sceneggiato o una rappresentazione teatrale gli stati d'animo o le caratteristiche dei vari personaggi con una loro descrizione verbale attraverso singole parole (buono, cattivo, felice, triste e così via).

Abbinamento di battute alle vignette

Nella pratica dell'ascolto, ma anche nello sviluppo della lettura, questa tecnica offre la possibilità di supportare il percorso di comprensione verbale con le immagini che contestualizzano visivamente il testo.

Viene creata una vignetta o una striscia in cui nelle nuvolette mancano le battute di parte o di tutti i personaggi.

Lo studente è chiamato ad ascoltare il testo e scrivere le battute mancanti nelle vignette.

In un certo senso si tratta di una sorta di dettato che porta a verificare non tanto la comprensione globale del testo quanto una comprensione dettagliata delle singole parole usate.

Non è escluso che l'insegnante decida di utilizzare la tecnica per un'attività di interpretazione del testo che presuppone un certo grado di rielaborazione di quanto ascoltato e che porta lo studente a riscrivere con altre parole le battute.

Risposta fisica a comandi

È una tecnica ampiamente applicata in alcuni metodi quali la *Total Physical Response*. Lo studente è chiamato a compiere le azioni sollecitate attraverso i comandi dell'insegnante o del testo registrato.

Questa tecnica può avere un ruolo particolarmente significativo nell'educazione linguistica dei bambini e nell'insegnamento della lingua della classe come strumento per la comunicazione in lingua straniera e stimolo per rendere familiare e spontaneo l'uso della lingua oggetto di studio.

Eliminazione progressiva

Allo studente è fornita una lista di parole o immagini di oggetti, scene o altro in numero superiore a quelle contenute nel testo.

Man mano che si ascoltano le parole o si individuano le immagini bisogna segnarle, attraverso una sottolineatura o tramite altra evidenziazione.

Quest'attività può essere utile in chiave integrata oltre che per l'ascolto, nella fissazione del lessico attraverso la contrapposizione di coppie di opposti, ad esempio: bello/brutto, giovane/vecchio, ecc.

Problem-solving

Sono varie le situazioni e le occasioni per applicare attività basate sulla risoluzione di un problema. Si tratta di un tipo di approccio particolarmente duttile, in quanto permette, grazie alle sue caratteristiche, di innescare reali processi comunicativi in classe per la ricerca e la negoziazione della soluzione possibile del problema.

A titolo di esempio, spesso si usa al momento dell'insegnamento delle strutture, lessico, funzioni e così via legate alle informazioni stradali, facendo seguire su una cartina il percorso indicato nell'attività di ascolto, si dà così luogo a un'attività di transcodificazione.

Cloze[15]

Gli studenti devono riempire gli spazi lasciati vuoti all'interno di un testo, dove di norma viene eliminato il 15% delle parole.

Il *cloze* può rappresentare una possibile applicazione della tecnica del dettato, ma per brani di ascolto complessi l'eliminazione del 15% delle parole può creare serie difficoltà.

In alternativa si propongono tecniche di completamento.

Completamento

Nel caso dell'ascolto lo spazio lasciato vuoto e da completare può essere rappresentato da un sibilo che copre la parola che si vuole eliminare; in base al contesto dell'ascolto lo studente è chiamato a scrivere o a scegliere la parola mancante.

Questa tecnica permette di integrare varie abilità primarie e non: l'ascolto, la lettura, la scrittura, il prendere appunti, il riassumere.

Alla classe può essere fornita una trascrizione del testo in cui occorre inserire le parole mancanti, oppure l'inizio di una frase che funge da parziale riassunto dei contenuti del testo oggetto di comprensione. Il compito consiste nel completarle in base ai contenuti ascoltati (o letti).

Canzoni

Le canzoni sono strumenti amati da studenti e insegnanti che forniscono lo spunto per numerose attività legate alla comprensione testuale, dalle varie tipologie di attività a risposta aperta e chiusa, ad attività di riassunto, e così via.

Una di queste possibilità, collegata alle procedure di *cloze*, di completamento e di dettatura consiste nel fornire allo studente il testo della canzone senza alcuni elementi lessicali e di invitarlo poi a completare la canzone ascoltandola.

[15] Per una più ampia trattazione della tecnica del *cloze*, così come di diverse altre tecniche utilizzate per verificare la comprensione, si veda il percorso 12 dedicato alla valutazione e al *testing* linguistico.

Domande chiuse

Si tratta di domande che prevedono una risposta univoca, nella maggior parte dei casi già fornita in una gamma di possibili soluzioni.

Risposte sì/no

Alla domanda lo studente è chiamato a rispondere sì o no a seconda del contenuto del testo.

Quesiti vero/falso

Lo studente in base al testo oggetto di comprensione deve decidere se quanto scritto o detto in relazione al testo sia vero o falso.

Scelta multipla

Anziché una sola possibilità come nelle due precedenti tipologie, che a rigor di logica comunque rientrano nella tipologia a scelta multipla, qui vengono fornite più soluzioni, di cui una sola corretta, mentre le altre sono dei distrattori.

Solitamente si raccomanda di creare quesiti a scelta multipla con almeno quattro, se non cinque, soluzioni possibili.

Trovare l'errore o la differenza

Questo tipo di attività può essere utilizzato in svariati modi per la comprensione orale o scritta, tutti basati sull'incongruenza e le differenze tra ciò che si ascolta o legge e quanto viene riproposto nell'attività di ricerca dell'errore.

Griglie e tabelle

Nel caso della griglia lo studente è chiamato a dar prova dell'avvenuta comprensione attraverso l'intersezione di due elementi posti su un piano cartesiano.

Le possibilità di intersezione sono molteplici e l'abilità dello studente sta nell'indicare correttamente l'abbinamento.

Nella tabella, invece, lo studente è normalmente chiamato a completarne il testo attraverso l'immissione di dati dedotti dal testo oggetto dell'attività di comprensione.

Per le caratteristiche di rapida esecuzione che presentano (spesso è sufficiente nel caso della griglia mettere una crocetta) queste due tecniche sono particolarmente indicate per i compiti da svolgere durante l'ascolto.

Di più lunga e a volte complessa gestione sono tecniche quali le domande aperte, il riassunto, l'interpretazione testuale, prendere appunti, completare una storia e così via.

Queste tecniche presuppongono un lavoro di comprensione del testo dei quesiti così come avviene per tipologie di tecniche a risposta chiusa a cui si aggiunge una esecuzione solitamente più lunga e laboriosa che si può effettuare non durante l'ascolto, ma nella fase successiva, con una maggiore sollecitazione delle capacità mnemoniche.

Domande aperte

Si tratta di quesiti per i quali sono previste risposte articolate che comportano un'elaborazione linguistica personale da parte dello studente.

Prendere appunti

La consegna data allo studente può coinvolgere un livello più o meno complesso di elaborazione.

L'attività può essere guidata e facilitata dall'indicazione degli ambiti su cui soffermare l'attenzione oppure fornendo intere frasi da completare per formare appunti sul contenuto del testo.

Questi appunti organizzati in una struttura possono costituire un vero e proprio riassunto del testo oggetto di attività di comprensione.

Riassumere

Come nel caso visto al punto precedente, la tecnica del riassunto presuppone vari passaggi indispensabili per arrivare alla stesura del riassunto stesso; passaggi cognitivamente complessi che sollecitano le abilità linguistiche dello studente in maniera integrata.

Parafrasi

Lo studente è chiamato a riscrivere il testo con altre parole dimostrando in questo modo di averlo compreso.

Quest'attività di riscrittura può rispondere a esigenze di vario tipo, ad esempio morfosintattico nel caso di un'attività in cui lo studente debba effettuare un passaggio dal discorso diretto al discorso indiretto. Oppure può rispondere a percorsi legati al registro linguistico, come nel caso della riscrittura di un testo passando dal registro formale all'informale o viceversa.

Traduzione

La traduzione verso la lingua dello studente è un'attività che mette alla prova la capacità di comprendere nei dettagli un testo.

Se nel caso dell'abilità di ricezione scritta la traduzione diventa nella pratica quotidiana una tecnica largamente usata, a volte anche in eccesso, per le attività di ricezione orale un suo uso diventa più improbabile in quanto risulta difficile applicarla all'ascolto se non nel caso di segmenti molto brevi di lingua.

Interpretazione testuale

Si tratta di un'attività che, come nel caso del riconoscimento di alcuni dati semplici quali comprendere il numero dei parlanti o il loro sesso, può essere utilizzata fin dagli inizi del percorso di educazione linguistica; nelle versioni più avanzate, invece, può arrivare a coinvolgere abilità e strategie, nonché conoscenze culturali, molto sofisticate.

Comprensione globale (skimming)

Si tratta di un tipo di attività di ricezione che prevede una concentrazione dello studente mirata a cogliere il senso generale del testo.

Per indirizzare la comprensione possono essere fornite domande cui rispondere, di tipo chiuso (vero/falso, ecc.) o aperto (con brevi risposte richieste, spesso singole parole o dati); oppure lo studente è chiamato a riempire tabelle, diagrammi, griglie e così via.

I compiti da svolgere vengono normalmente assegnati prima dell'inizio dell'attività di ricezione e l'insegnante verifica che il compito sia stato correttamente compreso dalla classe.

Comprensione dettagliata (scanning)

Questo tipo di ricezione è basato sulla comprensione di singole informazioni fornite dal testo. Per la sua realizzazione si possono adottare le stesse tecniche indicate per lo *skimming*.

Ascoltare narrazioni

Un caso tipico è l'ascolto dell'insegnante che racconta una storia, un film visto, oppure che commenta una notizia, esprime un'opinione, ecc. Si tratta, come già sottolineato, di una situazione che non cerca di simulare l'autenticità del reale, ma che è realmente autentica di per sé.

Attorno a quest'ascolto possono essere create attività di comprensione utilizzando diverse delle tecniche proposte in precedenza.

Dettato

Il dettato è un'attività che ha avuto molto successo e ancora riscontra molto interesse tra i docenti[16].

In alcuni casi, come quello dell'insegnamento della lingua per fini professionali, possono essere varie le occasioni in cui il dettato simula un'applicazione reale, ad esempio nelle situazioni di dettatura al telefono di messaggi, ecc.

Occorre cercare di fare chiarezza sulla natura stessa del dettato prima di presentare tecniche diverse per la sua realizzazione.

I dettati sono sia attività d'ascolto che di scrittura. Per loro natura si focalizzano in maniera esclusiva sull'accuratezza e quindi contrastano con molte strategie che sono invece volte alla comprensione di certi elementi, come ad esempio le tecniche di *skimming* e *scanning*.

Si tratta di una tecnica in più che l'insegnante ha a disposizione e che può risultare utile per migliorare certi aspetti delle abilità di ascolto e scrittura e per dare vita ad attività integrate di vario genere.

[16] Si veda il percorso 12 sulla valutazione linguistica e il *testing* per un utilizzo di questa tecnica in sede di verifica.

Una maniera per ovviare alla natura così decisamente rivolta all'accuratezza dipende dall'impostazione dell'insegnante e spesso dalla sua capacità di resistere alle richieste pressanti degli studenti che desiderano riascoltare la parte appena dettata.

Si raccomanda di seguire questa pratica nell'applicare la tecnica del dettato nella sua versione tradizionale.

1. Prima di iniziare la lettura del brano oggetto di dettatura, è opportuno cercare di creare motivazione negli studenti e attivare strategie legate alla *expectancy grammar*, facendo riflettere sul possibile contenuto del testo. Ad esempio si può partire da una tipica attività di pre-ascolto basata sulla previsione dei contenuti attraverso la riflessione sul titolo.
2. Poi si passa alla fase di lettura del brano per dare la possibilità allo studente di cogliere il senso generale, la globalità, assegnando alla classe il compito di verificare l'esattezza delle ipotesi formulate nella parte di pre-ascolto.
3. Inizia, quindi, la dettatura, che dovrà essere eseguita attraverso la lettura ad alta voce da parte dell'insegnante o la presentazione di un brano registrato esponendo gli studenti a segmenti di discorso significativi e non a singole parole. Si dovrebbe, cioè, leggere alla classe una frase di lunghezza sufficiente a rendere il segmento significativo rispetto al contesto.
4. Immediatamente dopo la prima lettura e prima che gli studenti inizino a scrivere, si passa a una seconda lettura del segmento e quindi alla scrittura da parte della classe.
5. Alla fine del dettato dopo una necessaria pausa per permettere agli studenti di rileggere e correggere quanto scritto, attraverso l'insegnante o la registrazione la classe riascolta l'intero testo e apporta le necessarie ulteriori correzioni.

Le tecniche di dettatura sono numerose[17] e possono permettere di perseguire svariati obiettivi.

In questa sede interessa presentare un paio di attività che consentono di creare situazioni comunicative e di collaborazione tra gli studenti per esemplificare le possibilità che questa tecnica dischiude.

Se si desidera creare un'attività di presentazione dell'insegnante e degli studenti alla classe si potrebbe procedere in questo modo: l'insegnante invita gli studenti a scrivere cinque gruppi di tre frasi con informazioni personali che li riguardano (*Sono nato a Bologna, ho 30 anni, ecc.*).

In ogni gruppo solo una frase è corretta. L'insegnante poi passa alla dettatura di alcuni gruppi di frasi che riguardano se stesso.

[17] Davis, Rinvolucri (1988).

Alla fine può chiedere agli studenti divisi a gruppi di tre di confrontare e correggere quanto scritto dai membri del gruppo e di arrivare a un'ipotesi unica su quali siano le frasi vere.

In plenaria l'insegnante poi dà conferma delle informazioni e aggiunge, se crede, ulteriori elementi. A questo punto gli studenti, sempre a gruppi di tre, possono leggere le proprie frasi ai compagni e oralmente fare la stessa cosa come per le informazioni riguardanti l'insegnante.

Dictogloss[18]

Si tratta di una tecnica che in parte accoglie e in parte stravolge certi presupposti del dettato.

Ci si concentra sulle singole parole, così come sul significato globale e si dà largo spazio alla produzione degli studenti.

Il risultato finale è un'attività collaborativa in cui diversi elementi caratteristici dell'ascolto vengono incentivati. Ad esempio permette agli studenti di utilizzare strategie di previsione e inferenza, di lavorare sul significato globale del testo, sulla coesione del testo e sulla sua coerenza rispetto al contesto e così via.

Dopo aver compiuto un percorso di pre-ascolto basato sulla previsione e anticipazione dei contenuti del testo del dettato, l'insegnante legge a velocità naturale, o fa ascoltare sempre a velocità naturale, un testo di lunghezza e complessità variabile indicativamente dalle 50 alle 100 parole a seconda del livello di conoscenze degli studenti.

Poi, durante il secondo ascolto sempre a velocità naturale, gli studenti scrivono quante più parole possibile che risulteranno in una serie di appunti.

A questo punto gli studenti si riuniscono in piccoli gruppi e cercano, confrontando gli appunti presi da ognuno, di ricostruire insieme il testo del dettato.

L'ultima fase riguarda il confronto tra le varie proposte della classe e con il testo originale del dettato.

Osservi le tipologie di attività di ascolto presentate sopra. Quali altre conosce che non sono state indicate?

1.
2.
3.
4.
5.
6.

[18] La prima versione di questo tipo di attività era stata proposta in *The English Language Teaching Journal* nel 1963 e poi ripresa da numerosi autori e in diverse pubblicazioni, tra cui in anni più recenti Wajnryb (1986, 1988).

5.2.5 Valutare, scegliere e gestire l'ascolto

Valutare, scegliere e gestire le attività d'ascolto sono alcune delle operazioni a volte complesse che l'insegnante è chiamato a eseguire nella prassi quotidiana della lezione e della sua preparazione.

Alla base, come non ci stancheremo mai di ripetere, sta l'analisi dei bisogni e la motivazione dello studente.

Lo sviluppo dell'abilità d'ascolto, come di una qualsiasi altra componente del percorso d'educazione linguistica, è parte di un discorso complesso che si esplica in modo integrato: ad esempio, per affrontare un'attività d'ascolto risulta spesso necessario aver già lavorato su determinate strategie di apprendimento o abilità di studio.

Perciò, se è vero che l'individuo con le sue caratteristiche determina il successo di un'attività e che è compito del docente analizzare e valutare il possibile effetto dell'attività proposta sui singoli studenti, è anche vero che il percorso intrapreso all'interno della classe fa sì che, a poco a poco, si possano livellare le competenze dei singoli, fornendo a tutti quelle abilità necessarie per affrontare le attività, nel nostro caso, di ascolto.

In un'impostazione didattica che è sempre più attenta alle esigenze degli individui non va tuttavia dimenticata la dimensione reale dell'insegnamento in classe che spesso contrasta con le teorie pedagogiche.

La realtà della classe spinge a individuare alcuni elementi di difficoltà intrinseca al testo e altri di tipo ambientale.

Partendo dalla motivazione dello studente, un punto di possibile conflitto tra l'attività di ascolto e l'atteggiamento del discente sta nel grado di interesse che l'attività sa suscitare. Un tema che risulta motivante per la classe crea i presupposti cognitivi e affettivi che predispongono il cervello dello studente a un migliore e più efficace percorso d'apprendimento.

Nuove esperienze, nuovi contenuti, l'esposizione alla cultura veicolata dalla lingua oggetto di studio, situazioni di tipo interculturale possono così dare risultati differenti a seconda del contesto, favorendo o al contrario ostacolando il processo d'apprendimento.

Come è ovvio, riprendendo quanto or ora affermato, una dimensione di apertura e di motivazione verso nuove esperienze di tipo socioculturale non è e non può essere il frutto di una singola attività di ascolto, bensì di un processo variegato di educazione linguistica e culturale.

La difficoltà di un'attività di ricezione, orale o scritta, diventa in qualche modo più oggettiva se si analizzano elementi quali le fasi dell'attività stessa, le caratteristiche testuali, la formulazione e la natura dei compiti a cui lo studente è chiamato.

Come già visto in questo percorso, applicare corrette strategie di preascolto o di pre-lettura, stimolando la motivazione e l'interesse e attivando la capacità di inferenza degli studenti, la loro abilità nel prevedere i contenuti tematici e linguistici, aiuta a intraprendere il percorso di comprensione del testo prima dell'esposizione reale allo stesso, riducendo il carico cognitivo della fase di esposizione al testo.

Le possibili difficoltà di tipo testuale possono essere affrontate attraverso l'assistenza dell'insegnante con attività che si focalizzano ad esempio su parole chiave del testo oppure su temi particolarmente rilevanti per la comprensione.

Parte integrante del percorso risulta l'analisi e comprensione delle istruzioni dell'attività che l'insegnante deve verificare prima di presentare il testo, così come il tipo di gestione dell'attività che può essere condotta in modo individuale o collaborativo a coppie o a gruppi oppure con tecnica mista, parte individualmente e parte in modo collaborativo.

L'utilizzo di impostazioni di tipo collaborativo permette all'insegnante di spostare l'accento dal prodotto al processo.

A volte l'insuccesso, nel caso dell'abilità d'ascolto, deriva dall'eccessiva enfasi posta sul prodotto, cioè la comprensione dei singoli elementi e dalla conseguente scarsa attenzione per il processo d'ascolto.

Non è detto che se lo studente non capisce un determinato elemento oggetto di un quesito per la comprensione abbia fallito nell'attività. Si può provare a porvi rimedio con modalità diverse di lavoro: molto spesso l'alternare a fasi di lavoro individuale altre di tipo collaborativo può creare le condizioni per un più sereno ed efficace approccio alla comprensione.

Per un rimando esemplificativo, uno degli strumenti utili per sviluppare questa dimensione collaborativa della ricezione può essere la tecnica del *dictogloss* descritta in precedenza.

Oltre al tema del testo utilizzato per l'attività di comprensione che può risultare più o meno facile a seconda della familiarità dello studente con gli argomenti trattati, anche la struttura del testo può creare ulteriori elementi di difficoltà: ad esempio, un testo particolarmente ricco di strutture di tipo ipotattico può risultare più difficile di un altro in cui la presenza di frasi non subordinate, e possibilmente corte, è maggiore.

La scelta lessicale è anch'essa determinante: parole di ambito specialistico non favoriscono la comprensione, se non agli addetti ai lavori.

Il livello di coerenza testuale è esso pure rilevante.

La presenza nel caso della comprensione orale di rumori di fondo, di interferenze, di sovrapposizioni di interlocutori, di parlanti di varietà non standard della lingua, ecc. producono ulteriori elementi di difficoltà.

Anche la lunghezza del brano di ascolto può creare difficoltà, soprattutto se essa è accompagnata da una scelta di attività per la comprensione troppo lunghe da eseguire o che richiedono, oltre ad abilità legate alla comprensione, un apporto notevole delle capacità mnemoniche di chi ascolta.

5.2.6 Valutare i testi d'ascolto

La scelta del materiale da utilizzare con gli studenti per lo sviluppo dell'ascolto è un compito delicato e di grande importanza, lasciato spesso al singolo docente.

È esperienza comune, infatti, trovare libri per l'insegnamento della lingua straniera carenti da un punto di vista della tipologia dei testi d'ascolto proposti nel materiale audio a corredo dell'opera.

Se ci si trova con un manuale adottato per lo sviluppo del percorso di educazione linguistica nel suo complesso soddisfacente, ma che deve essere integrato in modo sostanziale e sistematico per quanto riguarda l'ascolto, il docente ha di fronte un compito molto arduo, se non addirittura talvolta improponibile.

In un'ottica multisillabica, infatti, è importante che tutti i pezzi, tutte le componenti del percorso di apprendimento-insegnamento siano sviluppate in maniera armonica e integrata, dove quest'ultimo aggettivo fornisce la cifra per una valutazione corretta del materiale a disposizione.

È difficile, a volte difficilissimo, trovare materiale che si integri in maniera onesta e decorosa con il percorso attivato nella lezione, con il programma che si sta svolgendo.

Molto spesso l'insegnante è in grado di reperire materiale interessante e motivante, che tuttavia mal si abbina con quanto viene svolto da altri punti di vista del percorso di educazione linguistica. L'aggancio è frequentemente solo di tipo tematico.

Se questo avviene in modo non sistematico l'attività di ascolto proposta può essere una risorsa estremamente positiva, ma se l'insegnante è chiamato a sostituirsi regolarmente all'autore del manuale adottato per sopperire alle mancanze dello strumento, allora il problema può diventare di difficile risoluzione.

Una raccomandazione, solo apparentemente banale, sorge, allora, spontanea: nella valutazione delle proposte editoriali del settore occorre fare grande attenzione all'analisi dei testi audio allegati.

Allo stesso modo la riflessione sulla tipologia dei testi proposti dal manuale o creati dall'insegnante deve partire dai presupposti indicati in questo volume nella valutazione dei materiali per l'insegnamento: è indispensabile che i testi d'ascolto rispettino certe caratteristiche fondamentali quali la rispondenza a teorie dell'apprendimento linguistico, ad esempio devono essere accompagnati da attività variate ed essere di per sé motivanti e vari.

In un'ottica di sistema, i testi di ascolto vanno poi valutati sulla base del multisillabo in generale e del sillabo d'ascolto in particolare in una prospettiva di progetto, cioè va verificata la loro rispondenza e appartenenza a un progetto didattico globale al cui interno trova spazio il sillabo dell'ascolto la cui traduzione e realizzazione pratica sono costituite dalle singole attività di ascolto basate sui diversi testi.

Quella che segue è una scheda costruita per la valutazione dei testi d'ascolto. Provi ad analizzare un ascolto tratto da un libro per l'insegnamento della lingua straniera e completi la scheda con i dati necessari.

Tipo di fonte	Testo d'ascolto da manuale di lingua ❑ Film ❑ Trasmissione radio ❑ Trasmissione televisiva ❑ Registrazione autentica ❑
Nome della fonte	
Qualità dell'ascolto	Ottima ❑ Buona ❑ Accettabile ❑ Inadeguata ❑
Testo	Autentico ❑ Simile all'autentico ❑
	Testo che non presenta i tratti dell'oralità ❑
Impostazione	Comunicativa ❑ Non comunicativa ❑
Genere di testo	
Tipo di eloquio	Naturale ❑ A velocità naturale ❑ Rallentato ❑ Innaturale ❑
Registro	Informale ❑ Formale ❑
Tipo di lingua	Standard ❑ Non standard ❑ Altro: .... ❑
Sfruttamento del testo nella UD	Fase di pre-ascolto ❑ Fase d'ascolto ❑ Fase di post-ascolto ❑
Tipo di attività	Vero o falso ❑ Scelta multipla ❑ Tabelle ❑ Griglie ❑ Domande ❑ *Cloze* ❑ Incastri ❑ Completamento ❑ Altro: ....❑
Livello	Principiante/elementare ❑ Pre-intermedio ❑ Intermedio ❑ Avanzato ❑
Adatto per lavoro	In autoapprendimento ❑ In classe ❑ Corsi di lingua generale ❑ Corsi di lingua settoriale ❑ Corsi di lingua per scopi accademici ❑
Problemi e difficoltà possibili o riscontrati	

5.2.7 Usare il registratore

Abbiamo già avuto occasione di sottolineare il fatto che il registratore audio portatile o comunque presente nell'aula in cui si svolge la lezione di lingua è un compagno inseparabile dell'insegnante moderno.

L'intervento del docente di lingue risulta determinante non solo nell'uso dello strumento, bensì già nelle fasi di organizzazione della struttura educativa a cui appartiene.

L'acquisto del giusto apparecchio non deve essere lasciato al caso, a ragioni di tipo puramente economico, alla mancanza di conoscenze glottodidattiche da parte di chi compie le scelte. La qualità della riproduzione è a volte una variabile indipendente dal prezzo dell'apparecchio: occorre dunque che, quando questo è possibile, l'insegnante di lingue si incarichi di selezionare il registratore più idoneo e lo proponga alla propria istituzione con un giudizio di merito.

Alcuni elementi sono oggi importanti nell'indirizzare la scelta del docente.

Oltre al tipo di riproduzione del parlato (a volte un registratore che riproduce ottimamente un brano musicale non offre la stessa qualità nel riprodurre il parlato), è importante valutare la presenza di alcune opzioni nell'apparecchio, ad esempio la possibilità di controllare non solo il volume, ma anche le tonalità, aumentando o diminuendo gli alti e i bassi, oppure la possibilità di inserire filtri per pulire registrazioni di qualità non perfetta.

La presenza sull'apparecchio di un contatore è, per scopi didattici, molto importante: permette all'insegnante di individuare con maggior rapidità la posizione dell'ascolto desiderato.

Sul mercato esistono oggi apparecchi che hanno sostituito alla cassetta il cd audio. Si tratta di registratori il cui costo, in molti paesi, non differisce in modo sostanziale da quello degli omologhi a cassetta e che offrono prestazioni di sicuro interesse: innanzitutto i cd presentano una qualità di registrazione superiore al nastro, quest'ultimo spesso ricco di fruscii e la cui vita media è nettamente inferiore a quella di un cd.

I registratori con lettore cd permettono, poi, al docente di individuare con estrema rapidità la posizione, la traccia dell'ascolto desiderato.

Il cd e le sue evoluzioni, quali il dvd, risultano oggi supporti più efficaci dei nastri per l'insegnamento delle lingue. Se si pensa, poi, al vertiginoso sviluppo delle tecnologie informatiche che rendono possibile ascoltare brani scaricati da Internet e la grande diffusione di apparecchiature per la masterizzazione di cd e dvd sui *personal* computer, diventa evidente che proporre oggi l'acquisto di registratori dotati di lettore di cd risulta quanto mai utile.

La maggioranza dei libri di testo per l'insegnamento delle lingue straniere in commercio presentano entrambi i supporti.

Altra indicazione riguarda il tipo di alimentazione del registratore: un apparecchio alimentato a batterie, oltre che a corrente, permette all'insegnante maggior mobilità all'interno della classe.

Se il docente desidera utilizzare il registratore non solo per la riproduzione dei suoni, ma anche per la registrazione del parlato degli studenti, occorre valutarne anche le prestazioni in fase di registrazione; così come se l'apparecchio serve per un uso non solo in plenaria nella classe, ma ad esempio se viene dedicato alla differenziazione del lavoro didattico in determinate fasi della lezione, come il recupero e l'approfondimento dopo una verifica, è opportuno dotarlo di cuffie per l'ascolto silenzioso da parte del singolo studente o, grazie a un adattatore multicuffia, da parte di un gruppo di discenti impegnati in attività d'ascolto. Queste attività possono, così, essere svolte mentre altri membri della classe si dedicano, non disturbati, ad altra attività.

5.3 Leggere

I paragrafi relativi all'abilità di ricezione orale intendono fornire non solo elementi di riflessione e approfondimento sull'ascolto, ma anche una prospettiva di analisi delle problematiche riguardanti tutte e quattro le abilità primarie, in particolare la lettura, la seconda delle abilità di ricezione.

Tradizionalmente, almeno in Italia, l'approccio alle lingue straniere è stato basato sulla preponderante presenza di quest'abilità, associata alla scrittura, spesso intesa non come abilità di produzione scritta, quanto come supporto per percorsi legati allo sviluppo delle competenze morfosintattiche.

La prospettiva qui adottata è, invece, d'altro tipo e si basa, come già sottolineato, sullo sviluppo delle abilità in modo integrato in un contesto d'insegnamento multisillabico[19].

Le affinità nell'approccio didattico alle due abilità di ricezione spingono a non ripetere, per comodità del lettore, quanto già scritto per l'abilità d'ascolto laddove le analogie con la lettura risultassero evidenti, adottando un sistema di rimandi al paragrafo dedicato all'ascolto soprattutto per la descrizione delle diverse tipologie di attività.

5.3.1 I tipi di testo

Le tipologie di testo più comuni sono decisamente numerose e di diverso tipo. Diventa pertanto indispensabile addestrare gli studenti a un uso eclettico di diversi testi.

[19] Si veda il percorso 1 *I modelli operativi*.

Abbini alle tipologie di testo della colonna di sinistra le relative definizioni ed esempi di quella di destra.

Tipo di testo	*Definizione ed esempi*
1. Narrativo	a. Presenta ad esempio i dati raccolti in una ricerca. Con questo testo si riferiscono dati e informazioni analizzandoli.
2. Immaginativo	b. L'autore di questo tipo di testo descrive la realtà e la rappresenta.
3. Espositivo	c. L'autore di questo testo si propone di dare indicazioni, istruzioni, ordini, e così via.
4. Regolativo	d. È un tipo di testo creato per suscitare emozioni, per creare delle immagini particolari, evocative. Può essere di tipo poetico ma anche ad esempio uno *slogan* pubblicitario.
5. Espressivo	e. L'autore si concentra sulla descrizione di fatti, di qualcosa che è avvenuto, avviene, avverrà e li racconta attraverso vari elementi: i protagonisti, i luoghi, ecc.
6. Descrittivo	f. L'autore di questo testo tratta, discute un problema argomentando la propria opinione in riferimento, ad esempio, a quella di altri. È il caso degli articoli di commento dei giornali.
7 Argomentativo	g. Ad esempio lettere ad amici, diari, cioè testi che servono per esprimere le proprie sensazioni, i sentimenti, oltre che a raccontare avvenimenti, dare consigli, ecc.

Soluzioni: 1 con e, 2 con d, 3 con a, 4 con c, 5 con g, 6 con b, 7 con f.

Le lingue sono tradizionalmente divise in lingue a ortografia trasparente e lingue a ortografia opaca.

Questo vale per quei casi in cui esiste un sistema di transcodificazione dalla lingua orale alla scritta, dal fonema al grafema e non per le lingue che, ad esempio, hanno adottato un sistema di scrittura di tipo ideografico.

Una lingua a ortografia opaca è l'inglese e in buona parte il francese;

in entrambi i casi molte parole presentano grafemi il cui esito fonologico può essere diverso a seconda dei casi (*food - foot, fast - fat*), oppure fonemi che hanno esiti grafici diversi a seconda dei casi (*allé - allée*).

Quando ci si riferisce all'italiano si pensa a una lingua a ortografia trasparente, ma in realtà, in parecchi casi, l'italiano presenta insidie pericolose per chi non conosce il significato e la pronuncia di molte parole.

Ad esempio, quando si incontrano parole sdrucciole, con l'accento sulla terzultima, è solamente la conoscenza di tali parole che può offrire a colui che pronuncia un termine letto la certezza di non commettere un errore: *cògliere* e non *cogliére*, *àttimo* e non *attìmo*, ecc.

Se l'attenzione è poi rivolta alla ricerca di termini omografi, cioè con stessa grafia, ma con significati e pronunce diverse, la materia si complica ulteriormente e solo attraverso una forte pratica di ascolto da un lato e lo sviluppo di strategie di apprendimento in grado di sostenere lo studente dall'altro, nonché la sistematica opera di costruzione di un vocabolario ricco e variegato, chi sta apprendendo l'italiano quale lingua straniera può superare certe difficoltà, a volte di difficile decifrazione anche per parlanti madrelingua: si dice *sépara* o *sepàra*, *leccòrnia* o *leccornìa*?

Tutto sommato, comunque, il sistema ortografico italiano risulta prevalentemente trasparente e permette un approccio alla lettura di tipo fonologico, cioè di transcodificazione di un grafema in un fonema. Se si conosce la regola che porta a pronunciare un grafema in un dato modo, risulta relativamente semplice decodificare pronuncia e significato di un termine.

Questa via alla lettura e alla comprensione del testo non è tuttavia l'unica e il discorso ci riporta a quanto affermato per l'abilità d'ascolto in merito agli approcci *top-down* o *bottom-up*.

Nel caso di una via lessicale alla lettura è prima di tutto il significato della parola che ci permette la sua pronuncia corretta. Le esperienze di studio dell'inglese come lingua straniera, che oggi fanno parte del vissuto della maggior parte delle persone, esemplificano chiaramente quanto si sta affermando: solamente la conoscenza della realizzazione fonologica e possibilmente del significato di molte parole ne consente la lettura.

Questo significa dover fare ricorso alla memoria in cui sono immagazzinate varie informazioni riguardo al lessico, al sistema fonologico della lingua, alle regole morfosintattiche e così via. Ma allo stesso tempo questo procedimento può velocizzare la lettura e la può rendere molto più efficace perché non costringe ad articolare i suoni mentalmente e impone di basarsi prevalentemente sui significati, attivando in modo inconscio o conscio strategie per una lettura consapevole.

Studi di neuropsicologia hanno rilevato, fin dagli albori di questa scienza, che sia per quanto riguarda aspetti anatomici, sia per quanto attiene a quelli funzionali, l'elaborazione del linguaggio scritto e quella del linguaggio orale rispondono a meccanismi diversi: pazienti non in grado di leggere o scrivere, a causa di traumi o altro, sono invece in grado di parlare e ascoltare correttamente.

Altro punto rilevante per l'analisi dei processi sottesi alla lettura è che la lettura ad alta voce e la comprensione del significato di una parola o di un testo funzionano secondo processi parzialmente distinti[20].

Quanto affermato comporta una riflessione preliminare sulla tipologia di lettura attraverso cui molti studenti, anche di giovane età, sono stati addestrati alla realizzazione fonologica e alla comprensione dei testi scritti: la lettura ad alta voce; si tratta di una modalità che, come viene esemplificato oltre, risulta drammaticamente inefficiente e rischia di distrarre colui che legge dalla comprensione dei significati, poiché sposta troppo fortemente l'attenzione verso gli aspetti di realizzazione fonologica.

5.3.2 La pre-lettura

Le ragioni per le quali si legge possono essere numerose. Si può leggere alla ricerca di informazioni; oppure per saperne di più su un dato tema; per sapere cosa è successo in una determinata circostanza; per imparare dei concetti o delle regole; per poter utilizzare un nuovo strumento sconosciuto; per divertirsi, ecc.

Così come varie sono le ragioni che sottendono alla lettura, vari sono anche i modi in cui si legge, a seconda dell'obiettivo che ci si prefigge.

Uno dei requisiti essenziali per poter leggere un testo in maniera efficace è la capacità di scegliere velocemente le sottoabilità necessarie. Per fare ciò, occorre riflettere attentamente sul tipo di testo che si sta per leggere, generalmente questo viene reso possibile attraverso una serie di domande che il lettore si pone.

In tal modo ci si può dotare di alcune informazioni previe molto utili: ad esempio riguardo al livello di comprensione necessario per quel tipo di materiale, al bagaglio culturale di cui si abbisogna, alla velocità con cui si può leggere il testo in maniera efficace, all'interesse che il testo può suscitare.

Ma la pre-lettura può anche consentire di decidere quali parti del testo rispondono alle necessità per le quali ci si appresta a leggerlo, evitando ad esempio di perdere tempo in una lettura estesa non indispensabile.

Sarebbe raccomandabile far iniziare la pre-lettura con una serie di domande e riflessioni generali sul titolo ed il soggetto del testo. Ad esempio è opportuno chiedersi quanto e che cosa si conosce già di un determinato argomento; una riflessione sul titolo dovrebbe portare a chiedersi che cosa esso ci suggerisce e cosa sappiamo in merito.

Stesso approccio si dovrebbe riservare al nome dell'autore, altro indicatore determinante che permette di raccogliere quanto si conosce

[20] Denes, Pozzamiglio (1996, p. 281).

dell'autore stesso e della sua opera, in particolare nel caso di un autore famoso.

Ma non è solo la pratica su testi brevi, articoli di giornale, brani letterari, pagine Internet, che può aiutare a sviluppare certe abilità di prelettura: l'indice di un libro, ad esempio, fornisce una panoramica compatta dei contenuti e costituisce uno strumento indispensabile per libri di consultazione e non solo. La familiarizzazione con gli indici delle opere richiede anch'essa un insegnamento specifico da parte dell'insegnante, così come lo richiedono le altre parti che compongono il testo (glossari per terminologie specifiche, appendici, sequenze nell'organizzazione del testo, ecc.).

È poi indispensabile nell'insegnamento di una lingua straniera dedicare il tempo e l'energia necessari per aiutare gli studenti a sviluppare una sufficiente abilità a comprendere le consegne delle attività, nonché un adeguato livello di comprensione metalinguistica.

Altre fasi importanti della pre-lettura sono: la lettura e riflessione sui titoli e sottotitoli dei singoli capitoli, sui piccoli riassunti che sempre più frequentemente appaiono nei testi, soprattutto nella saggistica e nei testi scolastici e giornalistici. Se vi sono grafici, tabelle e altri strumenti, è opportuno scorrerli velocemente per avere una idea più completa del contenuto.

Da ultimo e se si ritiene che le informazioni e le domande che esse hanno indotto non siano sufficienti, è opportuno leggere la prima frase di ogni paragrafo che, se il testo è ben scritto, dovrebbe costituire una sorta di anticipazione del contenuto del paragrafo, in particolare nel caso di scrittura giornalistica.

Va ricordato che lo scopo della pre-lettura non è solo rendere più agevole ed efficace la lettura, ma anche permettere al lettore di decidere che tipo di tecnica di lettura applicare, dopo che egli ha stabilito il grado di importanza del testo rispetto ai propri obiettivi e il livello di difficoltà dello stesso in rapporto al proprio bagaglio culturale.

5.3.3 La lettura orientativa

Le tecniche di pre-lettura e di lettura orientativa presentano aspetti comuni.

Uno di essi costituisce l'elemento fondamentale della lettura orientativa. Si tratta di un approccio molto rapido al testo: gli occhi devono poter velocemente scorrere sulla pagina con l'obiettivo di farsi un'idea del contenuto; a ben vedere si tratta dunque di una continuazione della pre-lettura che può portare all'eventuale necessità di passare a una lettura più approfondita.

È il tipo di tecnica di lettura solitamente applicata da chi legge un giornale o riviste, o da chi ha bisogno di ampliare rapidamente le proprie conoscenze generali su un determinato argomento senza poterle approfondire.

Ciò che segue è una tipica sequenza di lettura orientativa, articolata in varie fasi. Ancora una volta, si tratta solamente di suggerimenti e non di un percorso obbligato.

Un punto però è opportuno risulti chiaro e cioè che tutte queste tecniche richiedono un periodo spesso lungo di fissaggio e pratica. Da qui la necessità di ribadire il ruolo chiave dei docenti nelle varie fasi di insegnamento e applicazione delle tecniche stesse.

1. *Leggere il titolo.*
2. *Vedere chi è l'autore e da dove è tratto il testo che si sta per leggere.*
3. *Leggere completamente il primo paragrafo.*
4. *Leggere i sottotitoli e le prime frasi dei restanti paragrafi.*
5. *In modo alternato, leggere e passare senza soffermarsi sul corpo del testo, cercando quanto segue:*
   a. *le idee principali dei paragrafi, con alcuni dettagli essenziali;*
   b. *parole chiave, come nomi, date, e aggettivi qualificativi;*
   c. *parole che indicano se l'autore è d'accordo con le idee esposte;*
   d. *tutto quanto scritto in corsivo o con altri strumenti utili per evidenziare.*
6. *Se il paragrafo è o ha l'aspetto di un riassunto, leggerlo per esteso.*
7. *Bisognerebbe riuscire a leggere un testo rapidamente per orientarsi alla velocità di circa 1000 parole al minuto.*

Per capire al meglio la validità di un discorso basato sulla velocità, riteniamo opportuno riflettere su alcune tecniche di lettura veloce.

5.3.4 La lettura veloce

Il livello di efficienza della maggior parte dei lettori non supera spesso il 20 - 25% della velocità potenziale dei nostri occhi. Gli occhi possono, infatti, trasmettere al cervello fino ad un massimo di 900/1000 parole al minuto. Oltre tale soglia l'occhio umano non riesce a vedere ogni singola parola; bisogna allora incentivare l'uso di tre tecniche di lettura: 1 la lettura orientativa, 2 la lettura alla ricerca di informazioni specifiche, 3 la lettura a sbalzi.

La lettura avviene solamente nel momento in cui il cervello e l'occhio lavorano insieme; circa il 90% del lavoro lo svolge il cervello, che cerca le informazioni, le suddivide, seleziona, campiona, e immagazzina.

Si tratta, come in casi precedenti, di lavorare intensamente e costantemente allo sviluppo di tali abilità per raggiungere risultati a volte inaspettati.

La seguente attività permette di calcolare la propria velocità di lettura di testi discorsivi.

Prima di proporre in classe l'attività è opportuno che l'insegnante la provi su se stesso per poi fare una riflessione su come ha applicato le tecniche di lettura in classe. Molti insegnanti, ad esempio, abusano della lettura ad alta voce, che oltre a presentare numerose controindicazioni di tipo affettivo è sicuramente estremamente inefficiente e poco efficace. Ecco come impartire le istruzioni alla classe.

1 Conta il numero totale di parole in 10 righe di testo e dividi il risultato per 10. Il numero finale è la media di parole contenute in una riga. (Parole per riga: PPR)
2 Conta il numero di righe in una pagina. Il risultato lo definiremo RPP (righe per pagina).
3 Moltiplica il numero PPR per RPP e abbrevieremo il risultato in PPP (parole per pagina).
4 Calcola il numero di pagine non complete. Moltiplica il numero di pagine per il valore PPP e il risultato finale sarà il numero totale di parole contenute nel testo.
5 Dividi il periodo di lettura per il numero totale di parole e il risultato ottenuto rappresenterà il valore PPM (parole per minuto).

Esempio:

1	*ppr 10*
2	*rpp 50*
3	*10 x 50 = 500 ppp*
4	*6 x 50 = 3000 numero totale di parole*
5	*3000 (parole) : 10 (minuti di lettura) = 300*
	Velocità: ***300*** *ppm (parole al minuto)*

Una tecnica come quella sopra descritta potrebbe trovare un utile impiego sia in ambito scolastico, cioè durante il lavoro in classe, sia impiegata individualmente dagli studenti a casa.

Potrebbe anche rivelarsi utile applicare questa tecnica per verificare e dimostrare l'efficacia delle varie tecniche di lettura. Ad esempio, si potrebbe richiedere agli studenti di leggere un testo, senza prima procedere ad attività di pre-lettura, fare poi leggere loro un testo della stessa lunghezza e complessità, applicando tutte le varie tecniche di lettura e infine un testo con le stesse caratteristiche, letto senza utilizzare nessuna di dette tecniche.

La valutazione dovrebbe riguardare ovviamente la velocità e l'efficacia di lettura. È provato che una lettura tradizionale parola per parola, lenta, non porta a risultati migliori rispetto a una lettura veloce effettuata con le tecniche di cui sopra e d'altra parte risulta essere molto inefficiente in quanto a gestione del tempo.

Se la tecnica in oggetto fosse utilizzata in maniera regolare e i risultati verificati periodicamente, si potrebbe avere un quadro abbastanza preciso del miglioramento della gestione del tempo di lettura. Se essa venisse, poi, affiancata da puntuali verifiche sulla efficacia della lettura - attraverso domande su ciò che lo studente ricorda di quanto letto, ad esempio - con ogni probabilità si fornirebbe agli studenti uno strumento che potrebbe contribuire ad accrescere la loro motivazione nell'apprendere nuove, faticose tecniche di lettura e, non ultimo, li renderebbe consapevoli del margine di miglioramento che esse consentono, in quanto a risultati nell'apprendimento.

5.3.5 La lettura per consultazione

Con questo termine si intende indicare un tipo di lettura (*scanning* in inglese) che ha come scopo principale la ricerca di informazioni e dati precisi, in maniera ancora una volta estremamente veloce. È l'abilità che si utilizza nel momento in cui si consulta un elenco telefonico alla ricerca di un numero, un orario ferroviario, un dizionario, un indice, un grafico, ma può essere trasferita a molte altre situazioni. Ad esempio quando scrutiamo rapidamente un testo o una sezione di esso alla ricerca di un nome o di un luogo, che ci faccia capire da dove cominciare a leggere con più attenzione, sicuri del fatto che il resto del testo non ci interessa.

Per poter applicare questa tecnica, occorre:

1. ricordare chiaramente l'informazione che si sta cercando;
2. far scorrere rapidamente gli occhi su una sezione di testo.

Se il testo è piuttosto lungo o complesso è bene prima di tutto fare una lettura orientativa per trovare la/e sezione/i dove potrebbe risultare più proficuo leggere alla ricerca di informazioni specifiche.

Durante questa operazione, non bisogna cercare di capire le singole parole o i concetti, lo scopo è principalmente individuare dove, in una sezione o in un'intera pagina, è contenuta l'informazione che si sta cercando.

I risultati che si possono raggiungere dopo un periodo di pratica costante sono rilevanti, tuttavia anche in questo caso è bene sottolineare che apprendere a leggere in questo modo e con le tecniche descritte sopra richiede un'abilità che si acquisisce solamente con l'esercizio. Per fare un parallelo forse banale, la lettura con queste tecniche, e non solo essa, come si vedrà più avanti, è paragonabile a uno sport che si impara gradualmente e solo attraverso la pratica continua. Alla base di tutto sta, infatti, l'utilizzo diverso di una parte o più parti del nostro corpo: nel nostro caso, occhi e cervello.

Di seguito indichiamo un'attività basata su una sequenza delle fasi che compongono la lettura per consultazione.

Si tratta di un esercizio che dovrebbe essere ripetuto più volte, applicandolo a vari tipi di testo.

L'insegnante dovrà scegliere un testo e formulare alcune domande, eventualmente a scelta multipla o d'altro tipo, da sottoporre agli studenti prima dell'inizio della lettura.

Esegui le seguenti operazioni:

1 prendi nota dell'ora, al momento dell'inizio dell'esercizio;
2 leggi la prima domanda all'inizio della prima sezione;
3 leggi alla ricerca delle informazioni specifiche, ma non applicare le tecniche tipiche di una lettura "tradizionale" (parola per parola). L'informazione che cerchi è la risposta alla tua domanda. Fa' correre gli occhi rapidamente sul

testo e, una volta trovata la frase che contiene l'informazione desiderata, non leggere oltre;

4 segna la risposta giusta;

5 ripeti queste operazioni per ogni domanda. Procedi rapidamente alla domanda successiva dopo aver trovato la risposta alla domanda. Rispondi a tutti i quesiti;

6 prendi nota del tempo impiegato per eseguire l'intero esercizio.

Per stabilire il numero di parole contenute nel testo cui ci si riferisce e la velocità di lettura, è possibile applicare la tecnica descritta in precedenza al paragrafo 5.3.4.

5.3.6 La lettura estesa

Obiettivo di questo paragrafo è l'illustrazione di un possibile metodo per la lettura con fini specifici di studio, che prevede l'utilizzazione delle tecniche descritte sopra.

La scelta di tali tecniche varia a seconda di alcuni fattori, tra i quali i principali potrebbero essere: il grado di conoscenza da parte del lettore dell'argomento trattato nel testo e il tipo di testo, il livello di motivazione del lettore e il suo bagaglio culturale, nonché il fine stesso dello studio e il grado di approfondimento necessario.

Se le circostanze e le finalità dello studio variano in maniera considerevole, anche la velocità di lettura, la concentrazione, la qualità degli appunti e il tempo dedicato a prenderli, l'attenzione ai dettagli, ecc. possono differire notevolmente.

Alla base sta, tuttavia, il metodo di studio. Con questo concetto non si vuole pensare a qualcosa di univoco e di valido in tutte le circostanze e per tutti i discenti, bensì a varie possibili strade che portano a raggiungere uno degli obiettivi principali dello studio: l'autonomia di apprendimento.

Uno dei possibili metodi, applicabile nella maggior parte dei casi, è quanto viene di seguito descritto. Si tratta di un approccio allo studio la cui denominazione è una sequenza di lettere, le iniziali di alcune parole inglesi. Il nome del metodo è **PQRST**: **P**review (pre-lettura), **Q**uestions (domande), **R**ead (leggere), **S**ummarize (riassumere), **T**est. Qui manteniamo la versione inglese per l'utile sequenza delle lettere dell'alfabeto.

Le fasi del metodo sono le seguenti:

1 ***P*** *= prima di leggere il testo, guarda il titolo, i sottotitoli, prime e ultime frasi dei paragrafi, e i paragrafi che fungono da introduzione o riassunto.*

2 ***Q*** *= durante la fase di pre-lettura, fatti molte domande sul contenuto. Trasforma i titoli e sottotitoli in domande e cerca di prevedere le domande possibili cui il testo potrebbe dare risposta.*

Le fasi P e Q procedono insieme, ma anche durante R e S è opportuno continuare a mantenere lo stesso atteggiamento, scrivendo, sotto forma di appunti, domande che possono sorgere durante la lettura e il riassunto.

*3 **R** = leggi il testo cercando di rispondere alle domande scritte durante le fasi P e Q.*

*4 **S** = Durante la lettura, prendi appunti in risposta alle tue domande, che permettano di riassumere gradualmente il testo. La maggior parte delle domande, a meno che non si tratti di quesiti estremamente specifici, trovano risposta attraverso il riassunto dell'idea centrale dei vari paragrafi, ammesso che vi sia.*

Nel caso le tue domande non riguardassero direttamente il concetto principale del paragrafo, prendi appunti in modo tale da riassumerlo.

Al termine di questa operazione ti renderai conto che il materiale scritto da te costituisce una sorta di scheletro del testo e che riunendo alcune risposte tra loro, oppure eliminando o unificando le idee centrali di alcuni paragrafi, puoi dare vita a un riassunto del testo molto sintetico. Successivamente, puoi addirittura cercare di estrarre una sola idea principale che risulterà essere la tesi fondamentale del testo.

In realtà spesso, soprattutto in momenti di forte carico di lavoro, o in presenza di testi di scarsa rilevanza, lo studente non farà il riassunto scritto di ogni paragrafo. Tuttavia, il processo mentale che sta alla base del procedimento troverà comunque spazio.

*5 **T** = Verifica da solo se hai capito il testo, creando delle domande del tipo vero/falso relative al testo senza guardare gli appunti o i riassunti. Cerca di fare delle domande, sul modello di quelle che il tuo insegnante potrebbe formulare in classe. Queste domande potranno risultare molto utili nel momento in cui dovrai ripassare quanto studiato.*

5.3.7 Leggere le parole difficili

Quando lo studente medio incontra una parola che non conosce, di norma ha una reazione di ricezione passiva della difficoltà. A volte cerca strumenti utili a risolvere il problema, molto spesso sorvola il problema.

È possibile tuttavia affrontare l'ostacolo in maniera più efficace, applicando tecniche specifiche.

Di fronte ad una parola sconosciuta o di significato non chiaro è possibile cercare di ipotizzarne il significato utilizzando le conoscenze possedute e quanto la parola in sé dice. Ad esempio, l'analisi della struttura della frase in cui è contenuta la parola, nel caso non si tratti di un nome proprio di persona o luogo, ecc., può dare informazioni molto importanti sul ruolo che il termine gioca nella frase ed eventualmente indurre a una prima decisione: la parola non è una parola chiave, cioè non è sufficientemente importante da doversi soffermare a lungo sul suo significato e nemmeno da dover consultare strumenti quali dizionari, ecc.

Se la comprensione della parola in questione risulta invece fondamentale per capire il senso del testo, la sua formazione e la sua funzione nella frase possono essere di notevole aiuto.

Se questo non basta, è possibile fare riferimento al contesto della frase e al senso generale del testo in esame, il che può fornire un'ipotesi di significato spesso soddisfacente, evitando un'ulteriore ricerca.

Nel caso rimanessero ancora dubbi, lo strumento indicato per la consultazione è, ovviamente, il dizionario, che prevede comunque un utilizzo sapiente.

Quanto detto in questo paragrafo potrebbe risultare ovvio e forse banale, va tuttavia sottolineato il fatto che questo tipo di atteggiamento verso la difficoltà testuale può portare, se applicato con determinazione e costanza, a un approccio al testo senz'altro più attivo e di conseguenza a un miglior risultato d'insieme nella lettura[21].

5.3.8 Le tecniche di lettura

Quali tecniche di lettura conosce?

Molte tecniche applicabili alla lettura sono le stesse o molto simili a quelle descritte nella sezione dedicata alle tecniche d'ascolto in questo percorso.

Abbinamento, abbinamento di battute alle vignette

Si veda la parte dedicata alle tecniche per l'ascolto.

Risposta fisica a comandi

Si veda la parte dedicata alle tecniche per l'ascolto.

In alcuni casi questa tecnica potrebbe essere utilizzata anche per la lettura. Ad esempio nel caso di un'attività di lettura veloce o di sviluppo dello *scanning* si potrebbe chiedere agli studenti di leggere un testo in cui sono incluse istruzioni per compiere determinate azioni. Chi prima arriva a compiere correttamente l'azione prevista...

Problem-solving

Si veda la parte dedicata alle tecniche per l'ascolto.

Cloze, completamento

Si veda la parte dedicata alle tecniche per l'ascolto.

A differenza di quanto avviene per l'ascolto, le parole potrebbero essere fornite attraverso un elenco delle stesse in fondo al testo da completare in numero esatto o superiore, oppure (e questo può essere realizzato in maniera proficua in particolare per il *cloze* in chiave di verifica) gli spazi vanno riempiti attraverso la comprensione del testo e l'uso delle proprie conoscenze linguistiche.

[21] Come riferimenti bibliografici per possibili approfondimenti relativi ai paragrafi dal 5.3.3 al 5.3.8 si vedano: Nuttall (1983); Ellis, Sinclair (1989); Della Casa (1991).

È possibile anche un tipo di attività di completamento in cui gli elementi che servono per indirizzare la risposta sono di natura non verbale, ad esempio iconica: nel caso di una ricetta, per fornire un'applicazione pratica, si potrebbe sostituire ai verbi della cucina (tagliare, mescolare, ecc.) le immagini dell'azione che saranno inserite nel testo. Compito dello studente è rimpiazzare queste immagini con il verbo corrispondente.

Domande chiuse, risposte sì/no, quesiti vero/falso, scelta multipla, trovare l'errore o la differenza, griglie e tabelle, domande aperte, prendere appunti, riassumere, parafrasi, traduzione, interpretazione testuale, comprensione globale (skimming), comprensione dettagliata (scanning)

Si veda la parte dedicata alle tecniche per l'ascolto.

Ricostruzione di testi

Un tipo di attività di abbinamento frequentemente usato è basato sul riordino del testo secondo una sequenza logica. Ad esempio nel caso di un articolo di giornale si può fornire il testo suddiviso in paragrafi numerati, ma non in ordine e lo studente ha per compito la ricostruzione del testo.

Questa, come molte delle tecniche qui proposte, ha come prerogativa la necessità da parte del lettore di comprendere il testo nel suo insieme.

Di ben diversa natura sono le attività basate su domande del tipo "Quando è nato Manzoni?" riferita ad un testo biografico sul grande scrittore. In questo caso si tratterebbe di applicare una strategia di altro genere che conduce all'individuazione dell'informazione necessaria per la risposta, senza garanzia dell'avvenuta comprensione del testo nel suo insieme.

In linea di massima è sempre consigliabile riflettere sulla natura dell'attività per essere certi della scelta più opportuna.

Anche nel caso delle domande sul testo si può cercare di creare quesiti che impegnino lo studente in maniera più complessa nella comprensione del testo. Nel caso di un testo biografico sul Manzoni una domanda di questo genere potrebbe essere: "Quali sono i momenti più significativi della vita dello scrittore?"

Creare le domande

Un'attività di tipo integrato che sollecita tanto l'abilità di lettura quanto la scrittura, ma anche e non in maniera subordinata le capacità di gestione autonoma dei processi di acquisizione, è la creazione di domande su un testo da parte dello studente.

L'insegnate potrebbe fornire la tipologia di domande da creare, come nel caso di quesiti basati su *come, dove, quando, chi, perché, quale,* ecc.

Scegliere o creare un titolo

Come abbiamo già avuto modo di sottolineare l'individuazione di un titolo per un testo o la creazione dello stesso da parte dello studente permette di iniziare in modo corretto un'attività di lettura, mettendo in mostra le capacità dello studente nel prevedere e quindi attivare le proprie pre-conoscenze al fine di migliorare la successiva comprensione del testo.

La stessa attività può essere proposta come momento di lavoro sul testo a lettura avvenuta.

Transcodificazione

Quest'attività è ricca di potenzialità utili sia alla comprensione del testo che alla memorizzazione di contenuti ed elementi lessicali, sintattici, grammaticali, ecc., dal momento che permette di abbinare alla riflessione sul testo scritto una rappresentazione di tipo iconografico.

Nel caso di un brano che rappresenta una storia lo studente potrebbe essere condotto a tradurre gli eventi salienti in immagini disegnate o a scegliere immagini fornite atte a una rappresentazione coerente di quanto letto.

Attività di tipo operativo simili a questa (colorare, ritagliare, mimare, creare diagrammi, tabelle, ecc.) e che coinvolgono diversi aspetti dei sistemi sensoriali possono trovare una collocazione importante nell'insegnamento della lingua a bambini ad esempio, oppure nei casi, più frequenti di quanto spesso un insegnante sia portato a credere, di difficoltà dello studente nella gestione di testi e attività monomediali basati esclusivamente sulla parola scritta.

Continuare un testo

Nell'ambito delle attività di tipo integrato (lettura, ascolto, scrittura, parlato) si propone la possibilità di continuare un testo di lettura, ad esempio la narrazione di una storia, in maniera libera sia in forma scritta che orale, in quest'ultimo caso con o senza un momento intermedio di riassunto, in forma di appunti, di quanto si ha intenzione di dire.

5.3.9 Valutazione delle attività e dei testi di lettura

Come risponderebbe a questo insegnante?

> Non riesco a far capire ai miei studenti che non è necessario conoscere il significato di tutte le parole per comprendere un testo di lettura.

Il ruolo della lettura nell'insegnamento delle lingue straniere è centrale. Le nuove tipologie di testo multi- e ipermediali e ipertestuali offrono possibilità in più di grande rilievo, ma non modificano la centralità della lettura nell'apprendimento.

Tuttavia, come già sottolineato, la lettura assume oggi una dimensione diversa perché inserita in un contesto multisillabico.

La valutazione dei testi di lettura per l'insegnamento della lingua straniera è un momento di grande importanza che risente di diversi fattori.

Le caratteristiche e la qualità del percorso che porta alla lettura sono determinanti nella fase di pre-lettura. Occorre, cioè, dare ampio spazio alla preparazione del momento della lettura, concentrandosi sull'attivazione delle strategie di apprendimento e le abilità cognitive che è necessario sollecitare per favorire la successiva comprensione del testo.

A monte di ciò, e non bisogna mai dimenticarsene, sta l'individuazione dei bisogni degli studenti, dei loro interessi e la creazione, l'incremento o il mantenimento della motivazione.

Anche in questo caso, e forse più che in altre situazioni didattiche, è necessario evitare uno dei rischi più frequenti: testi e temi che interessano all'insegnante, ma non agli studenti.

Inoltre non va trascurato il fatto che la motivazione al lavoro sul testo, così come per qualsiasi altro aspetto dell'apprendimento, passa attraverso il grado di soddisfazione e il successo nell'esecuzione delle attività e quindi attraverso i risultati positivi nel percorso di studio.

La comprensibilità del testo è un altro fattore fondamentale. È possibile utilizzare testi autentici anche nel caso della lettura purché si adottino alcune precauzioni indispensabili: ad esempio occorre, in particolare nei primi livelli di apprendimento o nel caso di letture di tipo tecnico, accompagnare il più possibile il testo scritto con l'immagine in modo da favorirne la comprensione.

Tuttavia il ruolo principale è svolto dal tipo di attività che si crea sul testo e dall'attenzione posta durante tutto il percorso d'apprendimento/insegnamento sulle strategie di lettura.

Gli studenti devono essere condotti verso l'autonomia nella gestione dei testi grazie all'affrancamento di alcuni processi assai frequenti: è esperienza comune incontrare studenti incapaci di gestire testi senza conoscere il significato di tutte le parole, cioè senza idonee capacità di manipolazione del testo attraverso il contesto, il cotesto, attraverso le proprie conoscenze e abilità, oppure studenti che non sanno identificare le parole chiave o ragionare sugli aspetti grammaticali e sintattici del testo.

Le attività proposte devono essere graduate, in grado di consentire allo studente l'accesso al testo anche autentico.

Ancora una volta il successo di un'impostazione che apparentemente si allontana da consolidate abitudini degli studenti dipende dal livello di consenso che la proposta didattica raccoglie.

Molti studenti tendono a creare barriere psicologiche e resistenze di fronte a un approccio alla lettura basato sulla gestione di tecniche e strategie atte a far affrontare i testi a prescindere dalla conoscenza esatta di ogni termine incluso.

L'insegnante dovrebbe rendere esplicito il percorso di educazione alla lettura che si fonda sullo sviluppo di un sillabo dove l'insegnamento/apprendimento delle tecniche di lettura e strategie di apprendimento ricopre un ruolo determinante.

Oltre a ciò è necessario che sia l'atteggiamento in classe che il tipo di attività proposto permetta allo studente, a poco a poco, di abbracciare questa impostazione, con successo.

Le attività saranno dunque mirate e graduate al punto giusto per poter consentire una positiva sensazione legata al raggiungimento dell'obiettivo prefissato e l'insegnante opererà in modo da non svolgere il ruolo deleterio e troppo frequentemente ricoperto del dizionario sempre a disposizione della classe, ma indurrà la scoperta dei significati e favorirà il processo di comprensione del testo di cui attore principale è sempre lo studente.

Le abilità produttive

5.4 Parlare

Nella sua esperienza di insegnante o di studente di lingue straniere quali di queste due affermazioni ha sentito o letto più frequentemente?

Studio questa lingua perché voglio conoscerla bene, sapere come funziona, conoscerne la grammatica,il lessico, la cultura...	Voglio imparare a parlare,a comunicare con la gente, a capire se ascolto delle canzoni, vedo un film...

Saper parlare, saper ascoltare, comunicare con madrelingua o con persone con cui comunque si ha in comune la lingua straniera, interagire, mettere in pratica ciò che si è appreso, usare le proprie conoscenze per trasmettere significati. Sono tutti obiettivi, raggiungibili con l'apprendimento formale di una lingua straniera, che presuppongono l'attenzione viva e costante su alcuni aspetti del processo di acquisizione linguistica, quale *in primis* il concetto secondo cui la lingua è strumento di comunicazione prima di tutto orale.

L'abilità di produzione orale nelle sue varie sfaccettature acquista dunque centralità nel percorso di studio, a differenza di quanto spesso è avvenuto in passato, quando l'enfasi era posta non tanto e prevalentemente sul saper fare con la lingua, sul suo uso comunicativo, ma piuttosto, come nel caso del primo esempio, su aspetti formali di conoscenza dei meccanismi che la governano, finalizzando lo studio principalmente alla gestione di testi scritti.

Nell'attualità il panorama è cambiato radicalmente grazie all'evoluzione in senso comunicativo della glottodidattica e allo sviluppo delle comunicazioni nel mondo d'oggi: ad esempio è semplice e relativamente economico ascoltare o vedere trasmissioni in lingua inglese alla radio o in televisione, via satellite o spesso attraverso i normali canali di diffusione.

Se per la lingua inglese questo è un dato quasi banale nella società, che con un termine alla moda definiamo globalizzata, lo stesso vale per altre lingue che godono di minor diffusione; al movimento dell'informazione si aggiunge quello delle persone che in numero crescente e sempre più frequentemente contemplano il viaggiare, per piacere o necessità, tra i bisogni primari della propria esistenza.

Imparare a parlare è diventato la priorità della maggior parte degli studenti di lingua straniera, al punto che, ad esempio nel caso dell'italiano a stranieri insegnato all'estero, spesso una delle ragioni di disaffezione dei partecipanti al corso di lingua è la ritardata introduzione della cosiddetta conversazione, cioè dell'abilità di produzione orale, all'interno del percorso di studio.

Comprendere tra gli obiettivi dell'insegnamento linguistico quella che con termine inglese chiameremo *fluency*[22] a partire fin dai livelli più bassi è una necessità non solo metodologica: a livelli iniziali gli studenti avranno scarsissime conoscenze linguistiche, ma spetta all'insegnante creare le condizioni affinché con i pochi elementi in loro possesso riescano a comunicare in modo attivo.

Questo, se frutto di un processo impostato in maniera corretta, cioè senza portare a generare situazioni di *stress* emotivo, nella maggior parte dei casi aiuta a mantenere alta la motivazione all'apprendimento.

Una distinzione che pare opportuno portare all'attenzione del lettore riguarda i concetti *informare* e *interagire*, cioè gli scopi principali della comunicazione orale. In effetti se lo scritto offre possibilità aggiuntive quali quella di una comunicazione introspettiva particolare tipica del diario ad esempio, il parlato può essere più logicamente suddiviso tra atti comunicativi monodirezionali, intesi a fornire informazioni e atti almeno bidirezionali in cui la valenza comunicativa si associa a quella interattiva.

La prima tipologia di produzione orale può essere riscontrata ad esempio nelle informazioni date dagli annunciatori o dai giornalisti televisivi o radiofonici, dagli annunci nelle stazioni ferroviarie o negli aeroporti, dal professore che tiene una conferenza *ex cathedra*, ecc. In

[22] Per questa parola che è già stata incontrata nel percorso 4, in italiano i vari termini utilizzabili possono essere: scorrevolezza, scioltezza, fluidità, ma ci sembrano scarsamente connotati da un punto di vista della glottodidattica, proprio per la matrice così profondamente anglosassone dell'approccio comunicativo.

realtà questa natura monologica si riscontra in casi meno frequenti rispetto a quelli rappresentati dalla seconda tipologia, quella cioè in cui l'interazione è la caratteristica principale.

L'importanza che l'interazione assume nella comunicazione orale induce a completare l'abilità primaria del parlare con una serie di sotto-abilità che la trasformano, tra esse primeggiano le abilità legate alla negoziazione di significati e alla gestione dell'interazione[23].

Fanno parte della gestione dell'interazione, a conti fatti, le scelte linguistiche e culturali necessarie per rendere efficace la comunicazione, come ad esempio l'opzione per un registro formale o informale.

5.4.1 La lingua scritta e la lingua orale

Immagini di essere un insegnante di lingua italiana per stranieri. Individui la devianza dalla norma nelle frasi seguenti e poi decida come si comporterebbe di fronte a queste forme.

	La segnalerei come errore	Direi che si può sentire	L'accetterei e l'insegnerei
• Ho visto Matteo e Cristina e gli ho dato il regalo di matrimonio.			
• Non è mica facile imparare una lingua straniera.			
• Secondo me la macchina l'ha presa Sandro!			
• Sandro? Impossibile! Lui ieri sera è rimasto a casa.			
• Se me lo dicevi che non mangiavi carne, ti preparavo una cenetta vegetariana.			
• La maggior parte degli italiani conoscono anche il dialetto della loro città.			
• Mi scusi Lei si chiama Anna Cavalli. E Lei, Domenico Cavalli. Quindi Voi siete marito e moglie?			
• Silenzio che non riesco a concentrarmi!			
• Penso che l'italiano è proprio una lingua difficile.			
• Ieri sera l'Italia ha giocato una partitissima.			
• A noi ci piace andare a ballare il sabato sera.			

[23] Bygate (1987).

Quelle presentate, così come numerose altre che qui non si riportano, sono forme tipiche dell'italiano orale che in più di un caso sono correntemente accettate anche in certi registri dello scritto.

È tutt'altro che inusuale, ad esempio, trovare la forma di cortesia plurale espressa con il Voi anziché con il Loro nella maggior parte dei testi scritti. In quelli che in qualche modo riprendono e rappresentano realtà contemporanee di quotidianità, come i libri di lingua, la forma di cortesia plurale con il Loro risulterebbe, anzi, alquanto innaturale.

L'insegnante di lingua straniera si trova spesso di fronte a scelte linguistiche non facili in particolare in situazioni in cui il contatto con la lingua in costante evoluzione è reso difficile o quanto meno infrequente.

Un grosso aiuto in questo senso possono dare i libri di testo e le scelte linguistiche determinate dagli autori.

In certi casi, purtroppo, il modello scelto dagli autori dei materiali didattici si distanzia troppo dalla realtà quotidiana del parlato di oggi a causa anche della volontà di non valicare la frontiera (a volte labile e sempre in costante movimento) dello scurrile.

La ricerca di un registro neutro e la scarsa attenzione per gli aspetti salienti dell'oralità, ad esempio la ridondanza, fanno sì che i testi su cui l'insegnante lavora, in particolare i dialoghi introduttivi delle tradizionali unità didattiche, siano lontani dalla realtà espressiva del contesto che intendono rappresentare.

Spesso l'ostacolo maggiore nella scelta della lingua si riscontra nell'individuare il giusto registro da proporre ai propri studenti, nella consapevolezza che il modello offerto potrebbe portare a riprodurre in contesti non appropriati le forme apprese.

Un esempio a livello lessicale è fornito dal termine *casino* il cui significato originale è stato soppiantato da quello più moderno di *confusione*. In quest'accezione l'uso del termine estremamente diffuso ha poco alla volta nobilitato e desemantizzato la parola e oggigiorno la si può leggere in scritti non solo di registro personale (lettere, ecc.), ma anche in testi giornalistici, ad esempio.

Un processo analogo subiscono costantemente un numero ragguardevole di termini, espressioni, strutture, ma anche esiti fonetici.

Per quanto riguarda la lingua italiana si stanno affermando sempre più modelli di pronuncia che in parte modificano lo standard estendendo alla lingua italiana comune tratti tipici di parlate regionali.

È il caso ad esempio delle S intervocaliche come in *casa, mese,* che sempre più spesso vengono pronunciate con la S sonora estendendo un fenomeno tipico delle parlate del nord, ma non solo, all'italiano standard. Oppure quello della riduzione o modifica dell'uso del raddoppiamento sintattico oggi ormai limitato ad alcune regioni dell'Italia centrale.

Tutto ciò è frutto di una costante evoluzione della lingua italiana che in particolare si esprime nel parlato, ma che per una serie di ragioni anche congiunturali oggi si riversa in breve tempo in diverse forme dello scritto.

Ad esempio, il momento attuale dello sviluppo tecnologico ha portato a riscoprire la scrittura per inviare messaggi e-mail o messaggi di testo al cellulare.

Nell'uno e nell'altro caso si tratta di comunicazioni che avverrebbero tramite l'orale, ma che le limitazioni delle tecnologia costringono a realizzarsi attraverso lo scritto.

Dell'orale, tuttavia, mantengono molti tratti e a volte ne spingono alcuni a eccessi solitamente non necessari nell'espressione orale. È il caso ad esempio dell'estrema sintesi e rarefazione delle connotazioni espressive dei brevi messaggi di testo dei cellulari o e-mail che spesso presentano le caratteristiche di veri e propri codici (*emoticons*).

Le differenze tra la lingua scritta e la lingua orale sono dunque notevoli. La lingua scritta, nel caso dell'italiano, può contare su forme codificate da più lungo tempo, in quanto l'italiano orale solo da alcuni decenni si è diffuso come lingua nazionale; quella scritta è una lingua maggiormente controllata ed epurata da molti tratti di tipo locale o regionale.

La possibilità di contare solitamente su una fruizione differita e non simultanea del testo scritto consente a chi produce il messaggio di rivedere, ripulire, modificare lo scritto.

La fruizione del testo orale, di norma immediata, impedisce di rielaborare il messaggio. Il risultato è una lingua molto meno accurata, solitamente, rispetto a quella scritta.

5.4.2 La gestione delle attività di produzione orale

Pensi a una lezione di lingua straniera in una classe monolingue formata da circa quindici studenti adulti. Metta in ordine di rilevanza i problemi che potrebbero insorgere (1 = più importante).

• Alcuni studenti parlano troppo, altri rimangono in silenzio.	
• Gli studenti non parlano perché prima vogliono conoscere tutte le strutture necessarie a comunicare, tutta la grammatica.	
• Gli studenti non sono interessati agli argomenti che vengono proposti per la conversazione.	
• Gli studenti sono inibiti.	
• Gli studenti tendono a usare la propria madrelingua.	
• I testi da cui si parte per fare l'attività orale sono troppo difficili.	
• La classe non è abituata a lavorare a coppie o a gruppi, quindi le attività vengono condotte dall'insegnante che parla con uno o pochi studenti mentre gli altri "dormono".	
• La lingua necessaria per l'attività è troppo difficile.	
• L'insegnante parla troppo durante l'attività di produzione orale rubando spazio agli studenti.	

Vi sono altri possibili problemi che le vengono in mente riguardanti la gestione della classe durante un'attività di produzione orale?

La lista di possibili problemi nella gestione in classe di un'attività per la produzione orale potrebbe essere ampliata, tuttavia se l'insegnante riuscisse a evitare tutti o buona parte dei punti critici indicati, ci pare che l'atmosfera che si creerebbe in classe sarebbe quanto mai positiva e favorevole a un corretto processo di apprendimento linguistico. Le caratteristiche di un'attività di produzione orale che ottiene risultati positivi possono essere riassunte in alcuni punti:

- gli studenti si sentono a proprio agio e lo dimostrano interagendo in maniera corretta;
- parlano molto e con le giuste dinamiche di coppia, classe o gruppo;
- l'interesse e la motivazione rimangono alti per tutta la durata dell'attività;
- nella fase successiva all'attività gli studenti partecipano attivamente a un momento di autovalutazione e correzione della propria performance;
- gli studenti usano la lingua di studio e non la propria madrelingua, cercando di superare con strategie idonee le conoscenze mancanti.

Il ruolo e l'importanza dell'abilità di produzione orale devono essere negoziati con gli studenti all'inizio del corso e in seguito sottolineati ogni qualvolta l'insegnante lo ritenga necessario.

Si tratta infatti di instaurare con la classe un rapporto basato su un contratto formativo che prenda in considerazione alcune condizioni di partenza che dovranno trovare un giusto equilibrio: da un lato l'impostazione didattica dell'insegnante che in una moderna prospettiva metodologica di tipo comunicativo e umanistico-affettivo tiene ampiamente conto del fatto che insegnare a parlare è una delle priorità dell'insegnamento linguistico. Dall'altro i bisogni degli studenti che a volte non coincidono con l'impostazione dell'insegnante e/o del testo in adozione: non è raro, soprattutto in alcuni contesti educativi che risentono fortemente di tradizioni glottodidattiche di tipo formalistico, incontrare studenti che di fronte a un approccio di tipo comunicativo richiedono un intervento descrittivo e basato sulla grammatica o l'elencazione del lessico da parte dell'insegnante.

Non ultimo vi è, in molti casi, quanto si riferisce al progetto educativo che l'istituzione esige e impone e che potrebbe essere in contrasto con le esigenze degli studenti o l'impostazione metodologica del docente.

Solo se esiste un accordo e un'identità di vedute sugli obiettivi del corso è logico e realistico supporre che i momenti di possibile difficoltà legati al processo di apprendimento vengano superati.

5.4.3 Le tecniche di produzione orale

Come già osservato durante l'analisi delle abilità di ricezione, la moderna glottodidattica fornisce all'insegnante una vasta gamma di attività che possono essere utilizzate al fine di rendere più variato e quindi interessante ed efficace il percorso d'apprendimento.

Tradizionalmente le attività orali presentavano caratteristiche quanto mai ripetitive e poco motivanti: è il caso della classica attività di ripetizione e recitazione del dialogo introduttivo della lezione.

La ricerca di situazioni di reale comunicazione, in particolare nei livelli più bassi dell'apprendimento, non costituiva una priorità, come invece l'offerta di stimoli linguisticamente corretti che lo studente doveva riproporre con altrettanta correttezza.

Assieme alla promozione di formati di attività basati su frequenti momenti di lavoro collaborativo in coppia o a gruppi, la didattica dell'approccio comunicativo propone e incoraggia la creazione di attività realmente comunicative, cioè caratterizzate da un reale scambio di informazioni, dove in termini tecnici vi è un *information gap*, un vuoto informativo che il lavoro degli studenti porterà a colmare.

È solo attraverso dinamiche di questo tipo che si arriva all'acquisizione della lingua.

A seconda del livello di conoscenze degli studenti le attività proposte potranno avere caratteristiche diverse, ma un unico minimo comune determinatore: la presenza del vuoto informativo.

Descrizione di immagini

Una tipologia di attività in cui è facilmente percepibile la differenza tra attività realmente comunicative e attività scolastiche disegnate solo come pratica linguistica è la descrizione di immagini.

Infatti a seconda della gestione dell'attività si può dare vita a situazioni in cui gli studenti si trovano di fronte a un vero vuoto informativo oppure a un'attività in cui l'informazione viene scambiata senza un reale bisogno comunicativo.

Se entrambi i membri di una coppia si trovano davanti alla stessa immagine senza alcuna differenza e il compito che devono svolgere consiste nella descrizione di quanto vedono, l'attività risulta essere non comunicativa. Se al contrario si forniscono loro due immagini leggermente modificate contenenti cioè delle differenze diventa molto più interessante attraverso uno scambio di informazioni giocato sull'*information gap* procedere alla scoperta comunicativa delle differenze.

Descrizione di persone, oggetti, luoghi

Allo stesso modo in cui si procede per la descrizione di immagini si può invitare gli studenti ad altre descrizioni.

I limiti di questa attività sono ravvisabili, come per la precedente, nella necessità e a volte difficoltà di creare delle situazioni realmente comunicative.

Per ovviare a questo problema è buona norma cercare di motivare gli studenti attraverso un approccio *problem-solving* possibilmente di tipo ludico[24], in cui i discenti sono spinti a cercare di indovinare gli elementi informativi mancanti al fine di raggiungere uno scopo come quello della vittoria in una gara di abilità e fortuna.

Va notato che se da un lato i *giochi di produzione orale* possono incentivare la comunicazione e migliorare la riuscita delle attività, dall'altro l'equilibrio tra collaborazione e competitività va ricercato in maniera costante.

Si può giocare, si può essere antagonisti in un momento del lavoro in classe, senza per questo perdere di vista lo spirito collaborativo su cui molta parte della didattica umanistico-affettiva si basa.

Dialogo

La ripetizione di un dialogo imparato a memoria, come già abbiamo avuto modo di notare, ha costituito l'attività orale per eccellenza almeno nelle fasi iniziali dello studio.

A questa tipologia decisamente arida possono essere apportate delle modifiche che rendano l'attività più comunicativa e stimolante.

Il dialogo rappresenta un momento fondamentale della comunicazione che coinvolge numerosi aspetti della conoscenza e sollecita svariati processi legati all'apprendimento.

Saper dialogare significa essere in possesso delle conoscenze e delle abilità necessarie per comprendere e produrre legate al mondo, alla cultura del paese o dei paesi dove si parla la lingua oggetto di studio. Ma in una dimensione interculturale tali conoscenze sono anche legate alle identità di chi parla una lingua in modo veicolare, come codice per la comunicazione internazionale.

Dialogare vuol dire inoltre riconoscere e saper interpretare il proprio ruolo sociale e quello degli interlocutori, nonché gli scopi della comunicazione.

Sono molteplici dunque gli elementi necessari per una corretta impostazione dell'interazione comunicativa che devono trovare la giusta dimensione all'interno della lezione di lingua: si tratta di permettere lo sviluppo di un processo di apprendimento che coinvolge le regole della comunicazione a livello socioculturale o gli aspetti regionali e locali della lingua o le connotazioni gergali e i registri[25].

[24] Si veda il percorso 13 *Imparare giocando*.

[25] Per una trattazione esaustiva delle problematiche connesse con la comunicazione interculturale si veda Balboni (1999b). Si veda anche il percorso 9 *Lingua e cultura*.

Oltre a questi ultimi fattori di tipo sociolinguistico di enorme rilevanza nei processi di interazione sono il tono della voce e l'intonazione che possono a seconda del loro impiego connotare in modo determinante la comunicazione e determinare tra i protagonisti rapporti che vanno ben al di là e in realtà prescindono da quanto la comunicazione verbale propone.

Appare in questo senso evidente che lo scenario dell'insegnamento, le situazioni che si creano e utilizzano per insegnare la lingua devono tenere nel dovuto conto lo stretto intreccio tra lingua e cultura/civiltà che è tipico della glottodidattica fin dagli albori dell'approccio comunicativo e che, ancor prima, ha caratterizzato i metodi situazionali.

La pregnanza culturale dei modelli di lingua presentati deve risultare esplicita per lo studente e l'insegnante ed essere basata su uno sviluppo del sillabo delle situazioni e dei temi, degli argomenti di civiltà/cultura, che risulta dall'applicazione di criteri di frequenza nella vita quotidiana.

Una tipologia di attività che può rendere il dialogo più stimolante e creativo è il *dialogo aperto* in cui lo studente è portato a interagire con un compagno o con una registrazione che propongono una delle parti del dialogo a cui lo studente deve rispondere seguendo un copione o liberamente fornendo le informazioni richieste.

È il caso ad esempio del colloquio di lavoro in cui lo studente deve fornire le risposte a domande che gli vengono fatte o al contrario crearne alcune per il compagno.

A livelli bassi o con studenti non molto rapidi nella produzione orale l'attività è possibile se si permette inizialmente una fase di riflessione e ricerca di eventuali termini da utilizzare oppure la lettura o l'ascolto delle battute del secondo interlocutore.

Il *dialogo a catena* può essere una variante interessante del dialogo e del dialogo aperto in quanto, in particolare se organizzato come attività di gioco a eliminazione, può permettere di creare battute, domande e risposte, utili a praticare le strutture, gli atti comunicativi, ecc. in possesso degli studenti.

L'insegnante fissa l'argomento o la situazione, ad esempio chiedere informazioni e comprare il biglietto del treno in stazione, e poi dà il via agli studenti per costruire il dialogo, una frase a testa, con eliminazione di chi commette errori. L'insegnante funge da arbitro.

Drammatizzazione

La drammatizzazione rappresenta una versione più amplia e complessa del dialogo, ma essenzialmente ripropone un grado piuttosto basso di creazione autonoma da parte dello studente.

Per dar vita a una drammatizzazione si recita un dialogo, un testo scritto apposta o tratto da un'opera letteraria o teatrale; gli studenti sono chiamati a interpretare i diversi ruoli avendo di norma appreso a memoria il testo.

Vi possono essere versioni più libere e linguisticamente complesse, a canovaccio, in cui gli studenti ricevono solo indicazioni sul personaggio da interpretare, sulla situazione, ma realizzano poi autonomamente la parte linguistica.

Role play

Quanto detto per la drammatizzazione a canovaccio porta al *role play*, tipologia di attività alla quale occorre dedicare qualche parola in più in quanto rappresenta una delle attività di produzione orale più consuete ed efficaci.

A differenza della simulazione, tecnica in cui lo studente mantiene la propria identità ma viene indotto a compiere atti comunicativi in base a una situazione data, nel *role play* allo studente viene assegnato un ruolo altro da sé e spiegata una situazione in cui dovrà operare. Ad esempio: sei il nuovo fidanzato della madre di Samuele e Marina. Ti presenti per la prima volta a casa portando un regalo a tutti. Ad altri studenti sono assegnati altri ruoli.

La chiave per l'esecuzione corretta dell'attività è l'improvvisazione. Improvvisare può costituire un processo motivante e creativo che, tuttavia, a molte persone, soprattutto agli adolescenti o a certi individui adulti, non risulta gradito.

Spesso si creano filtri affettivi dovuti ad ansia, paura di sbagliare o inibizione che mettono a rischio la riuscita dell'attività e possono generare danni negli studenti a livello psico-affettivo.

Per ovviare a tutto ciò, se il clima in classe e le dinamiche che si creano oltre alla non ferrea resistenza di tutti gli studenti lo permettono, è possibile cercare di aumentare le capacità immaginative e creative attraverso la visualizzazione, di cui si dirà più avanti.

Un altro vantaggio del *role play* è che permette di dar vita in classe a una simulazione che riprende le caratteristiche della vita reale, impegnando gli studenti in modo attivo e consente di approfondire aspetti non solo di tipo linguistico, ma anche para- ed extralinguistico.

Rispetto alla discussione e quindi alla esposizione delle proprie opinioni e convinzioni, l'assunzione di un ruolo altro da sé può indurre una sorta di effetto di estraniamento che consente una partecipazione attiva a chi, ad esempio, non ritiene le proprie idee degne di essere esposte ai compagni.

Non trascurabili risultano, tuttavia, i possibili problemi organizzativi e legati alla gestione della classe.

Le dinamiche che si instaurano tra i partecipanti, il rumore che generano, le differenze di tempo e modalità nella esecuzione dell'attività da un gruppo all'altro, l'impegno e il tempo necessario per preparare l'attività, l'intervento della lingua materna, il prevalere di inibizioni e tratti caratteriali che non portano alla comunicazione, le difficoltà a esercitare un controllo e una supervisione da parte del docente, la necessità di spostare l'eventuale correzione a una fase successiva all'attività sono alcuni degli aspetti negativi che, comunque, anche in questo caso non dovrebbero indurre l'insegnante a desistere dall'utilizzo di questa tecnica[26].

Attività di discussione

Decisamente più libere e complesse per la ricerca, a volte necessaria, del lessico e delle strutture sono le attività di discussione.

Nel caso di attività basate sullo sviluppo di una discussione, di uno scambio di opinioni attorno a un argomento dato, il livello di conoscenze linguistiche gioca un ruolo notevole, ma non è l'unico fattore che può determinare la scelta dell'argomento attorno al quale creare le attività.

Determinanti o molto rilevanti sono la provenienza degli studenti, il sesso, l'età, l'estrazione sociale, le motivazioni che spingono allo studio della lingua.

Provi a stilare una lista degli argomenti possibili per i profili di studenti indicati nella tabella che segue.

Donna francese di 40 anni, manager	Adolescente spagnolo	Turista giapponese uomo, di 35 anni

Raccontare

Così come notato per la discussione, anche la narrazione, di qualsiasi tipo essa sia, è una forma di comunicazione orale piuttosto impegnativa che può configurarsi come momento di interazione in senso stretto, cioè con la partecipazione di almeno due interlocutori, oppure può presentare, pur consistendo prevalentemente in un monologo, momenti interattivi derivanti dalla ricerca del consenso in chi ascolta da parte di chi parla, come nel caso di un esame orale ad esempio, o come quando

[26] Sull'abilità di dialogo si veda Balboni (1998).

si racconta una barzelletta, la fase dell'attesa della risata finale preceduta dalla necessità di mantenere viva la curiosità dell'ascoltatore.

A seconda del livello di supporto che viene fornito attraverso strumenti diversi (immagini, fumetti, preventiva lettura, ascolto, visione di un testo) l'attività di produzione risulta più o meno complessa.

Nel momento in cui lo studente viene abbandonato a un'operazione di creazione libera, i meccanismi che si innescano a livello cognitivo sono più ambiziosi e di più difficile applicazione.

Nella pratica quotidiana, così come avviene nel caso di attività basate sulla discussione, il raccontare ha bisogno di una fase a volte anche laboriosa di preparazione che permetta agli studenti di "entrare" a poco a poco nel compito richiesto. Si dà vita solitamente ad attività integrate in cui la produzione orale costituisce un momento, di norma conclusivo, di un percorso.

È possibile presupporre diverse tipologie di racconto: basato sull'esperienza vissuta (raccontare cosa si è fatto il giorno del proprio ultimo compleanno), sulla narrazione di una storia inventata o, ad esempio, della trama di un film o di un libro, o ancora sul racconto di una barzelletta.

Anche a livello accademico può rendersi necessario applicare strategie che portano al racconto, oltre al caso già menzionato dell'esame orale: rientra in questa tipologia la lezione, la conferenza tenuta in lingua straniera o la presentazione, nel corso di un seminario o in ambito aziendale, di un qualsiasi rapporto orale ai colleghi.

Un ottimo modo per agevolare il compito è dato dall'utilizzo di strumenti delle nuove tecnologie, quali i programmi per creare presentazioni.

L'impiego di tali strumenti può indurre l'insegnante ad affiancare all'attività di produzione orale un momento di produzione scritta, oltre che di ricezione scritta o orale per la ricerca del materiale necessario alla costruzione della presentazione.

Infatti, per costruire ad esempio le diapositive di testo da proiettare durante una presentazione orale, gli studenti devono prima di tutto creare parte del testo in forma scritta.

Si tratta di un'attività complessa perché obbliga lo studente a operazioni che sollecitano notevolmente abilità cognitive quali la capacità di sintetizzare e riassumere.

Da quanto affermato finora risulta evidente come la creazione di percorsi finalizzati alla produzione orale basata sul raccontare richieda un importante impiego di energie e tempo.

D'altro lato, tuttavia, diventa pressoché improponibile gettare gli studenti nel vivo dell'attività di produzione senza le adeguate misure di controllo e guida.

Interagire attraverso le tecnologie: il telefono e la videoconferenza

L'insegnamento dell'uso del telefono e di strumenti a esso collegati quali la segreteria telefonica è diventato uno degli elementi caratterizzanti il sillabo sia della produzione, che della ricezione orale non solo in corsi specialistici, ad esempio di lingua commerciale, ma anche, sebbene in tono minore, di un qualsiasi corso di lingua straniera per scopi generali.

Ciò a causa della rilevanza che questo tipo di comunicazione ha assunto nella società moderna.

A esso si affiancano nuove opportunità offerte da strumenti quali la videoconferenza.

Per l'insegnamento di diverse lingue straniere vengono da anni offerti corsi specifici impartiti esclusivamente via telefono o attraverso il *web*.

Ma anche, senza ipotizzare l'impiego immediato di questi strumenti in classe, lo sviluppo delle abilità legate alla comunicazione telefonica permette di creare innumerevoli occasioni di pratica orale.

Una possibilità per realizzare un'attività di simulazione che quantomeno non spinga gli studenti a usare forme di comunicazione non linguistica, è disporre i partecipanti all'attività schiena contro schiena e poi dar vita a telefonate simulate. In questo modo si riproduce il modo di comunicare senza il supporto dell'elemento visivo come avviene nella realtà quando si utilizza il telefono.

La videoconferenza aggiunge alla comunicazione linguistica orale tutto ciò che caratterizza la comunicazione in presenza di un contatto visivo, seppure al momento attuale con qualche limitazione, dovuta ad esempio, a volte, alla non perfetta sincronizzazione dell'immagine e del sonoro sullo schermo.

La visualizzazione

Tra le possibili tecniche utilizzabili per variare l'approccio alla produzione linguistica e cercare di migliorare le *performance* degli studenti, ma soprattutto per aiutare quegli individui che sono in difficoltà per varie ragioni nell'impiego orale o scritto della lingua, proponiamo la visualizzazione.

La capacità di crearsi delle immagini mentali per migliorare la memoria è stata oggetto di studi e approfondimenti fin dall'antichità[27].

Molti studenti, consciamente perché addestrati in tal senso, o in modo più o meno casuale attraverso lo sviluppo di tecniche di questa natura, sono in grado di associare le immagini con le parole, in particolare per la fissazione mnemonica del lessico della lingua straniera.

La visualizzazione rientra, almeno in parte, in questa tipologia di tecniche, ma è più complessa e oltre a essere utilizzabile per permettere la memorizzazione del lessico è estremamente efficace per un superamento o la prevenzione dell'insorgenza di filtri affettivi e per lo stimolo e miglioramento delle capacità creative dei discenti.

Visualizzare vuol dire vedere, immaginarsi, ricordare mentalmente, un fatto, un oggetto, una persona, una situazione.

[27] Si veda Cardona (2001, p. 148).

Alla base vi è normalmente il ricordo o più in generale la propria conoscenza e le proprie convinzioni riguardo al mondo. Ad esempio: se a una persona che non è mai stata in Italia viene chiesto di visualizzare immagini che descrivono Firenze, la sua mente proporrà risultati che saranno frutto di quanto questa persona sa o pensa di sapere su questa città o in alternativa creerà immagini che considera verosimili.

Non è questa la sede per approfondire gli aspetti neuropsicologici di questi meccanismi.

La visualizzazione come processo fortemente basato sull'associazione di idee, può essere generata in maniera incontrollata, ricordiamo la famosa *madeleine* di Proust, oppure attraverso una guida esterna al soggetto che accompagna e in parte detta i ritmi del percorso.

È questa seconda tipologia che ci interessa per coglierne le possibili ricadute nell'insegnamento delle lingue straniere.

Chiunque è in grado di visualizzare, anche chi non ha mai pensato di sviluppare questa tecnica per scopi legati all'apprendimento.

Condizione indispensabile perché si inneschi la visualizzazione è far percorrere a un individuo un cammino che conduce ad attivare mentalmente i canali della percezione basati sui sensi. Quindi visualizzare sì immagini, ma anche suoni, sapori, odori, sensazioni.

La partecipazione emotiva del soggetto, la sua capacità di assaporare quanto viene visualizzato e di arricchirlo di emozioni è alla base della riuscita del processo di visualizzazione. Più si affina la capacità di ricordare o immaginare dettagli, più la capacità di visualizzazione si arricchisce e può essere d'aiuto in un qualsiasi percorso di apprendimento[28].

Per quanto riguarda un possibile esempio nel campo delle lingue straniere proponiamo di seguito un estratto da un testo di italiano per stranieri[29].

Al fine di rendere più efficace l'attività proposta, fondata su un discreto sforzo creativo, gli autori suggeriscono un approccio alternativo incentrato sulla visualizzazione.

Sul versante della formazione e istruzione del docente l'intenzione è quella di creare nell'insegnante la sensazione che sia possibile, ma soprattutto realizzabile, un avvicinamento diverso alle attività di produzione orale.

A monte stanno le riflessioni, sviluppate anche in questo percorso, che prendono in considerazione le situazioni di *stress* emotivo e i filtri affettivi che possono impedire o danneggiare lo sforzo creativo degli studenti.

Il discorso è analogo per quanto riguarda gli studenti: gli autori presuppongono che possano esistere situazioni in cui uno o più studenti possano trovare difficoltà nel creare, immaginare atti comunicativi collegati a situazioni proposte in modo poco guidato.

[28] Bandler, Grinder (1984).
[29] Mezzadri, Balboni (2001, p. 104).

Inoltre, secondo principi e pratiche consolidate dell'approccio comunicativo che vedono alla base del lavoro in classe la ricerca dell'interesse e della motivazione degli allievi, si cerca con l'inserimento di una nuova tecnica di fornire varietà e movimento alla lezione.

Sul piano del saper apprendere, quest'attività si inserisce nel quadro di un addestramento globale all'uso, tra l'atro, di tecniche di memorizzazione basate appunto sulla visualizzazione[30].

Le consegne delle attività propongono i seguenti passaggi e compiti:

1 Dove preferiresti passare un fine settimana in estate?

Questa prima parte dell'attività può essere svolta da ogni studente individualmente. L'insegnante può decidere di lasciare prendere appunti agli studenti oppure dedicare brevi momenti in plenaria a un *brainstorming* sulle possibilità che esistono per una vacanza di pochi giorni, cogliendo l'occasione per l'eventuale elicitazione o presentazione di parole chiave, ecc.

La seconda fase invece prevede quanto indicato dalla seguente consegna:

2 Ora insieme a un compagno parla della tua scelta e motivala.

Si tratta evidentemente del tentativo di creare un momento di produzione orale, con scambio di informazioni e interazione.

Gli autori in alternativa a un percorso che definiremmo tradizionale propongono queste indicazioni[31]:

> *Se vuole seguire un approccio diverso nella gestione di quest'attività provi questa procedura: dica agli studenti di prepararsi per un viaggio nella mente. Chieda loro di chiudere gli occhi e di raffigurarsi la loro casa, il loro quartiere in un mezzogiorno assolato d'estate. Dica loro di immaginarsi il paesaggio e la gente e poi di uscire lentamente da quella immagine per passare al luogo dove preferirebbero trascorrere un fine settimana in estate con il paesaggio che preferiscono e di cercare di sentire sulla pelle la sensazione provocata dal calore dell'estate. È lei che deve condurre questa parte dell'attività, è necessario che li guidi dicendo, con voce il più possibile suadente e ripetendo i comandi tipo "rilassatevi" e "sentite il piacere di questa sensazione": "Chiudete gli occhi, rilassatevi, state lasciando questa classe, a poco a poco state uscendo, e siete in viaggio, ora siete arrivati davanti a casa vostra, è mezzogiorno, è estate, è una giornata caldissima, in giro non c'è nessuno, sentite che caldo fa, state sudando, ma fortunatamente è venerdì e potete partire per un luogo dove avete sempre sognato di trascorrere un fine settimana d'estate. Adesso siete in viaggio, fa caldo, ma presto sarete arrivati. Eccovi nel posto che avete scelto. Guardatevi attorno, com'è? Che cosa vedete? Quali rumori sentite? Osservate i colori, com'è? C'è tranquillità? Sentite il clima sulla pelle, ascoltate i suoni, sentite i profumi. State bene, guardatevi attorno, com'è la natura? Com'è il tempo? Voi cosa state facendo? Guardate-*

[30] Si veda a titolo d'esempio Mezzadri, Balboni (2000, p. 180).
[31] Mezzadri, Balboni (2001, p. 104).

vi bene attorno ancora per un momento e poi lentamente, lentamente, quando decidete che siete pronti, tornate qui nella classe e aprite gli occhi, lentamente. Quando avete aperto gli occhi prendete la penna e scrivete la descrizione del tempo che avete immaginato." Tutti questi comandi oltre che con un tono molto suadente, calmo, rilassato, vanno dati con tempi piuttosto lenti, i tempi del rilassamento, della tranquillità, vanno ripetuti e vanno previste pause tra un comando e l'altro.

E per la seconda parte dell'attività[32]:

Se ha accolto il suggerimento dell'attività precedente, può chiedere agli studenti di descrivere il posto che hanno immaginato e le attività che si possono fare. Poi tutti insieme raccontatevi i tipi di fine settimana che sono emersi. Se vuole può chiedere come si sono trovati gli studenti a svolgere un'attività nel modo indicato nell'1. Chiedete loro se sono riusciti a produrre una descrizione più complessa del solito.

5.4.4 La valutazione della produzione orale.

Quale delle due seguenti opinioni la trova più d'accordo e perché?

L'orale è difficile da valutare, ma credo che sia possibile fare un esame che prevede anche la produzione orale. Assegnando a questa componente un peso inferiore rispetto allo scritto e basandosi su una griglia ben strutturata per cercare di essere il più oggettivi possibile.	Nel nostro istituto non includiamo in nessun esame di lingua una parte orale. Tutto è basato sullo scritto perché l'orale è impossibile da valutare.

Se la lingua è prima di tutto strumento per l'espressione orale, se conoscere una lingua significa avere la padronanza di molte componenti a partire dalle abilità di base, se la produzione orale è una delle abilità primarie, se a essa sono abbinate componenti della comunicazione di estrema rilevanza, se l'interazione e la comunicazione orale risultano essere gli obiettivi principali di molti studenti, allora risulta logico pensare che il parlato debba essere valutato attraverso una prova di verifica.

Tuttavia, per quanto logico e necessario possa apparire, il compito per l'insegnante o l'esaminatore è tutt'altro che semplice.

[32] Ibidem.

Molto spesso si preferisce sostituire a un momento di verifica orale attività scritte che possono ricordare, simulare la produzione orale, ad esempio la creazione di un dialogo.

Per quanto quest'attività possa dare elementi sulla capacità di usare la lingua per fini comunicativi, la competenza che viene richiesta è diversa da quella che si mette in atto nel parlato.

Basti pensare alla rilevanza che hanno nel parlato le strategie per l'assunzione dei ruoli, ad esempio quando e come intervenire per prendere la parola, o l'intonazione, elementi che nella simulazione scritta non possono essere evidenziati. Il risultato è, così, che la creazione di un dialogo non dà elementi completi per valutare l'abilità di scrittura, in quanto il genere che lo studente è chiamato a proporre non appartiene all'abilità di produzione scritta, e fornisce indicazioni molto parziali per la verifica del parlato.

La tipologia di esame orale dovrebbe riprendere quanto sperimentato e praticato in classe ed essere quindi basato su attività che prevedono l'interazione. Ciò porta con sé complicazioni ulteriori di tipo organizzativo e valutativo.

Prima di tutto perché un'interazione avviene tra almeno due persone e quindi o un esaminatore ricopre il ruolo dell'interlocutore, ad esempio nella simulazione di una situazione, rendendo comunque abbastanza innaturale la circostanza, o si opta per una prova di esame orale in cui vi sono due studenti che, come durante la lezione, eseguono un'attività.

Nel secondo diventa necessario saper distinguere le caratteristiche dei due interlocutori sotto esame, seguire lo sviluppo della prova per entrambi e attribuire le valutazioni in modo separato.

Inoltre, occorre valutare le ragioni del successo o dell'insuccesso della prova sulla base delle dinamiche che si instaurano: se uno dei due studenti, perché oltremodo timido, non riesce a comunicare, ciò può pregiudicare la performance anche del secondo studente.

La prova orale richiede poi all'esaminatore uno sforzo e una professionalità ragguardevoli: la velocità dell'esecuzione di una qualsiasi attività, accompagnata dall'impossibilità di ritornare su quanto prodotto dallo studente sotto esame, crea una situazione difficilmente gestibile sulla base di parametri oggettivi.

L'impiego di griglie valutative possono agevolare il compito, ma non modificano nella sostanza il meccanismo.

Inoltre se si tratta di una prova orale in cui l'esaminatore svolge un ruolo interattivo, ad esempio ascoltando in modo attivo l'esaminando, porgendo attenzione, intervenendo se necessario, dando segnali di assenso o dissenso, questa stessa persona non può dedicarsi alla compilazione "in diretta" di una griglia di valutazione.

Ciò porta alla necessità di un gruppo di esaminatori che insieme operi a contatto con ogni singolo esaminando. Se non nel caso di alcuni esami particolarmente importanti, quale può essere un esame di stato al termine del ciclo della scuola dell'obbligo o in presenza di esami di certificazione linguistica gestita da enti accreditati a livello internazionale, è difficilmente ipotizzabile una situazione di questo genere: il tempo e i costi non la rendono facilmente realizzabile.

Cosa valuterebbe nel caso di una prova per la verifica della produzione orale?

Durante l'esecuzione di un'attività di produzione orale l'insegnante è tenuto a individuare gli obiettivi didattici del momento e può scegliere di assegnare più o meno importanza all'accuratezza espressiva, alla *fluency*, all'intonazione, ad aspetti di tipo pragmatico e sociolinguistico, ma durante una prova d'esame, oggetto di verifica è solitamente ciò che lo studente sa fare oralmente con la lingua straniera e ciò include tutti gli aspetti menzionati, nonché diversi altri.

Da qui la necessità di approntare griglie valutative per l'osservazione dell'esame e l'attribuzione dei punteggi. Ogni realtà didattica sceglierà quale peso dare alle singole voci e alla prova orale in generale, in rapporto alle altre componenti dell'esame[33].

A titolo d'esempio forniamo le indicazioni contenute nella guida all'esame CILS dell'Università per Stranieri di Siena per la certificazione dell'italiano.

In tale prova l'abilità di produzione orale ha un valore del 20% e a seconda dei livelli di certificazione il peso dell'efficacia comunicativa e degli aspetti formali varia, essendo nei primi tre livelli (pre-cils, cils 1 e 2) maggiore la rilevanza della prima rispetto alla seconda[34]:

> *gli aspetti che vengono considerati nella valutazione delle produzioni orali sono:*
> *efficacia comunicativa (soprattutto ai Livelli UNO e DUE)*
> *correttezza morfosintattica, coesione testuale (soprattutto ai Livelli TRE e QUATTRO)*
> *adeguatezza e ricchezza lessicale*
> *adeguatezza di registro e di varietà linguistica*
> *pronuncia e intonazione.*

[33] Per un approfondimento delle tematiche in esame si rimanda ad alcuni testi di ambito anglosassone: Hughes (1989), Underhill (1987); Weir (1993).

[34] www.unistrasi.it, p. 38.

5.5 Scrivere

In quali occasioni si usa oggigiorno la scrittura? Provi a stilare una lista utilizzando lo schema[35] proposto. Le servirà per individuare le tipologie di testo da affrontare in un'ottica comunicativa dell'insegnamento delle lingue.

Scrivere per informare	*Giornali*, ...
Scrivere per dare istruzioni e promuovere azioni	*Segnali e insegne stradali*, ...
Scrivere per scopi di intrattenimento	*Poesie*, ...

Delle quattro abilità primarie la scrittura è quella che offre i maggiori spunti per riflessioni a tutto tondo sul modo di operare di tanti insegnanti di lingua[36].

Ripercorra con la mente la sua esperienza di studente di una lingua straniera e, se possibile, di docente: come veniva affrontata la produzione scritta?

Come più volte sottolineato in questo testo un'anomalia che tuttora permane nell'insegnamento della lingua straniera (in particolare dell'italiano, oseremmo affermare) è costituita dall'enfasi troppo spesso posta sulle abilità scritte a scapito di quelle orali.

La scrittura pervade la maggior parte delle attività svolte in classe sottraendo alle altre abilità tempi e spazi preziosi.

Le ragioni di questo sono molteplici, ma ci limiteremo a segnalarne alcune nella speranza che ciò porti a una ristrutturazione del metodo di insegnamento e apprendimento delle lingue, laddove necessario.

Non a caso al primo posto e in maniera provocatoria citeremmo l'esigenza di mantenere la disciplina in classe: gli studenti che lavorano, ovviamente in modo individuale, scrivendo risultano più silenziosi e

[35] Halliday (1985).

[36] Per un approfondimento nella prospettiva adottata in questo testo si vedano Hedge (1988) e Krashen (1984).

disciplinati, rispetto a una classe in cui l'attività didattica è gestita attraverso altre forme, quali il lavoro di gruppo o di coppia basato sulle abilità orali.

Altra ragione alla base del ruolo ipertrofico della scrittura è la confusione che spesso si tende a fare tra la scrittura come abilità in sé, oggetto di un percorso di sviluppo analogo a quello delle altre abilità primarie, e lo scrivere come momento di mero supporto alle attività riguardanti altre abilità o aspetti dell'apprendimento linguistico.

Ad esempio quando si richiede di rispondere per iscritto a domande riguardanti un testo di lettura o d'ascolto, la scrittura ha, non di rado, unicamente una funzione di monitoraggio e non vengono sviluppati percorsi integrati tra i due sillabi, quello dell'abilità ricettiva e quello dell'abilità produttiva.

Allo stesso modo, l'uso esteso che si fa della scrittura per l'esecuzione di attività ed esercizi morfosintattici non contribuisce a sviluppare le valenze comunicative dell'abilità di produzione scritta, anzi spesso non si va oltre la semplice ricopiatura, senza riflessione e comprensione dei significati.

Eppure lo scrivere in classe può risultare un'attività non redditizia e innaturale, nei primi livelli di studio di una lingua. La lingua è primariamente un fatto orale, nell'uso reale di questo strumento della comunicazione umana lo spazio accordato alla scrittura è sicuramente inferiore per quantità e più specializzato da un punto di vista qualitativo.

Già si è avuto modo, nel paragrafo precedente, di stigmatizzare le scelte didattiche a volte operate che portano a testare per iscritto forme di comunicazione tipicamente orali, lo stesso può dirsi per quanto riguarda fasi di globalità e di produzione comunicativa durante lo sviluppo di una lezione.

Tuttavia con ciò non si vuole minimamente sminuire, ma solamente riformulare, il ruolo giocato nell'apprendimento linguistico dalla scrittura: essa, infatti, fornisce un forte apporto al percorso didattico in chiave di riflessione, di sistematizzazione e fissaggio delle conoscenze acquisite e di monitoraggio del percorso compiuto.

In sostanza essa offre la possibilità di soffermarsi in maniera consapevole sugli obiettivi del percorso didattico risultando determinante per quanto attiene allo sviluppo dell'autonomia del discente.

La scrittura agisce sul piano emozionale permettendo al discente di nascondersi dietro i tempi e i modi dello scrivere per evitare le ansie che impongono l'espressione orale e i suoi ritmi spesso concitati, dettati dall'interazione.

In questo senso la scrittura garantisce anche il conseguimento di obiettivi di tipo espressivo che a livelli bassi spesso si perdono nell'orale.

Per dar credito a questa dimensione della scrittura occorre calare tale abilità in situazioni comunicative realistiche con tipologie testuali verosimili: è, cioè, importante predisporre percorsi basati sulla scrittura di lettere, diari, appunti, riassunti, articoli, ecc. possibilmente da integrarsi con i restanti sillabi. In quest'ottica la scrittura risulta più morbida, meno invadente, più rispettosa dei tempi e dei modi di apprendimento dello studente, gli consente un approccio più umanistico allo studio della lingua.

Essa permette di agevolare il superamento del cosiddetto periodo del silenzio in cui lo studente riesce a recepire più di quanto riesca a produrre, in particolare oralmente.

In questa fase dell'apprendimento, secondo numerosi studiosi[37], quanto è stato acquisito non porta a un corrispondente livello di *output* linguistico: ciò che un tempo rientrava nella definizione di conoscenze attive e passive, ora viene maggiormente messo a fuoco grazie alle riflessioni metodologiche che rimandano a un'espressione e un acronimo inglese *delayed oral practice* (*DOP*)[38].

Quali di queste tipologie di scrittura inserirebbe in un percorso di educazione linguistica?
E a quali livelli? Utilizzi la tabella proposta.

Scrivere lettere informali, cartoline, lettere formali, messaggi, messaggi di posta elettronica, fax, messaggi SMS, pagine di diario, istruzioni, prendere appunti, sintetizzare informazioni eliminando quelle superflue, rielaborare appunti. Predisporre una scaletta e riscrivere il testo (letto o ascoltato) in forma di riassunto.
Compilare un modulo. Creare inserzioni per un giornale o rivista e rispondere a un annuncio. Ricostruire una storia attraverso le immagini. Scrivere una domanda di lavoro e un curriculum vitae. Scrivere relazioni di lavoro. Scrivere versi d'amore (canzoni e poesie). Scrivere articoli di cronaca e commento.
Scrivere composizioni (narrazioni, descrizioni, argomentazioni, presentazioni).
Scrivere saggi.

Principiante/elementare	
Pre-intermedio/intermedio	
Avanzato	

[37] Gary (1978).
[38] Job, Surian (1991).

Quanto proposto è un elenco che riporta molte delle tipologie più frequenti, o comunque possibili, di scrittura nella realtà d'oggi.

Crediamo che le tipologie indicate possano tutte far parte di un normale percorso di educazione linguistica con una suddivisione che a volte può risultare aleatoria, in particolare in quanto molti di questi generi testuali vengono spesso ripresi a diversi livelli di competenza e con scopi diversi.

Risulta, tuttavia, proponibile individuare una sequenza già nell'ordine in cui sono presentati.

5.5.1 Le caratteristiche della lingua scritta

Come già evidenziato nel paragrafo 5.4.2 le differenze tra parlato e scritto sono numerose. Riteniamo valga la pena riflettere brevemente e in maniera schematica su alcune delle principali caratteristiche della lingua scritta.

Standardizzazione della lingua: nello scritto, il tipo di lingua adottata fa solitamente riferimento a uno standard comprensibile anche al di là della dimensione locale. Si tende a usare espressioni con connotazioni sovraregionali, che non abbiano sapore dialettale o comunque localistico.

Questo avviene a maggior ragione in una lingua come l'italiano in cui esiste una forma scritta codificata e una forma orale il cui standard è di ben più recente determinazione ed è in costante e rapida evoluzione.

Organizzazione testuale: che si tratti di uno scritto formale o informale il testo necessita di un'organizzazione e una formulazione più attenta e precisa rispetto all'orale.

Tempi di produzione e ricezione: la fruizione del testo orale è solitamente contemporanea al momento della creazione, mentre per lo scritto l'autore, salvo rare eccezioni, gode della possibilità costante di riflettere, tornare su ciò che ha scritto, modificare.

Verba volant, scripta manent: il testo scritto permane, il lettore può, di norma, ritornare sul testo e approfondirlo, comprenderlo meglio, ecc.

Ciò comporta differenze di gestione del testo, rendendo meno rilevante, ad esempio, l'enfasi sulle parole chiave o la ripetizione dei concetti o l'integrazione del fatto linguistico con strumenti paralinguistici o d'altro genere, così come invece avviene nell'orale.

In buona parte sono dovute alla permanenza del testo scritto la densità e la natura esplicita che lo caratterizzano.

Di norma il testo scritto non presenta le ripetizioni tipiche dell'orale, gli usi pleonastici della lingua, o i riempitivi così spesso impiegati in orale.

Multimedialità e ipertestualità: ciò che non è permesso all'espressione orale è invece possibile per quella scritta e viceversa: se l'integrazione della comunicazione linguistica attraverso la gestualità è un dato pressoché costante nell'orale, nello scritto invece troviamo sempre più spesso forme di compresenza e compenetrazione di vari media e strutture testuali.

L'ipertesto è la struttura di base di quella che oggi costituisce una delle forme più diffuse di testo scritto: la pagina *web*.

Apprendimento differito e formale: si tratta in questo caso di una caratteristica del modo in cui la scrittura viene appresa che influenza fortemente il processo di creazione.

Se la lingua madre viene acquisita attraverso l'orale fin dai primi momenti di vita del bambino e in modo informale, la lingua scritta è oggetto di un processo di apprendimento formale anni dopo l'acquisizione della lingua orale.

Ciò normalmente non avviene quando si tratta di una lingua straniera appresa in età adulta in contesto scolastico, ma è sempre più frequentemente il caso di milioni di adulti che emigrano verso paesi di lingua diversa dalla propria.

Rilevanza dell'interazione: la caratteristica di base della comunicazione orale è di norma, come si è visto, l'interazione, mentre per lo scritto questo dato, inteso come fruizione sincronica del testo con replica immediata da parte del lettore, non è che un'eccezione: di norma la risposta scritta o orale a un testo scritto, cioè la realizzazione di un processo interattivo compiuto, può avvenire, ma distanziata nel tempo.

Registro formale: di norma il registro formale è adottato nei testi scritti. Ciò comporta l'impiego di un lessico preciso e specifico, l'uso dell'astrazione, di strumenti referenziali e connettivi non utilizzati nell'orale che danno coerenza e consistenza al testo.

Nello scritto è più facile trovare una struttura della frase contenente proposizioni subordinate, anche se la paratassi, così utilizzata nell'orale, sta sempre più caratterizzando il modo di scrivere moderno.

5.5.2 Le tecniche di produzione scritta

Molte tecniche sono state analizzate nei paragrafi dedicati alla lettura, all'ascolto e alla produzione orale.

È sufficiente qui ricordare quali tecniche possono essere applicate anche alla scrittura: *abbinamento, canzoni, cloze, completamento, dettato, domande aperte, domande chiuse, eliminazione progressiva, esplicitazione di connettivi e referenze, griglie e tabelle, incastro, interpretazione testuale, parafrasi, prendere appunti, quesiti vero/falso, riassunto, riempimento, risposte sì/no, scelta multipla, traduzione, trovare l'errore e correggerlo.*

Composizione

In un certo senso si tratta della tecnica di scrittura per eccellenza. Scrivere un tema, anzi saperlo scrivere quasi per eredità genetica, è quanto veniva richiesto agli studenti italiani. Dopo l'assegnazione della traccia contenuta nel titolo, essi si trovavano di fronte al foglio bianco senza possibilità di fare ricorso a tecniche mai apprese in modo consapevole e, quel che è peggio, senza un obiettivo realmente comunicativo.

Le cose sono cambiate e quantomeno anche gli studenti italiani hanno cominciato a dover fare i conti con tipologie testuali che, pur avendo alla base l'aspetto compositivo, spaziano dall'articolo di giornale, al diario, alla relazione su un avvenimento, alla recensione, ecc.

Oggigiorno parlare di composizione in senso lato vuol dire riferirsi a una tecnica complessa che oltre a presupporre conoscenze e informazioni investe varie abilità cognitive.

La composizione è, dunque, l'espressione di un momento creativo da parte dello studente che si esplica, in modo più o meno libero, attraverso la lingua scritta.

In presenza di livelli iniziali o bassi di conoscenze linguistiche la composizione va comunque considerata come una delle tecniche possibili. Spetta all'insegnante saper individuare il giusto equilibrio tra attività guidate e attività di produzione libera e trovare una dimensione comunicativa che possa risultare significativa e quindi fonte di motivazione per lo studente.

In altre parole il percorso didattico che porta al momento della creazione non può essere basato su un'impostazione che si potrebbe riassumere in una consegna agli studenti sul modello: *ogni venerdì la classe è chiamata a svolgere un tema su argomento libero a scelta dello studente.*

Occorrerà, invece, predisporre attività che propongano un percorso al termine del quale sia pensabile, ad esempio, chiamare gli studenti a scrivere un articolo, una lettera, un programma per un viaggio, le istruzioni o modalità d'uso di un prodotto, ecc.

Per autovalutarsi

1. Quali differenze ci sono tra un approccio *top-down* e uno *bottom-up* per quanto riguarda l'ascolto?
2. Quali sono le caratteristiche dell'ascolto nella vita di tutti i giorni?
3. Che cosa è la *expectancy grammar*?
4. Quali sono le controindicazioni di una lettura delle trascrizioni del testo durante l'ascolto?
5. Qual è la risposta dell'approccio comunicativo circa la natura autentica o non autentica dei materiali usati per l'ascolto?
6. Perché è importante sviluppare l'ascolto in classe?
7. Quali accorgimenti deve avere il docente nella scelta dei testi d'ascolto?
8. Perché non possiamo definire *trasparente* il sistema ortografico italiano?
9. Qual è la sua opinione in merito alla lettura ad alta voce?
10. Qual è lo scopo delle attività di pre-ascolto e di pre-lettura?
11. In che modo si può convincere lo studente che non è necessario capire tutte le parole per comprendere un testo?
12. In che modo si possono usare per la lettura testi autentici nei livelli iniziali di apprendimento della lingua?
13. Quali differenze ci sono tra lingua italiana scritta e orale?
14. Sintetizzi le caratteristiche salienti della tecnica della visualizzazione e i suoi possibili impieghi didattici.
15. Elenchi i pro e i contro per valutare la produzione orale?
16. Che cosa si valuta durante una prova di verifica della produzione orale?
17. Quale può essere il ruolo della scrittura in particolare in livelli iniziali di conoscenza linguistica?

Per saperne di più

Questi due testi rappresentano riferimenti generali indispensabili per la trattazione delle abilità primarie:

FREDDI, G., *Glottodidattica. Fondamenti, metodi e tecniche*, UTET Libreria, Torino 1994.

BALBONI, P. E., *Tecniche didattiche*, UTET Libreria, Torino 1998.

La lista che segue intende fornire al lettore una guida essenziale nella vasta bibliografia sui temi trattati in questo pervorso.

NUNAN, D., *Language Teaching Methodology*, Prentice Hall International, Hemel

Hempstead 1991.
KRASHEN, S. D., TERRELL, T. D., *The Natural Approach: Language Acquisition in the Classroom*, Pergamon, Oxford 1983.
RICHARDS, J. C., *Approaches and Methods in Language Teaching*, CUP, 1986.
NUNAN, D., *Designing Tasks for the Communicative Classroom*, CUP, Cambridge 1989.
ELLIS, G., SINCLAIR, B., *Learning to learn English*, CUP, Cambridge 1989.

CARDONA, M., *Il ruolo della memoria nell'apprendimento delle lingue*, UTET Libreria, Torino 2001.
JOB, R., TONZAR, C., *Psicolinguistica e bilinguismo*, Petrini-Liviana, Torino 1993.
HARMER, J., *The Practice of English Language Teaching*, Longman, Harlow 1983.
DENES, G., PIZZAMIGLIO, L. (a cura di), *Manuale di neuropsicologia*, Zanichelli, 1996.

ANDERSON, A., LYNCH, T., *Listening*, OUP, Oxford 1988.
NUTTALL, C., *Teaching Reading Skills in a Foreign Language*, Heinemann, London 1983.
BYGATE, M., *Speaking*, OUP, Oxford 1987.
HEDGE, T., *Writing*, OUP, Oxford 1988.
HALLIDAY, M. A. K., *Spoken and written language*, Deakin University Press, Victoria 1985.
KRASHEN, S. D., *Writing: Research, Theory and Applications*, Pergamon, Oxford 1984.

WEIR, C. J., *Understanding and Developing Language Tests*, Prentice Hall, New York 1993.
UNDERHILL, N., *Testing Spoken Language: A Handbook of Oral Testing Techniques*, Cambridge University Press, Cambridge 1987.

Appunti su questo percorso

Informazioni utili, meno utili:

....

....

....

....

Parti da rileggere:

....

....

....

....

Osservazioni su questo percorso in relazione ad altri testi:

....

....

....

....

Ricadute e rapporti con l'insegnamento:

....

....

....

....

Altro:

....

....

....

....

Percorso 6

Insegnare la grammatica

6.1 La grammatica e la glottodidattica

Nel corso dei secoli la grammatica è stata oggetto di attenzioni più o meno grandi da parte di insegnanti e studenti e ha fatto sentire la propria presenza all'interno della lezione di lingua straniera in modo diverso a seconda delle scelte metodologiche.

A quali dei tre insegnanti si sente più vicino?

Per me gli studenti devono imparare a ragionare sulla grammatica, devono essere coscienti dei meccanismi della lingua. In classe uso, se necessario, i termini corretti: ad esempio i concetti di "soggetto" e "complemento" sono indispensabili.

A

È attraverso l'uso della lingua che si impara la grammatica. È inutile studiarla in modo formale. A poco, a poco lo studente intuitivamente prova e riprova, fa errori e si corregge e impara.

B

In determinati momenti della lezione si lavora sulla grammatica facendo esercizi e ragionandoci su, in altri invece si va alla scoperta della grammatica usandola.

C

Le tre affermazioni rispecchiano atteggiamenti metodologici diversi che possono essere sintetizzati come segue: l'insegnante A esprime la posizione dei fautori di un insegnamento esplicito della grammatica, B propone un insegnamento implicito, C presenta una posizione eclettica, più duttile, in cui la grammatica ricopre ruoli e richiama l'attenzione didattica in modo diverso a seconda delle fasi della lezione, senza pregiudizi, né preclusioni.

Nel corso dei paragrafi seguenti si cerca di illustrare i vari contributi metodologici per arrivare a una proposta sintetica che rispecchia le tendenze attuali in glottodidattica.

Ci pare qui indispensabile seguire l'evoluzione delle teorie dell'apprendimento delle lingue straniere nelle sue linee più generali, per poter dare un quadro complessivo sufficientemente chiaro in merito all'insegnamento della grammatica, uno dei punti nodali della glottodidattica.

6.1.1 I metodi formalistici

Se si chiede a un italiano non specializzato nell'insegnamento della propria madrelingua a stranieri di spiegare l'uso di una struttura, ad esempio del *ne* partitivo, il cui meccanismo egli ha acquisito in maniera naturale e sa usare correttamente, molto probabilmente non sarà in grado di rispondere in modo esaustivo.

Lo stesso italiano che ha appreso a scuola una lingua straniera moderna probabilmente sarà in grado di svolgere *test* di grammatica, di leggere testi anche complessi, ma difficilmente riuscirà a parlare e ad ascoltare quella lingua, in sostanza a usarla per la comunicazione orale.

Fino a non molto tempo fa e in alcune situazioni ancora oggi, lo scopo del processo di insegnamento era quello di mettere in grado lo studente di gestire testi scritti, di leggere soprattutto testi letterari e di conoscere il funzionamento, le forme della lingua.

È quasi paradossale che dopo anni di istruzione formale ricevuta a scuola o all'università uno studente non riesca a comunicare oralmente in lingua; ciò risulterebbe pressoché inspiegabile se non si prendesse in considerazione il ruolo che esercitano ancor oggi grammatica e traduzione nell'insegnamento delle lingue straniere.

Così come accade per l'insegnamento del latino e del greco o di altra lingua classica, la metodologia applicata nel campo dell'insegnamento della lingua straniera è stata e in parte ancora è basata sulla grammatica e sulla traduzione.

Attraverso l'apprendimento mnemonico di regole descritte dall'insegnante e di lessico presentato attraverso i testi da tradurre, lo studente era (usiamo il passato come auspicio) accompagnato nell'esplorazione della lingua straniera senza che venisse presa in considerazione la dimensione d'uso della lingua.

Nel momento in cui le lingue straniere hanno cominciato ad assumere la loro nuova, ma soprattutto naturale funzione, cioè quella di strumenti per la comunicazione, il modo tradizionale di insegnarle ha denunciato tutti i suoi limiti, ha dovuto prendere atto della necessità di abbandonare i metodi formalistici e modificarsi scoprendo frontiere metodologiche nuove.

Questo, tuttavia, non ha significato il completo superamento dell'impostazione grammatico-traduttiva, quanto meno in Italia per l'insegnamento delle lingue straniere moderne e nella didattica dell'italiano a stranieri anche fuori dai confini nazionali.

Con questo metodo l'insegnamento della grammatica, al centro e di fondamentale importanza, avveniva in modo deduttivo sotto il diretto, costante controllo dell'insegnante che faceva abbondante uso di termini metalinguistici e gestiva le lezioni quasi esclusivamente nella madrelingua degli studenti.

Gli esercizi di applicazione erano basati sulla traduzione, da e verso la lingua straniera, di frasi, l'unità di base della lingua.

6.1.2 La stagione dello strutturalismo

Il superamento dei metodi formalistici porta ad aprire nuove strade che a partire dagli anni quaranta del XX secolo e fino a tutti gli anni sessanta vede protagonisti i metodologi che si rifanno a L. Bloomfield[1] e B. F. Skinner[2].

È la stagione dello strutturalismo e del metodo audio-orale[3] che si basano sulle teorie dell'apprendimento linguistico su cui fonda il neobehaviorismo di cui Skinner è il principale interprete.

Secondo tali teorie l'essere umano, e quindi lo studente, viene visto come un bicchiere da riempire, una *tabula rasa*, da cui partire per costruire percorsi basati sugli stimoli ambientali.

La formula alla base di queste teorie vuole l'applicazione del binomio stimolo-risposta a cui si aggiunge il rinforzo dato dalla correzione della risposta sbagliata o dalla conferma di quella giusta in modo tale da formare nel discente delle abitudini, dei comportamenti che egli potrà utilizzare per comunicare.

In questa cornice la grammatica, così come il resto delle componenti caratterizzanti l'apprendimento linguistico, sottostanno ai meccanismi automatici che si sono consolidati attraverso l'esecuzione di numerose batterie di *drill*, di esercizi strutturali.

All'individuo e alle sue capacità creative, generative non viene lasciato spazio.

[1] Bloomfield (1942).
[2] Skinner (1957).
[3] Per un'ampia trattazione dei vari metodi e approcci glottodidattici si vedano Richards (1986) e Pichiassi (1999).

6.1.3 La reazione cognitivista

Le teorie neo-comportamentiste portano alla reazione innatista-cognitivista di N. Chomsky[4], il quale afferma che ogni essere umano possiede un meccanismo innato di acquisizione della lingua (*LAD*) che gli permette di elaborare l'*input* ricevuto dall'ambiente, creando ipotesi riguardo alle regole della lingua. Le ipotesi vengono poi verificate e valutate.

In ambito diverso e in tempi successivi, lo psicopedagogista J. S. Bruner[5] propone un approfondimento del concetto di *LAD* affermando che occorre un sistema di supporto (*LASS, Language Acquisition Support System*) al meccanismo d'acquisizione della lingua dato dall'ambiente, sia esso costituito dalla madre per il bambino o dall'insegnante per lo studente, ecc.

Questa capacità di elaborare, di generare la grammatica attraverso la formulazione di ipotesi pone l'accento su caratteristiche dell'essere umano facilmente riscontrabili nei processi di apprendimento linguistico tanto nel bambino quanto dell'adulto alle prese con lo studio di una lingua straniera.

Risulta evidente che le ricadute di questa impostazione totalmente differente sull'insegnamento delle lingue sono state dirompenti.

Si pensi per un istante a quanta difficoltà crea l'errore, la sua valutazione e correzione nell'insegnante e nello studente stesso. Per queste riflessioni si rimanda al percorso 11.

6.1.4 La teoria costruttivista

La strada aperta da Chomsky, ricca di risultati scientifici di eccezionale importanza, non convince J. Piaget[6], che contesta alle teorie chomskiane il ruolo assegnato agli universali linguistici innati, preferendo ipotizzare la presenza nell'essere umano di funzioni cognitive innate che permettono l'apprendimento linguistico, ma che esistono prima della formazione del linguaggio.

È l'affermazione della centralità dello sviluppo cognitivo: il bambino, infatti, arriva a elaborare il linguaggio verbale dopo una serie di scoperte ed evoluzioni di tipo senso-motorio.

Il linguaggio in forma di olofrase (una sola parola che raccoglie in sé il significato di un'intera frase) e poi di frasi via via più strutturate è successivo al periodo di quella che viene definita la grammatica dell'azione (Freddi 1999, pp. 3-27). In questo senso la prospettiva di Piaget si distacca tanto dalla visione skinneriana della lingua come apprendimento di comportamenti e come risultato di un processo di condizionamento, quanto dalle teorie innatiste di Chomsky.

[4] Chomsky (1957, 1959).
[5] Bruner (1987).
[6] Piaget (1964).

6.1.5 L'interferenza

In un contesto in cui si dà così ampio spazio e valore alla capacità dell'individuo di creare, produrre lingua, risulta evidente la necessità di affrontare le problematiche relative alle interferenze causate dalla madrelingua dello studente, da altre lingue apprese in precedenza, ma anche alle interferenze intralinguistiche, cioè interne al sistema della lingua straniere che lo studente sta sviluppando (un tipico caso di questo genere di interferenza è la ipergeneralizzazione delle regole: il cane, il libro, *il studente).

Queste problematiche coinvolgono non solo aspetti che definiremmo di tipo teorico riguardo all'apprendimento della lingua, ma hanno risvolti pratici di estrema rilevanza nella prassi didattica quotidiana: ad esempio nel definire quando e come correggere un errore di grammatica; come presentare la grammatica, se in modo implicito o esplicito, che impostazione dare all'approccio allo studio della grammatica, induttivo, deduttivo, eclettico.

6.1.6 Acquisizione e apprendimento

Ci siamo avvicinati, a grandi passi e in modo molto sommario, a questioni che riguardano l'insegnamento della grammatica.

Un corpo di teorie che ha riscosso molti consensi, ma che ha anche suscitato non poche perplessità è quello presentato da Krashen, più volte chiamato in causa in questo testo.

Per quanto attiene all'insegnamento della grammatica molto interessante risulta la contrapposizione tra acquisizione e apprendimento che in realtà non è limitata a un ambito strutturale. Krashen (1981) propone il concetto di apprendimento (*learning*) che accompagna in modo inscindibile quella di acquisizione (*acquisition*) spontanea e naturale della lingua, quest'ultima risultato di un'esposizione che ha certe caratteristiche: è fondata su un input comprensibile, può contare su un corretto ordine naturale, sa fare i conti, scongiurandolo, con il pericolo dell'insorgenza di stati d'ansia e altri fenomeni psico-affettivi che possono creare filtri affettivi, e così via.

L'apprendimento, processo non inconscio come l'acquisizione, si realizza in condizioni sempre favorevoli da un punto di vista affettivo, sollecitando la motivazione degli studenti a un percorso di riflessione razionale sui meccanismi della lingua, nel caso della grammatica, oppure su altri aspetti dell'apprendimento linguistico, quali possono essere il lessico e le abilità di studio, per citarne un paio.

L'acquisizione permette di trasferire le conoscenze nella memoria a lungo termine, mentre l'apprendimento risulta efficace nel breve periodo, ma non produce effetti permanenti.

Tuttavia, l'apprendimento prodotto dalla riflessione porta a monitorare le conoscenze acquisite in modo spontaneo: questa funzione di *monitor* ha immediate conseguenze sulla produzione dello studente che risulta subito influenzata dall'attenzione e dal controllo razionali posti sulla correttezza fonologica, lessicale, grammaticale, ecc. Tali conseguenze sono riscontrabili in un probabile rallentamento della velocità del parlato.

L'apprendimento non produce comportamenti linguistici autonomi. L'eccessivo rilievo dato all'apprendimento nei materiali didattici può costituire un elemento di valutazione degli stessi di grande importanza e utilità per gli insegnanti (Balboni, 2002, p. 34).

Dove collocare la riflessione razionale sulle varie componenti della lingua è questione aperta, ma che con il contributo di altre teorie, anch'esse in questo testo più volte discusse[7], come quelle riguardanti la bimodalità e la direzionalità, porta a evidenziare quanto meno un percorso da seguire: dalla globalità mirante all'acquisizione, all'analisi principalmente gestita dall'emisfero sinistro del cervello in termini di apprendimento (*learning*).

Gli interventi di riflessione razionale durante la fase della lezione dedicata all'esposizione globale alla lingua possono trovare una collocazione e una spiegazione metodologica se si considera vincolante la necessità di aiutare le due modalità del cervello a "mettersi in moto".

Gli spazi dedicati alla scoperta induttiva della lingua, intesa come momenti di riflessione autonoma dello studente sulle regole grammaticali, sul lessico o altri aspetti, ne sono la traduzione pratica; infatti, se da un lato l'induzione è indicata come una possibile strategia per attivare la modalità destra del cervello, dall'altro la riflessione da parte dello studente non condotta dall'insegnante permette di stimolare l'autonomia creativa e la formulazione di ipotesi che verranno verificate con lo sviluppo del percorso didattico, spostando dunque l'attenzione verso le funzioni analitiche dell'emisfero sinistro.

6.1.7 Grammatica implicita o esplicita

Quanto affermato nel paragrafo precedente conduce a riflettere su aspetti lungamente dibattuti in glottodidattica, in particolare sulla dimensione implicita o esplicita dell'insegnamento della grammatica[8].

I termini della dicotomia sono facilmente intuibili: da un lato la riflessione aperta condotta sulle strutture grammaticali che porta a uno sviluppo di competenze metalinguistiche oltre che linguistiche e dall'altro l'acquisizione spontanea in cui la grammatica non ha bisogno di essere esplicitata.

[7] Si veda il percorso 2 *L'autonomia dello studente: dall'analisi dei bisogni alle strategie di apprendimento.*

[8] Si veda per una sintesi completa il testo Giunchi (1990). Si tratta di una raccolta di saggi tra i quali spicca, per le tematiche qui trattate, oltre al ricco *excursus* introduttivo sullo stato dell'arte di P. Giunchi, il contributo di W. Rutheford, "Aspetti di una grammatica pedagogica", pp. 75-91.

Seguendo l'impostazione indicata nei paragrafi precedenti che si muove verso la gestione eclettica dei vari aspetti, quindi verso l'uso mirato delle diverse componenti e dei diversi approcci possibili, non si tratta di una reale scelta definitiva ed esclusiva, ciò che occorre coscientemente applicare è la corretta sequenza delle fasi che porta a far precedere la globalità all'analisi, l'attivazione dell'emisfero destro a quella dell'emisfero sinistro, l'acquisizione all'apprendimento, la lingua alla metalingua, il significato alla forma.

Tuttavia, non è sufficiente basare la propria attività didattica su una "corretta" sequenza, come sempre, è necessario prendere in considerazione i bisogni dei discenti, traducibili prima di tutto in caratteristiche diverse a seconda degli individui, ma anche in generale dello stadio di evoluzione della persona: con Freddi (1999, pp. 54-56) è infatti ragionevole affermare che se fino all'età adolescenziale prevale la competenza d'uso senza un'adeguata consapevolezza, gli adolescenti e gli adulti mostrano capacità di manipolazione delle idee astratte che aiutano a creare una conoscenza formale dei meccanismi linguistici.

È la grammatica esplicita che si sostituisce a quella implicita. Spesso le esperienze di apprendimento linguistico largamente basate sulla riflessione grammaticale spingono l'adulto a preferire in via quasi esclusiva la grammatica esplicita e a non accogliere proposte che associno grammatica esplicita e implicita.

6.1.8 Grammatica pedagogica ed essenziale

Nella glottodidattica moderna non trova spazio l'atteggiamento che molti adulti hanno conosciuto affrontando lo studio delle lingue classiche, e purtroppo anche delle lingue moderne, cioè l'analisi del più ampio numero di aspetti morfosintattici arricchiti da eccezioni e controeccezioni alle regole, con scarsa o nessuna attenzione prestata alla dimensione d'uso delle lingua.

Lo studio delle regole rimaneva un esercizio formale, non era il bisogno di apprendimento dello studente dettato dalle sue esigenze comunicative a imprimere i ritmi e le scelte della didattica, ma al contrario l'insegnante proponeva un programma al cui centro stava la progressiva descrizione delle regole morfosintattiche.

I ritmi e le modalità di apprendimento dello studente non erano presi in considerazione, non vi era spazio per le considerazioni d'obbligo sulle capacità di assimilazione dell'*input* da parte dello studente.

Così tutto l'*input* sostenibile veniva distribuito in maniera univoca sulla grammatica e non si prendevano in considerazione gli altri aspetti dell'educazione linguistica.

L'elasticità insita nel concetto di grammatica pedagogica, invece, permette di calibrare l'intervento didattico in base ai bisogni dello studente, alle sue caratteristiche, all'uso della lingua che non è dato solo dalla somma delle regole di grammatica.

Alcuni dubbi e perplessità assalgono spesso l'insegnante di lingua straniera che si ritrova a chiedersi quanta grammatica si debba insegnare agli studenti, quali siano i punti essenziali per rispondere ai bisogni della classe, quanto tempo occorra dedicare in classe alle varie attività di presentazione e riflessione sulla lingua, quali strategie seguire per affrontare la presentazione della grammatica in modo induttivo.

Quali considerazioni le suscita l'affermazione seguente?

> Il libro di testo che utilizziamo propone nella prima unità solo le tre persone singolari del verbo, ma i miei studenti mi hanno chiesto subito anche le persone plurali. Evidentemente sentivano la necessità di impararle e gliele ho spiegate.

L'insegnante che ha fatto questa affermazione ha applicato un principio corretto e cioè ha considerato come momento precedente a qualsiasi introduzione degli elementi grammaticali la crescita negli studenti del bisogno e quindi della motivazione verso l'apprendimento.

Rimane un dubbio legato al tipo di bisogno cui l'affermazione accenna, avvalorato dall'ultima parte dell'affermazione in cui si dice che la grammatica è stata solamente spiegata. Un rischio molto frequente è che gli studenti chiedano all'insegnante di esporli a presentazioni grammaticali indipendentemente da una reale esigenza di tipo comunicativo e che tale richiesta porti a spostare l'enfasi verso un tipo di grammatica descrittiva e non pedagogica, comunicativa.

Indispensabile è, dunque, creare le condizioni affinché gli studenti possano trovare nella necessità comunicativa la molla che fa scattare la curiosità, la motivazione all'apprendimento.

In questo modo risultano maggiori le possibilità di giungere a un'acquisizione duratura delle strutture grammaticali.

Di conseguenza l'analisi del materiale che si utilizza (libro di testo o altro) porta a un quesito fondamentale riguardante l'approccio alla grammatica scelto dagli autori: è opportuno rendersi conto se il libro di testo utilizzato permetta di procedere a un insegnamento che privilegia l'acquisizione naturale della lingua e utilizza la riflessione grammaticale come momento di apprendimento razionale da impiegare soprattutto in chiave di monitoraggio del processo dell'imparare.

La grammatica è solo uno degli strumenti per giungere alla competenza comunicativa, non è il fine dell'apprendimento linguistico[9]; sor-

[9] Si legge nel documento del Consiglio d'Europa *Il Livello Soglia*, curato da Nora Galli De' Paratesi: *La grammatica nell'approccio comunicativo non è lo scopo primario dell'insegnamento. Il fine dell'insegnamento è la comunicazione e la conoscenza grammaticale, accan-*

ge, quindi, la necessità di chiarirsi in merito a quali siano gli altri *mezzi* o perlomeno i principali cui si deve prestare un'attenzione sistematica e che si affiancheranno alla grammatica in un moderno approccio multisillabico[10].

Tuttavia, se ci si ferma a questo primo momento di riflessione in cui sono identificabili due dei termini della questione e cioè l'esistenza di una competenza data dalla grammatica, definita spesso *competenza linguistica* e un altro tipo di competenza, detta *competenza comunicativa*, il rischio è quello di non cogliere appieno la portata del problema.

La domanda è: quanta e quale grammatica proporre?

La maggior parte dei *test* disegnati per la certificazione dei livelli di conoscenza per le lingue moderne non è basato sul grado di competenza linguistica, né sul livello di competenza comunicativa. La rilevazione avviene attraverso altri parametri, cioè sui livelli di *proficiency*, termine difficilmente traducibile in italiano: vagamente *competenza, conoscenza, abilità*, ecc.[11]

Tra le priorità didattiche che si impongono all'attenzione del docente vi è la necessità di considerare con molta attenzione il livello di *input* grammaticale e il modo di proporre la grammatica a seconda dei livelli di conoscenza linguistica degli studenti, ma anche a seconda dei bisogni degli allievi.

Ciò che conta non è quanta grammatica conoscono gli studenti, ma la qualità della grammatica che conoscono, qualità data dall'essenzialità delle conoscenze a seconda del livello e dal modo in cui è avvenuto l'apprendimento, dove l'essenzialità è determinata dalle strutture necessarie per compiere gli atti comunicativi che si realizzano nelle situazioni in cui si vengono a trovare gli studenti.

Ciò che conta, dunque, è la capacità degli studenti di utilizzare la grammatica per scopi comunicativi a seconda dei propri bisogni.

Una volta stabilito quale e quanta grammatica proporre, un altro fattore determinante rende necessaria una riflessione sulle modalità di gestione del sillabo della grammatica: il tempo classe è limitato e all'interno della lezione l'insegnante deve trovare lo spazio per i percorsi didattici legati agli altri sillabi, per la correzione dei compiti a casa, per le verifiche e le relative correzioni, per i lavori di recupero, ecc.

Il tempo a disposizione, dunque, per trattare la grammatica è limitato e si devono forzatamente utilizzare strategie che permettano di far

to ad altre forme di competenza (come quella appunto comunicativa secondo la definizione di Dell Hymes che si ritrova in Wilkins), è solo uno dei mezzi per conseguire la capacità di comunicare.

[10] Si veda il percorso 1 *I modelli operativi*.

[11] J. Richards propone una definizione di *proficiency* e citando J. L. Clark (1972) scrive: *Proficiency è l'abilità del discente di utilizzare la lingua per scopi reali senza preoccuparsi del modo in cui questa competenza sia stata acquisita. In questa maniera, nel proficiency testing, la cornice di riferimento si sposta dalla classe alla situazione reale in cui la lingua viene usata.* [Nostra traduzione]. Da Richards (1985).

svolgere alcune fasi, quali il monitoraggio dell'apprendimento o il suo consolidamento, al di fuori della classe. Senza contare, poi, quanto più volte ribadito in questo testo, cioè la necessità di rendere il più individualizzato possibile l'insegnamento.

In più, un altro cardine del moderno insegnamento, l'approccio a spirale, porta a privilegiare un certo tipo di lavoro che per alcuni insegnanti abituati a ragionare in termini di "ho fatto il passato prossimo" oppure "non sono ancora arrivato al condizionale, aiuto! Sono indietro col programma!" potrebbe sembrare una perdita di tempo.

Ecco allora che la riflessione investe i materiali che solitamente si utilizzano nei corsi di lingua straniera basati principalmente sul testo di lingua adottato, che comprende lo sviluppo dei vari sillabi. Tuttavia, per quanto riguarda la grammatica, si ha bisogno di poter far riferimento a un testo che permetta agli studenti una costante, immediata consultazione autonoma o guidata, a casa o in classe, per poter porre rimedio a eventuali problemi emersi attraverso attività che, ispirate all'approccio a spirale, riportano a strutture presentate in passato.

I libri di testo, i corsi di lingua solitamente presentano tabelle riassuntive o pagine di sistematizzazione della grammatica, ma per loro natura e per ragioni di spazio non offrono quanto possiamo trovare su un testo di grammatica di riferimento.

6.2 Il ruolo della metalingua

Quale affermazione sente più vicina al suo modo di operare?

Che i miei studenti non sappiano distinguere un aggettivo da un pronome o non mi capiscano quando parlo di verbo intransitivo è assolutamente inammissibile!	Per comunicare non occorre conoscere il concetto di pronome diretto e indiretto e tanto meno saperne usare la definizione.

Le affermazioni dei due insegnanti riportate sopra si caratterizzano entrambe per la marcata intransigenza.

Possono comunque risultare molto utili per sollecitare una riflessione sul ruolo della metalingua nella moderna didattica delle lingue.

L'ampio uso di una terminologia metalinguistica, spesso di difficile decifrazione, è una caratteristica costante degli approcci formalistici che risentono della necessità di catalogare e raggruppare in categorie gli elementi strutturali della lingua.

L'atteggiamento contrario, nel nome della priorità assegnata alla comunicazione, porta al rifiuto delle categorie e in particolare della terminologia che permette di definire in astratto gli elementi grammaticali.

Vi sono vantaggi e svantaggi nell'uso della metalingua: in fase di sistematizzazione delle conoscenze grammaticali essa può portare a velocizzare la riflessione e a aumentare la chiarezza data dalle schematizzazioni. D'altra parte, però, il tempo necessario per apprendere questa terminologia, l'eccessiva enfasi posta sul ragionamento astratto attorno alla lingua, l'uso intensivo che molti insegnanti ne fanno anche in momenti della lezione non dedicati alla riflessione sulla grammatica fanno della metalingua un'arma a doppio taglio estremamente pericolosa.

A questo si accompagna la scarsa attenzione per la necessaria, costante verifica che appuri se il codice utilizzato conduce alla reale comunicazione, cioè che assicuri che gli studenti ricordino i termini.

Un approccio pragmatico e non dogmatico al problema potrebbe condurre a una soluzione che rivendichi un ruolo e un utilizzo parzialmente nuovo della metalingua. Innanzitutto l'uso della terminologia della grammatica è consigliabile in stretta relazione con l'impostazione metodologica generale che in questo testo si sta delineando e in particolare per quel che riguarda quanto affermato nel presente percorso con una forte enfasi sulla qualità piuttosto che sulla quantità.

Occorre, cioè, che l'insegnante sia estremamente attento a sostenere l'impiego della terminologia attraverso interventi che ne verifichino l'efficacia e che in ultima analisi aiutino a prevenire l'insorgere di filtri affettivi che la cattiva comprensione della metalingua può causare.

Un ruolo sicuramente interessante può essere assegnato alla metalingua come strumento per incentivare l'autonomia dello studente in quanto un'acquisizione di questa terminologia apre la strada alla fruizione di innumerevoli testi di consultazione.

Posto su un piano puramente del prodotto, cioè dei termini metalinguistici appresi, il discorso scade nella banalità, invece il percorso che conduce ad appropriarsi di tali termini e successivamente a impiegarli suscita un certo interesse perché fondato sullo sviluppo di abilità cognitive che concorrono a migliorare le strategie di apprendimento degli studenti, come le capacità di creare e organizzare categorie, di generalizzare, di astrarre, ecc.

6.2.1 Insegnanti e studenti

Rifletta su questa affermazione. È d'accordo?

La grammatica dà tranquillità

Nel paragrafo 6.1.8 di questo percorso si è cercato di portare l'attenzione sul problema della qualità dell'insegnamento grammaticale e sulla necessità di non considerare qualità la quantità.

In parte a causa di una preparazione avuta da studenti, basata sugli atteggiamenti propri dei metodi formalistici, gli insegnanti a volte tendono ancor oggi a preferire a un approccio fondato sull'idea della grammatica dell'uso, una grammatica di tipo descrittivo il cui insegnamento prevede, quale compito precipuo del docente, l'illustrazione di tutti gli aspetti del sistema morfosintattico della lingua.

In generale, riflettendo sulle abilità cognitive e i meccanismi neuropsicologici che lo studio della grammatica sollecita, è possibile affermare, senza approfondire la questione, che un approccio di tipo tradizionale porta ad attivare in particolare la modalità sinistra del cervello, quella preposta all'analisi.

Questo è esattamente quanto l'approccio didattico della maggioranza dei sistemi educativi ha promosso nel tempo per l'apprendimento non solo delle lingue, ma anche delle altre discipline, cosicché lo studente abituato fin da piccolo a esercitare questo tipo di capacità intellettive e a misurare i propri successi scolastici in base allo sviluppo delle potenzialità dell'emisfero sinistro, non trova discrepanze metodologiche nell'affrontare lo studio delle lingue straniere attraverso percorsi fondati sullo studio descrittivo della grammatica.

Sfruttando il ricordo dell'esperienza in quanto studenti o il contributo della professionalità in quanto insegnanti, cerchiamo di calare nella realtà quanto affermato: nella scuola italiana da parecchi anni gli insegnanti di lingua straniera, in particolare d'inglese, si trovano in trincea, a combattere una battaglia su un doppio fronte: quello degli studenti e quello dei colleghi di altre discipline.

Da un lato gli studenti faticano a cogliere la validità di approcci proposti da insegnanti che lavorano intensamente sul metodo di studio; che promuovono lo sviluppo delle abilità linguistiche; che considerano la dimensione comunicativa dello studio della lingua; che sono portati ad attivare e a educare all'uso di entrambe le modalità del cervello, anche grazie al tipo di materiali didattici a disposizione; che cercano di promuovere l'acquisizione al pari dell'apprendimento; che applicano strategie di tipo induttivo e non soltanto deduttivo; che propongono e pretendono uno studio e un ripasso, domestico o in classe, costante e diluito nel tempo, non concentrato in un'unica sessione prima delle verifiche; che tendono a valutare non solo il prodotto (la verifica), ma anche il processo dell'apprendimento; e si potrebbe continuare questa lista a lungo.

Dall'altro lato, ancora in numerose realtà, i colleghi di altre discipline, a partire da quelli di materie affini quali gli insegnanti di lingua italiana a studenti madrelingua, impostano il lavoro su uno studio fondato prevalentemente sull'acquisizione dei contenuti attraverso un approccio di tipo tradizionale, creando dannose difformità metodologiche e disorientamento nei discenti.

La grammatica in un contesto di tipo tradizionale d'insegnamento delle lingue offre un supporto insostituibile ed esclusivo al docente, mentre oggi l'approccio alla grammatica deve essere impostato nell'ambito di un'educazione linguistica di tipo multisillabico, senza negare con ciò l'importanza di questo aspetto dell'insegnamento.

In altri termini occorre che l'insegnante faccia attenzione a dosare la grammatica in modo da non poggiare troppo, o troppo poco, il percorso didattico su questa componente.

Occorre che non si lasci tentare da impostazioni didattiche basate su un utilizzo esclusivo della modalità sinistra del cervello e che promuova in via prioritaria l'acquisizione.

Rimane il problema di come sostituire questa sorta di coperta di Linus dell'insegnante che è la grammatica: tanti docenti vedono nella razionalità dello sviluppo del sillabo grammaticale, nel suo evolversi in modo certo (anche se sostanzialmente mai fondato su teorie come quella dell'ordine naturale di Krashen) un modo per affrontare coerentemente il percorso didattico mantenendo il proprio ruolo di guida del percorso educativo.

Nel percorso dedicato alla gestione della classe abbiamo affrontato gli aspetti legati al ruolo in evoluzione del docente che anche qui è opportuno richiamare: l'asse si è spostato dal docente ai discenti, la centralità dei quali è ormai affermata e accettata; il docente ha perso il proprio ruolo di fautore dell'apprendimento, egli può favorirlo e facilitarlo, guidarlo in parte, ma deve accettare il fatto che non tutto è controllabile e che lo studente deve essere messo di fronte a proposte che possano attivare anche quelle capacità subconscie, che tanto ruolo giocano nell'agevolare l'acquisizione.

In sostanza il ruolo di controllo sull'intero processo di apprendimento linguistico determinato dall'insegnamento della grammatica viene a scemare.

Fatta salva la constatazione che l'*input* proposto deve rispondere a criteri di comprensibilità[12], il processo d'apprendimento dello studente avviene grazie a meccanismi che sfuggono in parte al controllo dell'insegnante, ma che questi cercherà di favorire mettendo in pratica le strategie idonee, creando la giusta atmosfera per l'apprendimento, ecc.

Ciò che il docente potrà guidare è la scelta delle strutture da sottoporre all'analisi e alla riflessione successivamente alla fase della globalità, in modo da poter attivare le capacità di monitoraggio dello studente.

[12] Secondo Krashen l'*input* deve essere comprensibile cioè lo studente deve essere esposto a proposte linguistiche il cui livello di difficoltà sia tale da motivarlo, incentivando il suo desiderio di scoperta e apprendimento, ma non deve risultare troppo alto perché non innescherebbe i meccanismi che permettono al *LAD* di entrare in azione. Per Krashen, inoltre, altra condizione indispensabile per promuovere l'apprendimento è che esso si basi su un ordine naturale. Si veda Krashen (1985).

Nella fase di esposizione globale alla lingua il docente presenterà gli elementi su cui si rifletterà durante la riflessione sulla lingua, anche se questa presentazione avverrà all'interno di un contesto più ampio e variegato comprendente anche le componenti di altri sillabi.

Il processo d'insegnamento, dunque, può essere rappresentato come una catena i cui anelli hanno di norma una sequenza determinata e che non trovano una dimensione di sistema nella moderna didattica delle lingue, se presi in modo isolato.

6.2.2 Dall'insegnamento della grammatica alla riflessione sulla lingua

Il passaggio da insegnamento della grammatica a riflessione sulla lingua comporta una serie di modifiche nel modo di avvicinarsi allo studio della grammatica. Si tratta, in sintesi, di cambiamenti di punti di vista ai quali questo testo dedica molto spazio in ogni percorso, trattando altre componenti della professionalità del docente di lingua di oggi.

Il soggetto principale della riflessione sulla lingua è lo studente, protagonista attivo del proprio percorso di apprendimento, i cui obiettivi non sono solo la conoscenza delle strutture grammaticali, ma lo sviluppo costante di strategie di apprendimento che portano all'autonomia.

L'insegnante ha un ruolo di guida che induce lo studente a scoprire e a riflettere sulla lingua utilizzando le strategie che man mano vengono insegnate o migliorate. L'apprendimento della grammatica, in un'ottica di riflessione sulla lingua, diventa non un esercizio fine a se stesso, cioè mirato alla descrizione della lingua, bensì uno strumento dell'uso, indispensabile per capire i meccanismi della lingua e controllare, migliorandola, la qualità della produzione.

La riflessione sulla lingua è un percorso che si snoda lungo l'arco dell'azione didattica e non necessariamente collocato in un momento determinato.

Ciò che conta è che la riflessione scaturisca come sintesi di un percorso interno alla lezione che, partendo dalla intuizione, cioè dall'aver indotto la regola attraverso l'osservazione della lingua, porti alla formulazione delle ipotesi, alla loro verifica e convalida, e quindi alla fissazione e al reimpiego.

Questi passaggi rappresentano una sorta di metodologia per favorire l'acquisizione delle regole (Balboni 2002, pp. 118-119).

6.3 Le tecniche per l'insegnamento della grammatica.

Tecniche per la scoperta induttiva delle regole e la formulazione delle ipotesi

Osservazione: per questa fase del processo di riflessione sulla lingua la tecnica più comune è l'osservazione della lingua guidata in modo da poter induttivamente ipotizzare la regola linguistica.

L'osservazione può riguardare un testo scritto o uno d'ascolto e lo studente può essere portato a cercare di individuare le costanti attraverso l'evidenziazione della parte di testo che contiene la regola o nel caso dell'osservazione di un testo orale prendendo appunti, completando dei *cloze* o riempiendo tabelle costruite a questo fine.

Schemi e tabelle da completare risultano particolarmente utili per passare dalla prima fase di osservazione alla successiva in cui lo studente è chiamato a formulare ipotesi sulla regolarità della lingua.

Con l'utilizzo delle tabelle il percorso di formulazione delle ipotesi viene sostenuto da elementi miranti a stimolare la crescita di strategie di apprendimento utilizzabili in seguito in modo autonomo dallo studente.

Tecniche per la fissazione delle regole

Nel percorso che porta lo studente a compiere alcuni passi verso il raggiungimento dell'auspicata autonomia nell'uso delle regole si rintracciano costanti che caratterizzano non solo il conseguimento di obiettivi di tipo grammaticale, quale ad esempio il progressivo passaggio da una pratica linguistica controllata alla produzione libera.

Il momento della fissazione della regola è caratterizzato da tecniche che permettono di concentrarsi sull'accuratezza per poi, nel successivo momento di reimpiego, volgersi verso una sempre maggior attenzione per la *fluency*.

I pattern drill

Si tratta di esercizi largamente usati in approcci di ispirazione neobehavioristica che mirano a creare nello studente l'acquisizione di comportamenti linguistici ispirati dal modello proposto.

Il meccanismo alla base è la ripetizione che induce, secondo i sostenitori di teorie di tipo comportamentistico, a fissare e automatizzare il modello linguistico.

Il grande limite di questo tipo di esercizi è la mancanza di attenzione al significato di quanto viene proposto. Il risultato è che gli studenti sono indotti a eseguire l'esercizio concentrandosi esclusivamente sull'aspetto morfologico e trascurando le relazioni con il contesto.

Nonostante questo enorme limite, se utilizzato in maniera attenta agli aspetti comunicativi di trasmissione dei significati, l'esercizio strutturale, nelle sue diverse forme, può trovare un posto importante, ma in alcun modo esclusivo, nella fase di fissazione delle regole.

Nell'ottica della glottodidattica di tipo umanistico-affettivo la ripetitività, la meccanicità e relativa facilità dei *drill* permettono di infondere sicurezza nello studente[13].

[13] Si veda Balboni (1998, pp. 95-100) per un approfondimento di questo tema.

Ecco alcune tipologie di *drill*:

- la *ripetizione*, usata in particolare per la fissazione di aspetti di tipo fonologico ma anche morfosintattico;
- la *sostituzione* e la *trasformazione*: su queste tecniche sono ad esempio basate le attività che portano lo studente a trasformare le frasi dal singolare al plurale, o a sostituire al nome il pronome.

Evitando di concentrasi sull'aspetto morfosintattico e privilegiando le valenze di tipo comunicativo, l'esercizio strutturale può costituire una grande risorsa per l'insegnante e una modalità d'apprendimento utile e motivante per lo studente, in particolare se accompagnato da elementi di tipo ludico.

Ad esempio nel cercare di fissare le forme del participio passato italiano, il suo accordo e l'uso degli ausiliari *essere* e *avere* nel passato prossimo si può dar vita a una attività a coppie o piccoli gruppi che combina aspetti di tipo strutturalistico ad altri di tipo comunicativo. Lo studente A dice al/ai compagno/i: "Ieri alle 7 ho *BUM*", il/i compagno/i deve/devono indovinare ciò che ha fatto la persona fornendo il participio passato corretto.

Quest'attività può essere condotta come gara tra gli studenti promovendo così un aspetto ludico che può permettere di evitare l'insorgere di momenti di demotivazione.

Tecniche per il reimpiego delle regole

Nella fase del reimpiego delle regole trovano sempre maggior spazio attività via via più libere tendenti a promuovere un utilizzo creativo e autonomo delle strutture morfosintattiche.

Ad esempio si possono utilizzare a questo scopo il completamento di frasi su base strutturale (data la prima parte di una frase ipotetica "se vincessi un milione di euro alla lotteria" lo studente deve aggiungere la seconda parte) e man mano che si arriva a una produzione più libera si può indurre lo studente ad assumere un ruolo che porti alla formulazione di frasi strutturate attorno a elementi morfosintattici. Ad esempio se l'obiettivo è di praticare la struttura del condizionale per dare consigli con il verbo *dovere* o *potere*, si può chiedere di prestare aiuto a un amico in difficoltà per aver perso il lavoro.

Tecniche per la riflessione sulla lingua

Per permettere allo studente di sistematizzare le conoscenze acquisite durante il percorso occorre creare le condizioni per una riflessione esplicita sulle regole. Le tecniche utilizzate in questa fase forniscono un aiuto al processo di riflessione e sistematizzazione.

Inclusione ed esclusione: rientrano in questa tipologia le attività che portano a formare dei gruppi omogenei partendo da elementi diversi, ad esempio dato un certo numero di aggettivi di nazionalità terminanti in –e o –o/a mescolati, si chiede di suddividerli in due gruppi che tengano conto dei due possibili esiti.

L'esclusione porta a identificare l'intruso: ad esempio data una serie di verbi della terza coniugazione del modello *dormire-dormo*, bisogna individuare l'intruso, un verbo del modello *finire-finisco*.

Esplicitazione: si tratta di tecniche che inducono lo studente a rendere espliciti i rapporti esistenti tra varie parti del discorso.

Sono particolarmente indicate per individuare nel testo e comprendere l'uso di pronomi, connettori, elementi lessicali quali sinonimi, antonimi, iperonimi, iponomi, ecc.

La forma più comune è quella di attività di individuazione e collegamento grafico tra parti del testo (tra un pronome e il nome a cui si riferisce, o tra due parti di un periodo di cui una che inizia con un connettore da scegliersi tra varie possibilità) oppure si possono presentare frasi da rimettere in ordine o da costruire avendo scelto tra una gamma di possibilità il connettore, il pronome o altro.

Creazione di serie: è una procedura applicabile a vari aspetti grammaticali. Ad esempio si può utilizzare per creare una lista ordinata da *sempre* a *mai* con gli avverbi di frequenza, o da *tutto* a *niente* con gli indefiniti.

Trova l'errore: già in altre occasioni in questo testo si è posto l'accento sulle alterne fortune di questa tecnica forse più di altre fortemente legata alle teorie dell'apprendimento della lingua.

È utile per stimolare la funzione di monitoraggio indispensabile nel momento dell'apprendimento successivo, come si è visto, all'acquisizione.

Individuare e riflettere sull'errore aiuta a comprovare l'avvenuta acquisizione delle regole.

Attività ludiche: giocare con la grammatica è possibile[14], anzi molto spesso si tratta di una ricerca didattica da parte del docente che può portare a un coinvolgimento degli studenti maggiore rispetto a modalità più consuete.

Dai cruciverba a giochi come l'impiccato, il tris, la battaglia navale, il repertorio a disposizione dell'insegnante è ricco e variato. Occorre che le considerazioni a volte dominanti, come ad esempio quella che afferma che studiare una lingua è una cosa seria e non un gioco oppure che adolescenti e adulti non amano giocare, vengano disattese e che il docente cerchi di apprezzare i numerosi vantaggi di queste tecniche.

Tra questi vantaggi citiamo la dinamicità che esse apportano alla lezione, costituendo un modo non consueto di lavorare, la possibilità

[14] Per un approfondimento di questi argomenti e per esempi didattici di attività grammaticali ludiche si vedano Balboni (1999c), Mollica (1992), Rinvolucri (1984) e il percorso 13 *Imparare giocando*.

di sviluppare dinamiche collaborative nella classe e soprattutto la reale opportunità che offrono di mettere in pratica quella che Krashen ha denominato *rule of forgetting*, cioè la teoria secondo la quale la lingua si acquisisce al meglio se ci si dimentica che si sta imparando la lingua, ossia se lo studente riesce a concentrarsi sull'attività dimenticando che l'obiettivo principale della stessa è l'apprendimento linguistico.

6.4 Autovalutarsi

Per concludere questo percorso proponiamo una scheda per l'autovalutazione della parte d'insegnamento relativa alla grammatica.

	sì	no
Ho seguito un'impostazione didattica che permettesse di passare da una fase di acquisizione a una di apprendimento, dalla globalità all'analisi?	❑	❑
Ho privilegiato un'idea di grammatica di tipo comunicativo, pedagogico?	❑	❑
Ho valutato l'opportunità di presentare la grammatica in modo implicito o esplicito e riflettuto sulla scelta?	❑	❑
Ho creato le condizioni perché gli studenti potessero applicare strategie di tipo induttivo?	❑	❑
Ho consentito agli studenti di formulare delle ipotesi circa le nuove regole?	❑	❑
Ho creato i presupposti perché sorgesse il bisogno di conoscere le regole stimolando la motivazione?	❑	❑
Ho privilegiato tipologie di attività in cui il significato e non solo la forma erano importanti?	❑	❑
Ho dosato l'uso della terminologia metalinguistica verificando che fosse efficace?	❑	❑
Ho contestualizzato costantemente la presentazione delle strutture attraverso esempi il cui significato era chiaro per gli studenti?	❑	❑
Ho cercato di evitare di "esagerare" nel presentare le regole e le loro eccezioni, facendo attenzione al livello di conoscenze degli studenti?	❑	❑
Ho badato a fornire opportunità per il reimpiego delle regole?	❑	❑

	sì	no
Ho condotto la presentazione delle strutture come riflessione sulla lingua o come spiegazione della grammatica? Il ruolo degli studenti è stato attivo e partecipativo in tutti i momenti?	❏	❏
Ho ripensato alla lezione e riflettuto sui risultati ottenuti e sul percorso seguito?	❏	❏

Per autovalutarsi

1. Che ruolo gioca la metalingua nell'insegnamento della grammatica?
2. Quali sono i punti principali delle critiche solitamente mosse alla concezione neobehavioristica dell'insegnamento della grammatica?
3. Scriva alcuni appunti a fianco dei seguenti concetti:

grammatica esplicita..
....
....
grammatica implicita..
....
....
grammatica pedagogica..
....
....
grammatica essenziale...
....
....

4. Che differenza c'è fra insegnamento della grammatica e riflessione sulla lingua?

Per saperne di più

Per una riflessione sulle linee generali dell'argomento e per un approccio diacronico si consigliano i testi:

BLOOMFIELD, L., *Outline Guide for the Practical Study of Foreign Languages*, Linguistic Society of America, Baltimore 1942.

SKINNER, B. F., *Verbal Behavior*, Appleton-Century-Crofts, New York 1957.

CHOMSKY, N., *Syntactic Structures*, Mouton, The Hague 1957. Tradotto in italiano *Le strutture della sintassi*, Laterza, Bari, 1970.

BRUNER, J. S., *Child's Talk. Learning to Use Language*, W. W. Norton & Company Ltd, New York1987.

PIAGET, J., *Six études de psychologie*, Gontier, Paris 1964.

FREDDI, G., *Psicolinguistica, sociolinguistica, glottodidattica*, UTET Libreria, Torino 1999.

RICHARDS, J., *The Concept of Language Teaching*, Cambridge University Press, Cambridge 1985.

KRASHEN, S., *The Input Hypothesis*, Longman, Londra 1985.

Su aspetti specifici relativi all'insegnamento della grammatica:

GIUNCHI, P. (a cura di), *Grammatica esplicita e grammatica implicita*, Zanichelli, Bologna 1990.

RUTHEFORD, W., "Aspetti di una grammatica pedagogica", in GIUNCHI (1990).

Per esempi di testi contenenti repertori di attività per l'insegnamento della grammatica:

Rinvolucri, M., *Grammar Games*, CUP, Cambridge 1984.
Mollica, A., *A te la scelta! Libro primo*, éditions Soleil, Welland 1992.
Balboni, P. E., *Grammagiochi*, Bonacci Editore, Roma 1999c.

Appunti su questo percorso

Informazioni utili, meno utili:

....

....

....

....

Parti da rileggere:

....

....

....

....

Osservazioni su questo percorso in relazione ad altri testi:

....

....

....

....

Ricadute e rapporti con l'insegnamento:

....

....

....

....

Altro:

....

....

....

....

Percorso 7

Insegnare il lessico

7.1 Il lessico e la glottodidattica

Nella sua esperienza di studente o insegnante di lingua straniera, quale e quanto spazio viene assegnato all'insegnamento del lessico?
Lo ritiene adeguato sia da un punto di vista qualitativo che quantitativo?

I metodi e gli approcci che hanno segnato la storia della glottodidattica a partire dalla metà del XX° secolo si caratterizzano per una sostanziale disattenzione nei confronti dell'insegnamento del lessico.

Da un lato ciò è dovuto a un eccessivo interesse per gli aspetti morfosintattici nei metodi strutturalistici e dall'altro allo spostamento del fulcro verso gli atti comunicativi nell'approccio comunicativo.

A partire dalla fine degli anni '80 del XX° secolo, finalmente, vede la luce una serie di studi (Carter, McCarthy, 1988; Willis, 1990 e Lewis, 1993 e 1997) e di traduzioni in pratica delle proposte teoriche sotto forma di materiali per l'insegnamento della lingua[1] che cominciano a porre l'accento sul ruolo determinante del lessico nell'apprendimento di una lingua straniera, e non solo nella didattica a bambini o ad adulti scarsamente scolarizzati.

Riscoperta e ribadita l'importanza del lessico è opportuno riflettere su aspetti psicolinguistici legati al modo di acquisirlo e sulle implicazioni a livello didattico: questo percorso si occupa in particolare di quest'ultimo ambito.

[1] Citiamo qui solo due esempi di testi per l'insegnamento della lingua inglese a stranieri che possono essere presi a riferimento. Il primo in un'ottica multisillabica è il corso AA. VV., *Look Ahead*, Longman, London 1994; l'altro con un'impostazione a sillabo duale è Doff, A., Jones, C., *Language in Use*, CUP, Cambridge 1991, che si connota per una struttura suddivisa per unità di lessico e grammatica che si alternano e all'interno delle quali vengono sviluppati tutti gli altri sillabi.

7.2 Il lessico e la memoria

Legga l'affermazione seguente. La condivide?

> L'unico modo per far apprendere il lessico ai miei allievi è fargli imparare a memoria liste di parole incontrate durante le lezioni.

Alla base dell'acquisizione lessicale e della conseguente capacità dell'individuo di riutilizzare le parole acquisite sta il processo che permette di elaborare un *input* lessicale e organizzarlo nella cosiddetta memoria semantica (Cornoldi 1978 e 1986; Cardona 2001).

Il recupero delle conoscenze dalla memoria a lungo termine e la loro messa a disposizione per l'uso comunicativo avvengono in tempi brevissimi, nell'ordine dei millisecondi e questo si realizza grazie alla capacità del cervello umano di funzionare tramite sistemi di organizzazione dinamica delle conoscenze.

Numerosi studi hanno cercato di approfondire quanto conosciuto in questo campo e hanno condotto alla elaborazione di diversi modelli e teorie (Cardona 2001, pp. 106-116).

Da un punto di vista glottodidattico le conoscenze mediate attraverso la psicolinguistica impongono all'insegnante di agire in funzione delle modalità d'acquisizione del cervello. Ad esempio sarà compito del docente promuovere percorsi di apprendimento che favoriscano l'acquisizione e la sistematizzazione delle conoscenze lessicali per associazione.

Tra i rapporti associativi possibili ricordiamo i principali: sinonimia, antonimia, iperonimia, iponimia, ma anche associazioni di tipo concettuale sia a livello paradigmatico che sintagmatico.

Per esemplificare alcune tipologie di associazione la invitiamo a svolgere la seguente attività. Abbini le definizioni ai diversi esempi della colonna di sinistra.

1. Iponimia	A alto, basso
2. Iperonimia	B macchina, automobile
3. Sinonimia	C mammiferi > cavallo, cane
4. Antonimia	D libro, quaderno, penna, matita
5. Associaz. a livello paradigmatico	E mela, pera > frutta
6. Associaz. a livello sintagmatico	F il cavallo nitrisce, galoppa, trotta

Soluzioni: 1 con e, 2 con c, 3 con b, 4 con a, 5 con d, 6 con f.

7.3 La grammatica del lessico

Osservi l'elenco che segue. Quali di questi elementi legati al lessico insegnerebbe in una classe di livello elementare?

	sì	no
Prefissi e suffissi	❑	❑
Morfologia del nome, del verbo e dell'aggettivo (formazione plurale, ecc.)	❑	❑
Parole polisemiche	❑	❑
Aspetti denotativi e connotativi	❑	❑
Parole composte	❑	❑
Famiglie di verbi (moto, percezione, ecc.)	❑	❑
Sinonimi e contrari	❑	❑

Questi e parecchi altri aspetti relazionati alle parole formano quella che si può definire la grammatica del lessico.

La formazione di un plurale irregolare o di qualsiasi altra regolarità o irregolarità che interessano il lessico, come in italiano l'uscita in *o/a* oppure *e* di un aggettivo costituiscono elementi di tipo morfologico legati al lessico che fin dai primi livelli di apprendimento linguistico vengono presentati.

Ciò che spesso avviene, nell'impostazione metodologica più consueta, sia essa di ispirazione strutturalistica o comunicativa, è attribuire e consegnare questi aspetti a un ambito di riflessione non lessicale.

In pratica quanto si riscontra è la frequente separazione tra la valenza semantica e quella morfologica della parola. Si insegna il significato di una parola che viene presentata e la riflessione grammaticale, implicita o esplicita, viene differita a un momento successivo o comunque separato, a quando si "fa grammatica".

Se uno degli obiettivi dell'educazione linguistica è quello di creare una capacità di analisi autonoma, una consapevolezza da parte dello studente degli elementi che costituiscono la lingua e del loro funzionamento, allora appare necessario attribuire maggior importanza alla grammatica del lessico e agli strumenti che concorrono a rafforzare la capacità di uso autonomo del lessico.

Da qui discende, ad esempio, l'indicazione prescrittiva di educare lo studente a un corretto uso del dizionario o l'altrettanto rilevante attenzione dedicata alle tecniche utili per l'elicitazione delle preconoscenze degli studenti o delle loro capacità di creare analogie tra la loro lingua e la lingua oggetto di studio, di riflettere sulla formazione e la derivazione delle parole e così via.

Non si tratta dunque di concentrare l'attenzione in via esclusiva su aspetti di tipo semantico, anche se inseriti in un corretto contesto metodologico e finalizzati al miglioramento della competenza comunicativa; pare, infatti, opportuno indirizzare il percorso didattico verso altri e in parte nuovi orizzonti che accomunano il lessico agli altri sillabi, quale appunto la crescita dell'autonomia dello studente.

Allo stesso modo non ci sembra sufficiente affiancare al percorso legato alla presentazione e sfruttamento del lessico l'acquisizione e applicazione di mnemotecniche, comunque indispensabili.

Il risultato di un insegnamento fondato su un approccio unitario ad aspetti semantici e morfologici è una forte integrazione tra i sillabi delle grammatica e del lessico.

La gestione di questa integrazione può mostrare sia vantaggi che svantaggi. Un grande vantaggio è la possibilità di affrontare temi lessicali o strutturali da più punti di vista, permettendo l'applicazione concreta del principio della spiralità, fornendo cioè opportunità d'uso variato delle conoscenze e di momenti plurimi di riflessione.

Uno svantaggio è la possibile dispersività che insegnanti e studenti, abituati ad affrontare in via quasi esclusiva il percorso didattico attraverso lo studio della grammatica, riscontrano in un approccio integrato.

Occorrerà, in questi casi, permettere allo studente momenti di riflessione finalizzati alla sistematizzazione del lessico simili agli spazi dedicati al monitoraggio e fissaggio delle conoscenze grammaticali.

Ancora una volta, tuttavia, risulta di estrema importanza l'educazione esplicita al tipo di approccio utilizzato, cioè la capacità dell'insegnante di trasmettere le coordinate metodologiche necessarie per sviluppare l'ambita autonomia nell'apprendimento e nell'uso della lingua.

Riuscire a innescare un tale meccanismo dando allo studente la capacità di formulare ipotesi, comprovarle, fissarle, quindi reimpiegarle per poi passare a una fase di riflessione permette di realizzare per l'apprendimento del lessico un percorso acquisitivo che abbiamo già illustrato e considerato corretto per la grammatica.

Collegato a quanto or ora esposto è un ulteriore effetto positivo degno di essere brevemente menzionato: procedere con unitarietà metodologica nell'acquisizione e apprendimento dei vari aspetti che compongono il mosaico dell'educazione linguistica fornisce allo studente un supporto operativo che rinforza e affina le strategie di apprendimento.

7.3.1 Connotazione e denotazione

Osservi l'attività costruita sul testo della poesia *Passero solitario* di Giacomo Leopardi e commenti.

Legga il testo e inserisca gli articoli o le preposizioni articolate.

Il passero solitario

D'in su ...... vetta ...... torre antica,
passero solitario, ... campagna
cantando vai finché non more ...... giorno;
ed erra ...... armonia per questa valle.
Primavera d'intorno
brilla ...... aria, e per li campi esulta,
sí ch'a mirarla intenerisce ...... core
Odi greggi belar, muggire armenti;
...... altri augelli contenti, a gara insieme
per lo libero ciel fan mille giri,
pur festeggiando ...... lor tempo migliore:
tu pensoso in disparte ...... tutto miri;
non compagni, non voli,
non ti cal d'allegria, schivi ...... spassi;
canti, e così trapassi
...... anno e di tua vita ...... più bel fiore. [...]

L'attività presentata è volutamente provocatoria. Spesso nei testi per l'insegnamento della lingua straniera, in particolare della lingua italiana a stranieri, si incontrano esercizi morfosintattici costruiti senza tenere nel giusto conto dati quali la modernità della scrittura, la frequenza d'uso del lessico utilizzato, la sua appartenenza al vocabolario di base, l'integrazione con gli altri sillabi che si stanno sviluppando, ecc.

È evidente che un'attività come quella presentata risulta essere un esercizio strutturale dove lo studente non viene chiamato a esercitare un controllo sul significato del lessico del testo, ma deve concentrarsi esclusivamente su aspetti di tipo formale che gli permettono di eseguire il compito assegnato.

Al contrario, insegnare il lessico e apprenderlo può costituire uno degli aspetti più motivanti e gratificanti di tutto il percorso di educazione linguistica: il lessico che viene insegnato all'interno di un progetto multisillabico, attento allo sviluppo ad esempio delle funzioni comunicative e delle situazioni oltre che degli aspetti morfosintattici, risulta immediatamente spendibile e permette fin dai livelli più bassi di assolvere ai bisogni comunicativi di base.

Proprio questa immediata relazione tra l'apprendimento del lessico e la comunicazione, quindi l'interazione, rende il percorso didattico decisamente più complesso e meno neutro rispetto a quanto avviene con il sillabo della grammatica e con altri sillabi.

Se da un lato fin dalle prime lezioni occorre far notare tratti come quelli legati all'uso formale e informale della lingua, coinvolgendo prima di tutto aspetti morfosintattici (scelta del soggetto, della persona del verbo, ecc.) e socioculturali, di non minore rilevanza risultano essere le implicazioni a livello lessicale.

L'attenzione del docente e dello studente si porta sulle valenze denotative e connotative delle parole: il primo aspetto, quello denotativo, è quanto viene individuato solitamente come primo significato di un termine se si consulta il dizionario, mentre l'aspetto connotativo riguarda le sfumature di significato, le circostanze in cui il vocabolo viene usato, solitamente presentate nelle parti interne delle definizioni del dizionario, spesso attraverso esempi d'uso.

La riflessione sull'aspetto connotativo delle parole è quanto permette allo studente di cogliere a fondo il carattere della lingua, la sua vitalità e, di conseguenza, le differenze culturali possibili, foriere di interferenze e, malintesi che possono esistere tra la lingua oggetto di studio e la propria lingua[2].

In italiano chiedere a una ragazza con cui si desidera uscire la sera: "Ti va di fare qualcosa questa notte?" può non scaturire l'effetto sperato. Quando si esce dopocena in Italia è sera, anche se l'appuntamento è a mezzanotte. Eppure da un punto di vista della denotazione il termine scelto in teoria poteva stare.

Risulta evidente che quanto appena affermato porta con sé conseguenze problematiche per l'insegnante e, su un altro piano, per chi prepara i materiali destinati all'insegnamento delle lingue.

Tra i quesiti che ci si deve porre citiamo i più frequenti e ovvi: quali termini scegliere, in che situazioni e relativamente a quali atti comunicativi presentarli, quale livello di approfondimento proporre, attenti alla necessità di evitare che l'insegnamento del lessico assuma anch'esso le caratteristiche tanto criticate di una certa didattica della grammatica?

Il desiderio del docente di proporre un termine nelle sue varie accezioni, senza reale collegamento a situazioni d'uso, può risultare in un'impostazione didattica scorretta simile a quella generata da un atteggiamento descrittivo della grammatica, con cui l'insegnante propone gli aspetti morfosintattici arricchiti delle varie eccezioni e controeccezioni.

Ciò detto, fin dai primi livelli di insegnamento è indubbiamente

[2] Si veda il percorso 9 *Lingua e cultura*.

importante mantenere viva l'attenzione su quali siano gli usi appropriati di un termine, spingendo quindi l'azione didattica oltre gli aspetti denotativi.

7.4 Le tecniche per l'insegnamento del lessico

Tecniche insiemistiche

Le brevi riflessioni di tipo psicolinguistico condotte in questo percorso permettono di indicare queste attività come alcune tra le più rispondenti al modo di organizzare l'informazione da parte del cervello umano.

Può trattarsi di attività che portano alla creazione di serie di termini come si vede nello *spidergram*, oppure sequenze sulla base del significato delle parole (da *niente* a *tutto*); altra tecnica di tipo insiemistico è ad esempio l'individuazione di intrusi.

Spidergram

Una tecnica estremamente duttile che si può utilizzare in varie fasi della lezione è la creazione di schemi a ragno, dove al centro dello schema viene posto, ad esempio nel caso di uno schema per campo semantico, l'iperonimo "famiglia" e nelle zampe del ragno, cioè all'estremo esterno delle linee che partono dal centro, parole come "padre", "figlia", ecc.

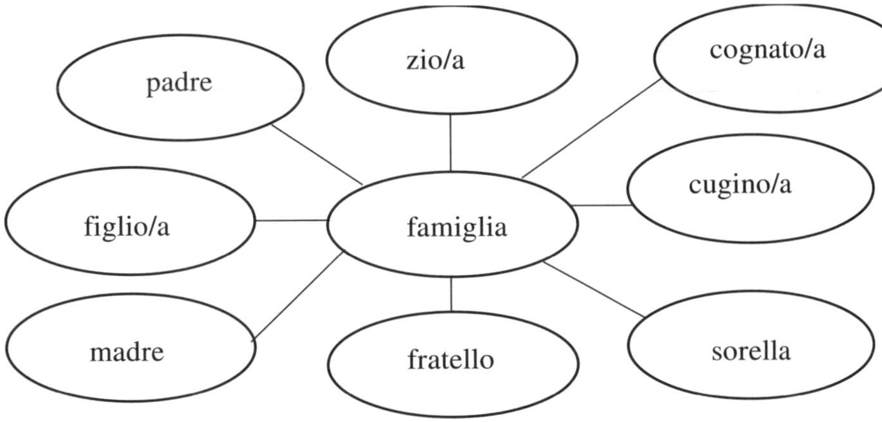

Questa tecnica favorisce il funzionamento delle modalità mnestiche del cervello poiché promuove il raggruppamento delle conoscenze per categorie.

È utilizzabile per elicitare termini conosciuti in una fase iniziale di *brainstorming* individuale o di classe, così come per permettere un tipo di sistematizzazione del lessico diverso e per molti studenti più efficace della lista di parole o di altri schemi lineari e sequenziali.

Offre tra l'altro il vantaggio di una rapida visualizzazione, il che fornisce all'*input* informativo un valore aggiunto per l'acquisizione da parte del cervello.

Associazioni logiche

Per facilitare la memorizzazione del lessico e anche come strumento di verifica dell'apprendimento, si possono creare attività basate sull'associazione logica tra termini.

Gli studenti sono invitati a creare delle frasi partendo da parole che scelgono e associano sulla base di relazioni logiche. Ad esempio in un riquadro vengono forniti i seguenti termini:

casa, coniglio, aereo, arrosto, Inghilterra, isola, ascensore, viaggiare, chiesa, monumento

Ovviamente le frasi possono risultare diverse, ma l'obiettivo perseguito è corretto e impone allo studente di riflettere sui significati, recuperando dalla memoria semantica le conoscenze relative alle parole del riquadro, poi le conoscenze vengono applicate in modo produttivo, combinandosi con la competenza d'uso della lingua non solo a livello lessicale.

Questa tecnica risulta essere più problematica se utilizzata per un *testing* di tipo lessicale. Infatti il grado di oggettività è sicuramente molto più limitato rispetto ad altre tipologie.

Associazioni parole-immagini

Da un punto di vista psicolinguistico questa tecnica favorisce l'immagazzinamento e il mantenimento dell'informazione nella memoria a lungo termine e ne rende più efficace il recupero.

Può essere realizzata con diversi strumenti, dai disegni alla lavagna, ai supporti multimediali, dalle fotocopie agli oggetti reali portati in classe.

Particolarmente utile risulta per l'apprendimento di termini concreti a livelli bassi di conoscenza linguistica e per l'insegnamento a bambini. È un ottimo sostituto della spesso abusata tecnica della traduzione.

La realizzazione di attività basate sull'associazione parola-immagine può essere di vario tipo, ad esempio si può fornire una serie di termini e di immagini e chiedere di abbinare gli uni alle altre, oppure per ogni immagine dare una serie di parole tra cui scegliere, creando così un'attività di scelta multipla.

Strumenti di grande utilità per svolgere attività di associazione lessico-iconografica sono i dizionari per immagini e i *poster* tematici; entrambi questi sussidi offrono il vantaggio di fornire *input* organizzati per insiemi e quindi un lessico già in parte organizzato per categorie.

Si possono realizzare associazioni parole-immagini utilizzando schemi tipo quelli usati per le parole crociate, dove al posto delle indicazioni discorsive per l'identificazione dei vari elementi nascosti, si presentano immagini.

Mimare e risposta fisica

Si tratta di due tecniche che possono permettere di creare situazioni didattiche sicuramente positive sotto molti punti di vista: ad esempio stimolano la mente all'apprendimento grazie alla loro dimensione operativa, che ben risponde al principio "si impara facendo".

Questo vale in particolare nel caso della didattica a bambini, sia a causa del livello di sviluppo cognitivo che questa età presenta, sia per la necessità di un differimento e uso limitato della scrittura come supporto al percorso di apprendimento.

Per l'apprendimento del lessico risultano essere particolarmente flessibili e adattabili a molti ambiti semantici.

Individuare l'intruso

Si tratta di una tecnica che si può usare sia per la sistematizzazione delle conoscenze del lessico, sia per la verifica.

Solitamente porta l'attenzione dello studente esclusivamente sull'aspetto semantico, ma ha il vantaggio di permettere di formare delle associazioni e dei raggruppamenti.

Ad esempio in una lezione in cui si sta ricapitolando il lessico incontrato relativo alla casa, un'attività potrebbe essere così realizzata: allo studente viene richiesto di eliminare, cancellandolo, il termine logicamente non pertinente.

1. *tetto, antenna, camino, water.*
2. *letto, forno, armadio, comodino.*
3. *porta, finestra, parete, cancello.*

Le associazioni possono anche essere di altro tipo e riguardare aspetti morfologici relativi al lessico, come la regolarità o irregolarità nella formazione del plurale, ecc.

Scelta multipla con definizioni

Riguarda la possibilità di creare delle definizioni relative ai termini oggetto di studio o verifica.

Dato un termine bisogna individuare quale delle quattro definizioni sia quella corretta, o viceversa quattro termini per una definizione.

Sono numerose le tecniche per l'insegnamento del lessico che si prestano a un utilizzo ludico: in questo caso l'insegnante potrebbe chiedere a diversi gruppi di studenti di preparare delle definizioni di termini loro indicati e poi al resto della classe di indovinare i termini una volta ascoltata la definizione.

Abbinamento

Anche questa tecnica risulta particolarmente flessibile e utile per l'insegnamento o la verifica del lessico.

Si possono creare attività di abbinamento di termini a definizioni, o di sinonimi, di antonimi, ecc.

È poi possibile riflettere non solo su aspetti semantici, bensì anche morfologici legati alla formazione delle parole.

Ad esempio, può essere creata una colonna di termini privati del prefisso oppure del suffisso e un'altra colonna con i prefissi o suffissi e allo studente è richiesto di formare le parole.

Dettato

La dettatura isolata o in contesto dei termini permette di lavorare sulla competenza grafemica e non solo sulla comprensione semantica.

È utilizzabile anche per la verifica, risultando di facile preparazione, somministrazione e correzione.

Traduzione

È una tecnica di cui viene spesso fatto un uso scorretto e troppo frequente durante la presentazione del lessico, ma che risulta essere particolarmente utile soprattutto per mettere in risalto aspetti connotativi delle parole oggetto di apprendimento e per riflettere su questioni inerenti le interferenze inter- e intralinguistiche.

Completamento

Le ultime quattro tecniche presentate, includendo nella versione vista qui anche la traduzione, tendono a isolare il lessico dal contesto e possono dunque trovare uno spazio adeguato, ma solo se trattate in maniera consapevole e competente dal docente.

Ad esempio, la presentazione delle parole fuori contesto può risultare del tutto controproducente nella fase di approccio globale ai contenuti linguistici della lezione, mentre in fase di sistematizzazione e monitoraggio delle conoscenze, o per certi aspetti nella verifica, può trovare uno spazio estremamente rilevante.

Le attività di completamento con la presentazione delle parole mancanti in un riquadro, in numero uguale o superiore agli spazi, oppure lasciando il compito di individuare i termini allo studente, hanno il vantaggio di permettere di lavorare su un contesto dato dalle frasi o da un testo più esteso di supporto.

Questo tipo di attività può sollecitare funzioni anche aspetti relativi alla grammatica del lessico.

Griglie e tabelle

Sono tecniche molto utili in fase di sistematizzazione del lessico, ma ricorrono anche frequentemente in momenti della lezione in cui il docente integra varie abilità e sillabi, ad esempio come strumenti per verificare la comprensione di un testo, orale o scritto, ponendo aspetti lessicali come elementi oggetto di comprensione.

Per un esempio di creazione di una griglia e di una tabella e per una riflessione su aspetti metodologici si veda il percorso 12 *La valutazione e il testing linguistico*.

Cruciverba e altre tecniche ludiche

Si tratta di una tecnica che prevede una rilevante componente ludica e che per questo può rendere maggiormente motivante l'attività didattica, non fosse che per il fatto che l'introduzione di una attività così congegnata costituisce un momento di cambiamento rispetto alle tipologie più consuete di sviluppo della lezione.

Si possono adattare a scopi didattici vari giochi con le parole: schemi costituiti da righe complete di lettere al cui interno lo studente deve individuare un certo numero di vocaboli oggetto dell'attività, oppure schemi che portano a incrociare le parole. In questo caso lo studente è guidato a completare lo schema attraverso definizioni, spiegazioni, sinonimi o altro.

Oppure si può utilizzare uno schema in cui una parola viene composta poco a poco attraverso le soluzioni date a una serie di quesiti che permettono di trovare altre parole così come esemplificato a seguire.

1. *Il colore della speranza.*
2. *Il colore del sole.*
3. *Il colore del sangue.*
4. *Il colore delle terra.*

È il nome di un fiore e di un colore.

1. *VERDE*
2. *GIALLO*
3. *ROSSO*
4. *MARRONE*

Sono possibili numerosi altri giochi didattici con il lessico, di facile e rapida preparazione, come ad esempio il tris o l'impiccato; per una trattazione più amplia rimandiamo alle numerose pubblicazioni esistenti e al percorso 13[3].

Caccia all'errore

Quest'attività applicata all'insegnamento del lessico può abbracciare sia aspetti di tipo semantico che grafemico.

Per la correzione dell'ortografia in lingue opache può costituire un'alternativa al dettato; più sottile e complesso risulta il lavoro sul piano semantico quando l'attenzione è posta su dati connotativi oppure sui meccanismi di formazione delle parole. Nonostante ciò quest'attività si rileva molto utile soprattutto se il docente intende lavorare allo sviluppo delle metacompetenze legate al lessico.

[3] Citiamo qui come riferimento un testo: MORGAN, J., RINVOLUCRI, M., *Vocabulary*, OUP, Oxford 1986.

7.5 Le tecniche per favorire la memorizzazione del lessico

Lo studio su come favorire l'acquisizione delle informazioni o su come migliorare le prestazioni della memoria e di conseguenza la ricerca sulle cosiddette mnemotecniche, benché vecchio di millenni, ricopre ancor oggi un ruolo di grande importanza nella didattica.

Anche se in questo testo si propone questo argomento collegato all'acquisizione del lessico, le mnemotecniche e la ricerca di migliori prestazioni mnestiche non riguardano solo questi aspetti.

Nel paragrafo precedente si sono viste tecniche didattiche i cui effetti risultano utili per facilitare l'acquisizione del vocabolario: in particolare le tecniche di carattere insiemistico e quelle basate sull'associazione.

Associazione suono-parola

Un altro tipo di associazione può risultare efficace: questa volta basandosi sull'analogia tra i suoni delle parole, è possibile creare dei gruppi di parole da sottoporre all'apprendimento.

Ad esempio nel caso dei participi passati irregolari in italiano potrebbe risultare efficace riunire i verbi a seconda dell'esito: *preso, reso, teso; cotto, rotto, tradotto; risposto, proposto, disposto.*

Associazione attraverso il ritmo

È una tecnica spesso utilizzata per l'insegnamento ai bambini. Si basa sulle assonanze che si creano tra le parole e sul contributo del ritmo e della musica, come ad esempio avviene nel caso delle filastrocche di cui a seguire proponiamo un esempio[4]:

Il mio nome è Lillo
e sono un mangiadrillo,
tu che animale sei?
Io sono un bambino,
ho un naso piccolino,
due occhi e una bocca,
una mano che ti tocca.
Due gambe e due piedi,
in basso, non li vedi?
La testa dice "Sì"
e dice anche "No",
perché non provi un po'?
Con le orecchie io ti sento
e così sono contento!!!

[4] Pederzani, L., Cappelletti, A., Mezzadri M., *Girotondo. L'italiano nel mondo,* Guerra Edizioni, Perugia 2003.

Tecnica della parola chiave

Anche questa tecnica gioca sulla capacità di creare dei collegamenti acustici o visivi tra la parola che si desidera memorizzare e un termine che lo studente sceglie tra quelli da lui conosciuti, in lingua madre o in un'altra lingua di cui abbia un buon dominio.

Una volta stabilita l'associazione lo studente è invitato a crearsi un'immagine mentale del collegamento.

Ad esempio se la parola da ricordare è *car* e il collegamento è *carro*, l'immagine mentale che si può creare è quella di un carro trainato da un'auto (Cardona 2001, pp. 149-154).

Visualizzazione

Elementi simili presenta una tecnica fondata sulla visualizzazione mentale di una sorta di film che lo studente gira in base alle azioni ripetute in maniera abituale, ad esempio dal momento in cui si sveglia.

Nella mente si creano delle immagini che mostrano l'azione collegata al termine da apprendere: la persona che scende dal letto, cerca con gli occhi le ciabatte e dentro una ciabatta c'è un biglietto con su scritta la parola spagnola *murciélago* e un pipistrello che sta uscendo dall'altra ciabatta. Questa tecnica ha il pregio di poter creare serie di informazioni che possono essere richiamate, in un ordine stabilito, grazie alla sequenza delle immagini mentali.

Associazione di sinonimi e contrari

L'acquisizione del lessico viene facilitato se si creano delle coppie costituite da sinonimi o contrari (stupendo, meraviglioso; alto, basso; nascere, morire).

Associazioni logiche

Un altro strumento efficace è la creazione di gruppi logici come nell'esempio seguente formato da parole collegate in una sequenza (carino, bello, magnifico).

Registrazione di parole

Una tecnica spesso utilizzata e incoraggiata dai docenti è la registrazione delle parole oggetto di studio che gli studenti sono chiamati a riascoltare ed eventualmente, allo stesso tempo, a trascrivere.

Ancore visive

Funzionano come le tecniche di visualizzazione, ma in questo caso le ancore sono reali e non collegamenti mentali: si tratta di foglietti su cui è riportato il disegno con la parola scritta oppure solo la parola scritta con la traduzione.

Questi biglietti sono esposti nei luoghi più disparati, ma familiari e spesso frequentati, come lo specchio del bagno, l'armadio, il frigorifero e così via.

Hanno una funzione molto simile a quella dei *poster* didattici in classe.

Per autovalutarsi

1. Qual è il rapporto tra insegnamento del lessico e memoria?
2. Spieghi la definizione *grammatica del lessico.*
3. In che modo l'insegnamento del lessico può concorrere a rafforzare l'autonomia dello studente?
4. In che modo il lessico si rivela importante per la gestione di aspetti di tipo socioculturale?

Per saperne di più

Sul Lexical Approach e le recenti proposte glottodidattiche relative al lessico:

CARTER, R., MCCARTHY, M. (a cura di), *Vocabulary and Language Teaching,* Longman, Londra 1988.
LEWIS, M., *The Lexical Approach,* Language Teaching Publications, Hove 1993.
LEWIS, M., *Implementing the Lexical Approach,* Language Teaching Publications, Hove 1997.
MOLLICA, A., "*Parole per parlare:* Teaching/Expanding the Student's Basic Vocabulary," *Italica,* Volume 78, No. 4, Wimter 2001, pp.464-485.
WILLIS, D., *The Lexical Syllabus. A new Approach to Language Teaching*, Collins, Londra 1990.

Per aspetti di tipo neuro- e psicolinguistico:

CORNOLDI, C., *Modelli della memoria,* Giunti-Barbera, Firenze 1978.
CORNOLDI, C., *Apprendimento e memoria nell'uomo,* UTET Libreria, Torino 1986.
CARDONA, M., *Il ruolo della memoria nell'apprendimento delle lingue,* UTET Libreria, Torino 2001.

Sono numerosi i testi che forniscono repertori di attività per l'apprendimento/insegnamento del lessico. Consigliamo un testo in particolare perché espressione coerente delle proposte illustrate sopra:

MCCARTHY, M., O'DELL, F., *English Vocabulary in use,* Cambridge University Press, 1994.

Appunti su questo percorso

Informazioni utili, meno utili:

....

....

....

....

Parti da rileggere:

....

....

....

....

Osservazioni su questo percorso in relazione ad altri testi:

....

....

....

....

Ricadute e rapporti con l'insegnamento:

....

....

....

....

Altro:

....

....

....

....

Percorso 8

Insegnare la fonologia

8.1 Fonetica o fonologia

Cosa sono la fonologia e la fonetica? Legga le definizioni che seguono tratte dal dizionario DISC[1] e le abbini ai due termini.

	Fonologia	Fonetica
Settore della linguistica che studia i fonemi dal punto di vista della loro funzione in un sistema linguistico.		
Settore della linguistica che studia i suoni dal punto di vista della loro materialità fisica.		

Tradizionalmente i due termini sono stati usati in modo pressoché indifferenziato, ora invece si tende ad assegnare alla fonologia (o fonematica) un campo di intervento più legato alla funzione che i suoni hanno all'interno del sistema.

Così, da un'attenzione posta in via prioritaria sui suoni presi in modo isolato e considerati da un punto di vista dei processi della loro articolazione, cioè della "loro materialità fisica" nella definizione del DISC, si passa a prendere in considerazione i suoni attraverso le relazioni che esistono tra loro, per arrivare quindi ad abbracciare gli aspetti di tipo comunicativo, cioè della trasmissione dei significati attraverso le parole prima e le frasi poi.

[1] *Disc, Dizionario Italiano Sabatini Coletti*, Giunti Multimedia, Firenze 1997.

8.2 La fonologia in classe

Quali sono gli errori più comuni legati ai suoni che commettono gli studenti del vostro paese che imparano l'italiano o, se vivete in Italia, gli italiani che imparano l'inglese?

Probabilmente quest'attività avrà permesso di riandare con la mente a esperienze più o meno vicine e a conoscenze che sono patrimonio non solo degli insegnanti di lingua.

Ogni italiano sa imitare un inglese che parla la nostra lingua, così come è relativamente semplice imitare un italiano che parla l'inglese.

L'attività ha un duplice scopo: fare riflettere sul tipo di errore legato alle realizzazioni foniche di parlanti stranieri e quindi sulle differenze esistenti tra le diverse lingue per quanto riguarda l'articolazione dei suoni, le sequenze che si creano per dar vita a parole e frasi, ecc.

Tuttavia essa vuole anche condurre il lettore a ragionare sul tipo di errore inserito nella lista che egli ha stilato per iscritto o mentalmente.

Sono errori di pronuncia, legati alla realizzazione dei suoni (le doppie, ad esempio) oppure sono inesattezze che riguardano anche aspetti intonativi e ritmici della frase?

Se risulta a volte inconsueto l'insegnamento sistematico della pronuncia in classe e la sua giusta considerazione a livello curricolare, ancor più raro è trovare materiali didattici che permettano di dedicare spazio e tempo, nella pratica didattica quotidiana, agli aspetti prosodici (accento, intonazione e ritmo della frase), ammesso, ma non concesso che questo ambito rientri nei campi di intervento ritenuti degni d'attenzione da parte dell'insegnante.

Eppure a volte la lingua oggetto di studio presenta suoni inesistenti nella lingua dello studente o comunque suoni pronunciati in modo più o meno diverso.

Le sequenze di suoni possono anch'esse generare opposizioni non presenti nella lingua dello studente.

Ciò porta alla necessità per gli studenti di esercitare gli organi fonatori in modo da poterli controllare ai fini di una corretta imitazione dei suoni e degli aspetti prosodici (accento, ritmo, intonazione) della lingua straniera.

In questo testo si è a lungo discorso attorno alle prospettive che alcune teorie psicolinguistiche e neurolinguistiche hanno dischiuso.

In particolare le teorie della bimodalità e della direzionalità indicano un percorso da seguire nello sviluppo del processo d'acquisizione linguistica che coinvolge anche la fonologia.

Un'impostazione basata sull'analisi fonetica dei singoli suoni considerati in modo isolato fuori contesto porta ad attivare in maniera esclusiva la modalità sinistra del cervello.

Al contrario un'attenzione posta al contesto globale e agli aspetti prosodici favoriscono l'attivazione della modalità destra.

Ciò comporta l'indispensabile attenzione da parte dell'insegnante alla giusta progressione di un'unità di apprendimento basata sulla fonologia.

Ad esempio nel caso dell'osservazione didattica del fonema /r/ italiano inizialmente occorrerebbe esporre gli studenti a un momento di globalità, magari presentando una filastrocca, uno scioglilingua, una canzone, un modo di dire, che consentano di inserire in un testo l'oggetto dell'attenzione didattica.

Si potrebbe usare, nel caso della lingua italiana, lo scioglilingua "Trentatré trentine entrarono a Trento, tutte e trentatré trotterellando", pronunciato dall'insegnante a diverse velocità d'esecuzione. Si passerebbe poi a un momento di ripetizione corale e/o individuale dello scioglilingua, senza preoccuparsi della comprensione del significato. Quindi si renderebbe possibile l'analisi del testo, con momenti di riflessione sia sul fonema /r/ che sul significato del testo per soddisfare la legittima curiosità degli studenti.

Quest'ultimo passaggio si rende necessario soprattutto nel caso di persone adulte, mentre i bambini sono più aperti a giocare con la lingua attraverso filastrocche e strumenti affini, senza avvertire il bisogno di controllarne i significati.

Un primo momento didattico che può consentire di introdurre nella classe di principianti una riflessione sull'intonazione, la pronuncia e il ritmo della lingua oggetto di studio è dato dall'attività che segue. Ne conosce altre?

Inviti uno studente della classe, scelto tra i più spigliati e con migliori capacità teatrali, a imitare una persona madrelingua inglese (italiana o francese, tedesca, russa, ecc. a seconda della lingua oggetto di studio) che parla nella lingua dello studente. Faccia poi ripetere l'attività ad altri studenti e alla fine cerchi di riassumere quali fenomeni sono stati evidenziati dalla recitazione degli studenti.

Si tratta di un'attività giocosa da affrontare in classe con il giusto spirito collaborativo, combinando un obiettivo didattico a uno, per così dire, d'intrattenimento.

L'analisi dei risultati di questa attività conduce a cogliere alcuni degli aspetti fonologici che caratterizzano ogni parlante di diversa lingua.

Se l'imitazione viene fatta sull'italiano risulteranno evidenti sia pronunce di suoni singoli quali la /r/ o le doppie, sia aspetti intonativi con il probabile allungamento caricaturale delle vocali che portano l'accento principale.

Se la stessa prova viene fatta imitando un inglese, un tratto particolarmente evidente risulterà, ad esempio, la dittongazione delle vocali in finale di parola.

Tuttavia questa non è l'unica considerazione che l'attività permette. Essa, infatti, aiuta a rendere gli studenti consapevoli di una realtà forse già conosciuta, ma che è bene mettere in risalto nel momento in cui si comincia ad affrontare lo studio sistematico di una nuova lingua e cioè che la pronuncia e l'intonazione sono due aspetti della lingua tra i più soggetti a subire interferenze dovute alla madrelingua degli studenti.

Ne consegue che ogni parlante presenterà tratti diversi a seconda della propria madrelingua e che gli interventi didattici potranno e dovranno essere individualizzati, in particolare in contesti di classi multilingui.

Un'ultima riflessione conduce ad analizzare la necessità di interventi didattici mirati all'acquisizione di una buona pronuncia e di una corretta intonazione nella lingua che si sta studiando.

Come si sottolinea più oltre in questo percorso, l'obiettivo a cui tendere crediamo possa essere quello di una pronuncia sufficientemente corretta da permettere una comoda fruizione da parte dell'ascoltatore che, oltre a comprendere senza difficoltà quanto l'interlocutore non madrelingua dice, dovrà essere messo a proprio agio anche per ciò che concerne gli aspetti para- ed extralinguistici.

Ad esempio l'intonazione e il ritmo della frase non trasmetteranno intenzioni comunicative che possano essere fraintese (rabbia anziché felicità, sicurezza anziché paura, e così via).

Come in ogni caso, comunque, porre degli obiettivi può essere del tutto fuorviante se non si procede dapprima a una corretta analisi dei bisogni di ogni singolo contesto: quanto viene proposto in questo testo ha valore puramente indicativo e genericamente indirizzato a utenti, docenti e allievi, di corsi di lingua generale.

Nello specifico, l'attenzione rivolta ad aspetti fonologici risulterà maggiore nel caso di corsi per cantanti lirici o per centralinisti, ad esempio, e minore per corsi rivolti a traduttori di testi scientifici.

L'obiettivo precipuo di queste considerazioni generali riamane quello di fornire spunti di riflessione al lettore e dargli la possibilità di strutturare una cornice di lavoro entro cui inserire un percorso di eventuale approfondimento delle tematiche proposte.

8.2.1 Le attività

Si può, dunque, cominciare a lavorare sulla fonologia fin dalle primissime lezioni di una lingua straniera.

E forse è una necessità ineludibile: innanzitutto perché permette di sottolineare e far apprezzare il carattere preminentemente orale della lingua, riformulando impostazioni didattiche che spesso ancor oggi forgiano studenti (e docenti) e che mirano a introdurre immediatamente le abilità scritte e la riflessione sulla lingua in modo prioritario.

In secondo luogo la pratica esercitata con assiduità conduce lo studente a rendersi conto dei propri progressi sia in chiave ricettiva che produttiva rendendo così concreti e riconoscibili gli sforzi compiuti.

Una interpretazione di tipo fonologico, e non esclusivamente fonetico, permette poi di cominciare a lavorare su aspetti comunicativi dello studio della lingua che concorrono a rinforzare un atteggiamento trasversale, proprio di tutti i sillabi insegnati.

Le attività possibili per migliorare la ricezione e la produzione dei suoni sono numerose. In questa sede ci limitiamo a fornire alcuni esempi rimandando a una riflessione autonoma che può essere condotta sulla base delle tipologie di attività proposte in altri percorsi di questo testo per altri aspetti dell'educazione linguistica[2].

Come per altri ambiti anche per quanto riguarda la fonetica risulta importante stilare una sorta di tassonomia che permetta di graduare le attività a seconda del livello di conoscenze degli studenti.

Di seguito proponiamo una lista di possibili attività che possono essere affrontate a partire dal livello principiante/elementare[3]:
attività orali:

- imitazione sul modello dell'attività descritta nel paragrafo precedente;
- ripetizione corale, individuale, a catena, ecc. di parole e frasi pronunciate dall'insegnante o proposte attraverso registrazioni. In queste attività è possibile da subito concentrarsi su aspetti non solo legati ai suoni, ma anche all'intonazione e al ritmo;
- riconoscimento di tratti para- ed extralinguistici: l'età e il sesso dei parlanti, le intenzioni e gli stati d'animo, ecc.;
- riconoscimento del numero di parole presenti in una frase. Si tratta di un'attività che permette di sviluppare un'abilità di riconoscimento fondamentale legata all'analisi globale della frase al fine di coglierne le singole componenti. È un'attività cognitivamente complessa in quanto chiama in causa vari aspetti non solo di tipo fonologico, ma anche semantico e morfosintattico;
- registrazione e riascolto, con conseguente correzione o autocorrezione di parole e frasi;
- ascolto e ripetizione di pezzi di canzoni e soprattutto di filastrocche per bambini;
- apprendimento a memoria di ritornelli di canzoni, filastrocche, scioglilingua;
- riconoscimento e produzione dell'intonazione della frase tramite l'ascolto dell'insegnante o di testi registrati e conseguente imitazione riproduttiva;

[2] Si vedano i percorsi 5 Insegnare le abilità primarie, 6 Insegnare la grammatica, 7 Insegnare il lessico.

[3] Alcuni testi per l'insegnamento dell'italiano a italiani e stranieri possono fornire indicazioni metodologiche generali anche per docenti di altre lingue: Costamagna (1996 e 2000) e Canepari (1999a e 1999b). Osservazioni generali sull'insegnamento della fonologia si trovano in Brazil et al. (1980). Un ricco repertorio di attività pratiche che può essere utilizzato per l'insegnamento delle diverse lingue straniere è reperibile in Hewings (1993).

attività che abbinano lo scritto e l'orale:

- lettura ad alta voce con fini esclusivamente fonologici di testi scritti quali i dialoghi introduttivi delle unità didattiche dei manuali di lingua;
- dettato di parole e frasi tramite l'insegnante, i compagni, una registrazione;
- individuazione di suoni isolati all'interno di singole parole o frasi scritte;
- trascrizione fonetica di parole o frasi che vengono ascoltate o lette;
- trascrizione in simboli "normali" di parole e frasi scritte con i simboli fonetici;
- esclusione o inclusione di parole scelte in base ai suoni;
- completamento di testi d'ascolto trascritti in modo incompleto;
- osservazione e lettura degli spaccati sagittali che riproducono il modo di articolare i suoni;

8.3 La trascrizione dei suoni: l'alfabeto fonetico internazionale (IPA)

Osservi le seguenti parole che sono state rappresentate con i simboli dell'alfabeto fonetico. Quali termini si nascondono dietro queste trascrizioni?

/let'tsione/, /'akkwa/, /ad'dzjenda/, /'tsukkero/ /a'jwɔ :le/

Ecco un quadro completo dei simboli fonetici per la lingua italiana comprensivo di suoni vocalici, semivocalici e consonantici[4].

I suoni delle vocali

/i/ v*i*no
/e/ v*e*rde
/ɛ/ f*e*sta
/a/ c*a*sa
/ɔ/ n*o*ve
/o/ s*o*le
/u/ *u*va

I suoni delle semiconsonanti

/j/ *i*eri
/w/ ling*u*a

[4] Tratto da Mezzadri, Balboni (2000).

I suoni delle consonanti

/p/ Na*p*oli
/b/ a*b*itare
/m/ *m*edico
/n/ u*n*
/t/ *t*empo
/d/ nor*d*
/ɲ/ compa*gn*o
/k/ *c*asa, *ch*e; *q*uando
/g/ pre*g*o; un*gh*erese
/ts/ a*z*ione
/dz/ *z*an*z*ara
/tʃ/ fran*c*ese; *c*iao
/dʒ/ *g*ente; *g*iorno
/f/ *f*iore
/v/ *v*ino
/s/ *s*ale
/z/ *s*venire
/ʃ/ pe*sc*e; *sc*iarpa
/r/ *r*osso
/l/ *l*una
/ʎ/ fi*gl*io

Se si osservano le parole indicate sopra, si possono notare alcune convenzioni indispensabili per comprendere il funzionamento di questo strumento: le due / / contengono una parola trascritta in simboli fonetici, il simbolo: indica che il suono che precede è lungo, l'apostrofo ' si pone prima della sillaba accentata.

L'alfabeto fonetico è uno strumento eccezionalmente efficace, la cui utilità, tuttavia, va spiegata in modo chiaro agli studenti che altrimenti possono sentirlo come un elemento troppo tecnico ed estraneo al loro percorso d'apprendimento linguistico.

L'insegnante, convinto della validità della proposta, può chiarire come l'alfabeto fonetico permetta di rendere visibili i suoni, di rappresentarli in maniera grafica nella loro compiutezza, in modo ben più fedele alla pronuncia di quanto la normale realizzazione grafica non consenta.

È luogo comune pensare che l'inglese si scriva in modo differente da come si pronunci e che invece l'italiano sia facile da scrivere.

La constatazione indubbia di un'ortografia opaca dell'inglese, in realtà, in parte vale anche per l'italiano, lingua che ad esempio non rappresenta gli accenti tonici delle parole, tranne che nel caso di termini accentati sull'ultima sillaba, oppure, ancora, non fa distinzione tra la *e* aperta e la *e* chiusa.

Tutto questo rende l'ortografia della lingua italiana meno trasparente di quanto si creda, e ne conseguono innumerevoli problemi per gli studenti stranieri.

L'alfabeto fonetico, inoltre, dà priorità alla lingua orale: essendo lo strumento grafico per la rappresentazione dei suoni costringe a vincolare la lingua al momento dell'oralità.

L'uso dell'alfabeto fonetico porta a concentrarsi su aspetti di tipo fonetico e fonologico della lingua che troppo spesso sono trascurati in classe, permettendo di analizzare l'articolazione dei suoni, di porli a confronto con la propria lingua nativa, di esercitarli sia in fase ricettiva che (ri)produttiva.

Questo processo conferisce allo studente maggior autonomia nella gestione del proprio percorso, basti pensare alle possibilità che il dominio di questo strumento offre per la consultazione di dizionari e la giusta interpretazione della pronuncia delle parole.

Va da sé, tuttavia, che per quanto utile possa essere l'alfabeto fonetico, un suo insegnamento risulta dispendioso in termini di tempo ed energie intellettuali richieste e non sempre ciò si rende possibile all'interno dei programmi dei corsi di lingua.

Inoltre un suo mancato utilizzo costante porta inevitabilmente lo studente non esperto a dimenticare o comunque a trovare, per così dire, ostili i simboli fonetici.

Suggeriamo un approccio leggero all'alfabeto fonetico che consenta di invogliare lo studente ad approfondirne la conoscenza e l'uso in modo autonomo e allo stesso tempo di riscontrarne l'utilità in classe nel momento in cui vengono presentati nuovi termini con grafie non trasparenti o quando si affrontano percorsi di fonologia.

8.4 La correzione della pronuncia

Osservi questi due punti di vista. Quale sente più vicino al suo modo di insegnare o di apprendere le lingue?

1. Per me, purché passi il messaggio, non vale la pena preoccuparsi e soprattutto perdere tempo a correggere la pronuncia. Non appena i miei studenti andranno nel paese dove si parla la lingua che studiano, automaticamente saranno portati a correggersi.

2. Io correggo quasi sempre tutti gli errori di pronuncia. Così come correggo tutti gli errori di grammatica. Gli studenti devono produrre lingua nel modo più vicino possibile al modello che viene loro fornito.

Così come per altri aspetti del percorso di educazione linguistica, si corregge in determinati momenti non sempre.

È vero che a volte occorre sorvolare sulla pronuncia, come sull'accuratezza grammaticale o lessicale, per non interrompere un'attività comunicativa, ma è altrettanto vero che non si può consegnare all'immersione nella lingua straniera sul campo una correzione della pronuncia che spesso comporta la presa di coscienza di come i suoni vengono pronunciati in quella lingua.

L'obiettivo non è raggiungere una perfetta pronuncia da parlante nativo, ma una pronuncia che ponga le basi per ulteriori miglioramenti attraverso la pratica e la consapevolezza di come i suoni vengono articolati, così come degli aspetti legati a ritmo, accento e intonazione.

Inoltre, in un'ottica comunicativa, occorre porsi l'obiettivo di raggiungere livelli di pronuncia che rendano efficace e agevole la comunicazione, evitando cioè il più possibile quegli errori che rendono per l'ascoltatore meno comprensibile la produzione linguistica.

Se questo concetto viene considerato accettabile, automaticamente si trova la risposta a una domanda che frequentemente si ascolta in ambito glottodidattico riguardo all'attendibilità dell'insegnante non parlante nativo quale modello di lingua per la pronuncia.

Non crediamo sia indispensabile essere dei parlanti nativi neppure per ciò che concerne la pronuncia, ammesso che l'insegnante, oltre a possedere un ottimo livello di competenza linguistica e comunicativa, sappia indirizzare la propria azione anche verso la fonologia: sappia, cioè, rendere riconoscibili i suoni, il ritmo, gli accenti, l'intonazione della lingua straniera, ne sappia insegnare il modo in cui si articolano i suoni, sappia sottolineare gli aspetti prosodici più rilevanti, renda possibile l'esposizione a una pluralità di accenti e intonazioni, ad esempio attraverso l'ascolto di testi registrati.

In questo senso per quanto riguarda la lingua italiana può risultare utile e anche motivante per gli studenti compiere un percorso che poco alla volta porti alla scoperta dei numerosi e spesso così diversi accenti locali.

Rendersi conto dei diversi accenti affina l'orecchio nella percezione dei suoni della lingua e in ultima analisi aiuta a migliorare la propria pronuncia.

Lo studente che si esercita nel riconoscimento degli accenti impara meglio a gestire autonomamente gli aspetti fonologici della lingua che sta studiando e allo stesso tempo migliora le capacità autovalutative e autocorrettive.

In questo senso lo studio della fonologia si raccorda e interagisce con quell'area trasversale, presente nei diversi sillabi, che ha come obiettivo lo sviluppo delle strategie di apprendimento.

Per autovalutarsi

1. Riassuma brevemente la sua opinione attorno al livello di competenza fonologica che uno studente dovrebbe raggiungere.
2. Quali sono i vantaggi dell'insegnamento della fonologia fin dai primi livelli di conoscenza linguistica?
3. Quali consigli darebbe a un collega incerto su come utilizzare l'alfabeto fonetico in classe e perplesso su come gli studenti accoglieranno questo strumento?
4. Come e quando correggerebbe la pronuncia dei suoi studenti?

Per saperne di più

BRAZIL, D, COULTHARD, M., JOHNS, C., *Discourse Intonation and Language Teaching*, Longman, Londra 1980.
CANEPARI, L., *Manuale di pronuncia italiana*, Zanichelli, Bologna 1999a.
CANEPARI, L., *Dizionario di pronuncia italiana*, Zanichelli, Bologna 1999b.
COSTAMAGNA, L., *Pronunciare l'italiano*, Guerra, Perugia 1996.
COSTAMAGNA, L., *Insegnare e imparare la fonetica*, Paravia, Torino 2000.
HEWINGS, M., *Pronunciation Tasks*, CUP, Cambridge 1993.

Appunti su questo percorso

Informazioni utili, meno utili:

....

....

....

....

Parti da rileggere:

....

....

....

....

Osservazioni su questo percorso in relazione ad altri testi:

....

....

....

....

Ricadute e rapporti con l'insegnamento:

....

....

....

....

Altro:

....

....

....

....

Percorso 9

Lingua e cultura

9.1 Alcune definizioni.

Abbini i termini e le espressioni alle definizioni.

1 Pregiudizio	A. Termine che ci riporta alla superiorità (*civilitas*) degli abitanti della città su quelli del contado ai tempi dei romani.
2 Relativismo culturale	B. Credenze e informazioni che un gruppo umano condivide riguardo ad altri gruppi sociali, le quali danno luogo a rappresentazioni che diventano stabili e difficilmente modificabili.
3 Modelli culturali	C. Generalizzazione di un'opinione, solitamente negativa, che si crea prima e in assenza di dati tratti dall'esperienza.
4 Civiltà	D. Non vi è superiorità o inferiorità ma solo differenti risposte ai bisogni di natura che un gruppo umano si sceglie attraverso i propri modelli culturali.
5 Stereotipo	E. È la risposta che un gruppo umano dà ai bisogni di natura: vestirsi, mangiare, passare il tempo libero, lavorare, amare.

Chiave: 1 con c, 2 con d, 3 con e, 4 con a, 5 con b.

Da questa serie di termini è stata eliminata la parola *cultura* in quanto le varie accezioni comuni con cui questa parola viene utilizzata rispecchiano in larga misura le variegate risposte che in glottodidattica vengono date all'insegnamento della cultura.

Se prendiamo un qualunque dizionario troviamo che al termine *cultura* sono associate varie definizioni. Ecco come il Dizionario Italiano Sabatini Coletti definisce la *cultura*:

cultura **[cul-tù-ra] sostantivo f.**

1. Insieme di conoscenze su cui l'individuo esercita una riflessione critica autonoma e che, pertanto, hanno parte attiva nella formazione della personalità e nell'affinamento delle capacità ragionative; nel l. corrente, insieme di approfondite nozioni: avere, non avere c.; essere senza c.; una persona di grande, vasta, mediocre c.; avere una c. umanistica, artistica, scientifica • cultura fisica, ginnastica, attività fisica, perché intesa come educazione del corpo

2. Insieme delle conoscenze letterarie, scientifiche, artistiche e delle istituzioni sociali e politiche proprie di un intero popolo, o di una sua componente sociale, in un dato momento storico • civiltà: c. greca, latina, araba, orientale; c. antica, classica, contemporanea; c. medievale, rinascimentale; la c. borghese dell'Ottocento • cultura orale, il sapere trasmesso a voce, cosa propria delle comunità primitive o del popolo quando l'analfabetismo era diffuso • lingue di cultura, lingue nazionali che, per tradizione e prestigio, assurgono al ruolo di strumento di diffusione di cultura, non solo tra i membri di una medesima comunità linguistica, ma anche a livello internazionale, soprattutto nell'ambito di determinati settori (p.e. l'italiano è lingua di c. nel settore musicale) • mondo della cultura, ambienti culturalmente più elevati, intellighenzia, intellettualità
3. antrop. Patrimonio collettivo di credenze, tradizioni, norme sociali, conoscenze empiriche, prodotti del lavoro propri di un popolo in un dato momento della sua organizzazione sociale e connotanti una fase di civiltà: c. matriarcale, patriarcale; c. pastorale, contadina, industriale • cultura popolare, insieme di valori e di usanze propri di un dato strato sociale e costituenti un fattore di aggregazione • cultura di massa, insieme di nozioni, valori e modelli di comportamento indotti dai mass-media • cultura materiale, gli oggetti, i manufatti, gli attrezzi di una data popolazione
4. estens. Radicamento storico-sociale di un individuo in un determinato contesto e consapevolezza dell'identità così acquisita: ragazzi emarginati, senza una c.
5. non com. Coltura
6. ant. Culto religioso

• dal lat. culturam, deriv. di *colere* (supino cultum) "coltivare, onorare" • sec. XIV

La parola *cultura*, come ognuno di noi la usa nel linguaggio quotidiano, assume significati diversi a seconda della situazione. Quando ci si riferisce a una persona dicendo che è *di grande cultura* si sottolinea il patrimonio di conoscenze, probabilmente in molteplici ambiti del sapere, che questa persona possiede. Così come aprendo un giornale a carattere locale nella sezione dedicata alle attività culturali si troveranno manifestazioni che vanno dalla serata di teatro in vernacolo alla festa multietnica, dall'inaugurazione di un'esposizione d'arte moderna alla presentazione di un ipertesto creato da un liceo locale. Più raramente, forse, ma certamente con sempre maggior frequenza da quando l'Italia è diventata terra di immigrazione da paesi culturalmente distanti, si dà al termine l'accezione di tipo antropologico che è, crediamo, quella che maggiormente interessa, oggi, da un punto di vista dell'insegnamento della lingua.

Il sostantivo *cultura* e l'aggettivo *culturale* sono sempre più spesso sostituiti dai corrispettivi *intercultura* e *interculturale*, termini che mettono l'accento sullo scambio che avviene tra gruppi umani quando entrano in contatto. Il prefisso *inter* sembra sottolineare un atteggiamento maggiormente paritetico, democratico e di apertura alla diversità culturale rispetto alla versione più tradizionale senza prefisso. In un'epoca di globalizzazione, in molti contesti, queste parole appaiono maggiormente fedeli alla realtà: nella scuola di oggi i bambini di vari gruppi etnici lavorano assieme e quanto si crea è un rapporto necessariamente interculturale basato su un auspicato rispetto reciproco. Ma questo è un tema centrale che svilupperemo più avanti in questo percorso.

9.2 L'insegnamento della cultura[1]

Un brevissimo excursus nella storia dei metodi e degli approcci glottodidattici (Richards, Rodgers, 1986; Picchiassi, 1999) ci permette di osservare come si sia evoluto l'approccio alla dimensione culturale. Molti, tutti coloro che hanno affrontato lo studio delle lingue classiche hanno avuto esperienza di un accostamento alla cultura (e alla lingua che veniva appresa attraverso la letteratura) inteso esclusivamente come incontro con gli autori, con i testi letterari, filosofici, storici. I testi risultavano essere fonte di spunti per riflessioni su modelli culturali che proponevano prevalentemente questioni di tipo etico, senza particolare interesse per la cultura di tutti i giorni, per il dato antropologico o sociologico. Se ciò risultava in parte comprensibile visto il carattere delle lingue classiche, non altrettanto può dirsi per la dimensione culturale delle lingue moderne, che veniva anch'essa gestita allo stesso modo.

[1] Il tipo di trattazione dell'argomento scelto in questo percorso non consente di approfondire le tematiche proposte. Rimandiamo alla consultazione di alcuni testi elencati in fondo a questo percorso.

Cultura era essenzialmente sinonimo di letteratura. Con l'evolversi dei bisogni legati alle lingue straniere, con la necessità di comunicare in lingua con persone di altre culture, cambia l'atteggiamento nei confronti dell'insegnamento; così dalla lingua come fatto prevalentemente scritto si passa alla (ri)scoperta dell'oralità, della comunicazione e dell'interazione. Dai metodi formalistici, attraverso la stagione dello strutturalismo in cui la cultura non ricopre un ruolo di primaria importanza, si arriva all'approccio comunicativo, senza tralasciare momenti rilevanti nell'evoluzione della glottodidattica, quale l'esperienza dell'ASTP[2]. Nell'approccio comunicativo un ruolo centrale viene assegnato alla competenza sociolinguistica, cioè alla capacità di comprendere il contesto sociale in cui si realizza l'evento comunicativo. Lingua e cultura divengono inseparabili.

9.3 La prospettiva del Quadro comune di riferimento europeo

Il Common European Framework of Reference (Quadro comune di riferimento europeo)[3] (Council of Europe, 2002, cap. 5) suddivide le competenze generali che uno studente di lingua straniera dovrebbe raggiungere in sapere (*savoir*), saper fare (*savoir faire*), saper essere (*savoir être*), saper apprendere (*savoir apprendre*). Una suddivisione ulteriore propone all'interno della categoria del sapere le voci *conoscenza del mondo, conoscenza socioculturale, consapevolezza interculturale*. La conoscenza socioculturale, cioè la conoscenza della società e della cultura del paese o dei paesi di cui si studia la lingua è parte della conoscenza del mondo, ma le viene dedicata un'attenzione particolare come antidoto verso i possibili stereotipi di cui gli studenti sono portatori. Aspetti degni di attenzione sono la vita di tutti i giorni, le condizioni di vita, le relazioni interpersonali, i valori e le credenze principali, la lingua del corpo.

Risulta di grande interesse, per la prospettiva che si sta presentando in questo testo, l'accento posto sul momento di interazione reso possibile dalla consapevolezza interculturale, cioè dalla capacità di cogliere i tratti distintivi, le somiglianze e le differenze tra il mondo di origine e quello di cui si studia la lingua.

[2] *Army Specialised Training Program*: negli Stati Uniti durante la Seconda Guerra Mondiale l'esercito sottopone a corsi di lingua i soldati che verranno poi inviati in territorio nemico e che per questo devono acquisire una competenza comunicativa che li sostenga. Alla base oltre alle teorie di tipo strutturalistico e neo-comportamentistico vi è una rivalutazione dell'insegnamento della cultura in chiave antropologica sotto l'influenza dell'antropologo culturale, americano d'adozione, Franz Boas.

[3] In parecchie altre occasioni in questo testo abbiamo citato il *Quadro comune di riferimento europeo*, ma mai come in questo caso lo abbiamo utilizzato da guida per l'elaborazione di un percorso. La scelta è stata dettata dalla volontà di dimostrare come questo strumento possa risultare di grande aiuto nella pratica didattica quotidiana o quantomeno in sede di elaborazione di curricula, sillabi, programmi.

Il secondo ambito, quello del saper fare, comprende oltre alle abilità pratiche le conoscenze e le abilità interculturali: l'abilità di mettere in relazione la cultura d'origine e la cultura straniera; la sensibilità culturale e l'abilità di identificare e usare una varietà di strategie per i contatti con le persone di altre culture; la capacità di adempiere al ruolo di intermediario culturale tra la propria cultura e la cultura straniera e di agire in modo efficace in situazioni di fraintendimento interculturale e di conflitto.

Il terzo sapere, il saper essere, coinvolge vari aspetti della personalità dell'individuo, dagli atteggiamenti (apertura e interesse verso nuove esperienze, nuove culture, la volontà di relativizzare il proprio punto di vista e superare gli stereotipi) alla motivazione, dai valori alle credenze, dagli stili cognitivi ai fattori personali (timidezza/intraprendenza, ottimismo/pessimismo, rigidità/flessibilità, ecc.).

Lo sviluppo di una personalità interculturale assume importanza quale meta educativa di un percorso di educazione linguistica, pur lasciando aperti alcuni quesiti: ad esempio, viene spontaneo chiedersi come conciliare il relativismo culturale con l'integrità morale dell'individuo data, tra l'altro, dalle credenze religiose che ne costituiscono parte della cultura. Come comportarsi a scuola di fronte a bimbe di religione mussulmana i cui genitori richiedono l'uso in classe del *chador*?

Il Quadro riserva ampio spazio e un'attenzione particolare al quarto sapere, il saper apprendere. Il raggiungimento di un alto grado di autonomia d'apprendimento da parte dell'allievo è un obiettivo primario di qualsiasi percorso di educazione linguistica e, poiché l'apprendimento della lingua e della cultura risulta inscindibile in un contesto di tipo comunicativo, anche le strategie volte a sviluppare il saper apprendere coinvolgono entrambi questi aspetti, oltre a più generali e trasversali abilità cognitive.

9.4 Dalla competenza comunicativa alla competenza interculturale

Il marcato interesse per l'uso della lingua (e non più solo per la forma) che è andato affermandosi con l'avvento dell'approccio comunicativo, e dei vari metodi e approcci che a esso si richiamano, ha portato a rendere prioritario il raggiungimento della competenza comunicativa quale obiettivo principale di qualsiasi percorso di educazione linguistica.

Varie componenti costituiscono la competenza comunicativa:

- competenza linguistica: composta da conoscenze[4] lessicali, morfosintattiche, fonologiche, testuali;
- competenza paralinguistica (l'uso del tono della voce, la velocità dell'eloquio, l'enfasi su parti del discorso; oppure l'impiego di suo-

[4] Ciò che differenzia la conoscenza dalla competenza è la capacità di usare a scopi comunicativi quanto uno sa (Hymes, 1972).

ni, non parole, per trasmettere stati d'animo, opinioni, ad esempio *brrr* per "ho freddo") e extralinguistica (prossemica, vestemica, cinesica, oggettemica);

- competenza socioculturale (saper comprendere, interpretare e rispettare i ruoli sociali e comprendere la cultura in senso antropologico del paese o dei paesi di cui si studia la lingua) e i relativi aspetti sociolinguistici;
- competenza pragmatica (cioè saper raggiungere gli obiettivi attraverso atti linguistici).

Abbini i termini alle definizioni.

1 Prossemico	A) Relativo alle distanze tra le persone e al loro uso comunicativo.
2 Vestemico	B) Relativo all'uso comunicativo degli oggetti.
3 Cinesico	C) Relativo all'uso comunicativo dell'abbigliamento.
4 Oggettemico	D) Relativo all'uso comunicativo del corpo, dei gesti, dei movimenti, all'uso delle espressioni del volto, alla ricerca del contatto oculare o corporale.

Soluzioni: 1 con a, 2 con c, 3 con d, 4 con b.

Saper comunicare non significa automaticamente saper gestire rapporti personali su basi interculturali. Ogni individuo è portatore di una cultura e di un'identità in continuo divenire che si forgiano attraverso le esperienze che gli si presentano. Nell'incontro con altre culture e lingue e nella gestione dei rapporti in chiave interculturale risulta insufficiente l'acquisizione di una competenza di tipo comunicativo così come è stata sopra descritta. Occorre aggiungere elementi nuovi quali la capacità di comunicare oltre le barriere di tipo culturale, di superare i problemi e i conflitti che possono ingenerarsi. Cioè bisogna imparare a comunicare a prescindere dalle differenze dei comportamenti culturali, dai valori, dalle credenze.

I termini *comunicazione* e *intercultura* hanno entrambi un carattere bidirezionale: in chiave interculturale la comunicazione si sviluppa solo a condizione che sia chi ascolta, sia chi parla assuma un atteggiamento di apertura e di disponibilità a modificare, eventualmente, il proprio modo di interpretare la realtà, ad adattarsi ai modelli culturali dell'altro nello sforzo reciproco di realizzare un corretto scambio comunicativo. Ciò avviene senza con questo rinunciare alla propria diversità culturale, né alla propria identità, ma nella consapevolezza che ogni individuo presenta un'identità culturale che è in continuo divenire, in primo luogo grazie ai contributi sinergici dell'esperienza vissuta a contatto con il mondo esterno e dell'evoluzione della dimensione interiore.

Da un punto di vista glottodidattico non risulta certamente facile insegnare a riconoscere e a utilizzare certe conoscenze e abilità di tipo interculturale, in particolare se si agisce in un contesto LS con classi monolingui. Più agevole può essere il compito dell'insegnante che opera in un contesto multilingue di tipo L2, dove l'oggetto dello studio sono la lingua e la cultura dominante del paese, come ad esempio nel caso dell'italiano insegnato a bambini stranieri assieme a compagni di madrelingua italiana nella scuola di base in Italia.

Hofstede (1991) propone un modello a tre fasi per l'acquisizione delle abilità di comunicazione interculturale. Prima fase: è la capacità di riconoscere i tratti della propria cultura, cioè di quel patrimonio dato dalle conoscenze e dai comportamenti acquisiti spesso in modo inconscio nel proprio ambiente e che tante volte non viene utilizzato in modo consapevole. Dopo la fase della consapevolezza viene quella della conoscenza dell'altra cultura con cui si interagisce. Infine abbiamo la fase dell'abilità di comunicare.

Balboni (2002, p. 72) osserva che "date le dimensioni del problema e la sua continua variabilità" la competenza comunicativa interculturale non può essere insegnata; il docente di lingua straniera può solo insegnare a osservarla. A tale fine lo stesso autore (Balboni, 1999, pp.114-116) ha predisposto uno strumento, che qui riportiamo, per l'osservazione della comunicazione interculturale attraverso i modelli culturali.

Valori culturali di fondo che interagiscono con la comunicazione

a) Il tempo
b) La gerarchia e il potere
c) Il rispetto sociale e la "correttezza politica"
d) Attribuzione e mantenimento dello status: la necessità di salvare la faccia

Uso del corpo per fini comunicativi

a) Sorriso
b) Occhi
c) Espressioni del viso
d) Braccia e mani
e) Gambe e piedi
f) Sudore (e profumo)
g) Rumori corporei
h) Toccarsi i genitali
i) Distanza frontale tra corpi

j) Contatto laterale
k) Il bacio
l) Lo spazio personale nel luogo di lavoro

Uso di oggetti per fini comunicativi

a) Vestiario
b) Status symbol
c) Oggetti che si offrono: sigarette, liquori, ecc.
d) Regali
e) Danaro
f) Biglietti da visita

La lingua

a) Tono di voce
b) Velocità
c) Sovrapposizione di voci
d) Superlativi e comparativi
e) Forme interrogativa e negativa
f) Altri aspetti grammaticali
g) Titoli e appellativi
h) Registro formale/informale
i) Struttura del testo

Mosse comunicative

a) Abbandonare
b) Attaccare
c) Cambiare argomento
d) Concordare
e) Costruire
f) Difendersi
g) Dissentire
h) Domandare
i) Esporsi
j) Incoraggiare
k) Interrompere
l) Ironizzare
m) Lamentarsi
n) Ordinare
o) Proporre
p) Riassumere
q) Rimandare
r) Rimproverare
s) Scusarsi
t) Sdrammatizzare
u) Tacere
v) Verificare la comprensione

Situazioni comunicative

a) Dialogo
b) Telefonata
c) Conferenza
d) Presentazione della propria azienda, dei propri prodotti
e) Partecipazione a *cocktail parties*, pranzo o cena
f) Riunione, lavoro di gruppo

9.5 Dallo stereotipo al sociotipo: una proposta glottodidattica

Analizzi la seguente affermazione. È d'accordo?

Gli stereotipi sono fonte di pregiudizio e per questo vanno cancellati dalla mente degli studenti, ai quali la cultura del paese di cui studiano la lingua viene insegnata durante le lezioni.

In un contesto di insegnamento monolingue caratterizzato dalla presenza di studenti adulti, un approccio utile a impostare il percorso didattico in termini interculturali è dato dallo sfruttamento culturale degli stereotipi. Infatti una caratteristica dello stereotipo è quella di essere patrimonio di un vasto pubblico, essendo nato dalla cristallizzazione di opinioni e credenze che fanno parte dell'immaginario collettivo di un popolo e spesso dalla generalizzazione di modelli culturali che appartengono alla cultura di origine e non a quella cui si riferiscono. Ciò fa sì che si possa iniziare il percorso didattico sfruttando le informazioni che lo stereotipo fornisce con l'obiettivo, reso esplicito agli studenti, di modificarle sulla base di riscontri attendibili.

In un'ottica di didattica collaborativa gli studenti possono essere condotti a scoprire i tratti del sociotipo, cioè di quell'elemento culturale che può nascere anche da un'elaborazione empiricamente verificabile dei dati presentati da uno stereotipo.

Lo stereotipo diventa, dunque, uno strumento doppiamente utile: da un lato permette di costruire il percorso su una base comunque esistente e non sul nulla; ammesso, ma non sempre concesso, che alla base dello stereotipo qualcosa di vero vi sia, gli studenti usano conoscenze che vengono a poco a poco corrette. In questo modo, e allo stesso tempo, essi riflettono sul proprio mondo, sulla propria cultura che ha generato questi stereotipi e imparano a conoscere meglio se stessi, così come suggerisce la prima fase del modello di Hofstede (la consapevolezza).

Un approccio di tipo contrastivo tra la realtà proposta dallo stereotipo e la generalizzazione corretta del sociotipo, consente di riflettere sia sulla cultura e gli schemi mentali dell'altro, sia sui propri schemi mentali e modelli culturali, in questo modo ponendo le basi per quel tipo di comunicazione interculturale sopra descritto. Le preconoscenze degli studenti, tra cui gli stereotipi in fase di riformulazione verso i sociotipi, fungono inoltre da ancore a cui legare le nuove conoscenze in corso di acquisizione senza determinare la perdita o l'abbandono della propria identità culturale (Pelizza, 2000).

Dall'altro lato, attraverso lo sfruttamento didattico degli stereotipi, la scoperta della cultura e la formazione dei sociotipi avvengono in modo induttivo e grazie a strategie didattiche di tipo collaborativo, criteri questi che in più occasioni abbiamo visto essere alla base del successo nell'acquisizione di nuove conoscenze.

Inoltre, lo studio di aspetti culturali così condotto attinge a metodologie che sono comuni ad altri ambiti dell'educazione linguistica, con ciò rafforzando la possibilità di creare percorsi che conducono all'acquisizione di strategie d'apprendimento finalizzate al raggiungimento dell'autonomia dello studente.

In questo ambito le scelte operate dall'Unione Europea nel campo della promozione della lingua sottolineano l'importanza degli scambi tra studenti per la costruzione di una cultura di tipo realmente europeo e, per quanto attiene più specificamente al discorso che stiamo sviluppando, di una competenza comunicativa interculturale. Oggi, l'avvento delle nuove tecnologie e delle forme di interazione, rese possibili in particolare da posta elettronica e da Internet, fa sì che la dimensione interculturale possa essere ancor più efficacemente ricercata.

Balboni (1999, pp. 112- 114), ha messo a punto uno strumento per l'osservazione culturale in cui vengono proposti numerosi ambiti situazionali (domini) che possono essere utilizzati in chiave interculturale al fine di rendersi consapevoli dei propri modelli e andare alla scoperta della cultura straniera, magari passando attraverso una tappa intermedia costituita dagli stereotipi esistenti nei confronti della cultura che si sta studiando. La proponiamo al lettore con il consiglio di usufruirne avendola integrata e modificata a seconda del contesto di insegnamento.

DOMINIO 1: LE RELAZIONI SOCIALI

a) Rapporto con uno straniero
b) Rapporto giovani / adulti
c) Rapporto con i superiori
d) Corteggiamento, relazione amorosa
e) Relazioni omosessuali
f) Uso di offrire sigarette, bevande, ecc.
g) Modo di riparare ad errori, scusarsi eccetera

DOMINIO 2: L'ORGANIZZAZIONE SOCIALE

a) Sistema istituzionale ed elettorale
b) Sistema giudiziario
c) Sistema bancario e finanziario
d) L'industria

e) L'agricoltura
f) Il terziario
g) Le tele-comunicazioni
h) I trasporti
i) I mass media
j) La criminalità
k) La/e religione/i
eccetera

DOMINIO 3: LA CASA E LA FAMIGLIA

a) Dimensione della famiglia
b) Ruoli nella famiglia
c) Rapporto genitori-figli
d) Autonomia dei figli da ragazzini, età dell'uscita da casa
e) Tipologia della casa
f) Tradizione e innovazione nelle case
g) Proprietà e affitto di abitazioni
h) Pulizia della casa
i) La casa di città
j) La casa di paese
k) La casa in campagna
l) Interesse della famiglia per la casa: pulizia, restauro, ecc.
eccetera

DOMINIO 4: LA CITTÀ

a) Rapporto città-cittadina-paese-campagna
b) Rapporto centro-periferia
c) Traffico privato e traffico pubblico
d) Strutture produttive e città
e) Divertimento, sport e città
f) Città e cultura
g) Il governo della città
h) La città e gli abitanti: come questi si sentono "cittadini", padroni della città
i) Città e sostegno alle famiglie: asili, ricoveri, ecc.
j) Città e scuole
k) I problemi della droga
eccetera

DOMINIO 5: LA SCUOLA

a) Scuola privata e pubblica
b) Livelli scolastici
c) Prestigio sociale della scuola, degli insegnanti

d) Rapporto scuola-mondo del lavoro
e) Tradizione e innovazione nella scuola
f) Ruolo delle famiglie nella scuola
g) Le lingue straniere
h) Scuola come formazione personale e/o professionale
eccetera

DOMINIO 6: I MASS MEDIA

a) MM pubblici e privati
b) Autonomia dei MM, MM e politica
c) I giornali quotidiani
d) I settimanali politici e culturali
e) I settimanali per pubblici speciali (donne, sport, ecc.)
f) La pornografia
g) Televisione: informazione e intrattenimento
h) La radio
i) Il cinema d'autore e quello popolare
l) Presenza di mass media stranieri
k) Letteratura d'autore e d'evasione
eccetera.

9.6 La cultura con la C maiuscola

Giunti quasi alla fine del percorso è doveroso interrogarsi sul ruolo che in una prospettiva prevalentemente antropologica può avere la cultura con la C maiuscola.

Quale ruolo assegnerebbe nella didattica della lingua straniera alla cultura, intesa come espressione artistica, della letteratura, del teatro, ecc.?

Nella pratica didattica di oggi la cultura riveste un'importanza determinante, risultando, come già notato, inscindibile dai percorsi di tipo più prettamente linguistico. Solitamente è nel nome di una situazione e quindi di un uso di modelli culturali che si definiscono le unità didattiche costituenti la spina dorsale dei materiali didattici (in hotel, al ristorante, dal medico); durante lo sviluppo dei sillabi del lessico o delle funzioni, delle abilità primarie o delle strategie di apprendimento, così come nelle parti dedicate alla riflessione sugli aspetti morfosintattici o fonologici, la cultura in senso antropologico pervade i materiali presentati, non solo attraverso l'uso della parola scritta, ma anche del corredo iconografico dei libri di lingua.

A questo livello se ne associa un altro di riflessione autonoma su aspetti di tipo culturale o più propriamente interculturale che si sviluppa attraverso percorsi dedicati a quello che potremmo definire il sillabo della civiltà. Ciò si rende necessario per fissare e approfondire le conoscenze di tipo culturale acquisite durante altri momenti dell'unità e dar modo alle tre fasi proposte da Hofstede di svilupparsi attraverso una riflessione più mirata.

Il sillabo della civiltà fa parte della struttura del multisillabo che costituisce la trama del percorso didattico e si sviluppa in modo integrato, non avulso dal contesto dell'insegnamento linguistico presentato nell'unità. In altre parole, non vi sarà la lettura dedicata all'Unità d'Italia o a Dante in un percorso basato sulle competenze linguistiche e culturali della situazione del ristorante, ma in quel contesto si proporranno percorsi dedicati alle abitudini alimentari degli italiani o al loro modo di passare il tempo libero, ecc.

Nella società dell'informazione di oggi, un ruolo ulteriore è ricoperto da queste sezioni specificamente dedicate alla civiltà: molto spesso gli studenti, bambini, adolescenti o adulti fa poca differenza, attingono informazioni che giungono da fonti non controllate e spesso scarsamente autorevoli, in particolare attraverso la navigazione nelle pagine di Internet. Tra gli obiettivi del percorso di civiltà vi è, allora, la costituzione di un bagaglio culturale fondato su conoscenze di base legate al paese o ai paesi di cui si studia la lingua, al popolo o ai popoli che la parlano, ecc., sia in chiave sincronica che diacronica.

Osservi alcuni testi per l'insegnamento della lingua straniera che ha a disposizione: che spazio viene assegnato alla letteratura?

È in questo contesto didattico, fortemente incentrato su un approccio di tipo antropologico che si inserisce la dimensione "alta" della cultura, quella ad esempio del testo letterario. Educare alla lettura, e non solo informare sui grandi maestri della letteratura come spesso avviene nei testi di lingua, è un compito della glottodidattica di oggi che si integra ancora una volta in modo spesso inestricabile con i percorsi del multisillabo. Il confine tra l'apprezzamento del testo in senso letterario e il percorso linguistico in cui esso è inserito diventa labile. Ma d'altra parte è proprio sulle attività integrate che si basa la proposta glottodidattica di tipo umanistico-affettivo, in cui a un obiettivo didattico più esplicito (ad esempio lavorare su una struttura morfosintattica) se ne associano altri meno immediatamente riconoscibili (sviluppo di una o più abilità primarie, del lessico, del sillabo della civiltà, ecc.).

In quest'ottica, se vogliamo strumentale, la letteratura, ma anche testi di tipo storiografico, filosofico, ecc., possono essere inseriti nei percorsi di educazione linguistica vincendo, auspicabilmente, le resistenze di molti studenti, giovani e non più giovani, che nella loro vita hanno relegato il fatto letterario in disparte. Così come un'altra manifestazione artistica, il cinema, riscuote interesse negli studenti di lingua straniera, oltre che per la motivazione intrinseca data dall'intrattenimento che un film può generare, anche per gli obiettivi linguistici che si associano alla visione di un film, il testo letterario, se inserito in maniera motivante in un percorso linguistico, può essere riscoperto dallo studente come strumento piacevole di apprendimento. In questo senso sarà compito dell'insegnante o dell'autore di materiali didattici selezionare testi non solo in armonia con i percorsi in svolgimento, ma che per loro natura siano prossimi alla sensibilità e al mondo degli studenti, per poi avvicinarsi a forme più "lontane" di espressione letteraria: si può arrivare alla poesia di Dante educando all'apprezzamento letterario dei testi delle canzoni.

Le poche righe di questo paragrafo non pretendono di dare una risposta definitiva all'annoso problema, lontano dall'essere risolto, del ruolo della cultura con la C maiuscola nell'educazione linguistica, ma solamente di fornire alcuni spunti per la riflessione e ipotesi di applicazione glottodidattica del testo letterario e di altre forme di Cultura.

Per autovalutarsi

1. Che differenza c'è tra l'aggettivo *culturale* e l'aggettivo *interculturale*?
2. Quale ruolo è attribuito alla cultura nel Framework?
3. Quali elementi aggiunge la prospettiva della comunicazione interculturale alla competenza comunicativa?
4. Che differenza c'è tra *stereotipo* e *sociotipo*?
5. Come inserirebbe l'educazione letteraria in un corso di lingua comune?

Per saperne di più

BALBONI, P. E., *Parole comuni culture diverse*, Marsilio, Venezia 1999.

BYRAM, M., *Cultural Studies in Foreign Language Education*, Multilingual Matters, Clevedon 1999.

BROOKS, N., "Teaching Culture in the Foreign Language Classroom," *Foreign Language Annals*, Vo. 1, No. 3, March 1968, pp. 204-217. Reprinted, with an Appendix from Nelson Brooks, *Language and Language Learning: Theory and Practice.* New York: Harcourt, Brace World, 1964, in *Mosaic. A Journal for Language Teachers*, vol. 7, No. 2, Winter 2000, pp. 3-17.

DEMETRIO, D., FAVARO, G., *Immigrazione e pedagogia interculturale*, La Nuova Italia, Firenze 1992.

FAVARO, G. (a cura di), *Alfabeti interculturali*, Guerini e Associati, Milano 2000.

FREDDI, G. (a cura di), *La civiltà nella didattica delle lingue*, Minerva Italica, Bergamo 1968.

GUMPERZ, J.J., *Discourse strategies*, CUP, Cambridge 1982.

HOFSTEDE, G., *Cultures and Organizations: Software of the Mind*, McGraw-Hill England, Londra 1991.

HYMES, D. "On Communicative Competence", in PRIDE J. B. e HOLMES, J. (a cura di), *Sociolinguistics*, Penguin, Harmondsworth 1972.

KRAMSCH, C., *Context and culture in language teaching*, Oxford University Press, Oxford 1993.

GARCIA, E., *Understanding and Meeting the Challenge of Student Cultural Diversity*, Houghton Mifflin, Boston 1994.

KRAMSCH, C., *Language and Culture*, OUP, Oxford 1998.

LADO, R., *Linguistics across cultures*, University of Michigan, Ann Arbor 1957.

SCOLLON, R., WONG SCOLLON, S., *Intercultural Communication: A Discourse Approach*, Blackwell, Cambridge 1995.

VALDÉS, J.M., *Culture bound: bridging the cultural gap in language teaching*, Cambridge University Press, Cambridge 1986.

ZUANELLI SONINO, E., *La competenza comunicativa*, Boringhieri, Torino 1981.

Appunti su questo percorso

Informazioni utili, meno utili:

....

....

....

....

Parti da rileggere:

....

....

....

....

Osservazioni su questo percorso in relazione ad altri testi:

....

....

....

....

Ricadute e rapporti con l'insegnamento:

....

....

....

....

Altro:

....

....

....

....

Percorso **10**

Insegnare le microlingue

10.1 Una questione di termini?

Legga le definizioni e indichi quale le sembra più appropriata per definire la lingua del commercio o del diritto, della biologia o dell'informatica.

Lingua per scopi speciali	
Microlingua	
Linguaggio settoriale	
Lingua di specializzazione	
Linguaggi specialistici	
Tecnoletto	
Lingua per specialisti di altre discipline	
Gergo	

La ricchezza di definizioni che si può rintracciare negli studi in questo campo testimonia la complessità del problema. Non è compito di questo testo entrare nel merito della questione[1] e per scelta metodologica adottiamo il termine *microlingua*, lasciando all'analisi da parte del lettore sulla natura dei vari casi presentati in questo percorso l'eventuale attribuzione dell'ulteriore specificazione proposta da Balboni (2000, p. 9), il quale ha coniato la definizione *microlingue scientifico-professionali*[2].

1 Per un'ampia disamina della questione si rimanda a Balboni (2000, cap. 1).

2 Così scrive Balboni (2000, p. 9):

[...] useremo microlingue scientifico-professionali per riferirci alle "microlingue (prodotte cioè dalla selezione all'interno di tutte le componenti della competenza comunicativa in una lingua) usate nei settori scientifici (ricerca, università) e professionali (dall'operaio all'ingegnere, dall'infermiere al medico, dallo studente di liceo al critico letterario) con gli scopi di comunicare nella maniera meno ambigua possibile e di essere riconosciuti come appartenenti ad un settore scientifico o professionale"...

Ci preme, tuttavia, sottolineare che a differenza di quanto a volte si ritiene e di quanto la pratica didattica di molti insegnanti faccia trapelare, vi sono microlingue che si tende a non riconoscere come tali: ad esempio la lingua della critica letteraria è una microlingua, così come quella della storia o della filosofia; in altre parole, non esistono microlingue solo in ambito tecnico o delle scienze naturali.

Questa considerazione può avere risvolti importanti sul piano didattico in quanto permette di riconoscere che l'uso diffuso di testi, ad esempio di tipo storiografico o di critica letteraria o di storia dell'arte nell'insegnamento della lingua comune soprattutto a studenti di livelli avanzati all'università, porta a un primo momento di avvicinamento nell'approccio didattico pratico tra lingua comune e microlingua.

Ciò è reso ancora più evidente da una vera e propria commistione di elementi di lingua comune e microlinguistici nelle varie tipologie testuali impiegate a scopi didattici già a partire da contesti costituiti da classi con livelli piuttosto bassi di conoscenze linguistiche.

Ad esempio il *curriculum vitae* o il fax formale, così come il promemoria o l'articolo giornalistico, la redazione di istruzioni o la comprensione di indicazioni tecniche, sono stati da tempo introdotti nel normale curricolo di lingua comune (o generale) con lo scopo di conferire concretezza pragmatica e autenticità all'insegnamento della lingua.

Altro punto di convergenza tra didattica della microlingua e della lingua comune è dato dalla crescente importanza attribuita all'autonomia d'apprendimento dello studente, obiettivo oggi ritenuto primario in entrambi gli ambiti.

10.2 Le caratteristiche della microlingua e del testo microlinguistico

Legga le caratteristiche seguenti. Quali si riferiscono al discorso di tipo tecnico-scientifico e quali a quello di tipo letterario?

1 Tecnico-scientifico
2 Letterario

1.	È oggettivo e distaccato.	
2.	Le parole sono precise.	
3.	Le parole possono avere più significati e comunicano i valori che l'autore a esse attribuisce.	
4.	Presenta la realtà come la vede chi scrive.	
5.	Le parole sono imprecise come nel linguaggio comune.	
6.	Vi sono parole che non si usano nella lingua quotidiana.	
7.	Non vi sono solitamente parole di tipo tecnico.	
8.	Le parole sono neutre e hanno un significato unico.	

Soluzioni: linguaggio tecnico-scientifico 1, 2, 6, 8; linguaggio letterario 3, 4, 5, 7.

Proprio perché l'impiego di tipologie testuali microlinguistiche è entrato nella prassi didattica comune, occorre evidenziarne i tratti specifici per poter successivamente affrontare le problematiche relative all'insegnamento delle microlingue nella sua specificità.

L'attività in apertura di paragrafo intende essere un inizio di riflessione sulle peculiarità delle microlingue. Il discorso non si esaurisce qui e cerchiamo di svilupparlo per sommi capi nel corso del paragrafo[3].

Le microlingue presentano sostanziali differenze rispetto alla lingua comune a livello lessicale, morfosintattico, testuale e fonologico[4].

Prendendo in considerazione la lingua italiana si può notare che a livello lessicale le microlingue sono caratterizzate da tratti uniformi quali

- la *forte precisione* e l'uso monoreferenziale dei termini. Il termine che si impone nell'uso di una microlingua risulta privo di ambiguità e acquista un significato unico per quell'ambito, si riferisce a un solo concetto, oggetto o altro;
- altra caratteristica del lessico microlinguistico è la *stabilità*: se l'uso si impone e il termine si afferma nella comunità scientifico-professionale di appartenenza diventa complesso cambiarlo (si pensi alla forza che molti neologismi e termini prestati da altre lingue assumono nei più svariati campi);
- la *creatività* nella genesi delle parole specifiche è un altro tratto rilevante: si usano spesso parole latine o greche e si fa ampio ricorso a termini composti attraverso prefissi e suffissi o tramite la combinazione di due parole;
- molto frequenti oltre all'introduzione di neologismi sono i prestiti, i calchi o le traduzioni di parole prese da altre lingue. A titolo d'esempio si pensi all'inglese e al suo strapotere in ambito informatico.

Da un punto di vista morfo-sintattico le microlingue scientifico-professionali rilevano tratti specifici quali:

- l'uso di un numero ridotto di modi e tempi verbali rispetto alla lingua comune. È frequente l'impiego di forme dell'imperativo o dell'infinito in testi regolativi (ad esempio: "leggere attentamente le istruzioni"); si tende inoltre a utilizzare all'interno dello stesso testo un tempo in modo esclusivo: il passato prossimo per una relazione su quanto avvenuto o il presente storico con la stessa funzione;
- la nominalizzazione, cioè la tendenza a usare un nome al posto di un verbo o di un'intera frase;

3 In questo percorso non interessa entrare nei particolari delle caratteristiche ed eventuali differenze linguistiche che le microlingue presentano. Non si confrontano nemmeno le varie microlingue tra di loro: sul piano dell'etimologia dei termini usati, ad esempio, non si fa cenno ad ambiti di sicuro interesse e utilità anche di tipo glottodidattico come l'origine latina di certi termini scientifici (della botanica ad esempio) e greca di quelli della medicina.

4 L'aspetto fonologico non sarà trattato in questo testo. Si veda Balboni, 2000, pp. 52-3.

- la spersonalizazione, cioè l'uso di forme impersonali del verbo;
- la passivizzazione, cioè un uso più diffuso della forma passiva del verbo rispetto alla lingua comune. In particolare questo avviene in una lingua come l'inglese che non conosce le forme dell'impersonale rese ad esempio con *si* in italiano o *on* in francese. L'enorme influenza che l'inglese ha in ambito tecnico-scientifico produce testi tradotti spesso letteralmente dall'inglese che mantengono le forme del passivo;
- in parte legata all'influenza dell'inglese è la frequente elisione di articoli e di preposizioni all'interno di sintagmi nominali, motivati da esigenze di sintesi (ad esempio nel caso di manuali d'uso: *ruotare manopola accensione*); ciò avviene anche a livello lessicale con le numerose combinazioni di parole che nascono dalla tendenza a perdere le preposizioni presenti tra i due termini: il *piano ferie* anziché *il piano delle ferie*. Particolarmente numerosi sono in campo tecnico-scientifico i composti; in certi ambiti quali la chimica si ha un fenomeno che si sta rapidamente diffondendo: il *bicarbonato di sodio* diventa il *sodio bicarbonato* con un evidente calco sull'inglese anche nell'ordine degli elementi nominali.

Il *testo microlinguistico* offre innumerevoli spunti di analisi e riflessioni che qui ridurremo ai tratti che ci sembrano indispensabili, avvalendoci della lista di caratteristiche messa a punto da Porcelli[5] (1990):

- sono strutturati in paragrafi brevi, con titoli e sottotitoli;
- hanno note a pie' di pagina;
- presentano ampie citazioni, di solito evidenziate da corpo e giustezza, derivate da altre fonti;
- includono riquadri con dati o annotazioni complementari;
- sono ricchi di grafici, figure, tabelle, diagrammi;
- hanno spesso in appendice un glossario dei termini tecnici;
- presentano un indice analitico per consentire una rapida ricerca tematica attraverso le parole chiave;
- presentano una bibliografia o una lista di riferimenti bibliografici alle opere citate nel testo.

Porcelli (1994, p. 203) afferma, integrando la propria lista, che tutti i testi microlinguistici presentano almeno uno dei tratti seguenti:

- sono ben definiti e non ammettono variazioni frutto di iniziative personali estemporanee, né commistioni di generi;
- sono caratterizzati da un registro tendenzialmente formale;
- svolgono primariamente una funzione referenziale;
- si servono sistematicamente e, in qualche caso, abbondantemente di rappresentazioni non verbali [...]: tabelle, schemi grafici, disegni tecnici, illustrazioni, prospetti, e simili.

[5] Lista ripresa in Balboni (2000, 2002).

Tra i generi testuali[6] più diffusi in ambito microlinguistico ricordiamo: la relazione, il saggio, la recensione, l'articolo, il *curriculum vitae*, la lettera formale, le istruzioni tecniche, l'*abstract*, la tesi, la presentazione orale.

Se il genere testuale è comune a tutte le lingue nei diversi ambienti scientifico-professionali, non così la sua realizzazione che risente delle influenze della cultura di cui sono portatori gli autori o i destinatari del testo (Balboni, 1999b).

Interessante notare come Porcelli metta l'accento sull'uso di strumenti extralingusitici a corredo dei testi microlinguistici.

Da un punto di vista glottodidattico si tratta di veri e propri ausili per l'insegnamento delle microlingue che, se sfruttati a dovere ad esempio nelle attività di pre-lettura, rendono più agevole la comprensione del testo, o, ad esempio in una fase di sintesi, forniscono spunti per la produzione sia orale che scritta.

Sul piano degli obiettivi di tipo matetico per il conseguimento del maggior grado possibile di autonomia dello studente, l'analisi delle tabelle, dei grafici, delle immagini, ecc. va stimolata ed enfatizzata come parte integrante di un corretto percorso d'apprendimento.

Inoltre, crediamo, gli strumenti extralingusitici costituiscono una risorsa insostituibile per avvicinarsi al testo mettendo in atto le strategie tipiche della fase della motivazione, di cui collaborano a rinforzare il ruolo centrale a livello psicodidattico.

10.3 La microlingua in classe

Negli ultimi anni si registra un forte aumento della richiesta di interventi didattici specificamente mirati all'apprendimento delle microlingue.

Non abbiamo utilizzato, e a proposito, la parola *corso*, preferendo l'espressione *interventi didattici* perché molto spesso e sempre più diffusamente ci si sta rivolgendo a forme alternative al tradizionale corso in classe, basate sull'autoapprendimento attraverso strumenti ipermediali o su materiali di tipo tradizionale, sull'insegnamento a distanza, su forme ibride che prevedono l'intervento di un docente in un contesto di didattica di classe o individuale, ecc.

Si tratta di uno degli ambiti della glottodidattica in cui il modello tradizionale di insegnamento è stato messo maggiormente in crisi, direttamente dalla domanda del mercato.

Protagonisti sono, innanzitutto, le aziende che cercano di dare le risposte più efficaci e con miglior rapporto qualità-prezzo alle esigenze di formazione microlinguistica per i propri addetti.

È in sostanza la richiesta di una risposta rapida che soddisfi un biso-

[6] A proposito dei tipi testuali si veda il percorso 5 dedicato alle abilità primarie.

gno reale e immediato ciò a cui l'istituzione educativa o i singoli docenti sono chiamati.

Una dimensione diversa sul piano temporale e della qualità dei bisogni coinvolge il sistema educativo nel suo complesso nella formazione di studenti che attraverso l'addestramento microlinguistico arricchiscono il proprio bagaglio culturale con percorsi più prettamente professionali.

La competenza acquisita in questo caso non è spendibile nell'immediato, ma costituisce un investimento sul futuro, scommettendo su bisogni che il mondo del lavoro potrebbe indurre.

La necessità di spendere immediatamente le conoscenze microlinguistiche acquisite, se da un lato fornisce l'opportunità di creare una correlazione immediata tra momento dell'addestramento e utilizzo sul campo, con indubbio beneficio sia per la motivazione che per la ritenzione delle conoscenze, dall'altro riveste la microlingua di una valenza strumentale che rischia di non far cogliere allo studente tutta la complessità del percorso didattico.

Sono ancora numerosi gli studenti e i docenti che tendono a ridurre la microlingua all'apprendimento, soprattutto mnemonico, di termini specialistici o alla comprensione e/o redazione di testi a carattere tecnico-professionale.

A fianco di questi obiettivi di tipo linguistico, grande spazio va attribuito a una dimensione educativa più ampia che indubbiamente complica o quanto meno dilata nel tempo i percorsi didattici: chi affronta lo studio della microlingua ha la necessità di acquisire conoscenze di tipo culturale, oltre che linguistico, per poter far parte a pieno titolo della comunità scientifico-professionale che di questa microlingua si serve.

Per mantenere o affermare il proprio ruolo e la propria partecipazione all'interno della comunità scientifico-professionale, lo studente di microlingua deve essere in grado di gestire l'interazione con gli altri membri della comunità sfruttando i vari canali della comunicazione, da quella in presenza a quella virtuale. Ciò significa sapersi relazionare in chiave interculturale, abilità questa che necessita di conoscenze culturali complesse.

A questo si affianca la necessità di saper gestire i testi, sia in ricezione che in produzione, ben oltre la fine dell'addestramento microlinguistico; in termini formativi ciò significa dotare lo studente dei necessari strumenti autoformativi e permettere lo sviluppo delle abilità e strategie di apprendimento legate all'autonomia.

Solo una prospettiva di questo tipo può conferire alla microlingua un valore di promozione sociale dell'individuo che la semplice conoscenza di aspetti linguistici non renderebbe possibile.

L'ottica dell'insegnamento della microlingua come la stiamo descrivendo non è più quella tradizionale, in cui ci si concentrava soprattutto sulla capacità di comprendere testi scritti ed eventualmente di gestire una produzione più o meno standardizzata di testi settoriali, servendosi prevalentemente della traduzione.

Risulta allora evidente che il legame tra lingua comune e microlingua è stretto, anzi inscindibile; si tratta di trovare quegli elementi e quegli strumenti che permettano di far emergere in maniera didattica queste relazioni, creando le necessarie sinergie per promuovere un corretto approccio a entrambi i settori.

Alla base vi sono gli obiettivi educativi e glottodidattici in larga parte coincidenti nei due ambiti e che rendono l'educazione linguistica sostanzialmente unitaria, pur nelle logiche diversità. Imparare ad ascoltare un giornale radio presuppone l'acquisizione di abilità e strategie in buona parte analoghe a quelle necessarie per affrontare l'ascolto di una relazione di bilancio da parte di un dirigente d'azienda.

10.3.1 Il modulo di microlingua

Strumenti che appaiono ideali a questo fine sono il modulo, l'unità didattica e l'unità di apprendimento[7].

Un modulo di microlingua della durata variabile solitamente dalle 20 alle 40 ore, gestito in modo intensivo o diluito nel tempo, presenta un'architettura che prevede la segmentazione del percorso in unità didattiche (della durata di 6-8 ore circa) e queste in unità di apprendimento (della durata di una lezione o di sequenze di essa).

Uno studente nell'arco del percorso di apprendimento della lingua può avere la necessità o il desiderio di affrontare moduli microlinguistici; un modulo affiancabile al percorso dedicato alla lingua comune dovrebbe condividere con questo i parametri che determinano la suddivisione per livelli. Prendendo come riferimento il *Common European Framework*[8] (Council of Europe, 2001), si potrebbero ipotizzare moduli non più genericamente definiti "di livello intermedio o avanzato", ma più specificamente rapportati al sistema dei livelli, e quindi alle conoscenze, che il Quadro di riferimento europeo propone, consentendo allo studente di affrontare l'esperienza microlinguistica sulla base dei presupposti linguistico-culturali necessari.

Se l'integrazione tra lingua comune e microlingua si realizza in modo corretto, lo studente può procedere in modo efficace alla costruzione del proprio percorso formativo decidendo, dietro consiglio di personale docente o *tutor*, quali moduli di microlingua scegliere e in quali tempi affrontarli e, allo stesso tempo, come proseguire il progetto educativo legato alla lingua comune che in questi moduli microlinguistici può comunque trovare qualificate occasioni per un ripasso, un impiego a spirale, una pratica supplementare e un approfondimento.

Questa impostazione evita la trappola della microlingua così come è stata intesa a lungo, ad esempio, negli istituti tecnici commerciali in Italia, in cui gli studenti, giunti agli anni terminali di studio della lin-

[7] Si veda il percorso 1 sui modelli operativi.
[8] Si veda il percorso 5 dedicato alle abilità primarie.

gua straniera, abbandonavano completamente la lingua comune per affrontare esclusivamente la microlingua commerciale (o informatica in alcuni indirizzi).

Il risultato era l'interruzione a un livello solitamente pre-intermedio dello studio della lingua comune, con un passaggio a uno studio microlinguistico spesso di livello superiore, ma, soprattutto, quasi sempre impostato secondo coordinate metodologiche differenti: studio mnemonico del lessico specifico, della teoria e della corrispondenza commerciale, ampio ricorso alla traduzione. Era come affrontare due materie distinte.

Una gestione modulare dei percorsi consente una flessibilità organizzativa e didattica che facilita l'integrazione non solo di percorsi di lingua comune e di microlingua, ma anche di apprendimento guidato in classe e di autoapprendimento, aprendo la strada all'introduzione sistematica di strumenti quali i supporti multimediali, in modo da consentire una fruizione flessibile, autonoma e individualizzata dei percorsi didattici.

Con le microlingue, il passaggio da un'architettura del percorso didattico di tipo sequenziale e lineare a una di tipo reticolare si consolida, ponendo questioni relative alla corretta giustapposizione dei vari segmenti del percorso.

Se, come si è visto prima, il modulo di microlingua offre opportunità di vario tipo per continuare nell'acquisizione oltre che della microlingua anche della lingua comune, risulterà necessario in fase di valutazione del modulo prevedere la verifica di un doppio percorso.

In questo modo si consente allo studente che ha affrontato lo studio di un determinato segmento microlinguistico di rientrare in formazione anche nell'ambito della lingua comune, con un credito ulteriore derivato dall'esperienza microlinguistica.

Ciò offre un evidente vantaggio non solo di tipo formativo, ma anche psicoaffettivo: si evita allo studente di ripetere i percorsi già fatti, scongiurando il rischio di una conseguente demotivazione.

Questa impostazione permette, altresì, di giustificare e rivalutare in termini metodologicamente più moderni e corretti la pratica consueta degli insegnanti di microlingua e degli autori di materiali didattici i quali, sentendo la necessità di raccordare il percorso microlinguistico a quello della lingua comune, all'interno delle lezioni di microlingua dedicano spazio, in chiave di ripasso, alla trattazione prevalentemente di aspetti morfosintattici.

Si prospetta, allora, non più l'incontro con la lingua comune presa nelle sue strutture e solamente in chiave di ripasso, ma un organico approccio per livelli alle diverse componenti dell'educazione linguistica viste in un'ottica parzialmente diversa, cioè quella data dalla specificità della microlingua.

Ad esempio, se uno studente pre-intermedio di tedesco non ha ancora affrontato aspetti relativi alla formazione delle parole in quella lingua, può trovare nel percorso microlinguistico l'occasione per un ampliamento delle proprie conoscenze che in termini semantici riguarderà l'ambito della microlingua scientifico-professionale, mentre per quanto attiene alle abilità e alle strategie di apprendimento condurrà all'acquisizione di competenze utili anche nella sfera della lingua comune.

In altri termini, e aprendo lo sguardo su altre componenti quali quelle di tipo culturale, come è reticolare la struttura del percorso educativo, è reticolare la forma delle conoscenze che lo studente di lingue oggi è chiamato ad acquisire e soprattutto a saper utilizzare.

È la tanto agognata interdisciplinarità che si esplica, nel nostro caso, attraverso l'acquisizione di strategie che permettono allo studente di utilizzare nel momento del bisogno le conoscenze apprese in contesti disciplinari diversi o al di fuori del contesto educativo; un'interdisciplinarità che fa capolino, in modo continuo, nella didattica della lingua: le tecniche di elicitazione e inferenza, spesso riprese in questo testo, che si basano sulla conoscenza del mondo dello studente, partono da un presupposto analogo di comunicazione tra i vari elementi che compongono la rete del sapere.

Se, dunque, il biologo studente di microlingua della sua disciplina può realizzare una rassicurante comunicazione di tipo contenutistico tra il suo ambito e la microlingua ad esso relativa, allo stesso modo questo studente dovrà essere messo in condizione di far comunicare i settori, ben più affini come natura, della lingua comune e della microlingua.

10.3.2 Verifica e valutazione

Abbiamo ragionato finora in termini di moduli, pertanto restano valide le considerazioni svolte in questo libro riguardo alle caratteristiche di valutabilità e accreditabilità di un'impostazione modulare[9].

In questo percorso è, tuttavia, necessario soffermarsi sulle caratteristiche della verifica e della valutazione della microlingua.

Un corso di microlingua propone dei contenuti e degli obiettivi specifici spesso riconducibili a una dimensione fortemente operativa: ad esempio nel caso di un corso di microlingua commerciale, saper svolgere diverse funzioni comunicative al telefono, prendere appunti, lasciare messaggi in una segreteria telefonica o scrivere una lettera di offerta, ordine, reclamo, ecc.

Sulla base di questi obiettivi operativi è logico costruire la verifica e valutare il percorso dello studente che dovrà dimostrare di saper comprendere i messaggi dei testi proposti e di saper produrre testi scritti o orali attinenti al percorso seguito.

Allo stesso tempo lo studente dovrà dimostrare di aver acquisito la

[9] Si veda il percorso 1 sui modelli operativi.

capacità di gestire i testi microlinguistici in modo tale da poter utilizzare le strategie apprese anche in altri contesti sempre dello stesso ambito microlinguistico, in altre parole verrà verificata la sua capacità di manipolare e creare autonomamente testi, cogliendo le caratteristiche salienti della microlingua.

Questo tipo di verifica permette di valutare il grado di preparazione ottenuto dallo studente sul piano della lingua professionale e dal punto di vista del possibile committente (l'azienda o l'istituzione educativa) certifica il raggiungimento degli obiettivi che il corso si proponeva in termini operativi, cioè del *saper fare con la lingua*.

Oltre a questo ambito di verifica, tuttavia, quanto esposto nel paragrafo precedente porta a occuparci degli aspetti relativi alla formazione linguistica che in questo caso vengono elusi, negando allo studente la possibilità di mettere in comunicazione il modulo di microlingua con il percorso di lingua comune.

Così come il grado e la qualità delle conoscenze linguistiche, e non solo microlinguistiche, deve essere verificato all'inizio del corso per poterne tarare in maniera corretta il livello, alla fine del percorso lo studente dovrebbe essere chiamato a una valutazione di tipo linguistico che mettesse in luce quali conoscenze trasferibili all'ambito della lingua comune fossero state acquisite.

Alla fine di un modulo di microlingua dedicato alla lingua del telefono, basato principalmente sullo sviluppo delle abilità orali legate a quel contesto, lo studente risulterà probabilmente in grado di ascoltare, comunicare oralmente e interagire meglio rispetto a quanto fosse capace di fare all'inizio del corso e non solo in contesti microlinguistici professionali.

10.3.3 L'unità di apprendimento di microlingua

Nonostante si tratti dell'insegnamento microlinguistico, la dinamica dello sviluppo dell'unità di apprendimento non varia rispetto al contesto della lingua comune. Alla base troviamo sempre il modello trifasico proposto dalla psicologia della *Gestalt*: globalità>analisi>sintesi in quest'ordine, così come abbiamo descritto in questo testo nel percorso 1 dedicato ai modelli operativi.

L'unità inizia con una fase dedicata alla motivazione[10] che nel caso di studenti adulti spinti allo studio della microlingua da ragioni professionali (il corso proposto o imposto dalla ditta, la possibilità di far carriera grazie all'apprendimento della microlingua straniera, le maggiori opportunità di trovare un lavoro, lo sviluppo delle conoscenze in ambito professionale finalizzate all'integrazione in un contesto L2, ecc.), può

[10] Balboni (2000), riprendendo opinioni espresse anche da altri studiosi, parla di "motivazione pre-supposta" in quanto la visione utilitaristica che caratterizza lo studente adulto di microlingua sopperisce alla necessità di articolare il processo d'apprendimento partendo da una fase di motivazione.

avere caratteri diversi dagli analoghi momenti in altri contesti d'insegnamento.

Sarà sostanzialmente più facile incuriosire e quindi motivare gli studenti, ma allo stesso modo non si potrà dare per scontato che le ragioni di tipo utilitaristico che spingono lo studente ad avvicinarsi alla microlingua siano di per sé sufficienti non solo a dare motivazione, ma anche a creare quel piacere verso l'apprendimento che è essenziale anche in questo caso. Cioè che la motivazione intrinseca data dagli obiettivi del corso nel suo insieme permetta di rendere vivo l'interesse e quindi di stimolare la curiosità e il piacere intellettuale per affrontare ogni singola parte del percorso costituito di unità di apprendimento.

Oltre a ciò, la fase di motivazione intesa come momento psicodidattico che apre la strada alla globalità va sviluppata seguendo criteri del tutto simili a quelli che abbiamo indicato come validi per l'insegnamento della lingua comune.

Si cercherà, cioè, di elaborare un percorso che parta dall'elicitazione delle preconoscenze degli studenti, sia di tipo linguistico che culturale in senso generale.

In particolare questi momenti iniziali, in cui l'insegnante non esperto del mondo professionale degli studenti si pone in atteggiamento di ascolto, possono permettere di impostare o ribadire le dinamiche collaborative e paritarie dell'insegnamento microlinguistico, in cui il docente non agisce più in qualità di dispensatore di conoscenze, ma coopera con gli studenti alla realizzazione di un percorso in cui egli stesso ha un obiettivo d'apprendimento.

Questo atteggiamento può aiutare fin dagli inizi a colmare le distanze tra il mondo dell'insegnante di lingua, tradizionalmente di tipo umanistico, e quello degli studenti di microlingua, più probabilmente impostati secondo una *forma mentis* di tipo tecnico-scientifico.

L'insegnante che si pone in atteggiamento di ascolto mostra interesse e apertura, condividendo con gli studenti non solo il percorso didattico, ma anche la dimensione culturale. Mentre lo studente può accrescere la propria motivazione (e autostima) se investito di un ruolo di docente nei confronti del proprio insegnante, per quanto riguarda gli aspetti contenutistici della disciplina.

Per affrontare questa prima parte dell'unità d'apprendimento, l'insegnante ha a disposizione tecniche glottodidattiche, quali ad esempio le attività sulle parole chiave o sull'analisi dei titoli, e strumenti spesso offerti dai testi microlinguistici, quali diagrammi, tabelle, grafici, disegni, immagini, che permettono di prevedere in parte i contenuti, propiziando una migliore comprensione del testo nella seguente fase della globalità.

Come già rilevato in questo testo, il confine tra motivazione e globalità risulta spesso molto labile e il fluire dell'azione didattica non conosce interruzione.

Nella fase di globalità è importante richiamarsi oltre che ai principi già enunciati[11] a un'impostazione che risulta nell'ambito delle microlingue particolarmente efficace: la didattica per *problem-solving*.

Gli studenti adulti conoscono questa metodologia operativa che caratterizza il mondo del lavoro e ritrovarla applicata nella didattica della microlingua crea le condizioni per applicare strategie di apprendimento già sviluppate.

In questo modo, pur mantenendo la possibilità e il margine per un miglioramento delle proprie capacità di apprendimento, lo studente si ritrova in un contesto conosciuto che può contribuire a reimpostare, laddove necessario, l'atteggiamento verso l'acquisizione di una lingua, spesso influenzata negativamente da esperienze passate.

Come si è evidenziato, è ancora molto diffuso, infatti, un atteggiamento didattico che riduce l'acquisizione di una microlingua all'apprendimento mnemonico di liste di termini settoriali o alla stesura non creativa di testi scritti. Invece, la formulazione di ipotesi, la necessità di negoziare con gli altri studenti le soluzioni e di comprovarne la validità permettono, fin dalle prime battute dell'unità di creare quelle condizioni per l'interazione attraverso la microlingua che è uno degli scopi principali dell'insegnamento.

La scoperta induttiva della microlingua, nella fase della globalità, presenta, dunque, le stesse caratteristiche dei percorsi per l'apprendimento della lingua comune. Cambiano il tipo di testo, i bisogni degli studenti, la rilevanza di certe componenti rispetto ad altre, a seconda del tipo di corso (l'abilità di produzione scritta di una relazione sarà scarsamente rilevante per una centralinista), ma non la natura dell'approccio al testo.

Le fasi successive di analisi e sintesi avranno l'obiettivo di rendere progressivamente autonomo lo studente nell'utilizzo della microlingua oggetto dell'unità.

La spendibilità immediata delle conoscenze acquisite sia nel contesto della classe con attività di reimpiego a spirale di quanto appreso, ma anche nel contesto professionale, crea il presupposto perché il processo acquisitivo possa essere consolidato e la motivazione derivante dai percorsi didattici proposti in classe possa mantenersi alta.

Risulta quindi importante nell'ambito delle attività della classe nella fase della sintesi creare opportunità di interazione per l'uso della microlingua, pur operando nel rispetto dei possibili, a volte probabili, problemi derivanti dall'instaurarsi di filtri affettivi di cui lo studente adulto soffre se chiamato a svolgere attività di simulazione di fronte ai compagni.

Procedere in modo collaborativo, proponendo progetti da elaborare in gruppo, può essere, come rilevato in altro percorso[12], utile per scongiurare questo pericolo.

[11] Si veda il percorso 1 sui modelli operativi.
[12] Si veda il percorso 13 sulla didattica ludica.

Nella fase dell'analisi, si passerà a evidenziare quelle caratteristiche messe in risalto nei paragrafi precedenti, procedendo a un apprezzamento sul genere testuale, sullo stile, sugli aspetti retorici, sulle caratteristiche morfosintattiche e lessicali.

Un'analisi di tipo fonologico sarà anch'essa possibile sia per quanto riguarda aspetti fonetici, sia per tratti sovrasegmentali quale l'intonazione, di ovvia rilevanza in molti campi d'applicazione delle microlingue. Da non sottovalutare sono gli aspetti di tipo culturale che i testi e le attività didattiche associate permettono di mettere in evidenza.

Oggetto di riflessione saranno poi le strategie che occorre sviluppare per giungere a un apprendimento e a una gestione autonoma della microlingua da parte dello studente.

10.4 L'insegnante ideale di microlingua

Osservi il titolo di questo paragrafo. Secondo lei che tipo di formazione deve avere l'insegnante ideale di microlingua?

È una questione spinosa e dibattuta, per la quale le soluzioni adottate sono spesso controverse.

Per insegnare la lingua della giurisprudenza è meglio un avvocato che ha fatto un percorso di glottodidattica (magari improvvisato), o un insegnante di lingua straniera che non ha idea di cosa sia il diritto (e che forse nell'insegnamento microlinguistico vede sminuito il suo ruolo di educatore)?

Tra questi due poli possono esistere vari punti intermedi, ma consideriamo determinante la priorità del profilo professionale del docente di lingue sulla figura dello specialista del settore scientifico-professionale, dando comunque per scontato che una buona conoscenza della materia che viene espressa attraverso la microlingua sia quanto meno un obiettivo da perseguire per il docente di lingue.

Spesso, al contrario, l'atteggiamento mentale dell'insegnante di lingue chiamato a operare in corsi di microlingua è quello della chiusura, del rifiuto a compiere un percorso di apprendimento nella disciplina.

Sicuramente la preparazione delle lezioni di microlingua, almeno in un primo periodo, richiede più tempo, tuttavia non si propone un percorso all'insegnante di lingue che lo porti a iscriversi a una facoltà universitaria specifica. Piuttosto, oltre alla necessaria apertura mentale e motivazione alla sfida intellettuale che si pone di fronte al docente, si richiedono capacità di gestione di tipo collaborativo della classe in cui il ruolo che gli studenti specialisti assumono nei confronti del proprio insegnante di lingua sia quello di docenti aggiunti, preposti in particolare alla comprensione dei contenuti disciplinari che dovranno risultare il più possibile trasparenti per l'insegnante di lingua.

Da parte sua l'insegnante di lingua sarà in grado di trasmettere le conoscenze che avrà acquisito in campo microlinguistico, ad esempio per quanto riguarda la competenza lessicale o la capacità di manipolazione dei testi.

In sostanza si tratta di un profilo professionale moderno, quello di un docente che si apre ai contributi del mondo scientifico-professionale esterno alla tradizione educativa solita, che sa mettersi in rapporto con gli studenti per insegnare ed imparare lui stesso in modo collaborativo, svestendosi dei panni del dispensatore di conoscenze, che ha acquisito delle conoscenze culturali che gli forniscono il quadro di riferimento generale della materia di cui insegna la microlingua.

Si tratta del tipo di docente moderno che, in particolare in contesti d'insegnamento basati sulle nuove tecnologie[13], si sta sempre più affermando.

10.5 I materiali per l'insegnamento delle microlingue

Rifletta sulla seguente affermazione. È d'accordo?

> Nell'insegnamento delle microlingue occorre utilizzare sempre e solo materiali autentici.

A lungo si è dibattuto e ancora si discute sulla natura dei materiali da impiegare per l'insegnamento della lingua e della microlingua (Ciliberti, 1981).

Il pomo della discordia è rappresentato dall'utilizzo di materiali autentici o anche non autentici per l'insegnamento.

Prima però di formulare un'ipotesi occorre prendere in esame alcuni criteri fondamentali che muovono tanto l'insegnante che decide di creare autonomamente i propri materiali didattici, quanto l'autore di testi per l'insegnamento della microlingua.

I testi utilizzati devono risultare stimolanti (aggiornati, non banali, ecc.) e rispondere alle aspettative dello studente che, come sappiamo, è già uno specialista della disciplina o un futuro esperto.

Il livello di difficoltà deve essere tale da non inibire le capacità di apprendimento dello studente, deve rispondere cioè a principi quali quello dell'*input* comprensibile.

Ma allo stesso tempo i testi non devono risultare troppo facili, in

[13] Si veda il percorso 14 sulle nuove tecnologie.

quanto, se troppo abbordabili, non creano le condizioni per quella sana sfida intellettuale che promuove l'apprendimento.

I materiali su carta devono presentare una veste grafica accattivante, tale da permettere di sfruttare al meglio le possibilità didattiche offerte dalle immagini e dagli altri elementi extralinguistici (grafici, tabelle, ecc.), oltre che dal testo scritto.

Lo studente deve ritrovare nei testi il mondo della disciplina di cui sta studiando la microlingua, quindi si presenteranno materiali realistici che riflettono la realtà nel genere, nella grafica, nella lingua e nei contenuti.

Inoltre, anche le situazioni che attraverso i testi si creano devono permettere di sviluppare percorsi per l'apprendimento microlinguistico, rispettando la realtà del mondo in cui la microlingua viene usata.

Analizzando i punti sopra elencati, risulta spontaneo sposare la tesi di chi, e ormai sono la maggioranza degli addetti del settore, considera indispensabile proporre testi che rispecchino il più possibile la realtà, ma che allo stesso tempo presentino quei tratti duttili che li rendono utilizzabili in un contesto didattico.

Quindi, se da un lato è indispensabile che i testi abbiano un sapore di autenticità, dall'altro, dovendo rispondere a precisi bisogni didattici, spesso solo i materiali creati *ad hoc* dall'insegnante o dall'autore di testi, purché rispettino i punti sopraccitati, risultano essere utilizzabili.

La verosimiglianza e l'adeguatezza sul piano didattico diventano così i due termini di riferimento per la creazione o l'utilizzo di materiali didattici per la microlingua.

Gli stessi criteri sono validi nel momento in cui l'insegnante o l'autore di materiali procede alla creazione di situazioni di studi di caso o di simulazione in classe, o quando predispone percorsi di approfondimento attraverso le nuove tecnologie, in particolare tramite Internet.

Per autovalutarsi

1. Elenchi le caratteristiche principali del discorso di tipo tecnico-scientifico.
2. Elenchi le caratteristiche principali del testo tecnico-scientifico.
3. Come si articolano gli interventi didattici nel campo delle microlingue?
4. Quale può essere il contributo di quadri di riferimento quali il *Framework* nella didattica delle microlingue?
5. Quali proposte farebbe per la valutazione di moduli di microlingua?
6. Che riflessioni svilupperebbe circa la motivazione nei corsi di microlingua?
7. Tracci il profilo del "suo" insegnante ideale di microlingua.
8. Che soluzione può essere proposta per il problema legato all'autenticità/artificiosità dei materiali didattici?

Per saperne di più

Consigliamo di approfondire l'argomento consultando alcuni testi frutto della ricerca in ambito italiano. Da lì sarà possibile partire per ulteriori esplorazioni.

BALBONI, P. E., *Le microlingue scientifico professionali*, UTET Libreria, Torino, 2000.

CILIBERTI, A. (a cura di), *L'insegnamento linguistico "per scopi speciali"*, Zanichelli, Bologna 1981.

GOTTI, M., *I linguaggi specialistici*, La Nuova Italia, Firenze 1991.

PORCELLI, G. et al., *Le lingue di specializzazione e il loro insegnamento*, Vita e pensiero, Milano, 1990.

Appunti su questo percorso

Informazioni utili, meno utili:

....

....

....

....

Parti da rileggere:

....

....

....

....

Osservazioni su questo percorso in relazione ad altri testi:

....

....

....

....

Ricadute e rapporti con l'insegnamento:

....

....

....

....

Altro:

....

....

....

....

Percorso **11**

La correzione degli errori

Prima di leggere il testo, rifletta sulle seguenti affermazioni e indichi se è d'accordo, non è d'accordo o se non sa decidersi.

	Sono d'accordo	Non sono d'accordo	Non saprei
L'errore fa parte del processo d'apprendimento.			
L'errore va sempre evitato e corretto in classe perché può portare a un apprendimento scorretto.			
Ci sono momenti in cui si deve correggere e altri in cui è bene non interrompere lo studente.			
Non ci sono solo errori di tipo lessicale, grammaticale o di pronuncia.			
La correzione può essere una perdita di tempo e l'insegnante deve farla nel modo più rapido possibile.			
L'errore va sempre corretto appena viene commesso.			
È bene incoraggiare la correzione tra studenti.			

11.1 Un'introduzione umanistico-affettiva

Prima di iniziare ad analizzare la natura dell'errore e di entrare nel merito delle problematiche didattiche connesse con il processo di correzione, può essere utile inquadrare il tema da un punto di vista umanistico-affettivo.

La correzione dell'errore e la susseguente valutazione dell'insegnante sono spesso vissuti come momenti di forte *stress* emotivo da parte dello studente.

Evitare l'errore è spesso considerato una delle priorità del processo d'insegnamento/apprendimento. Tutto ciò è frutto di un retaggio metodologico che riporta ad un'impostazione didattica che qui genericamente definiremo strutturalistica.

In realtà se si inserisce l'errore in un più ampio approccio alla didattica che ponga tra gli obiettivi primari il benessere e la serenità dello studente, nonché la sua corresponsabilità nel percorso d'apprendimento e la sua autonomia, il discorso si arricchisce di componenti psicologiche e affettive rilevanti.

La paura di sbagliare può indurre nello studente uno stato d'ansia che non gli permette di affrontare il percorso d'apprendimento senza erigere delle barriere psicologiche, delle difese che lo aiutino a preservarsi dall'esposizione al giudizio dell'insegnante e dei compagni.

Questo atteggiamento, che certamente è piuttosto frequente, in special modo in studenti adulti cresciuti in ambienti scolastici e familiari in cui l'errore era visto in modo negativo, porta alla creazione di filtri affettivi che impediscono allo studente di mettere in atto le strategie necessarie a raggiungere l'acquisizione (nell'accezione di Krashen[1]) degli elementi linguistici oggetto di studio.

È dunque necessario disegnare un nuovo contesto in cui l'errore, la valutazione e l'autovalutazione, così come l'approccio all'errore e alle tecniche di correzione vengano proposti in modo positivo e naturale, partendo dal concetto che l'errore è parte integrante del processo d'apprendimento e che obiettivo primario dell'insegnante è creare le condizioni per poter vivere questi eventi e processi senza la interposizione di filtri affettivi.

Lo studente protagonista del proprio percorso d'apprendimento dovrà essere messo in condizione di gestire l'errore, di saperlo valutare e autocorreggere nel caso in cui l'errore non sia causato da mancanza di conoscenze, ma da una errata applicazione di quanto lo studente sa.

In quest'ottica la gestione dell'errore diventa una pratica che si dilata

[1] La distinzione (Krashen, Terrell, 1983) è tra l'acquisizione, che lui considera un processo spontaneo e inconscio che crea una produzione linguistica automatica, basata su una comprensione profonda e l'apprendimento, processo razionale che agisce da *monitor* dell'apprendimento e della realizzazione linguistica. Si veda anche il percorso 1 sui modelli operativi.

nel tempo e che investe molte, se non tutte, le fasi del processo di apprendimento e non solo i momenti della correzione proposta dall'insegnante o di *feedback* ad esempio dopo l'esecuzione di una prova di verifica.

Nell'ottica di un approccio basato sull'autonomia dello studente l'autocorrezione dell'errore diventa una dimensione permanente del processo d'apprendimento.

11.2 La natura dell'errore[2]

Un approccio negativo all'errore, che porta alla sua demonizzazione e alle conseguenti ripercussioni psicologiche sullo studente, trova terreno fertile in alcune concezioni della lingua e del suo apprendimento.

Come affermato in precedenza, è la lezione dei vari metodi e approcci di tipo formalistico e strutturalistico che crea il retaggio culturale che ancora è proprio di molti studenti, insegnanti e anche sistemi educativi[3].

Secondo le teorie strutturalistiche, l'apprendimento della lingua è basato sull'acquisizione di abilità molto simili a quelle richieste per attività fisiche e sportive, quali l'andare in bicicletta o il nuotare. L'abilità linguistica in generale viene suddivisa in una serie di comportamenti che il discente è chiamato ad apprendere attraverso una sequenza di azioni: stimolo > risposta > rinforzo/rinforzo negativo.

A una risposta sbagliata corrisponde immediatamente un rinforzo negativo e la correzione dell'errore. I comportamenti vengono insegnati attraverso fasi controllate che riducono lo spettro dell'azione dello studente, in modo tale da evitare il più possibile l'errore.

Se si ripensa al tipo d'insegnamento linguistico in voga negli anni '70, ai laboratori linguistici, alle batterie di esercizi meccanici strutturali, risulta presto chiaro il ruolo che in quel contesto didattico assume l'errore e la necessità inderogabile di una pronta correzione.

Andando oltre: in quella prospettiva metodologica, la lingua si apprende attraverso l'acquisizione di una serie di comportamenti, quindi se non si corregge l'errore, esso può creare un comportamento linguistico scorretto che rimane nella mente dello studente ed è alquanto probabile che esso si fissi e venga perpetuato.

Questa paura per l'errore è ancora oggi riscontrabile nella diffidenza di molti insegnanti e creatori di materiali che evitano accuratamente qualsiasi esposizione a un *input* linguistico non corretto o a tipologie di attività basate sulla correzione dell'errore (del tipo *Trova l'errore e correggilo*).

A partire dalla fine degli anni '50 l'affermazione delle nuove teorie linguistiche di Chomsky[4] porta, tra l'altro, a un cambiamento nell'at-

[2] Un recente testo (James 1998) offre un eccellente studio di molti aspetti relativi all'errore, senza trascurare valenze di tipo glottodidattico.

[3] Richards (1986, pp. 44-63).

[4] Chomsky (1957).

teggiamento verso l'errore, visto come risultato naturale di un processo di produzione linguistica.

Ogni essere umano produce lingua in modo creativo e la sua *performance* è unica. Le frasi che ogni individuo crea hanno come tratto distintivo l'unicità.

Sulla base di una competenza linguistica, che per natura è simile nella lingua madre e nella lingua straniera acquisita, l'individuo produce, crea delle *performance* che rispondono ai suoi bisogni comunicativi.

Un madrelingua italiano, pur avendo perfetta padronanza della propria lingua a livello grammaticale, lessicale, fonologico, ecc., commette degli errori. Errori che possono essere dovuti a cause diverse: distrazione, concitazione, esitazione, ansia, lapsus e vuoti di memoria, difficoltà a mantenere il filo del discorso, interferenze culturali e linguistiche causate da un diverso codice linguistico usato in maniera dominante nell'ambiente in cui vive, oppure a esperienze che nel vissuto del parlante riportano a una diversa lingua, ecc.

11.2.1 L'interlingua

Nell'apprendimento della lingua straniera trova grande spazio il concetto di *interlingua*[5].

L'osservazione della *performance* di individui che stanno imparando una lingua straniera porta a constatare l'esistenza di un sistema linguistico in continuo movimento e divenire che costituisce in ogni sua fase la norma che il parlante stesso crea e ipotizza per la lingua straniera.

Questo sistema linguistico, soprattutto nel momento in cui il parlante produce lingua basandosi su ipotesi personali non avvalorate da un non ancora avvenuto insegnamento linguistico, si fonda su una sorta di struttura linguistica latente che il parlante possiede perché acquisita attraverso l'apprendimento della lingua madre o perché innata[6]. Ciò porta alla presenza nell'interlingua di strutture linguistiche tipiche della lingua madre che si riducono man mano che l'apprendimento procede e il livello di conoscenze linguistiche si alza.

Diminuisce dunque il grado di interferenza fino ad arrivare idealmente a due sistemi linguistici totalmente indipendenti, quello della L1 e quello della lingua straniera.

[5] Selinker (1972, 1992); Arcaini, Py (1984); Corder (1981); Freddi (1999).

[6] Chomsky afferma che ogni essere umano possiede un meccanismo innato di acquisizione linguistica, il *LAD* (*Language Acquisition Device*) basato su universali linguistici, sulla capacità di formulare ipotesi e la possibilità di verificare le ipotesi attraverso il *feedback* sui risultati prodotti. Bruner affianca al *LAD* il *LASS* (*Language Acquisition Support System*) che dà la possibilità di raffrontare la *performance* e quindi validare le ipotesi. È dato dall'ambiente familiare per i bambini, dall'azione didattica del docente e dei materiali in classe, dall'ambiente che circonda lo studente di L2.

Questo risultato per molti studiosi non è raggiungibile: permane sempre un certo spazio per l'interlingua.

È evidente che questa impostazione riveste l'errore di una dimensione naturale inevitabile che lo rende molto meno negativo e didatticamente pericoloso rispetto al passato.

L'individuo, dotato e gravato dall'esperienza della lingua madre nonché dai meccanismi innati d'apprendimento linguistico, compie un percorso che inevitabilmente lo porta a commettere errori, ma che gli permette di procedere attraverso la costruzione di ipotesi e la loro verifica verso un apprendimento creativo molto simile a quello che realizza il bambino nell'imparare la prima lingua.

Dal punto di vista dell'insegnante l'errore e il processo d'eliminazione sono i rilevatori del percorso acquisitivo dello studente.

11.2.2 Errore o sbaglio

Prima di analizzare le possibili cause degli errori è necessario fare una distinzione tra due tipi di errore, o meglio tra l'errore e lo sbaglio[7].

Il primo è il risultato di una mancata conoscenza da parte dell'apprendente. Ad esempio se lo studente d'italiano LS o L2 non ha ancora incontrato il congiuntivo, il mancato uso di questo modo verbale non può essere imputato a una mancanza momentanea dovuta a ragioni di varia natura, ma a una carenza sistematica.

La sua competenza, dunque, risulta essere incompleta e l'intervento di correzione dovrà venire dall'esterno.

Al contrario lo sbaglio è un fatto momentaneo, non sistematico che il parlante può autocorreggere, eventualmente attraverso un idoneo percorso guidato dal docente. È il tipo di errore che commette il parlante nativo con perfetta padronanza della lingua.

Si accompagna all'interlingua un altro concetto, quello della *fossilizzazione*. Un errore cui non venga posto rimedio attraverso un corretto intervento di correzione esterna, da parte del docente, dei materiali didattici, dei compagni, o attraverso un'azione autocorrettiva può fissarsi, fossilizzarsi, verrà ripetuto e sarà difficile poterlo eliminare.

[7] Nella terminologia inglese rispettivamente *error* e *mistake*.

11.2.3 Tipologie di errore

Osservi queste frasi. Identifichi e corregga gli errori. Poi cerchi di rispondere alla seguente domanda: a che cosa sono dovuti? Attenzione: a volte un errore può avere cause diverse.

1 Mi prendi alla stazione oggi pomeriggio, per favore? Non so come andarci, sono senza macchina.	
2 Se lo hai dato a tua mamma il regalo per il suo compleanno?	
3 Dottor Castrucci, mi puoi dare un appuntamento per una visita accurata agli occhi?	
4 Ieri vorrei che Matteo fosse rimasto a cena da noi.	
5 Un errore non è un sbaglio.	
6 Ieri mattina ho preparato il caffè, ho fatto colazione, poi mi ho fatto la barba e ho uscito.	
7 Mi sembra che tu non sei un cattivo insegnante.	

Selinker individua alcuni processi che portano alla creazione dell'interlingua. Oltre alla causa più ovvia e cioè il *transfert* dalla lingua madre (o da altra lingua straniera acquisita) come nella frase 2, egli nota che l'errore può essere indotto da uno scorretto uso dei materiali didattici (ad esempio materiali che ponendo l'accento in maniera ripetuta su certi aspetti creano meccanismi di generalizzazione di una regola grammaticale, come nella frase 6) o da una non buona azione didattica da parte dell'insegnante; oppure, ancora, dalle strategie di apprendimento dello studente che ad esempio lo portano a evitare le difficoltà (una possibile causa dell'errore della frase 7 è la volontà dello studente di non usare il congiuntivo perché più "difficile" dell'indicativo).

Altro meccanismo che porta all'errore è la ipergeneralizzazione, cioè l'estensione di una regola anche a casi in cui essa non è applicabile (ad esempio la frase 5).

Un processo che porta all'errore di interlingua è l'applicazione di strategie comunicative tipiche della lingua madre (ad esempio, può essere letto in questi termini l'errore della frase 3 in cui al Dottor Castrucci viene dato del tu, come avviene in alcune lingue o loro varietà in cui il rapporto tra individui risulta meno formale o laddove non esista la forma di cortesia espressa attraverso la scelta della persona soggetto, come accade con la forma inglese *you* o in certe varietà di spagnolo latino-americano con l'estensione della forma *ustedes* al plurale informale in sostituzione di *vosotros*).

Una distinzione ulteriore è stata proposta da diversi studiosi[8] tra l'errore di *interlingua* e di *intralingua*. Quest'ultimo è dovuto a fattori che possono essere intrinseci al processo d'apprendimento della lingua straniera e cioè non imputabili al *transfert* della lingua madre.

Così a volte non risulta chiaro se l'errore sia dovuto a interferenza della lingua madre (come nell'esempio 3) oppure se lo stesso errore sia causato da ragioni interne alla lingua *target* e dalle strategie di apprendimento dello studente.

11.2.4 Livelli d'errore

I livelli di errore sono molteplici e variegati. Nell'immaginario collettivo di ogni adulto italiano rimane viva l'immagine dell'insegnante che sottolinea in rosso o in blu a seconda della gravità l'errore commesso, e questo che sia o non sia parte del vissuto del singolo individuo.

Alla base sta la consapevolezza che l'errore può essere di varia natura e gravità da un punto di vista didattico.

Decidere quale errore sia più grave fa parte di un discorso didattico che si affronterà in seguito. Qui è opportuno tuttavia elencare possibili livelli di errore, anche quelli che a volte vengono trascurati:

- *livello grammaticale e sintattico;*
- *livello funzionale o degli atti comunicativi;*
- *livello lessicale,* è l'esempio della frase 1;
- *livello fonologico,* oltre che della pronuncia anche dell'intonazione (ad esempio un parlante madrelingua tedesco può risultare a volte duro e le sue intenzioni possono essere fraintese, ciò non per problemi relativi alla pronuncia dei singoli fonemi o delle parole, ma a causa di un'errata intonazione);
- *livello del registro linguistico,* la frase 3;
- *livello pragmatico, della comunicazione;*
- *livello culturale o interculturale* (ad esempio: in italiano quando si entra in casa di qualcuno si chiede "Permesso?").

[8] Numerosi rimandi vengono proposti in Richards (1985, pp. 67-68).

11.3 La correzione dell'errore

Legga ora le opinioni di tre diversi insegnanti in merito alla correzione degli errori. Quale le sembra la più vicina al suo atteggiamento? Quale le sembra più in sintonia con una moderna percezione del problema della correzione?

A) Cerco di non correggere i miei studenti. Li lascio parlare a ruota libera e anche se commettono errori non me ne preoccupo perché sbagliando di impara!

B) A volte correggo gli studenti appena commettono l'errore, altre volte invece aspetto prima di correggerli fino a che non sia finita l'attività, ad esempio se stiamo facendo un'attività non basata sull'accuratezza, ma sulla comunicazione. Cerco poi di far correggere gli errori direttamente alla persona che li commette o a volte ai compagni... La correzione non è una perdita di tempo!

C) Non permetto che vengano commessi errori. Se qualcuno si sbaglia intervengo e lo correggo. Ad esempio, se una persona sbaglia una pronuncia, dico io la parola in modo corretto. In questo modo non si perde tempo!

11.3.1 Il *feedback*

Durante la lezione sono numerose le occasioni in cui il percorso del singolo studente viene monitorato e la *performance* linguistica valutata dall'insegnante.

Si tratta di una valutazione che avviene *in itinere* durante l'esecuzione delle attività o verso la fine di un'unità didattica durante la fase di verifica della stessa.

La natura della valutazione può essere di vario tipo: si usa spesso la distinzione tra valutazione *sommativa* (a mezzo di *test* o altre prove di verifica per valutare i progressi compiuti dallo studente a seguito di un percorso concluso) e *formativa* (una forma di valutazione del percorso che ha luogo allo scopo di tenere sotto controllo il processo d'apprendimento in atto).

Risulta dunque subito evidente che la correzione degli errori non è un'azione che l'insegnante compie solo ed esclusivamente nel momento della valutazione di una verifica sommativa, ma è parte integrante del lavoro del docente in un qualsiasi momento della lezione.

È infatti necessario che la *performance* dello studente possa trovare un pronto e adeguato *feedback* attraverso l'intervento del docente o altra forma di valutazione.

L'insegnante di lingue è più che abituato a considerare il *feedback* parte essenziale del proprio lavoro: ad esempio ogni qualvolta allo studente vengono proposte attività mirate alla verifica della comprensione di un brano scritto o orale si è di fronte a una forma di *feedback*.

Se di valutazione, verifiche e *test* si parla in maniera più diffusa nel percorso 12 è qui opportuno sottolineare la direzione in cui si auspica che il processo di correzione possa essere indirizzato in una concezione umanistico-affettiva della didattica.

Abbiamo già visto che l'errore è parte naturale del processo d'apprendimento, che lo studente deve trovare nell'insegnante, nei compagni, nel sistema educativo in generale la necessaria comprensione affinché l'errore non porti a creare situazioni d'ansia e di *stress*, che l'atteggiamento nei confronti dell'errore non può essere punitivo.

Aggiungiamo ora una riflessione sulla necessità di promuovere forme di correzione che portino a incentivare e sviluppare le capacità di autocorrezione dello studente. In altre parole sarà necessario cercare di inserire all'interno del progetto formativo, di cui lo studente è il soggetto principale, strumenti che portino l'allievo ad aumentare la propria autonomia critica anche nella gestione dell'errore.

Sarà ad esempio importante indurre nello studente modalità di avvicinamento alla correzione sostenute da un atteggiamento induttivo, di riflessione e scoperta dell'errore e dunque di riconoscimento del tipo di errore con conseguente possibile diagnosi della natura dello stesso, in modo tale che se la *performance* scorretta è generata da uno sbaglio (*mistake*), esso possa essere riconosciuto come tale e auspicabilmente corretto.

Ci pare rilevante tuttavia fare una puntualizzazione di fondo: nel processo di analisi e correzione dell'errore da parte dello studente è bene chiarire allo studente stesso che è importante realizzare un percorso di riflessione sul perché dell'errore e non soltanto giungere al prodotto finale dato da una *performance* corretta.

A volte riuscire a individuare l'errore e ipotizzarne la correzione può risultare essere un'operazione lunga e complessa che diventa parte di una ripresa a spirale di ciò che ha portato all'errore, operazione utile per far sì che anche il processo di generazione dell'errore possa essere oggetto di correzione.

L'autocorrezione può diventare, cioè, un percorso dispendioso in termini di tempo ed energie, ma tutt'altro che inutile; un percorso da integrare e completare, se necessario, attraverso l'intervento del docente o della classe o anche attraverso il ricorso a materiali didattici, ad esempio un dizionario o un testo di grammatica di riferimento.

In una prospettiva d'insegnamento di tipo umanistico-affettivo l'analisi e la correzione dell'errore possono avvenire in modo diversificato ed eclettico a seconda dei momenti, ma ancora una volta il ruolo che assume il docente è prevalentemente quello di un facilitatore del processo di autocorrezione, di un consigliere che indica la via allo studente affinché questi possa porre rimedio all'errore; la vecchia tecnica della ripetizione della spiegazione di quanto è stato sbagliato o la correzione diretta da parte dell'insegnante diventano solamente due delle possibili strategie e non gli unici approcci realizzabili.

11.3.2 La correzione degli errori è una perdita di tempo?

Se l'errore è una componente naturale del percorso di apprendimento, lo stesso vale per il processo di analisi e correzione.

Si apprende attraverso la formulazione di ipotesi e il riscontro della loro validità: la correzione è la fase di valutazione delle ipotesi formulate.

Nella lezione di lingua straniera, in particolare a livelli bassi, il *feedback* della *performance* linguistica avviene non solo attraverso la riuscita dell'intento comunicativo (come normalmente accade in uno scambio comunicativo tra due parlanti madrelingua o tra studenti avanzati di una lingua straniera), ma soprattutto attraverso la ricerca di strategie di *feedback*.

Inoltre, tenendo conto del ruolo che lo sviluppo dell'autonomia dello studente riveste nella glottodidattica umanistico-affettiva è importante cogliere le valenze trasversali delle strategie necessarie per il processo di correzione che si saldano e fanno parte di più ampie strategie di apprendimento e abilità di studio.

11.3.3 Quando correggere?

L'applicazione in glottodidattica delle teorie neurolinguistiche e psicolinguistiche che negli ultimi anni riscuotono sempre maggior successo (ad esempio le ipotesi di Krashen[9] su acquisizione e apprendimento, la teoria della bimodalità e direzionalità[10]) porta a promuovere forme di interventi didattici che cercano di rispettare i fondamenti di queste teorie.

Ad esempio: se come teorizzato, l'informazione viene prima elaborata dall'emisfero destro del cervello e poi dal sinistro, un corretto percorso didattico dovrà tener conto delle strategie necessarie per attivare la modalità destra del cervello.

L'esposizione globale e l'induttività sono due di queste strategie[11]:

[9] Krashen (1981); Krashen, Terrell (1983).
[10] Danesi (1999).
[11] Si veda il percorso 1 *I modelli operativi*.

dunque si rivela necessario lasciare che gli studenti formulino delle ipotesi nella fase della globalità che verranno poi verificate *in itinere* durante il percorso tendente a promuovere un'acquisizione naturale dei nuovi elementi linguistici e riceveranno una presentazione da parte dell'insegnante solo in un momento successivo, quello dedicato alla riflessione, al monitoraggio mirante a un apprendimento più razionale.

Questo schema comporta inevitabilmente il rischio che lo studente possa inizialmente commettere degli errori e induce nell'insegnante la necessità di intervenire solo in determinati casi. Ad esempio, nel caso in cui lo studente non riesca a seguire il percorso stimolato dalle attività induttive per la scoperta della lingua oppure se lo studente commette errori, o meglio sbagli, che riguardano parti già apprese.

Spetterà all'insegnante scegliere tra le varie tecniche a disposizione quelle più adatte e cogliere il momento opportuno per la correzione.

Per capire quale strategia di correzione seguire, la distinzione che spesso si fa è tra attività che promuovono e hanno come obiettivo l'accuratezza (ad esempio se si sta affrontando l'accordo del participio al passato prossimo, le desinenze del participio sono l'oggetto principale e un'esecuzione accurata l'obiettivo dell'attività) e altre che invece hanno come scopo la comunicazione fluente (*fluency*).

Nel primo caso l'insegnante sarà prevalentemente indotto a un immediato intervento di correzione mirata.

Nel secondo caso l'insegnante non interverrà subito e su tutti gli errori, ma ad esempio potrà annotarsi gli errori che ritiene necessario correggere per passare poi alla fine dell'attività a una fase di *feedback*.

In questo modo lo studente o gli studenti non vengono interrotti, lo sforzo che stanno facendo è rivolto alla comunicazione senza la paura dell'errore, né la minaccia dell'intrusione dell'insegnante finalizzata alla correzione.

Spesso e giustamente ci si chiede quale limite porre a questo atteggiamento che da un certo punto di vista potrebbe risultare troppo "permissivo": il docente è chiamato a uno sforzo di astrazione per cercare di monitorare la comunicazione che si sta realizzando e intervenire solo nel caso in cui essa si interrompa o non passi, se non attraverso il filtro della madrelingua dello studente o degli studenti o tramite strumenti para- ed extralinguistici.

A volte ciò risulta assai difficile come nel caso di attività comunicative condotte in classi monolingui e di lingue affini alla lingua *target* nel caso in cui anche l'insegnante le conosca.

L'esperienza didattica porta molti insegnanti a individuare due tipologie prevalenti di studente, quello che parla spinto da una forte motivazione alla comunicazione e non bada alla correttezza del proprio eloquio e quello che al contrario tende a parlare poco, ma in modo corretto, mosso da una certa paura per l'errore.

Saper dosare gli interventi di correzione a seconda della natura dell'attività può aiutare i diversi tipi di studente a migliorare le proprie strategie di apprendimento.

Inoltre, è utile sottolineare un'altra accortezza: l'insegnante deve cercare di superare quella che a volte risulta essere una sua vera e propria deformazione professionale e cioè l'aspirazione alla comunicazione perfettamente corretta.

Se lo studente impegnato in un'attività comunicativa commette errori di vario tipo, dalla pronuncia alla scelta lessicale e strutturale, non per questo l'insegnante dovrà sentirsi in dovere di correggere tutto, ma interverrà solamente per correggere o far correggere quegli errori che più riguardano l'oggetto, l'obiettivo della lezione, oppure che più rischiano di fossilizzarsi.

11.3.4 Come correggere?

Sono varie le tecniche e le modalità di correzione in un contesto di insegnamento linguistico tradizionale, cioè in presenza dell'insegnante.

In una situazione didattica ispirata a criteri umanistico-affettivi non ci si stancherà di richiamare l'attenzione sul ruolo primario che ricopre la crescita dell'autonomia dello studente e quindi sulla necessità di considerare lo stimolo dell'autocorrezione come obiettivo dell'azione del docente che si va ad affiancare allo scopo principale, cioè la correzione dell'errore.

Detto ciò, non tutte le tecniche o gli atteggiamenti didattici dell'insegnante si ispirano a questi concetti, tuttavia non per questo sono da considerarsi tutti negativi per loro natura.

Ancora una volta l'atteggiamento più efficace rimane quello che privilegia un approccio eclettico ai problemi e la possibilità di manipolare le tecniche a seconda dei bisogni coerentemente con le scelte metodologiche di fondo.

Inderogabili rimangono, tuttavia, la considerazione e il rispetto che l'insegnante deve avere per lo studente e il suo processo d'apprendimento, nonché la conseguente necessità di creare un ambiente di lavoro sereno, motivante e positivo, dove l'errore non sia visto in termini negativi e punitivi, come già si è visto.

Altro parametro che ci pare valga la pena introdurre è la preferenza dello studente verso un tipo di correzione rispetto a un altro. L'insegnante che si pone in una dimensione umanistico-affettiva non può ignorare questo dato.

Analizzi questi mini-dialoghi. Quali atteggiamenti didattici considera più in sintonia con la sua concezione della correzione degli errori?

In classe si sta lavorando sulla forma del futuro semplice e il suo utilizzo.

1) *Insegnante*: - Cosa farai l'estate prossima?
Studente: - Ancora non lo so. Forse anderò a Firenze a fare un corso di italiano e...
I.: Non ti ricordi? *Andrò* non *anderò*.
S.: Ah, giusto... e spero di conoscere molte ragazze italiane.

2) *Insegnante*: - Cosa farai l'estate prossima?
Studente: - Ancora non lo so. Forse anderò a Firenze a fare un corso di italiano e...
I.: Ah, ah, attento... forse...
S.: Ah, è vero... forse andrò a Firenze e spero di conoscere molte ragazze italiane.

3) *Insegnante*: - Cosa farai l'estate prossima?
Studente: - Ancora non lo so. Forse anderò a Firenze a fare un corso di italiano e...
I.: Ah, un momento... come hai detto?
S.: Forse anderò a Firenze e...
I.: Qualcuno riesce a correggere...
S2.: Andrò a Firenze...
I.: Esatto andrò, ce lo ripeti?
S.: Andrò a Firenze a fare un corso di italiano.
I.: Ottimo! Vai pure avanti: andrai a Firenze e...
S.: Forse andrò a Firenze e spero di conoscere molte ragazze italiane.
I.: *(L'insegnante annuisce e sorride)*.

Nei tre esempi siamo di fronte allo stesso errore che l'insegnante giudica essere uno sbaglio momentaneo dello studente e non un errore sistematico. Eppure le strategie adottate sono diverse.

1 La correzione immediata da parte dell'insegnante

Nel primo caso l'insegnante si comporta in modo scorretto e anche inopportuno in questo frangente.

L'intervento del docente è scorretto perché tende a risultare punitivo nei confronti dello studente, il quale viene accusato di non ricordare e quindi gli viene fatto pesare l'errore.

Il clima che ne risulta non è certo quello di un apprendimento positivo e sereno. Ne è la riprova la risposta dello studente che continua senza nemmeno ripetere la forma verbale sbagliata: la ripetizione invece può servire a consolidare la forma corretta ed eventualmente a risolvere il problema se esso è di natura fonologica.

Nell'ipotetico contratto formativo che l'insegnante sigla con gli studenti, evidentemente non viene data la giusta rilevanza all'autocorrezione, l'insegnante non ha educato gli studenti a queste tecniche, né, probabilmente, esplicitato il perché di certi atteggiamenti didattici.

Tuttavia la correzione immediata da parte dell'insegnante non è di per sé negativa se vissuta in maniera non punitiva, cioè senza l'aggravante del commento "Non ti ricordi?". Ad esempio può essere utilizzata quando non vi è tempo per una correzione più articolata e lunga o quando l'insegnante viene chiamato a correggere dall'intervento di un altro studente che chiede delucidazioni avendo notato l'errore, ma in quella situazione didattica la richiesta risulta inopportuna, oppure ancora quando l'insegnante non è convinto che lo studente "debole" possa riuscire ad autocorreggersi, cioè quando l'errore commesso si teme possa essere un vero errore e non uno sbaglio.

2 La correzione da parte dello studente

In questo caso il docente interviene, ritiene opportuno interrompere lo studente, forse perché si trova in una fase della lezione il cui obiettivo è la pratica controllata delle forme del verbo e non la comunicazione fluente.

Interviene stimolando l'autocorrezione attraverso un'interruzione verbale ("Ah, ah, attento...").

Avrebbe potuto usare altre strategie non verbali: ad esempio un'espressione facciale corrucciata oppure un segno con una mano per invitare a fermarsi e riflettere, ecc.

La tecnica sortisce un'immediata correzione da parte dello studente e quindi risulta essere positiva.

Tuttavia, in altre circostanze l'effetto potrebbe non essere così immediato, in particolar modo se l'insegnante chiedesse allo studente di correggere in questa maniera un errore sistematico e non un semplice sbaglio momentaneo.

Ciò dunque implica da parte dell'insegnante una costante attenzione e una pronta memoria di quanto è stato non solo "fatto" durante la lezione, ma di quanto è lecito aspettarsi che gli studenti abbiano appreso e acquisito.

Altra circostanza in cui questa tecnica può dare risultati opposti è nel caso di abuso dell'intervento da parte del docente, di esagerazione nella correzione.

Come già scritto in precedenza, l'insegnante deve superare l'ansia della correzione a tutti i costi e della perfezione, per poter intervenire in modo selettivo e oculato.

3 La correzione da parte del gruppo

Nel terzo caso l'insegnante decide di coinvolgere gli altri studenti nella correzione. Come nel secondo caso il risultato è positivo e, sempre come nel secondo caso, tutto lascia intendere che il rapporto instaurato in classe sia positivo, non pare esservi traccia di competizione tra gli studenti, né di stimolo di atteggiamenti competitivi da parte dell'insegnante.

Siamo di fronte a una classe in cui si è saputo creare un corretto clima di lavoro collaborativo.

Inoltre, in questo terzo esempio, l'insegnante ha potuto far ricorso a questa tecnica perché sapeva che lo studente fatto oggetto di tante attenzioni non avrebbe subito in modo negativo né l'intervento dell'insegnante, né quello dei compagni.

Ben diverso sarebbe in ognuno dei tre casi una situazione in cui il clima della classe fosse competitivo o in cui alcuni studenti non accettassero di venire corretti pubblicamente, ecc.

Ancora una volta la possibile soluzione sta nel cogliere alcuni punti essenziali dell'azione didattica: innanzitutto che insegnare una lingua oggi non significa solamente saper utilizzare delle tecniche e conoscere la lingua oggetto d'insegnamento, ma occorre essere attenti osservatori dei comportamenti non solo linguistici e persone attente ad aspetti psicologici e affettivi.

In seconda analisi, è ancora una volta opportuno rilevare che lo sviluppo delle strategie di apprendimento, tra cui quelle di correzione, rivestono un ruolo determinante e che esse vanno insegnate in modo integrato con il resto delle componenti dell'educazione linguistica.

Questo percorso formativo deve, inoltre, essere condiviso dallo studente: ad esempio, in una situazione collaborativa non vi è spazio per atteggiamenti competitivi e se si dovessero presentare, si cercherà di modificarli pian piano in modo consapevole.

Altre possibili tecniche e strategie

Diametralmente opposti sono due atteggiamenti didattici che a volte possono essere utilizzati, ma sempre in modo consapevole da parte dell'insegnante.

L'insegnante non reagisce per nulla

Il docente sente l'errore, ma lascia correre. Se questo atteggiamento può rivelarsi una giusta strategia nel caso di errori commessi durante l'esecuzione di un'attività il cui fine è la comunicazione e non l'accuratezza, altrettanto vero è, però, che comportarsi sempre in questo modo pensando che lo studente prima o poi arriverà a correggersi significa da un lato sottovalutare il problema e dall'altro non sfruttare le opportunità che il contesto della classe può offrire.

L'errore, poi, non è solo un prodotto finale, ma alla base spesso vi sono meccanismi, strategie di apprendimento, come ad esempio la formulazione delle ipotesi, che attraverso la correzione dell'errore in classe possono essere immediatamente e soprattutto consapevolmente analizzate da parte dello studente ai fini di un loro miglioramento.

Non è da dimenticare, inoltre, che l'esposizione alla lingua straniera spesso avviene solo in classe e che, comunque, l'insegnante e i compagni sono parte integrante del sistema di supporto dell'acquisizione linguistica (*LASS*)[12] anche nel caso di una situazione L2.

L'insegnante spiega il perché dell'errore

In questo caso il docente propende per una strategia che non è negativa di per sé, ma che, oltre a essere piuttosto dispendiosa in termini di tempo, porta l'insegnante a ricoprire un ruolo da protagonista togliendo allo studente la possibilità di "imparare facendo".

Inoltre, non sempre è opportuno che l'insegnante faccia ricorso a riflessioni razionali in merito all'errore, in particolare se la fase della lezione è quella della globalità in cui gli studenti vengono esposti alla lingua, non attraverso la riflessione, ma in modo spontaneo e di questa spontaneità fa parte anche l'errore, la formulazione di ipotesi, la scoperta della lingua.

Fin qui abbiamo visto alcune possibili tecniche di correzione della produzione orale. Ora ci soffermeremo sulla produzione scritta.

Anche in questo ambito riteniamo opportuno consigliare forme di correzione che inducano l'autore dell'errore alla partecipazione al processo di riparazione.

La produzione scritta è una di quelle attività che per definizione richiedono spesso parecchio tempo.

Inoltre essa, nella sua versione più consueta, cioè la scrittura individuale, solitamente toglie allo studente la possibilità di avvalersi della collaborazione, dell'aiuto dei compagni nel momento della creazione.

Queste considerazioni sono comunque a monte del processo di correzione e l'insegnante che avrà deciso di permettere una fase di produzione scritta avrà anche preso in considerazione il come affrontare il *feedback*.

In questa sede non riflettiamo sul quando e il come effettuare la correzione in classe, se sia più opportuno che il docente corregga gli scritti a casa o durante la lezione, e in questo secondo caso come risolvere la gestione della classe. Ci soffermiamo, invece, sugli aspetti relativi alle tecniche di correzione.

Penna rossa e penna blu, ed errore sottolineato con diversi colori oppure correzione a margine o in interlinea.

Queste sono due tecniche che frequentemente sono utilizzate per la correzione della produzione scritta.

Entrambe hanno però dei lati negativi. Sottolineare l'errore,

[12] Vedi nota n. 5.

evidenziandone la gravità, può far ricadere nella concezione negativa dell'errore, preludendo alla punizione e può quindi causare demotivazione. Questa tecnica, poi, non porta di per sé all'autocorrezione.

Ancor meno la seconda tecnica che induce lo studente, nel migliore dei casi, a una riflessione sull'errore commesso, ma non alla elaborazione di un percorso autonomo di correzione. Per favorire un approccio maggiormente basato sull'autocorrezione, l'insegnante potrebbe adottare dei simboli, come nella tabella d'esempio, che inducono lo studente a riflettere e, in maniera guidata, a cercare di individuare la soluzione o quanto meno l'ambito dell'errore.

Simbolo	***Tipo d'errore***
Gr	*Grammatica*
L	*Lessico*
O	*Ortografia*
Op	*Ordine delle parole*
R	*Registro*

Questa tecnica permette, inoltre, di fornire una base solida da cui partire per una correzione in coppia o in gruppo.

Si potrebbe anche chiedere a uno studente o a più studenti di correggere con una serie di simboli il lavoro di un compagno.

In tutti i casi, comunque, l'attenzione è posta sull'errore e non sulla *performance* dello studente. Sarebbe opportuno che l'insegnante o i compagni chiamati alla correzione dessero prima di tutto un *feedback* positivo sul lavoro svolto, cioè facessero apprezzamenti su quanto di positivo il testo scritto presenta.

Dovrebbe essere questo l'atteggiamento da adottare, in modo tale che lo studente sia portato a notare anche e prima di tutto quanto è riuscito a fare.

Purtroppo la formulazione dei giudizi spesso fa risaltare quanto vi è di positivo attraverso un voto o un laconico giudizio (sufficiente, buono, ottimo), ma sulla pagina del testo viene evidenziato solo l'errore.

Una possibile soluzione potrebbe essere la nota a margine del testo con cui l'insegnante, così come rileva l'errore, mette in evidenza anche passaggi particolarmente ben realizzati.

Basterebbero dei semplici "Ottimo!", "Espresso molto bene!", "Buona scelta di parole!", "Bravo!" o dei convenzionali punti esclamativi "!!" e il *feedback* si sposterebbe da un approccio basato sull'errore a una percezione d'insieme in cui anche l'errore non apparirebbe in modo tanto negativo.

In tutti i casi, comunque, è bene ricordare che nel caso della produzione scritta, come nel caso della produzione orale, l'insegnante può e a volte deve segnare solo gli errori che valuta importanti rispetto al percorso didattico in atto. La perfezione non è didattica!

Tante volte l'insegnante è spinto a segnare tutti gli errori perché teme la valutazione del proprio operato da parte di altri e, dato che *scripta manent,* tende a correggere in modo esasperato.

È buona cosa, invece, che il docente tenga sempre presente lo scopo della correzione e basi la propria autorevolezza su un chiaro rapporto con gli studenti e sull'esplicitazione alla classe degli obiettivi del processo di correzione.

Per autovalutarsi

1. Che approccio all'errore si consiglia in un'ottica didattica di tipo umanistico-affettivo?
2. Come descriverebbe la natura dell'errore?
3. Che cos'è l'interlingua?
4. Che differenza c'è fra *errore* e *sbaglio*?
5. Indichi alcuni meccanismi o fenomeni che sono alla base dell'errore.
6. Che ruolo può avere la scoperta dell'errore e la riflessione condotte dallo studente nel processo di correzione?
7. Come risponde alla domanda se la correzione degli errori sia una perdita di tempo?
8. Descriva una tecnica di correzione degli errori nel caso di un'attività basata sulla *fluency*.

Per saperne di più

ARCAINI, E., PY, B. (a cura di), *Interlingua*, Istituto della Enciclopedia italiana, Roma 1984.

CORDER, S. P., *Error Analysis and Interlanguage*, OUP, Oxford 1981.

FREDDI, G., *Psicolinguistica, sociolinguistica, glottodidattica*, UTET Libreria, Torino 1999.

JAMES, C., *Errors in Language Learning and Use*, Longman, New York 1998.

SELINKER, L., "Interlanguage", *IRAL* (10), 1972.

SELINKER, L., *Rediscovering Interlanguage*, Longman, London 1992.

Appunti su questo percorso

Informazioni utili, meno utili:

....

....

....

....

Parti da rileggere:

....

....

....

....

Osservazioni su questo percorso in relazione ad altri testi:

....

....

....

....

Ricadute e rapporti con l'insegnamento:

....

....

....

....

Altro:

....

....

....

....

Percorso **12**

La valutazione e il testing linguistico

A che cosa serve un test? Metta in ordine di importanza le affermazioni seguenti.

Per dare la possibilità al sistema scolastico di valutare i progressi degli studenti.	
Per dare la possibilità al sistema scolastico di valutare l'operato del docente.	
Per motivare gli studenti a imparare.	
Come deterrente per mantenere la disciplina.	
Per invitare gli studenti a ripassare.	
Per eliminare gli studenti che non riescono a seguire.	
Per dare al docente un *feedback* sul lavoro svolto.	
Per fornire informazioni riguardo al livello di partenza degli studenti.	
Per far sì che gli studenti studino di più.	
Per fornire agli studenti una misurazione dei progressi fatti.	
Per rispondere alle necessità di valutazione formale esterne al corso (certificazioni, esami di stato, ecc.).	
Per fornire informazioni all'insegnante su come organizzare il proprio lavoro.	
Per far fare agli studenti un po' di recupero e approfondimento mentre si verificano i progressi fatti.	

12.1 Verifica e valutazione in un'ottica umanistico-affettiva

Nell'attività proposta in apertura di percorso la parola *test* è volutamente usata in un'accezione ampia. In realtà nelle pagine che seguono si vedranno vari concetti che rientrano nella grande area della valutazione ma che sono nettamente distinti: la verifica, il *test*, la valutazione, la misurazione.

Se da un lato la verifica e la valutazione del processo di insegnamento/apprendimento risultano indispensabili per qualsiasi sistema educativo e di vitale importanza per una corretta gestione dell'azione didattica da parte del docente, dall'altro le ansie, gli stati d'animo negativi, i filtri affettivi che il momento della verifica formale può indurre, ricoprono questa pratica di accertamento di un numero tale di controindicazioni da poterne mettere in discussione l'idea stessa.

Se si vuole essere coerenti nel richiamarsi a principi quali il benessere dello studente, non si può non rilevare tale contraddizione.

Cosa spinge, dunque, a giustificare una pratica di verifica formale nell'insegnamento della lingua, prima ancora di analizzarne le valenze di tipo formativo?

Alla base di un corretto rapporto con lo studente, come individuo, prima che con la classe, l'istituzione scolastica, la società, vi è l'analisi dei bisogni formativi di questa persona e la fotografia delle sue conoscenze, abilità, caratteristiche personali.

Questi dati possono essere desunti in vario modo: per valutare la situazione di partenza, attraverso un *test* d'ingresso, si può raggiungere lo scopo con una certa rapidità ed efficacia.

Tuttavia, una rilevazione del livello e/o dei progressi degli studenti è necessaria non solo all'inizio di un percorso formativo o alla fine per certificare i livelli di uscita, ma con uguale se non maggiore importanza, durante tutto l'iter del processo di apprendimento.

Lo studente ricopre dunque un ruolo da protagonista anche nella fase di valutazione del proprio percorso, sia in quanto svolge la prova di verifica, sia perché può e deve essere messo in grado di autovalutare la propria *performance*.

È proprio in un'ottica di autovalutazione consapevole, coscientemente compresa e condivisa dallo studente, che la verifica può recuperare una dimensione meno ansiogena.

Ciò non toglie che qualsiasi verifica può portare con sé elementi di *stress* che solo il clima collaborativo e non punitivo che si instaura in classe, prima di tutto grazie all'azione del docente, è in grado, in certa misura, di limitare.

Infine, è opportuno notare che qualsiasi momento di verifica formale va ben al di là del tempo concesso per lo svolgimento della stessa e del rapporto tra lo studente e il testo della verifica.

Vi è un corollario di azioni e situazioni connesse alla verifica che può essere trattato in modo positivo, cioè cercando di far sentire a proprio agio lo studente, o negativo. Ad esempio, un clima inquisitorio e persecutorio durante un esame sicuramente non porta a far star meglio gli esaminandi. Banalizzando, l'esaminatore che impone agli studenti di non guardare fuori della finestra durante un esame scritto o che durante un esame orale non dà alcun cenno di assenso verbale o non verbale allo studente e magari continua a non guardarlo negli occhi, certo non aiuta ad abbassare l'ansia.

Riguardo alla fase di preparazione della verifica, la volontà di misurarsi con se stessi, di riuscire in un compito assegnato, di rispondere a un dovere, il desiderio di ben figurare nei confronti dell'insegnante e dei compagni (e non necessariamente in chiave competitiva) o di raggiungere un obiettivo, a volte lungamente sospirato, quale l'ottenimento di un diploma, possono essere stimoli positivi che aumentano il livello di motivazione dello studente portandolo, ad esempio, a studiare meglio in vista della prova di verifica e ad aumentare i tempi e i livelli di attenzione.

12.1.1 Verifica *vs* valutazione

Due sinonimi per il vocabolo *verifica* potrebbero essere *controllo* o *accertamento*, come propone Porcelli[1]; si tratta cioè di una pratica che tende a rendere possibile un accertamento degli obiettivi didattici e quindi del profitto degli studenti.

Un concetto, invece, molto più ampio è quello di *valutazione*. Valutare significa non solo prendere in esame una prova di verifica e i dati emersi dalla misurazione della prova, bensì mettere in relazione questi dati con il soggetto che li ha determinati, con la personalità, l'estrazione sociale, le condizioni psico-fisiche dello studente nel momento della verifica, e poi ancora con il progetto educativo, con il programma, con gli obiettivi didattici che ci si era prefissati.

Durante la valutazione si passa, cioè, da un piano oggettivo, quale quello della misurazione della *performance*, a uno soggettivo in cui molti elementi vengono presi in considerazione e riportati al singolo individuo, in un rapporto spesso di difficile equilibrio con gli obiettivi educativi dell'istituzione, con i risultati generali della classe, con le aspettative dell'insegnante.

Quindi, la valutazione porta con sé un'insidia facilmente riscontrabile in qualsiasi contesto didattico: il docente è portato a interpretare soggettivamente i dati e questo si traduce a volte in sostanziali differenze nella valutazione della prova degli studenti e nella formulazione di giudizi discostanti da parte di insegnanti diversi.

La valutazione è parte integrante di un qualsiasi percorso didattico

[1] Porcelli (1994, p. 239).

e permette al docente di ricevere il necessario *feedback* sia sul percorso del singolo studente, sia sull'andamento generale del progetto educativo.

Nei modelli operativi in cui il percorso didattico viene tradotto in pratica e che permettono la suddivisione del progetto educativo in tappe compiute, la raccolta delle informazioni di *feedback* è sempre presente e di fondamentale importanza.

Non vi è, ad esempio, unità didattica che si possa chiamare tale senza una fase di verifica e di successiva analisi dei dati per arrivare al recupero o al rinforzo.

Osservi la descrizione di vari fenomeni che possono verificarsi durante il processo di correzione e valutazione.
Pensi alla sua esperienza di insegnante o di studente, quali atteggiamenti suoi o di un suo insegnante potrebbero rientrare in una o più di queste tipologie?

1. La *performance* dello studente viene valutata dall'insegnante attraverso fattori estranei alla verifica, come il rapporto che il docente ha con quel discente, l'impressione generale, positiva o negativa del docente, il ruolo del discente nel gruppo classe, ecc. (*Effetto di alone*)
2. L'azione didattica viene giudicata in positivo dall'insegnante a prescindere dall'evidenza dei risultati della verifica che in questo modo vengono alterati e interpretati in modo scorretto. L'insegnante non ammette di aver sbagliato a tarare il percorso didattico. (*Effetto Pigmalione*)
3. Il risultato della verifica viene previsto in anticipo dal docente sulla base di proprie convinzioni e questo influenza la valutazione delle verifiche. (*Effetto di aspettativa*)
4. Dopo aver incontrato lo stesso errore nella verifica di molti studenti il docente tende progressivamente ad attribuire un giudizio meno penalizzante, a tollerare l'errore.
5. L'insegnante è influenzato dalla prova di un altro studente corretta in precedenza. Ad esempio, se la verifica corretta precedentemente è risultata molto negativa, quella successiva potrebbe essere considerata in modo oltremodo positivo.
6. La mancanza di sistematicità, la fretta nel correggere, l'assenza di strumenti oggettivi efficaci per la correzione possono produrre errori nella correzione. Ad esempio l'insegnante potrebbe non accorgersi di un determinato errore.
7. L'insegnante tende a livellare le valutazioni attorno alla fascia della sufficienza e fa fatica a rilevare i valori che non siano polarizzati (molto negativo o eccellente).
8. L'interruzione del processo di correzione può portare a modificare l'atteggiamento dell'insegnante e a cambiare la valutazione.

I fenomeni descritti nella tabella riguardano in particolare le prove non oggettive, ma non è da escludere che anche nel caso di test oggettivi, se l'insegnante apporta interventi soggettivi in fase di valutazione, possano realizzarsi situazioni di questo tipo.

12.1.2 Valutazione formativa e sommativa

Prove conclusive quali possono essere gli esami alla fine di un corso di studi (ad esempio quelli posti al termine del percorso di istruzione secondaria superiore in Italia) costituiscono solo una parte della valutazione.

Il percorso precedente questi esami è sempre caratterizzato da un processo ininterrotto di valutazione continua. La definizione corrente del primo tipo (gli esami finali ad esempio) è *valutazione sommativa*, il secondo tipo invece proprio perché prende in esame il percorso formativo dello studente nel suo svilupparsi è detto *formativo*.

La valutazione sommativa ha il compito di verificare e certificare il raggiungimento degli obiettivi. È solitamente finalizzata al superamento di un modulo di studio, sia esso l'anno scolastico nella scuola dell'obbligo o l'esame universitario, o al conseguimento di un titolo, quale ad esempio quello legato alla certificazione delle competenze linguistiche.

È ovvio che una valutazione sommativa non ha solamente uno scopo selettivo, ma anche di *feedback*, permette cioè di ritarare, di modificare il percorso d'insegnamento e gli obiettivi formativi.

Tuttavia è la valutazione di tipo formativo che svolge in maniera più costante e ripetuta una tale funzione di monitoraggio del processo d'apprendimento e del percorso d'insegnamento. È una forma molto elastica, flessibile, che prevede un maggior intervento autovalutativo da parte dello studente, che consente di modificare nei tempi e nei modi, riprendere e riproporre un determinato *input* didattico.

Alla valutazione formativa fa seguito un'immediata risposta didattica da parte del docente e del discente. Non è dunque un semplice strumento di misurazione. Si ha valutazione formativa ad esempio anche quando si osservano e si annotano le *performance* degli studenti durante una qualsiasi attività orale, oppure quando si corregge un'attività di produzione scritta, un compito a casa, ecc.

12.2 *Test* [2]

Chi ha ragione?

Insegnante 1: Quando preparo un *test* mi concentro sugli aspetti di tipo grammaticale e lessicale.

Insegnante 2: Io propongo *test* che siano basati su un contesto e sulla comunicazione.

Insegnante 3: A me interessa verificare ciò che i miei studenti sanno fare con la lingua.

L'idea che in italiano viene associata alla parola *test* e la ragione per cui il termine inglese non è stato sostituito da *verifica, esame,* o altro è quella di oggettività[3].

L'espressione *Langauge Testing*, che si usa comunemente per indicare le verifiche che il docente predispone per valutare il raggiungimento degli obiettivi didattici, ci proietta immediatamente in una dimensione storica di un passato piuttosto recente che ha ancora enormi influssi sulle pratiche glottodidattiche odierne.

Il *Language Testing* è frutto dell'atmosfera che si respirava negli Stati Uniti verso la fine degli anni cinquanta in ambito strutturalista neo-comportamenitista.

L'apprendimento della lingua basato su una somma di comportamenti linguistici e l'attenzione alla lingua come insieme di parti (parole, frasi, fonemi, morfemi, ecc.) e non al suo uso portano alla necessità di testare i singoli pezzi che costituiscono il percorso didattico in modo isolato.

A R. Lado va il merito di aver impostato in termini scientifici le tematiche relative al *testing*[4].

Una delle parole chiave della proposta di Lado è *discreto*: se per ap-

[2] Bachman, Palmer (1996); Davies (1990); Heaton (1988); Oller (1983).

[3] Porcelli (1992): si veda per una rapida referenza il glossario in appendice. Il volume è una pietra miliare per quanto riguarda queste tematiche. Si veda anche Freddi (1994, pp. 130 – 140) e Ciliberti (1994, pp. 177 – 198) che presenta varie prove di verifica.

[4] Lado (1961).

prendere una lingua occorre mettere insieme le parti analizzate e imparate in modo separato, la verifica va fatta sulle componenti in modo parcellizzato, atomizzato, discreto.

Quindi, oggetto di verifica saranno le strutture grammaticali, il lessico, la pronuncia, ma anche le componenti culturali, di civiltà.

Lado assegna un posto di riguardo alle quattro abilità (leggere, scrivere, parlare e ascoltare), la cornice entro cui i vari elementi vengono integrati e quindi valutati.

Questo denota la necessità di superare certi limiti dello strutturalismo e spingersi verso nuove frontiere, quelle che portano nei decenni successivi allo sviluppo di metodi situazionali e all'approccio comunicativo[5].

La tipica tecnica impiegata in questo modo di testare è il quesito a scelta multipla che rientra tra quelle usate nelle cosiddette prove oggettive, dove vi è una sola possibilità di risposta esatta.

Per Lado un *test* oggettivo deve presentare 5 caratteristiche fondamentali:

- validità: un *test* è valido se misura veramente quanto si è posto come obiettivo;
- attendibilità: un *test* è attendibile se i risultati non mutano per gli effetti di variabili quali ad esempio il tempo e il luogo in cui viene somministrato;
- correggibilità;
- economia;
- praticabilità: le ultime tre sono caratteristiche che riguardano la possibilità di correggere rapidamente e con sicurezza il *test*, la coerenza con i tempi a disposizione per la preparazione, l'esecuzione e la correzione, la possibilità di somministrarlo a seconda delle condizioni in cui ci si trova (presenza delle strutture e apparecchiature necessarie)[6].

La stagione successiva allo strutturalismo con l'affermazione dei metodi situazionali e dell'approccio comunicativo, fino ad arrivare ai giorni nostri, conduce a spostare l'attenzione dalla forma e dalla struttura al significato e quindi alla comunicazione, dalla competenza linguistica alla competenza comunicativa[7].

Per quanto riguarda il *testing* si tratta, in questa prospettiva, di verificare e valutare l'uso della lingua: il testo, e non più la frase, diventano centrali.

La forma della lingua, le sue strutture, il suo lessico diventano importanti nella misura in cui permettono l'espressione dei significati, la

[5] Scrive G. Freddi (1994, p. 133) riferendosi a Lado: *I capitoli che egli dedica alle quattro abilità rilevano in effetti un tentativo di passare, per così dire, dall'anatomia alla fisiologia di essa [della lingua. Nostra nota].*

[6] I termini inglesi usati da Lado sono: *validity*, *reliability*, *scorability*, *economy* e *administrability*.

[7] Hymes (1972).

comunicazione e dunque l'efficacia comunicativa, il "saper fare con la lingua" diventa l'oggetto principale del *testing*[8].

La forma del *testing* cambia, quindi, rivolgendosi più verso tipologie che permettono di valutare la comunicazione.

Alle prove oggettive atomizzate, caratterizzate ad esempio dai quesiti a scelta multipla, vengono preferite forme in cui il contesto risulta più importante e in cui la simulazione di situazioni di interazione comunicativa diventa il modo per avvicinarsi maggiormente all'uso naturale della lingua.

Una tecnica introdotta da Taylor[9] nel 1953 e in seguito applicata al *testing* linguistico è la procedura *cloze*, descritta e analizzata più avanti.

Essa si qualifica come tecnica oggettiva e allo stesso tempo dà la possibilità di focalizzare l'attenzione sul testo e sul contesto attivando quelle strategie legate alla formulazione delle ipotesi (*expectancy grammar*) che tanta importanza hanno nell'interazione comunicativa reale.

Ecco alcuni tipi di test. Ne abbini il nome con la definizione[10].	
1. *Test* di ingresso	A. *test* che serva a verificare il raggiungimento degli obiettivi educativi a fine anno scolastico o a fine ciclo di studi, ecc.
2. *Test* di progresso	B. *test* per la verifica di quanto oggetto d'insegnamento secondo l'approccio comunicativo.
3. *Test* finale	C. *test* in cui lo studente è chiamato a compiere azioni che dimostrino la comprensione della lingua.
4. *Test* diagnostico	D. *test* che permette di stabilire il livello di partenza degli studenti.
5. *Test* prognostico	E. verifica che permette di accertare le lacune degli studenti per un eventuale intervento di recupero.
6. *Test* di livello	F. *test* che permette di verificare in itinere i progressi degli studenti e il raggiungimento degli obiettivi intermedi.
7. *Test* atomistico	G. *test* che permette di prevedere possibilità e tempi di riuscita degli studenti.
8. *Test* comunicativo	H. *test* parcellizzato, inteso a verificare le competenze in singole parti della conoscenza linguistica: la grammatica, il lessico, l'ortografia, ecc.
9. *Test* pragmatico	I. *test* che prende in esame la dimensione testuale della lingua.
10. *Test* performativo	L. *test* che permette di accertare il livello di *proficiency*.
11. *Test* integrato	M. *test* per la verifica di più elementi contemporaneamente.

[8] Carroll (1980).
[9] Taylor (1953).
[10] Ecco le soluzioni per l'attività: 1 con d, 2 con f, 3 con a, 4 con e, 5 con g, 6 con l, 7 con h, 8 con b, 9 con i, 10 con c, 11 con m.

12.2.1 Requisiti di un *test*

PACE è l'acronimo con cui G. Porcelli[11] riassume le caratteristiche che un *test* comunicativo deve presentare.

Formuli delle ipotesi per una sua interpretazione del significato di queste parole rispetto a un test.

Pertinenza
Accettabilità
Comparabilità
Economia.

Pertinenza: si riferisce alla coerenza intrinseca tra il *test* e il programma svolto e oggetto di verifica.

Tale aspetto non riguarda solo i contenuti del programma ma anche il modo in cui essi sono stati presentati. La caratteristica della pertinenza ingloba, cioè, anche la coerenza rispetto alla metodologia comunicativa che pone i bisogni comunicativi al centro.

È il criterio della validità di Lado modificato secondo l'approccio comunicativo.

Accettabilità: gli studenti sottoposti al *test* devono accettarne i contenuti e la tipologia. Ci si avvicina così a una pedagogia in cui i bisogni e il ruolo del discente sono centrali in ogni fase del percorso didattico.

Comparabilità: come nella caratteristica della *Reliability* di Lado, un *test* è comparabile se fornisce risultati affidabili e non suscettibili di influenze esterne. Un *test* che ha validità statistica possiede questa caratteristica.

Economia: come in Lado un testo deve rispondere al meglio alle esigenze pratiche del docente in quanto a tempi di correzione e modalità di somministrazione, ma il *test* deve risultare economico anche per lo studente che non deve essere chiamato a sforzi fuori misura rispetto all'obiettivo valutativo.

In una prospettiva umanistico-affettiva di rispetto per le esigenze di ordine formativo e affettivo dello studente si potrebbero aggiungere alcune note alle caratteristiche presentate che vanno a integrarle o ad affiancarle.

[11] G. Porcelli (1992). L'inglese Carroll (1980) presentava nel 1980 l'acronimo *RACE* dove solamente il termine *Pertinenza*, così reso in italiano da Porcelli, si discosta dall'inglese *Relevance*. **R**elevance, **A**cceptability, **C**omparability, **E**conomy.

Un *test* deve suscitare la motivazione dello studente, deve risultare interessante e attraente. Ad esempio, anche la forma con cui si presenta gioca un ruolo rilevante. I compiti e le attività assegnate devono risultare interessanti.

Quindi il *test* non deve risultare troppo difficile per lo studente e nemmeno contenere formulazioni ambigue che possono indurre lo studente a pensare che vi sia una trappola.

Così come la formulazione del testo deve essere chiara, la misurazione del *test* può essere resa esplicita in modo tale che lo studente possa essere consapevole del peso che ogni singola componente ha.

Nel caso di un *test* di progresso è bene che il docente prenda in considerazione la fattibilità del *test* per il maggior numero possibile di studenti.

È opportuno che anche gli studenti cosiddetti deboli possano trovare nella prova di verifica parti che sono in grado di affrontare, oltre a parti più difficili destinate agli studenti migliori, o che la stessa verifica possa rendere possibili più livelli di esecuzione.

12.3 Le tecniche

Le tecniche di *testing* che vengono di seguito illustrate sono alcuni esempi, i più frequenti, tra le possibilità a disposizione dell'insegnante.

Diverse di queste tecniche possono rispondere a varie necessità di verifica: possono addirsi alla comprensione orale o a quella scritta[12], alla competenza linguistica e a quella comunicativa, alla valutazione della competenza socio-pragmatica. Dipende dallo scopo che il docente intende raggiungere.

Le osservazioni che proponiamo vogliono essere una guida e uno stimolo alla riflessione, oltre che una fonte di informazione e un modo per sistematizzare le conoscenze in materia di *testing* linguistico.

Si noterà che oltre a tecniche puramente oggettive e quindi più propriamente legate al *testing* ve ne sono altre più soggettive che sono state inserite per necessità di informazione e soprattutto per stimolare la continua riflessione sulla natura delle tecniche stesse.

Vero/Falso

L'elemento fornito deve essere indicato come vero o falso rispetto al contesto e al testo a cui si riferisce.

È una tipologia di *test* abbastanza diffusa, rapida da preparare e correggere e la cui esecuzione può essere anch'essa veloce.

[12] Si veda Porcelli (1992), capp. 7, 8, 9, 10 per una trattazione della verifica delle quattro abilità in modo separato.

Può risultare valido nella verifica, ad esempio, dell'ascolto, in quanto permette allo studente di concentrarsi maggiormente sul testo d'ascolto rispetto alla scelta multipla con 5 elementi o alle risposte aperte.

La visualizzazione della risposta da parte dello studente è data da un semplice segno in corrispondenza della voce scelta (vero/falso).

Può essere idoneo anche a verificare aspetti non solo testuali, ma anche legati al contesto.

Per il calcolo delle probabilità (50% di possibilità di indovinare la risposta corretta), la validità non è certo il punto di forza di questa tecnica.

Quesiti a scelta multipla

Rapidi da correggere, ma impegnativi da preparare.

Lo studente impiega più tempo per leggere tutti i quesiti o gli elementi rispetto al caso precedente della tipologia vero/falso, perciò va somministrato con cautela, ad esempio se contestualmente alla lettura dei quesiti lo studente è chiamato ad ascoltare un testo.

Per riuscire ad avere una buona validità solitamente si scelgono tipologie a 4 o meglio ancora 5 quesiti (20% di probabilità di rispondere correttamente anche in assenza di conoscenze).

Domande e risposte

Lo studente è chiamato a rispondere a domande di diverso tipo. Dalle domande chiuse in cui il discente è tenuto a dare una risposta univoca e spesso destrutturata (ad esempio un nome o un numero, oppure sì o no, ecc.), a domande che prevedono risposte via via più libere e complesse.

Più lo studente è libero di rispondere con la formulazione di frasi proprie, più il *test* riesce a verificare aspetti diversi delle varie competenze, linguistica, comunicativa, pragmatica, ecc., ma ciò porta anche a complicare il lavoro dell'insegnante che deve tener conto di un numero maggiore di variabili.

Trasformazione

Lo studente deve modificare il testo a seconda di quanto richiesto nelle istruzioni.

È la stessa tipologia di attività usata per gli esercizi strutturali: *volgi al passato, metti al plurale*, ecc.

Sostituzione

Anche questa tipologia rispecchia le modalità degli esercizi strutturali. Ad esempio, allo studente viene richiesto di sostituire il nome con il pronome.

Completamento

Allo studente è richiesto di inserire un determinato elemento in un testo o in una frase che l'insegnante avrà eliminato in maniera mirata e selettiva. Ad esempio concentrandosi su aspetti grammaticali o lessicali.

È meno complesso da preparare rispetto alla scelta multipla. Se le risposte sono lasciate alla formulazione di ipotesi da parte dello studente, l'insegnante deve prendere in considerazione l'eventualità di più risposte esatte possibili.

Se invece allo studente viene fornito un ventaglio di scelte possibili ad esempio in un riquadro in fondo al testo, in numero uguale o maggiore rispetto agli spazi da completare, allora la tecnica assomiglierà maggiormente alla scelta multipla e avrà il vantaggio di esporre meno il *test* a una pluralità di soluzioni.

Riordino

Le frasi all'interno di un testo o le parole di una frase vengono fornite in disordine e devono essere riordinate.

Può essere fatto anche con le lettere di singole parole o di parole inserite in una frase.

Nel caso di parole da riordinare l'insegnante dovrà essere attento a cogliere i rischi eventuali di un'impostazione troppo atomistica e decontestualizzata, ma questo vale per molte delle tecniche che sono qui descritte.

Abbinamento

Allo studente viene solitamente fornito un testo diviso su due colonne ed è chiamato a riordinarne la sequenza.

Si può trattare di frasi o di testi di conversazione, ad esempio. Spesso si usa per testare il lessico, fornendo una serie di vocaboli a sinistra da abbinare con la definizione giusta a destra.

Si corregge facilmente, un po' meno rapida può risultare la sua creazione, soprattutto se, a livelli bassi di conoscenze linguistiche, occorre prestare attenzione all'*input* testuale, come nel caso delle spiegazioni o definizioni di termini.

Griglia e tabella

La griglia e la tabella sono utili strumenti per testare in particolare la comprensione scritta e orale.

Come varie delle tecniche qui descritte, esse rispettano un principio quale quello della accettabilità poiché durante lo svolgimento delle lezioni gli studenti vengono normalmente abituati a completare griglie e tabelle, che molti manuali forniscono in abbondanza. In questo modo gli allievi, in sede di verifica, non vivono l'impatto con questa tipologia in modo negativo.

Come nel caso del vero/falso anche nella griglia, una volta capito qual è il compito da svolgere, e questo prima dell'esecuzione dell'attività, lo studente deve solamente apporre un segno che porti a visualizzare l'associazione di due elementi, alcuni solitamente disposti in orizzontale e gli altri in verticale nella griglia. Si veda l'esempio:

	Miagola	Abbaia	Grugnisce	Nitrisce
Cane				
Gatto				
Cavallo				
Maiale			X	

Nel caso di una tabella lo studente è chiamato a inserire informazioni che possano rispondere a quanto viene richiesto. Si può trattare di informazioni rapide da scrivere e quindi anche la tabella, come la griglia, si addice a una prova di verifica dell'ascolto. Si veda l'esempio:

Nome	
Cognome	
Età	
Professione	
Stato civile	
Numero di telefono	

Se invece lo studente deve inserire una quantità elevata di informazioni testuali, l'insegnante dovrà fare attenzione ad altri fattori, quale la necessità da parte dello studente di far maggiore ricorso alla memoria se la tabella non può che essere completata dopo l'ascolto.

Se la tabella è usata per verificare la comprensione scritta, invece, il problema non si pone se non in termini di tempo assegnato per lo svolgimento dell'attività.

Il livello di oggettività della prova è anche in questo caso legato alla quantità di testo che lo studente è chiamato a produrre. Una tabella come quella dell'esempio è oggettiva.

La tabella può essere utilizzata anche per testare aspetti non linguistici legati alla comunicazione e alla conoscenza culturale, in senso lato, del paese di cui si studia la lingua.

Poniamo che la tabella dell'esempio si riferisca a un ascolto, più precisamente a un'intervista a una persona di cui non viene detta l'età.

Tuttavia si dice che si tratta di uno studente universitario italiano del primo anno che ha terminato l'anno scorso le scuole superiori e che è sempre andato bene a scuola. La risposta al quesito relativo all'età sarà presumibilmente 19-20 anni.

Questo dato viene indotto attraverso l'applicazione di strategie di inferenza indispensabili in qualsiasi contesto comunicativo e che dovrebbero essere oggetto di insegnamento: le attività di pre-ascolto e prelettura, ad esempio, si basano spesso su queste strategie.

La tabella è una tipologia di *test* piuttosto semplice da preparare.

Editing

Lo studente deve eliminare un elemento che non c'entra come nell'esempio oppure correggere un errore. Esempio: tetto, finestra, porta, vasca da bagno.

Nel preparare attività come questa, va fatta molta attenzione perché lo studente potrebbe optare per soluzioni logiche diverse da quelle dell'insegnante e quindi invalidare il *test*.

Se uno studente anziché indicare la vasca da bagno come unico dei quattro oggetti che non possono trovarsi all'esterno di una casa indicasse il tetto, perché unica parola che contiene una doppia oppure perché unico termine maschile, il *test* non avrebbe funzionato.

Questo esempio, banale se si vuole, ci porta a una riflessione che in generale riguarda tutta la tematica del *testing* linguistico: l'affidabilità di un *test* può essere una caratteristica difficile da ottenere e che comunque presuppone vari passaggi.

Vi è la necessità non solo di riflettere attentamente e ad ampio spettro sulle varie possibili soluzioni, ma anche di chiedere collaborazione ad altri insegnanti e di provare il *test* con gruppi pilota prima di affermarne la validità e arrivare alla stesura definitiva.

Per quanto riguarda un'altra attività di verifica legata all'*editing*, la ricerca dell'errore, è utile valutare un'obiezione metodologica che ancora frequentemente gli insegnanti propongono: se si chiede di lavorare sull'errore per riconoscerlo, l'errore stesso potrebbe fissarsi.

La risposta a questa obiezione di tipo neocomportamentista è che l'essere umano impara la lingua formulando ipotesi e verificandone la validità e quindi l'errore non è di per sé negativo, ma una risorsa naturale per l'apprendimento; l'essere umano è in grado di riconoscerlo nel caso in cui possegga la conoscenza della forma corretta.

Sul piano dell'utilizzo di questa strategia in fase di *testing* linguistico si potrebbe, inoltre, aggiungere che un'attività di riconoscimento dell'errore permette anche di valutare la capacità dello studente di riconoscere oltre che di applicare le regole e quindi consente di valutare la consapevolezza della competenza linguistica o comunicativa e dei processi a esse sottesi.

Riscrittura

Simile alla tecnica della trasformazione, ma più legata al testo. Allo studente è richiesto di riscrivere un testo con le proprie parole.

Per affrontare una prova di questo tipo occorrono, oltre alle conoscenze linguistiche, strategie e tecniche legate a certe tipologie di scrittura come ad esempio il riassunto o l'elaborazione di appunti sotto forma di articolo giornalistico.

Si potrebbe, però, anche trattare di un'attività legata alla sintassi e alla grammatica. Per verificare l'uso dei relativi, ad esempio, si possono fornire due frasi separate da collegare:

Vivo in una città, Parma. È in Emilia-Romagna.

Parma, la città in cui vivo, è in Emilia-Romagna. / Vivo in una città, Parma, che è in Emilia-Romagna.

Dettato

E' una modalità di *testing* che spesso ricorre nella didattica delle lingue. Ha avuto fortune alterne nel corso dei decenni: se Lado[13] lo considerava poco efficace come prova di verifica, per Oller[14] si tratta invece di una tecnica che permette di valutare il discente, in quanto il dettato non è una semplice trascrizione di suoni, un esercizio di ortografia, ma impone allo studente di comprendere il contesto che viene dato e di formulare delle ipotesi in merito a un testo ascoltato (*expectancy grammar*).

In particolare questo avviene se il docente detta non delle parole isolate, ma delle sequenze abbastanza lunghe e significative. Oller dunque rivaluta il dettato come *test* pragmatico.

Sono molte le tecniche possibili legate al dettato[15], alcune delle quali ibride, cioè che presuppongono momenti precedenti o successivi alla dettatura che coinvolgono altre abilità e sottoabilità.

Potrebbe fornire elementi su vari aspetti della conoscenza linguistica dello studente, ma questo dipende dalla lingua: se può essere vero per l'inglese o il francese (si pensi agli accordi del participio passato in francese), all'italiano o allo spagnolo ad esempio ciò non è applicabile.

È facile da preparare e piuttosto rapido da correggere, malgrado possa poi risultare complesso decidere il valore da attribuire ai singoli errori in base a criteri che discriminano errori di grammatica o errori di lessico da errori di ortografia, ecc.

Traduzione

Con il dettato è una delle tecniche predilette in tante situazioni didattiche, una delle più gettonate nel sistema universitario italiano ad esempio e non solo in corsi specializzati per la traduzione.

Come reazione all'impostazione tradizionale, basata sull'approccio grammatico-traduttivo ai testi di lingue morte quali il greco o il latino, la traduzione non ha goduto, comunque, i favori di molti metodologi negli ultimi decenni.

In parte a torto: la traduzione, infatti, può essere una tecnica molto utile per verificare rapidamente il livello di conoscenza della lingua in molti suoi aspetti.

[13] Lado (1961).
[14] Oller (1979).
[15] Davis, Rinvolucri (1988).

Occorre, però, tenere presente alcuni fattori: la traduzione verso la lingua oggetto di studio risulta più complessa rispetto alla traduzione verso la lingua madre; possono esservi varie possibili traduzioni e non sempre la realizzazione libera da parte dello studente, anche se più che legittima e corretta, permette di raggiungere l'obiettivo per cui si era creato il testo da tradurre.

La valutazione della traduzione porta l'insegnante a dover gestire tanto gli errori quanto ciò che di buono è stato realizzato e quindi rende questa tipologia di verifica relativamente soggettiva.

Inoltre, se da una lato la traduzione promuove una riflessione attenta sulla lingua e un'applicazione consapevole di quanto appreso, dall'altro incoraggia l'uso della madrelingua e quindi aumenta i rischi connessi all'interferenza e all'interlingua.

Composizione

Si tratta di un'altra tecnica molto popolare, ma che comporta seri rischi e valuta solo parzialmente la competenza linguistica e comunicativa essendo legata unicamente all'abilità della produzione scritta.

Innanzitutto se lo studente viene chiamato a produrre uno scritto di qualsiasi genere, occorre che durante il percorso didattico gli sia stata insegnata la tipologia di testo da produrre: scrivere un articolo di giornale non è come scrivere un riassunto, una lettera o una ricetta di cucina.

Tuttavia, il tempo risparmiato nella preparazione di un *test* basato sulla composizione rende questa tipologia economica per il docente, ma solo nella prima fase in cui deve "solamente" produrre un tema, un soggetto su cui far scrivere la composizione.

Nella fase della valutazione le insidie che essa nasconde sono enormi: se i criteri adottati puntano alla maggior oggettività possibile, la correzione diventa complessa e se invece essa avviene in modo meno rigoroso, i rischi di incorrere in effetti quali quelli descritti sopra (effetto di alone, Pigmalione, aspettativa, ecc.) sono notevoli.

Test performativi

In questo caso allo studente viene richiesto di eseguire un compito seguendo delle istruzioni che possono portare a un'esecuzione linguistica o non verbale, come nel caso di compiti che prevedono una risposta di tipo fisico (risposta a richieste di azioni fisiche: *Indica un compagno di classe con gli occhi azzurri*) o operativo (fare un disegno).

Questo tipo di *test* può essere applicato per la verifica della comprensione scritta e orale.

È anche possibile creare istruzioni basate sulla funzione, sull'atto comunicativo come nel prossimo esempio: viene fornita una sequenza di istruzioni che vanno a comporre una conversazione e lo studente deve tradurre le istruzioni così formulate in espressioni linguistiche in inglese (si veda la tabella).

In una classe monolingue questo tipo di *test* può risultare utile se vi è la possibilità di utilizzare la madrelingua degli studenti, mentre in un contesto plurilingue o di non conoscenza della lingua della classe da parte dell'insegnante, questa tipologia non può funzionare.

Infatti, è ovvio che lo studente principiante non sia in grado di affrontare la prova se si trova di fronte a istruzioni come quelle dell'esempio che segue, date necessariamente in italiano perché unica lingua in comune tra tutti membri della classe.

Alla stazione

Passeggero: saluta	
	Impiegato: saluta
P: chiede un biglietto per Roma	
	I: chiede di descrivere il biglietto desiderato
P: lo descrive	
	I: comunica il prezzo
P: paga e chiede informazioni sul prossimo treno in partenza per Roma	
	I: dà il resto e le informazioni richieste
P: ringrazia e saluta	
	I: saluta

Cloze

E' una tecnica che ha riscosso molto successo da quando è stata applicata all'insegnamento della lingua straniera.

Nella sua forma più pura si tratta di un testo dal quale viene solitamente eliminato circa il 15% delle parole con una scansione fissa: una parola ogni sette, indipendentemente dal tipo di parola.

Il testo che viene somministrato allo studente risulterà incompleto e lo studente dovrà far ricorso non solo a conoscenze di tipo linguistico, ma anche alle sue strategie di inferenza, alla sua capacità di cogliere aspetti non linguistici legati al paratesto, al contesto, ecc.

Le parole possono poi essere indicate non in ordine e in numero anche maggiore rispetto agli spazi da completare, in modo tale che lo studente scelga tra le opzioni fornite.

Oppure lo studente dovrà autonomamente decidere cosa inserire negli spazi vuoti senza altro riferimento se non le proprie conoscenze e il testo del *cloze*.

In altre versioni, meno pure, il *cloze* viene creato eliminando le parole in modo mirato, ad esempio gli articoli o le preposizioni. Si tratta in questo caso più di un'attività di completamento che non di un *cloze*.

Il *cloze*, oltre a essere una tecnica abbastanza oggettiva, è semplice da preparare e da correggere; a volte, però, all'insegnante risulterà difficile decidere se una soluzione possa essere accettata.

12.4 Cosa testare

Conoscere una lingua significa saperla usare per scopi comunicativi. Se si accetta questo assunto che può sembrare banale, ma che in realtà è l'anima dell'impostazione glottodidattica degli ultimi decenni, allora risulterà chiaro che l'attenzione in fase di verifica sarà necessariamente spostata su aspetti di questo tipo, così come durante il percorso didattico.

Questa affermazione può essere valida di per sé, ma occorre altresì tenere presente che la verifica deve rispecchiare le modalità didattiche adottate per l'insegnamento della lingua.

Se un insegnante ha seguito un metodo d'insegnamento di tipo strutturalistico e si è basato su un manuale le cui caratteristiche non hanno nulla che possa richiamare un approccio di tipo comunicativo, risulta ovvio che la proposta che farà per la verifica dovrà essere in accordo con questo stile.

È esperienza di molti insegnanti trovare una certa discrepanza tra la propria impostazione metodologica e i percorsi a cui espone gli studenti da un lato, e dall'altro, le caratteristiche e le tipologie di attività proposte ad esempio dalle certificazioni di lingue straniere promosse in sede europea[16].

Uno sguardo all'impostazione delle certificazioni può, tuttavia, fornire alcuni elementi di base indispensabili per inquadrare nell'attualità il discorso della verifica.

Gli esami di certificazione valutano tutte e quattro le abilità linguistiche primarie: l'ascolto, il parlato, la lettura e la scrittura.

I compiti mirano a valutare le capacità degli studenti nell'usare la lingua in maniera pratica nei contesti più vari e l'efficacia della comunicazione, a seconda delle caratteristiche linguistiche e culturali delle situazioni create.

Lo studente viene dunque valutato sia in termini di capacità comunicativa (l'adeguata risposta al compito) e adeguatezza pragmatica (il

[16] Si vedano i lavori sui *Livelli soglia* e per un riferimento più aggiornato il Quadro di riferimento europeo per l'insegnamento delle lingue sempre promosso dal Consiglio d'Europa (Council of Europe, 2001 [2002]).

registro e i contenuti), che in termini di competenza linguistica (grammatica, lessico, pronuncia e intonazione).

Quindi, lo studente viene valutato rispetto alla sua capacità di interazione, al suo saper fare con la lingua.

La suddivisione è per livelli che rispecchiano la progressione del Quadro Comune di Riferimento[17].

[17] Rappresentazione globale dei tre livelli di riferimento. Presentiamo il testo nella traduzione italiana contenuta nel progetto *Lingue 2000*, istituito dall'allora Ministero della Pubblica Istruzione con i fondi messi a disposizione dalla legge 440/97. L'originale si trova nelle versioni inglese e francese del *Framework* Cap. 8.4.3, Tabella 6.

Livello Base	A1	Comprende e usa espressioni di uso quotidiano e frasi basilari tese a soddisfare bisogni di tipo concreto. Sa presentare se stesso/a e gli altri ed è in grado di fare domande e rispondere su particolari personali come dove abita, le persone che conosce e le cose che possiede. Interagisce in modo semplice purché l'altra persona parli lentamente e chiaramente e sia disposta a collaborare.
	A2	Comprende frasi ed espressioni usate frequentemente relative ad ambiti di immediata rilevanza (Es. informazioni personali e familiari di base, fare la spesa, la geografia locale, l'occupazione). Comunica in attività semplici e di routine che richiedono un semplice scambio di informazioni su argomenti familiari e comuni. Sa descrivere in termini semplici aspetti del suo background, dell'ambiente circostante sa esprimere bisogni immediati.
Livello Autonomo	B1	Comprende i punti chiave di argomenti familiari che riguardano la scuola, il tempo libero ecc. Sa muoversi con disinvoltura in situazioni che possono verificarsi mentre viaggia nel paese in cui si parla la lingua. E' in grado di produrre un testo semplice relativo ad argomenti che siano familiari o di interesse personale. E' in grado di descrivere esperienze ed avvenimenti, sogni, speranze e ambizioni e spiegare brevemente le ragioni delle sue opinioni e dei suoi progetti.
	B 2	Comprende le idee principali di testi complessi su argomenti sia concreti che astratti, comprese le discussioni tecniche nel suo campo di specializzazione. E' in grado di interagire con una certa scioltezza e spontaneità che rendono possibile un'interazione naturale con i parlanti nativi senza sforzo per l'interlocutore. Sa produrre un testo chiaro e dettagliato su un'ampia gamma di argomenti e spiegare un punto di vista su un argomento fornendo i pro e i contro delle varie opzioni.
Livello Padronanza	C1	Comprende un'ampia gamma di testi complessi e lunghi e ne sa riconoscere il significato implicito. Si esprime con scioltezza e naturalezza. Usa la lingua in modo flessibile ed efficace per scopi sociali, professionali e accademici. Riesce a produrre testi chiari, ben costruiti, dettagliati su argomenti complessi, mostrando un sicuro controllo della struttura testuale, dei connettori e degli elementi di coesione.

12.5 Prima, durante e dopo il *test*

Prima di leggere questo paragrafo, dedichi un paio di minuti a pensare a quali attività il docente compie prima, durante e dopo la verifica.

12.5.1 Prima del *test*

Come abbiamo visto, l'azione didattica dell'insegnante determina la scelta del tipo di *test*, sia esso una verifica sommativa o formativa, ma alcuni atteggiamenti e accortezze da parte del docente possono influire in modo rilevante sul risultato a prescindere dalla tipologia di verifica adottata.

Alcune scadenze di verifica sono annunciate con largo anticipo, come ad esempio gli esami di stato. Anche le verifiche di progresso dovrebbero essere comunicate agli studenti con un certo anticipo e il tempo che intercorre tra la comunicazione e la data del *test* dovrebbe essere in parte impiegato per preparare gli studenti ad affrontare il *test*.

I contenuti che si vanno a verificare non dovrebbero essere misteriosi: gli studenti dovrebbero essere consapevoli di quello che dovranno preparare e conoscere la tipologia di *test* che sarà somministrata.

Nella preparazione del *test*, le scelte che il docente deve fare non sono semplici, ma riguardano parecchi aspetti: cosa, quanto, come verificare; lo scopo della verifica; possibilmente la sperimentazione del *test* preparato, con il fine di raggiungere la stesura più valida possibile.

Inoltre, occorre a priori pensare a come misurare il *test*, a quanti punti attribuire alle singole componenti, decidere se rendere espliciti, come auspicato, i criteri di misurazione, pensare al tempo necessario per l'esecuzione del *test* e possibilmente indicarlo sul testo della verifica perché lo studente si orienti meglio durante lo svolgimento del *test*.

12.5.2 Durante il *test*

L'atmosfera che si respira durante la verifica è un elemento fondamentale per la buona riuscita della prova.

L'insegnate può decidere che cosa suggerire allo studente per farlo sentire a proprio agio, cosa ricordare in merito al funzionamento del *test*, a come sarà valutato, ai tempi della verifica.

Potrà decidere quali interruzioni concedere agli studenti singolarmente, sempre che non debba sottostare a regolamenti a lui esterni.

C2	Comprende con facilità praticamente tutto ciò che sente e legge. Sa riassumere informazioni provenienti da diverse fonti sia parlate che scritte, ristrutturando gli argomenti in una presentazione coerente. Sa esprimersi spontaneamente, in modo molto scorrevole e preciso, individuando le più sottili sfumature di significato in situazioni complesse.

Tutte le azioni e le attenzioni dell'insegnante saranno tese a creare la possibilità di una riuscita per tutti gli studenti, pur garantendo la validità del *test* stesso.

Si tratterà, dunque, di aiutare gli studenti, magari nella comprensione delle istruzioni, piuttosto che nell'analisi e trattazione dei contenuti.

Questo in linea di massima, ma non va dimenticato che a volte un piccolo aiuto che può invalidare un singolo elemento dell'esame può costituire la chiave per sbloccare lo studente in difficoltà.

12.5.3 Dopo il *test*

Il dopo *test* non presenta solo il momento della correzione; eccone alcuni altri[18]: l'attribuzione dei punteggi; la scelta (se non avvenuta in precedenza) e l'applicazione della scala valutativa; l'elaborazione della media di ogni singolo *test*; l'eventuale integrazione del punteggio attraverso elementi valutativi di tipo soggettivo se previsto o necessario; la comparazione dei risultati dei singoli membri della classe; la valutazione dei parametri adottati e l'eventuale modifica dei livelli, la soglia di sufficienza ad esempio; l'eventuale confronto con i risultati ottenuti in precedenza o da altre classi con lo stesso *test*; la riflessione su quanto non ha funzionato nel *test* e l'eventuale sostituzione di alcuni quesiti o tipologia di attività; l'analisi della distribuzione dei voti (schiacciati attorno alla sufficienza o distribuiti più ampiamente sull'arco dei voti a disposizione); l'analisi delle ragioni della *performance*, negativa o positiva che sia, della classe e dei singoli studenti.

E poi la riflessione ampia, articolata e attenta sulla fase che segue la verifica, quella del recupero, in particolare se si tratta di valutazioni di progresso e non finali.

[18] Sulla validazione delle prove e l'interpretazione dei risultati con tecniche utili allo scopo, si veda Porcelli (1992, capp. 12 e 13).

Per autovalutarsi

1. Quali meccanismi possono mettersi in atto durante la correzione e la valutazione di una verifica?
2. Che differenza c'è fra valutazione *sommativa* e *formativa*?
3. Che differenza c'è fra prova *oggettiva* e *soggettiva*?
4. Spieghi l'acronimo PACE introdotto da Porcelli.
5. Divida le tecniche per la verifica linguistica in tecniche oggettive e soggettive.
6. Che cosa si testa per verificare la conoscenza di una lingua straniera?
7. Quale comportamento si consiglia di tenere nei confronti della classe prima, durante e dopo il *test*?

Per saperne di più

BACHMAN, L. F., PALMER, A. S., *Language Testing in Practice*, OUP, Oxford 1996.

DAVIES, A., *Principles of Language Testing*, Basil Blackwell, Cambridge (Mass.) 1990.

HEATON, G. B., *Writing English Language Tests*, Longman, London 1988.

OLLER, J. W. (a cura di), *Issues in Language Testing Research*, Newbury House, Rowley (Mass) 1983.

OLLER, J. W., *Language Tests at School*, Longman, Londra 1979.

PORCELLI, G., *Educazione linguistica e valutazione*, Liviana-Petrini, Torino 1992.

LADO, R., *Language Testing: The Construction and Use of Foreign Language Tests*, Longman, Londra 1961.

HYMES, D. "On Communicative Competence", in PRIDE J. B. e HOLMES, J. (a cura di), *Sociolinguistics*, Penguin, Harmondsworth 1972.

CARROLL, B. J., *Testing Communicative Performance*, Pergamon, Oxford 1980.

TAYLOR, W. L., "Cloze procedure: A new tool for measuring reading ability", in *Journalism Quarterly*, 1953.

DAVIS, P. e RINVOLUCRI, M., *Dictation*, CUP, Cambridge 1988.

Appunti su questo percorso

Informazioni utili, meno utili:

....

....

....

....

Parti da rileggere:

....

....

....

....

Osservazioni su questo percorso in relazione ad altri testi:

....

....

....

....

Ricadute e rapporti con l'insegnamento:

....

....

....

....

Altro:

....

....

....

....

Percorso 13

Imparare giocando

Analizzi l'affermazione che segue. È d'accordo?

**Apprendere è una cosa seria.
Quando si impara non si gioca**

13.1 Una metodologia ludica

Usa attività di tipo ludico durante le sue lezioni o le ha viste usare da altri insegnanti? In che modo il gioco si integrava con la normale lezione?

Gioco come riempitivo per alleggerire la lezione o qualcosa in più: una metodologia con caratteristiche specifiche?

L'applicazione di tecniche che mirano a integrare elementi ludici[1] nella didattica della lingua è esperienza diffusa, meno consueta risulta essere invece una pratica che fa del gioco una delle basi su cui impostare la didattica.

La glottodidattica umanistico-affettiva, con l'attenzione al benessere dello studente che la caratterizza, mette l'accento su aspetti di tipo psico-affettivo che si ritrovano nel gioco, quali elementi fondamentali.

Giocando si entra in rapporto con il mondo esterno e, nel caso di giochi non individuali, ci si rapporta con altre persone sulla base di un'esigenza che si traduce operativamente nell'esecuzione del gioco: divertirsi, svolgere un'attività piacevole e allo stesso tempo, spesso, imparare (si pensi al valore che assume il gioco nella scoperta del mondo da parte del bambino).

[1] Per una disamina attenta degli aspetti generali riguardo al gioco si vedano i testi fondamentali di Huizinga (1955) e Bruner et al. (1981), così come il recente Kaiser (2001). Su storia e tecnica dei giochi si veda Dossena (1999).

Si impara perché si apprende o si migliora una tecnica sportiva, ad esempio; si impara ad applicare in modo più efficace quanto occorre per aver successo nel gioco; si impara a conoscere meglio se stessi; si impara ad affinare le capacità di relazionarsi, di interagire in un gruppo.

In un contesto scolastico il gioco porta ad approfondire il rapporto non solo con i compagni, ma anche con l'insegnante.

Il gioco presenta dunque delle potenzialità preziose per l'apprendimento di una lingua straniera, sia nel caso di bambini che di studenti adulti.

Tuttavia se una metodologia ludica per l'insegnamento della lingua straniera è quanto da tempo si raccomanda nel caso della didattica con i bambini[2], meno scontato risulta l'approccio ludico con gli adulti.

13.1.1 Il gioco e gli studenti adulti

Secondo lei, per quale ragione proposte di apprendimento di tipo ludico dovrebbero essere accettate da un adulto, così spesso abituato a tenere separati il mondo del gioco da quello del lavoro e a intendere l'apprendere come attività troppo seria per essere affrontata giocando?

Le ragioni a sostegno di una metodologia ludica sono molteplici (Freddi, 1990; Kaiser 2001; D'Urso et al. 2000): innanzitutto la situazione di stimolante motivazione che in genere si crea attraverso il gioco e che rende l'individuo meglio disposto da un punto di vista affettivo e neuropsicologico all'apprendimento; va poi notato che il gioco si caratterizza per una forte valenza operativa: seguendo e applicando regole precise, chi partecipa deve agire.

Questo ci riporta a uno dei principi fondamentali più volte ricordato: si impara soprattutto facendo.

L'esecuzione di un gioco porta a concentrarsi tanto sul processo per arrivare a sviluppare correttamente l'attività (attraverso il rispetto delle regole, ad esempio), quanto sul risultato: il successo è uno dei motivi che spinge a giocare e che mantiene alta la motivazione, ma più in generale si gioca ricercando un piacere.

Inoltre il gioco consente di creare un livello di coinvolgimento tale da permettere la realizzazione della *rule of forgetting* (Krashen, 1983), secondo la quale una condizione importante da ricercare nell'insegnamento è la perdita di coscienza del processo in atto: si ha una migliore acquisizione se lo studente dimentica durante l'esecuzione di un'attività che sta imparando la lingua e si concentra esclusivamente sullo scopo pragmatico, in questo caso sull'obiettivo del gioco in corso.

[2] Si vedano i Nuovi Programmi per la Scuola Elementare – DPR. 12/2/1985.

Le caratteristiche intrinseche del gioco conducono a promuovere un approccio basato sullo studio di casi e sulla soluzione dei problemi, del cui valore si discorrerà nel paragrafo successivo.

Il gioco nelle sue forme collettive (di coppia o di gruppo) permette di sviluppare modalità di apprendimento di tipo sociale e collaborativo, e allo stesso tempo di creare molteplici occasioni di autentica interazione linguistica.

Il gioco, in ultima analisi, stimola e promuove la creatività e dunque la capacità di trovare soluzioni ai problemi che esso pone. La realizzazione linguistica delle soluzioni identificate e del processo per giungere a esse beneficia di quella positiva carica creativa finalizzata a uno scopo specifico, quale l'esecuzione corretta del gioco, che spesso risulta carente o non viene attivata in situazioni didattiche non ludiche.

Una modalità didattica largamente incoraggiata e stimolata in ambito comunicativo umanistico-affettivo è l'induzione.

Attraverso le tecniche che portano alla scoperta dei meccanismi che regolano il funzionamento della lingua, dei significati dei testi utilizzati e così via si aiuta la modalità destra del cervello ad attivarsi per partecipare al processo d'acquisizione e allo stesso tempo si consolida il ruolo attivo, partecipativo e creativo dello studente, all'insegna di una corresponsabilità nel percorso di apprendimento/insegnamento.

13.1.2 Una didattica basata sul *problem-solving*

In molteplici occasioni, nel corso dei capitoli che compongono questo testo, ci si è soffermati su tematiche legate a un approccio di tipo costruttivistico, basato sul *problem-solving*, quale strumento per promuovere una didattica incentrata non più sul docente, ma sullo studente.

Un percorso dedicato alla didattica ludica ci pare il luogo più idoneo per approfondire il tema. Non è nostra intenzione trattare a fondo questo argomento, ma ancora una volta ci preme solamente dare elementi che permettano una riflessione iniziale e aprano il campo per ulteriori approfondimenti guidati dalla bibliografia fornita.

Alcune tesi fondamentali sviluppate dal costruttivismo (Vygotskij, 1988; Bruner, 1992; Calvani, Rotta, 1999) vedono la conoscenza come prodotto creato, costruito in modo attivo dall'individuo.

Essa deriva da un legame stretto con la situazione concreta in cui si realizza il processo di apprendimento e si costruisce in particolare attraverso la collaborazione sociale e la comunicazione.

Da qui nasce l'esigenza di promuovere le forme di organizzazione didattica e gli approcci metodologici che possono favorire le condizioni in cui il confronto tra studenti diventa lo scopo, in certi momenti primario, per giungere alla creazione di nuove conoscenze; conoscenze che non sono solo basate sull'esperienza individuale, ma anche su una crescita cui il soggetto è condotto attraverso la negoziazione e la condivisione con altri membri del gruppo.

Obiettivo non secondario di questo percorso è rendere metodologicamente autonomo lo studente nell'acquisizione di conoscenze.

Lo studio di casi, il *problem-solving*, così come tecniche tipiche del mondo del gioco quali la simulazione, danno vita a un percorso suddiviso per fasi: la prima porta a formulare ipotesi, la seconda a comprovarle e quindi, terza fase, a sintetizzarle in modo negoziato, per giungere a una possibile soluzione che viene applicata mettendo in pratica le strategie che essa implica e da ultimo si verifica la validità della soluzione. È quanto si suggerisce come sequenza per la promozione dell'apprendimento in chiave costruttivistica.

Un tale approccio offre spunti di riflessione e opportunità di ragionamento critico, mette di fronte alla necessità di trovare strategie per la soluzione di problemi reali, rendendo il contesto in cui si sviluppa l'apprendimento più vivo e concreto.

Nel caso dell'acquisizione di una lingua straniera esso dà origine a molteplici occasioni per creare percorsi basati su un autentico scambio di informazioni, nonché sulla pratica di indispensabili strategie per la comunicazione. Il tutto avviene promovendo modalità collaborative di apprendimento.

Il modello di apprendimento che ne deriva è anche in questo caso, così come già sottolineato per altri aspetti del processo di acquisizione di una lingua[3], di tipo reticolare e non sequenziale e lineare. Non si basa, quindi, sulle proposte di nuclei conoscitivi pre-strutturati da parte del docente, ma la conoscenza è frutto di processi creativi che conducono alla elaborazione e non alla riproduzione delle conoscenze da parte dell'individuo o del gruppo.

Come visto in precedenza, il corretto sviluppo delle fasi che costituiscono un percorso basato sul *problem-solving* risulta determinante. Immagini per un momento di essere genitore di due bimbi piccoli e con il suo partner di dover decidere che cosa preparare oggi per pranzo. Provi a interpretare il percorso che porta a una soluzione sulla base delle fasi indicate sopra.

Se per un momento si pensa a questo schema, trasferendolo ai mille ambiti che costituiscono la realtà in cui le persone operano, risulta evidente che si tratta di un modello che caratterizza nel profondo l'agire umano.

La proposta che si sta descrivendo riguarda il come creare queste condizioni nell'insegnamento di una lingua straniera.

[3] Si veda il percorso 1 dedicato ai *Modelli operativi*.

13.2 Le caratteristiche dei giochi didattici

Se si cerca di rintracciare le caratteristiche fondamentali dei giochi che si possono applicare a fini didattici, emergono alcuni elementi:
- ci sono delle regole in numero diverso a seconda del tipo di gioco e della complessità cui si vuole dare origine;
- si tratta di attività chiuse, che presentano un inizio e una fine, ma di durata variabile;
- hanno un obiettivo specifico;
- coinvolgono i partecipanti creando un clima di sfida con se stessi e nei confronti degli altri;
- presuppongono *performance* che possono essere di tipo linguistico e/o extralinguistico.

13.2.1 L'insegnante

Di solito i giochi hanno bisogno di un giudice, un arbitro e questa è la funzione principale che spetta all'insegnante quando non partecipa egli stesso al gioco. Si tratta di un compito importante che segue la fase altrettanto rilevante della preparazione del gioco e dell'organizzazione dei giocatori in gruppi o singolarmente.

Naturalmente durante lo svolgimento del gioco il docente osserverà anche altri aspetti, sia di tipo linguistico che comportamentale che potranno essere utilizzati per una fase di controllo e correzione finale oppure per raccogliere elementi, ad esempio sulle strategie di interazione dei singoli.

13.2.2 Lo studente

È l'attore protagonista del gioco, ma spesso si tratta di ruoli da coprotagonista in quanto sono numerosi i giochi che si svolgono a coppie, a gruppi, a squadre.

A seconda del tipo di gioco, i partecipanti possono avere tutti lo stesso ruolo o ruoli diversi.

Tutti i partecipanti devono conoscere e impegnarsi a rispettare le regole del gioco, ai trasgressori l'insegnante è tenuto a comminare sanzioni.

13.2.3 Giochi competitivi o collaborativi?

L'elemento competitivo è parte fondamentale del gioco. Può essere una competizione sana, non ansiogena che porta il singolo a misurarsi con se stesso, prima di tutto, e con gli altri.

Tuttavia, il gioco in chiave competitiva può anche risultare un'opportunità per mettere in evidenza meccanismi comportamentali distorti, in cui l'elemento competitivo assume un ruolo negativo.

Non è sempre semplice arginare questi eccessi e soprattutto creare un clima in cui tutti i partecipanti possano misurarsi con le proprie forze e le proprie capacità in chiave propositiva.

Il vero pericolo è che un'attività disegnata per abbassare eventuali filtri affettivi ed eliminare l'ansia possa sortire l'effetto esattamente contrario.

L'impostazione collaborativa del lavoro porta a stemperare eventuali eccessi competitivi dei singoli: l'obiettivo del gioco è perseguito ed eventualmente raggiunto in un clima cooperativo, senza nulla togliere all'elemento della gara che rende il gioco più avvincente.

Le difficoltà legate alla personalità, ad esempio la scarsa fiducia in se stessi, possono essere risaltate da attività di tipo competitivo. In questo contesto le innumerevoli opportunità fornite da una didattica collaborativa forniscono una valida sponda per moderarne gli effetti negativi. Si pensi ad esempio all'importanza che può avere la costituzione di un gruppo ben bilanciato in cui tutti i membri assumono un ruolo basato sulle caratteristiche migliori dei singoli, se nella classe esistono studenti con scarsa stima di sé. Costringere una persona che ha difficoltà a gestire la lingua oralmente a svolgere il ruolo del portavoce del gruppo può essere altamente negativo, mentre esaltare le doti di questa persona apporta un'iniezione di fiducia per l'individuo e insegna a operare in modo collaborativo in un gruppo.

Il fine ultimo di un percorso di educazione linguistica, come più volte sottolineato, non può essere, comunque, la sola padronanza della lingua oggetto di studio e degli elementi culturali, ma l'acquisizione anche di strategie di apprendimento, di abilità di studio, di capacità di interazione che portino a migliorare le caratteristiche dell'individuo.

Conferire a un'attività linguistica di tipo comunicativo o anche a un esercizio sulla forma di matrice strutturalistica l'aspetto di un gioco, di una gara può renderli più motivanti e divertenti e può innescare quei meccanismi (*rule of forgetting*) che agevolano l'acquisizione spontanea.

13.3 Quando usare i giochi in classe

Non tutti i giochi si addicono a una fase specifica dell'UD o dell'unità di apprendimento.

Nella fase iniziale della globalità un gioco che presuppone un uso creativo di elementi linguistici che saranno acquisiti nel corso dell'unità e che sia condotto liberamente a coppie o in gruppi non sotto la guida esperta del docente crea certamente dei problemi. In questo caso, per rispondere alle regole del gioco, gli studenti sono chiamati a eseguire dei compiti che implicano *performance* per le quali essi non possiedono gli strumenti linguistici.

Anche giochi che per caratteristiche intrinseche sono più guidati e controllati come ad esempio una tombola fatta su elementi lessicali specifici possono non risultare idonei in una fase iniziale dell'unità. Una tombola con i numeri fino a cento in una classe che affronterà questi aspetti nel corso dell'unità risulta inappropriata nella fase della globalità, ma più che idonea in momenti successivi anche come strumento di valutazione.

Lo stesso gioco della tombola utilizzato nella fase della motivazione può essere inserito tra le tecniche per ripassare elementi acquisiti in precedenza o per elicitare conoscenze che fanno parte del bagaglio culturale degli studenti. In questa fase l'elemento ludico può contribuire a creare la giusta atmosfera per poi procedere alle fasi successive dell'unità.

Il caso della tombola è solo uno dei numerosi che si possono citare. Alla base della scelta da parte del docente ancora una volta vi è la riflessione su molteplici aspetti di tipo metodologico e affettivo.

In altre occasioni durante la lezione può risultare opportuno ridurre la carica giocosa che un'attività porta con sé: se una classe sta facendo fatica a riflettere su un aspetto di tipo strutturale perché distratta, per mille motivi, da un clima che porta a una scarsa capacità di concentrazione, spetterà all'insegnante optare per attività che conducano a ragionare in modo conscio sugli obiettivi linguistici.

Ogni attività di tipo ludico mette in moto una forma di interazione che va, di volta in volta, considerata in funzione del momento dell'unità in svolgimento ed è questo uno degli ambiti della riflessione metodologica dell'insegnante durante la fase della preparazione della lezione.

Altri aspetti da prendere sempre in considerazione sono la durata dell'attività ludica proposta; il formato, cioè se si svolge individualmente, a gruppi, a squadre, ecc. e quindi l'organizzazione logistica della classe; il ruolo dell'insegnante e dei singoli studenti che essa prevede; i possibili problemi che essa può indurre sia da un punto di vista linguistico che organizzativo e relazionale per i meccanismi d'interazione tra gli studenti che l'attività prevede; il carattere collaborativo o competitivo del gioco; l'impatto su studenti di diverse culture.

Una riflessione su questi punti in particolare, sulle caratteristiche degli studenti e sui loro bisogni permette all'insegnante di entrare in classe non solo munito di una bella attività giocosa, ma di poterla mettere in pratica con migliori possibilità di successo: nulla va lasciato al caso prima della lezione; gli elementi casuali ed estemporanei possono sorgere durante la lezione e in quel frangente tocca al docente renderli compatibili con i propri obiettivi.

Osservi lo schema seguente per la preparazione di un'attività ludica. Aggiungerebbe qualcosa?

Titolo:
Livello:
Durata:
Conoscenze necessarie:
Problemi possibili:
Organizzazione dei giocatori:
Organizzazione dello spazio:
Materiali necessari:
Descrizione:
Alternative:

13.4 Come costruire attività didattiche ludiche

Dalla motivazione alla valutazione, ogni momento può essere buono per inserire un'attività ludica soprattutto quando, come abbiamo visto nei paragrafi precedenti, l'impostazione metodologica generale è fondata sui principi che formano l'ossatura delle attività di tipo ludico (approccio per soluzione di problemi, studio di casi, apprendimento collaborativo, ecc.).

Le numerose pubblicazioni a carattere pratico che in questi anni editori di tutto il mondo hanno messo in commercio rispondono in modo soddisfacente alle esigenze degli insegnanti di lingua[4], tuttavia ci pare

[4] A titolo esemplificativo per l'insegnamento dell'italiano quale lingua straniera citiamo Mollica (1995); Prange et al. (1997); Balboni (1999c). Repertori di attività ludiche sono contenuti in numerosi testi di glottodidattica, citiamo qui Freddi (1990) e Gotti (1986) che forniscono strumenti utili per una riflessione generale, ma soprattutto per l'insegnamento della lingua straniera a bambini, ambito questo non trattato negli altri tre testi indicati in questa nota.

opportuno portare l'attenzione del lettore su alcuni accorgimenti che possono permettere al docente di rendersi autonomo nel creare o adattare attività ludiche al contesto didattico della lezione di lingua.

La creazione di un'attività *ex novo*, l'adattamento a fini didattici di un gioco e l'impiego in una lezione comporta diverse azioni che il docente ha la necessità di intraprendere (Rixon, 1981):

- dapprima occorre individuare l'area linguistica su cui concentrarsi in base allo sviluppo della lezione che si sta preparando;
- quindi si analizza lo scopo che si vuole raggiungere e in base a ciò si decide se l'attività ludica dovrà promuovere un'azione rivolta alla comunicazione (tollerando dunque eventuali errori di lingua) o alla correttezza formale;
- il tipo di attività presenterà le caratteristiche indispensabili per rispondere alla scelta del punto precedente: per lavorare sulla correttezza occorrerà optare per un gioco controllato in cui il docente possa intervenire premiando la produzione corretta. Ad esempio un tris o il gioco dell'impiccato si prestano a questo scopo. Nel primo gli studenti sono chiamati a completare uno schema rispondendo correttamente a quesiti che permettano loro di conquistare una casella. Tre caselle conquistate da parte di uno studente o di una squadra fa vincere la gara, da qui il nome *tris*.

X		
0	X	
0		X

Il gioco può essere svolto con elementi di tipo strutturale, lessicale, ortografico, fonologico, ecc. e adattato quindi a numerosi scopi. Il docente è arbitro e guida durante lo svolgimento. Lo stesso avviene nel caso del gioco dell'impiccato, in cui lo studente ha a disposizione un certo numero di tentativi per trovare la risposta corretta. Nell'esempio proponiamo un impiego per fini lessicali. La parola nascosta è *quaderno*. Gli studenti devono chiedere all'insegnante o a un compagno che conduce l'attività se sono presenti certe lettere dell'alfabeto e indovinare il termine. Vince chi lo indovina per primo, ma se nessuno ci riesce con un numero determinato di tentativi tutti perdono.

_ _ A _ _ _ _ _

Nel caso di un obiettivo didattico incentrato sulla comunicazione (*fluency*) un *role play* creativo e libero può rispondere alle necessità del docente.

- La scelta del formato e dell'organizzazione porta a decisioni in merito al tipo di comunicazione e interazione che si stabilisce. Un cruciverba che lo studente deve svolgere da solo risulta essere un'attività ludica individuale e, salvo situazioni in cui l'insegnante assegna un limite di tempo e aggiunge elementi competitivi premiando ad esempio chi finisce per primo, essa non comporta comunicazione, se non nella fase successiva alla fine del gioco in cui si passa alla correzione. Nel caso di un cruciverba da svolgere individualmente le occasioni di vedere sorgere attriti tra i giocatori e aumentare l'antagonismo non sono certo rilevanti, ma nei casi di giochi da svolgere con altro formato (a coppie, a squadre, ecc.) il docente è chiamato a riflettere su questi aspetti e a pianificare le strategie necessarie per prevenire l'insorgere di problemi legati al carattere competitivo delle attività. I percorsi che portano a un corretto sviluppo delle abilità legate alla formulazione di ipotesi, alla negoziazione e all'accettazione del compromesso, tra le altre, possono costituire la base da cui partire.

- Giunti a questo punto è necessario focalizzare l'attenzione sugli elementi linguistici che si desiderano includere nel gioco: può trattarsi di strutture, lessico, funzioni comunicative, situazioni, elementi di civiltà o altro. E quindi occorre riflettere sul modo di inserire le scelte linguistiche all'interno dei meccanismi dell'attività.
- Il passo successivo è la predisposizione dei materiali necessari: scelta di immagini o testi, realizzazione di schemi o disegni, stesura delle regole e delle istruzioni per gli studenti.
- Sarebbe sempre opportuno sperimentare l'attività prima di somministrarla a una classe inserendola nella lezione, ma spesso la prassi didattica porta a utilizzare gli studenti come gruppi-pilota e quindi a esporre i primi protagonisti delle attività didattiche ai rischi che un'attività non testata da autori di materiali può comportare. Tuttavia, se il docente ha saputo creare un percorso didattico coerente e ben congegnato i rischi e le conseguenze di un insuccesso non sono certo alti.
- È sempre simpatico prevedere un premio, una gratificazione finale: su un piano affettivo aiuta a consolidare il legame tra gli studenti e con l'insegnante.

13.5 Insegnare la grammatica giocando

Conosce attività ludiche per l'insegnamento della grammatica? Quali?

È un tema caro agli insegnanti di qualsiasi lingua. L'acquisizione della grammatica considerata a ragione uno dei capisaldi dell'educazione linguistica viene spesso vissuta con un rapporto di amore-odio da parte dei docenti.

Attribuiscono ai percorsi grammaticali poteri quasi taumaturgici e allo stesso tempo temono la reazione degli studenti spesso portati a ritenere demotivante, noioso un percorso basato sulla grammatica.

Questo atteggiamento da parte del docente e degli studenti risulta negativo in quanto da un lato il docente costruisce un percorso non condiviso con la classe, che non parte dall'analisi reale dei bisogni e crea da subito un filtro affettivo che non permette o danneggia lo sviluppo dell'acquisizione.

Dall'altro lato, lo studente che non coglie il valore delle proposte dell'insegnante o che, non imparando quanto necessario, risulta ulteriormente demotivato a causa dell'insuccesso, si pone in una condizione di pericolosa indisposizione all'apprendimento.

Una proposta su cui riflettere è rappresentata da un approccio basato sul giocare con la grammatica: può rivelarsi efficace presentare in forma ludica alcune attività o esercizi di pratica sulle strutture dopo aver condotto un'azione didattica mirante a far scoprire la lingua agli studenti in modo induttivo e quindi a formulare ipotesi con un atteggiamento *problem-solving*.

Ci pare proponibile integrare quando possibile attività di tipo ludico quali momenti di alleggerimento dei percorsi di tipo grammaticale, ma in combinazione con una più generale impostazione che incentivi il più possibile la ricerca di situazioni comunicative, anche durante l'esecuzione di attività grammaticali.

A seguire presentiamo alcune attività esemplificative suddivise per aree.

- *Attività basate sull'information gap*

Queste attività prevedono la realizzazione di situazioni ludiche, prevalentemente competitive, in cui i giocatori hanno la necessità di eseguire dei compiti linguistici (fare domande, predisporre questionari, ecc.) che portino a ottenere le informazioni necessarie per raggiungere l'obiettivo del gioco. Si basano sul vuoto informativo (*information* gap), grazie al quale solo uno o una parte dei partecipanti sono in possesso dell'informazione che lo scopo del gioco li porta a condividere con gli altri. Più realistico risulta questo scambio di informazioni o il desiderio di acquisirle, più stimolante e coinvolgente è il gioco.

Chi sono?: si gioca in coppie; a ogni studente viene attaccato sulla schiena un foglietto su cui è scritto il nome di un personaggio famoso (reale o inventato, contemporaneo o del passato) senza che possa leggerlo. Il compagno con cui svolge l'attività conosce l'identità nascosta dell'altro.

Lo scopo è formulare delle domande con il presente e il passato (passato prossimo, soprattutto) che coprano un ampio spettro di funzioni comunicative (chiedere la provenienza, l'età, il sesso, ecc.). La risposta dovrà essere solamente di tipo *sì/no*.

Vince chi per primo scopre la propria identità. Si può continuare il gioco assegnando successivamente altre identità ai giocatori e creando nuove coppie.

Un giorno nella vita di... È una variante dello stesso gioco che può prevedere sia una fase scritta che una orale.

Si tratta della descrizione di ciò che il personaggio di cui si è assunta l'identità ha fatto ieri (il personaggio nascosto può essere un altro compagno della classe, un personaggio famoso, un insegnante, ecc.). Si gioca a gruppi: uno o più compagni devono cercare di indovinare l'identità di chi sta parlando.

- *Attività competitive*

Molti giochi linguistici possono essere affrontati in un'ottica competitiva o collaborativa.

Spesso si tratta di apportare dei semplici aggiustamenti, lievi modifiche per cambiare la natura del gioco.

Il mangia nomi. L'obiettivo è fare un po' di pratica sugli articoli determinativi con studenti elementari.

A ogni studente viene data una scheda con una serie di circa 20 sostantivi (maschili, femminili, singolari o plurali).

Si gioca a gruppi di tre.

Le regole sono semplici, ma come al solito, per la buona riuscita del gioco, vanno rispettate rigorosamente.

A turno uno studente legge uno alla volta i termini della propria scheda. Quando sentono il termine gli altri due studenti devono prenotare il turno della risposta battendo sul banco con la mano e dicendo allo stesso tempo l'articolo con il sostantivo. Vince chi riesce a prenotarsi più velocemente per la risposta e fornire il più alto numero di articoli corretti. Se uno sbaglia la risposta, il turno passa all'altro.

- *Attività collaborative*

S'io fossi... Questa è un'attività che permette di esercitarsi nell'uso del periodo ipotetico in modo collaborativo mantenendo allo stesso tempo il sapore del gioco.

L'insegnante deve munirsi di foglietti di carta e li consegna agli studenti.

Ogni studente avrà un suo foglietto e quando l'insegnante darà il via, gli studenti scriveranno ognuno una frase che inizi con il *se* + il congiuntivo imperfetto, l'indicativo o futuro, il congiuntivo trapassato a seconda del tipo di periodo ipotetico che l'insegnante intende esercitare.

Poi, finito di scrivere la frase, girano il foglietto e lo passano al compagno alla propria destra che non potrà leggere la frase precedentemente scritta.

L'insegnante dà nuovamente l'ordine di scrivere, ma questa volta si tratta di una frase con l'indicativo presente o futuro, condizionale semplice o composto.

Alla fine l'insegnante ritira i foglietti e legge alla classe quanto è stato prodotto.

Ne escono spesso frasi totalmente assurde e per questo divertenti.

Da un punto di vista del controllo è una buona occasione per correggere collettivamente frasi con strutture del periodo ipotetico.

Questa stessa tecnica può essere applicata in molti altri casi: il "mestiere" dell'insegnante offre tanti qualificati momenti per dar spazio alla fantasia e alla creatività.

Architetti di frasi. Si tratta di un'attività che può essere realizzata sia in modo collaborativo, ma forse è meno divertente, o competitivo.

L'obiettivo è esercitarsi nell'uso dei pronomi, per il nostro esempio, ma si può adattare la tecnica anche ad altre aree grammaticali e sintattiche.

Naturalmente anche l'ordine delle parole nella frase risulta essere un obiettivo dell'attività.

L'insegnante chiede agli studenti di scrivere ognuno venti parole su altrettanti pezzi di carta.

Tra le parole ci saranno cinque pronomi personali atoni e tonici, verbi all'infinito, sostantivi, aggettivi, avverbi, pronomi interrogativi, ecc.

Le concordanze (genere, numero, coniugazione dei verbi, ecc.) possono essere effettuate al bisogno, sostituendo il foglietto con un altro provvisorio recante la giusta forma della parola.

Si gioca in gruppi di quattro. La prima persona che parte mette una parola scelta tra quelle che ha scritto. Poi tocca al secondo e così via: si cercherà insieme di creare frasi con il più alto numero di parole.

Lo scopo è esaurire tutte (o quasi) le parole del gruppo, scrivendo il minor numero possibile di frasi sensate.

Una semplice modifica conferisce un carattere competitivo del gioco: è sufficiente creare all'interno del gruppo due squadre formate ognuna da due persone.

Il primo giocatore e il terzo fanno parte di una squadra, il secondo e il quarto dell'altra.

Questa volta lo scopo è cercare di finire per primi le parole.

Quando un giocatore non riesce a inserire una parola che sia coerente, sia da un punto di vista semantico che sintattico-grammaticale, con la frase che si sta creando deve prendersi tutte le parole utilizzate per quella frase.

La stessa attività può essere fatta oralmente.

Si gioca a coppie. A ogni giocatore vengono assegnate 5 parole, scelte dall'insegnante con un'attenzione duplice rivolta sia agli aspetti linguistici che si stanno esercitando, sia alla necessità di rendere più accattivante il gioco. Ad esempio per un'esercitazione sugli indefiniti, una lista potrebbe essere: *anche, qualche, Giovanni, ognuno, cocomero, e l'altra: anatra all'arancia, nessuno, qualsiasi, ne, Angola.*

Ricevuta la propria lista, gli studenti danno vita a una conversazione estemporanea in cui l'obiettivo è riuscire a inserire le parole assegnate.

Vince colui che riesce a dirle tutte per primo.

Ancora più semplice trasformare quest'attività da competitiva a collaborativa.

Provi ora a trasformare in collaborative attività competitive per l'apprendimento della grammatica che lei conosce[5].

13.6 Simulazioni e giochi di ruolo

Il termine *role play* è entrato nel linguaggio della glottodidattica da diversi decenni e molto spesso anche in italiano si usa il termine inglese.

In realtà, spesso dietro questo concetto si nascondono alcune varianti che è bene tenere divise per permettere al lettore di creare eventuali attività che traggano vantaggio da una molteplicità di tipologie disponibili.

Simulazione, drammatizzazione, role-taking, role-making, role play sono alcuni dei termini che si possono trovare utilizzati in modo indifferenziato.

Non a caso li abbiamo posti in questo ordine: la simulazione è il termine più ampio che comprende gli altri concetti, è il vero iperonimo.

Sulla simulazione si basano molte delle tecniche utilizzate nella didattica delle lingue, in quanto strumento che fin dai livelli più bassi di competenza linguistica e comunicativa dà vita a momenti di interazione: dalla drammatizzazione di un dialogo letto o recitato a memoria, all'assunzione di un ruolo in modo sempre più libero e creativo passando dal *role-taking*, in cui lo studente deve apportare pochi elementi autonomamente, al *role-making*, per giungere al *role play* in cui, data una situazione, lo studente deve calarsi nei panni di un personaggio e compiere una *performance* comunicativa all'altezza del ruolo.

Queste tecniche vengono proposte e utilizzate in modo estensivo e sono entrate ormai nel patrimonio culturale di tutti coloro che, come docenti o come studenti, si sono avvicinati a una lingua straniera, tuttavia alcuni svantaggi della simulazione continuano a costituire un rischio non facilmente evitabile.

Lo studente adulto spesso fa fatica a esporsi direttamente all'osservazione e al giudizio dei compagni di classe; l'esecuzione di un *role play* a gruppi che agiscono contemporaneamente crea rumore ed è di difficile controllo da parte del docente; risulta impegnativo calibrare le attività di simulazione in modo tale da permettere un calcolo corretto dei tempi di esecuzione; l'insegnante assume un ruolo di ascolto per poi passare a una successiva fase di controllo e correzione che richiede molta discrezione per non inibire gli studenti; le dinamiche che si instaurano all'interno delle coppie o dei gruppi che stanno eseguendo una simulazione possono creare difficoltà e il docente è chiamato a gestire con molta cautela la formazione degli accoppiamenti.

[5] Un testo interamente dedicato a attività ludiche per l'apprendimento della grammatica è Rinvolucri (1984). Anche se il libro è specificamente per l'insegnamento della lingua inglese, le attività proposte possono essere adattate ad altre lingue.

Tuttavia, ciò che forse risulta essere il problema di più difficile soluzione è la scelta dell'argomento e della situazione su cui creare una simulazione e la conseguente motivazione degli studenti.

Chiedere a una coppia di studenti di recitare la classica "scenetta" dal salumiere, in un negozio di abbigliamento o in un ristorante fornisce lo stimolo per provare e mettere in pratica strumenti linguistici acquisiti, ma l'alto grado di artificialità che attività di questo tipo comportano rende spesso demotivante il lavoro.

L'introduzione di elementi ludici, in particolare la possibilità di trasformare la simulazione in un gioco, con tanto di obiettivo finale e quindi di possibilità di vittoria, può migliorare la qualità dell'adesione emotiva della classe.

Un esempio di *role play* di questo tipo è l'attività *Architetti di frasi* nella versione orale proposta nel paragrafo precedente.

Il *role play* ben riuscito offre comunque enormi opportunità per la realizzazione di momenti di reale interazione, soprattutto se si riesce a motivare lo studente al punto da indurre la realizzazione della *rule of forgetting*, attraverso la quale lo studente perde coscienza del percorso didattico in atto e si immedesima nel ruolo che sta interpretando, comunicando in modo spontaneo.

Vale la pena di sottolineare che non esiste una tecnica che possa fungere da bacchetta magica, che sia in grado, cioè, di rendere attivi gli studenti, di coinvolgerli in modo consapevole nel percorso di acquisizione linguistica, di far loro raggiungere il giusto equilibrio psicoaffettivo per permettere un lavoro sereno e motivante.

Una tecnica è solamente in grado di promuovere e sostenere un progetto didattico impostato nella sua globalità secondo criteri metodologici che armonicamente portano a tentare di raggiungere questi obiettivi.

Libertà di creazione del ruolo e livello di coinvolgimento degli esecutori sono parametri importanti su cui intervenire in fase di preparazione dell'attività da supportare attraverso idonei strumenti quali le *cue-card*, le schede che forniscono gli stimoli necessari per la realizzazione del *role play* e permettono di creare i vuoti d'informazione indispensabili.

L'aggiunta di regole e di un obiettivo da raggiungere sono ulteriori elementi da considerare per la creazione del *role play*. Per dare un esempio: pensiamo a un'attività incentrata su una situazione frequente già a partire da livelli post-elementari/pre-interemedi, quella del colloquio di lavoro in cui lo studente è chiamato a rispondere o a formulare domande che comportano, tra l'altro, l'applicazione di un'ampia gamma di funzioni comunicative legate alla sfera del personale.

L'obiettivo è assumere un lavoratore in possesso di determinate caratteristiche che nascono dalle esigenze della ditta rappresentata da un direttore del personale e da uno psicologo. Si passa a intervistare una serie di studenti candidati a ottenere il posto. Ognuno è in possesso di una scheda (*cue-card)* con elementi che ne delineano il profilo professionale e le caratteristiche personali e, nel caso dei due addetti alla conduzione del colloquio, con gli obiettivi e le esigenze della ditta. Il docente rivelerà alla fine quale dei candidati era la persona giusta e si valuteranno le scelte dei due addetti alla conduzione dei colloqui di lavoro.

I colloqui di lavoro possono essere effettuati in gruppo facendo interagire i vari partecipanti contemporaneamente, dopo aver suddiviso la classe in gruppi di non più di 5 persone.

Sono molti i giochi che si possono creare sulla base delle schede di ruolo. Si possono creare percorsi di *problem-solving* che portano a scoprire l'assassino, il ladro, l'amante, ecc.

Oppure si può creare una sorta di caccia al tesoro che si potrà risolvere solo attraverso le competenze e le informazioni dei vari partecipanti: ad esempio per la costruzione di una nuova scuola occorrerà prevedere profili diversi, dall'amministratore al direttore, dall'architetto all'ingegnere, dal genitore allo studente, e così via e insieme, sulla base degli elementi in possesso dei singoli, si potrà decidere quale tipo di progetto adottare per la costruzione del nuovo edificio.

La soluzione sarà sempre prevista da parte dell'insegnante, ma quello che importa da un punto di vista delle dinamiche interattive è il processo con cui la classe giunge alle decisioni e la *performance* linguistica per quel che riguarda gli obiettivi legati alla comunicazione in lingua.

13.7 Cruciverba, *puzzle* e affini

Indovinelli, rebus, cruciverba, *puzzle* e altri giochi simili sono entrati da tempo nella pratica dell'insegnamento delle lingue. Se ne trovano sui libri di testo, vi sono libri scritti appositamente per fornire all'insegnante repertori di attività di questo genere (Mollica, 1995; Balboni, 1999c) e oggigiorno su Internet è possibile trovare siti che mettono a disposizione programmi in grado di creare autonomamente e senza sforzo cruciverba e altri giochi.

Gli strumenti a disposizione del docente di lingue si arricchiscono grazie ai materiali cartacei o multimediali che, sebbene non siano stati creati specificamente per l'insegnamento delle lingue, possono essere impiegati in classe con successo.

Le ragioni per cui questo tipo di giochi sembra funzionare nell'apprendimento delle lingue sono da molti anni tema di dibattito e ricerca (Danesi e Mollica, 1998); alla base sta il connubio che contraddistingue qualsiasi tipo di gioco didattico tra piacere e apprendimento. Il risultato è un apprendimento più efficace e in un'atmosfera più adatta: i processi legati al funzionamento della memoria sembrano trarre enorme vantaggio dall'approccio ludico e dalla conseguente impostazione di tipo *problem-solving*, del resto basti pensare al ruolo che il gioco ha nell'apprendimento del bambino (Freddi, 1990).

Nel caso di giochi di tipo enigmistico la lingua è l'oggetto stesso dell'attività e ciò rende più immediata la comprensione della duplice natura di quanto si sta facendo: ci si diverte per imparare e si impara divertendosi.

La naturale creatività dell'essere umano trova in questi, come in altri giochi, uno stimolo rilevante.

Da un punto di vista cognitivo molti di questi giochi sono in grado di attivare parecchie strategie che richiedono un forte impegno da parte dello studente e conducono ad abbinare conoscenze linguistiche ad altre di tipo culturale (si pensi, ad esempio, alle parole crociate o ai rebus).

Ciò permette al docente di trovare in questi giochi ottimi alleati per sviluppare la competenza che Cummins ha definito CALP (*Cognitive and Academic Language Proficiency)* (Cummins, 1984; Baker, 1996; Coonan, 2002).

Quando, durante un percorso didattico e operativamente nel corso di un'attività, vengono chiamate in causa abilità cognitive di ordine superiore (analizzare, sintetizzare, formulare ipotesi, trovare soluzioni, valutare, ecc.) il compito risulta più complesso e la lingua spesso svincolata da un contesto o in presenza di un contesto ridotto. Lo studente, cioè, sarà chiamato a utilizzare le proprie conoscenze e abilità in modo complesso e non potrà concentrarsi esclusivamente sulle questioni relative alla forma della lingua. In sostanza sarà chiamato a fare ciò che normalmente fa quando comunica nella propria lingua madre.

Questo meccanismo che favorisce non tanto lo sviluppo di una competenza scarsamente impegnativa da un punto di vista cognitivo, cioè la BICS (*Basic Interpersonal Communicative Skills*), viene messo in azione anche attraverso altre attività di tipo ludico, ad esempio i giochi di ruolo e le drammatizzazioni.

I campi di applicazione sono numerosi e anche in questo caso non vi è parte dell'UD in cui non si possa inserire un cruciverba o un *puzzle*: dal momento della motivazione, al momento della pratica sulle strutture, sul lessico, sulle funzioni oggetto di apprendimento, alla valutazione.

Un altro elemento che avvicina i cruciverba, i *puzzle* e affini alle altre attività ludiche è la concentrazione su un obiettivo specifico che non è unicamente la corretta realizzazione di un atto linguistico come avviene in tante attività didattiche non ludiche, ma che è costituito dallo scopo stesso del gioco, dove l'esecuzione linguistica risulta per così dire "veicolare", cioè non è il fine principale del momento, pur rimanendo il fine ultimo.

Vi è una differenza saliente, tuttavia, tra i giochi linguistici come quelli basati sul *role play* ad esempio, e i giochi di tipo enigmistico ed essa è data dal diverso grado di interazione prevista dall'attività.

Lungi dall'essere uno svantaggio, questa ridotta carica di interazione crediamo vada letta come una grande risorsa dei giochi enigmistici.

Essi, infatti, possono essere utilizzati in sostituzione o a integrazione di attività di lavoro individuale che spesso non presuppongono la giusta carica di creatività e non risultano piacevoli e divertenti, con possibile danno per la motivazione: è sufficiente pensare alla maggior parte degli esercizi di grammatica o a molte attività per la sistematizzazione del lessico o della fonologia.

Queste attività ludiche sono in grado di variare l'andamento della lezione e quindi di incuriosire lo studente, mantenendo più alto il livello di motivazione.

Venendo a un'analisi delle tipologie di giochi enigmistici normalmente impiegate nell'insegnamento della lingua, esse possono essere suddivise in tre categorie (Danesi e Mollica, 1998):

- giochi basati sulla forma,
- giochi basati sulla trasmissione del significato,
- giochi basati sulla comunicazione.

Al di là di denominazioni tecniche, che in questa sede non interessano, presentiamo alcune tipologie di giochi basati sulla forma tratti dal testo *Rete! 1* (Mezzadri, Balboni, 2000).

A	M	S	K	B	C	L	O	M	A	B	T	R	H	H	I	C	Q	H
B	U	A	S	A	L	I	N	G	A	E	R	C	I	I	M	I	G	I
A	Y	A	R	I	C	A	S	M	I	V	A	R	A	Z	P	S	A	A
I	T	O	B	C	O	M	M	E	S	S	A	V	L	L	I	H	P	P
S	R	E	U	S	T	E	G	C	L	I	B	D	L	L	E	L	X	U
C	E	A	O	O	T	I	L	C	A	S	A	L	I	N	G	A	A	P
F	G	R	N	A	M	E	R	A	J	U	D	I	F	F	A	F	F	T
U	I	E	A	A	A	P	I	N	C	E	M	U	R	A	T	O	R	E
C	O	N	S	I	C	O	M	I	D	R	M	I	U	U	O	R	E	S
E	R	N	E	M	E	D	I	C	O	E	B	V	O	R	U	U	U	I
U	N	O	R	T	L	Z	Z	O	D	G	N	O	T	L	O	V	P	O
P	A	C	A	T	L	R	A	O	I	A	N	O	U	Q	U	T	T	M
N	L	O	S	I	A	I	L	E	R	E	R	N	O	S	T	E	K	F
C	A	M	E	R	I	E	R	E	I	O	Z	U	S	C	X	O	S	I
A	I	T	P	T	O	H	U	A	D	F	Z	B	L	N	E	R	I	C
G	O	Q	F	B	V	I	I	C	F	G	W	M	K	P	D	T	O	A

Quest'attività si realizza nascondendo le parole all'interno di uno schema in cui per ogni riga o a righe sfalsate, in orizzontale o in verticale, ma anche diagonalmente, si nascondono, tra le tante lettere, delle parole.

Lo studente ha il compito di ricercare i termini sulla base di indicazioni che gli vengono fornite. In un riquadro si possono trovare le parole da cercare, oppure ci si può muovere partendo da una generica consegna come in questo caso "Trova i lavori".

Un'altra possibilità è quella di abbinare al testo scritto un momento visivo, fornendo allo studente delle immagini di oggetti il cui nome viene individuato all'interno dello schema. Una combinazione analoga è attuata nell'attività seguente.

Per l'insegnamento della grammatica possono essere numerose le proposte, qui ne presentiamo due incentrate sulla forma.

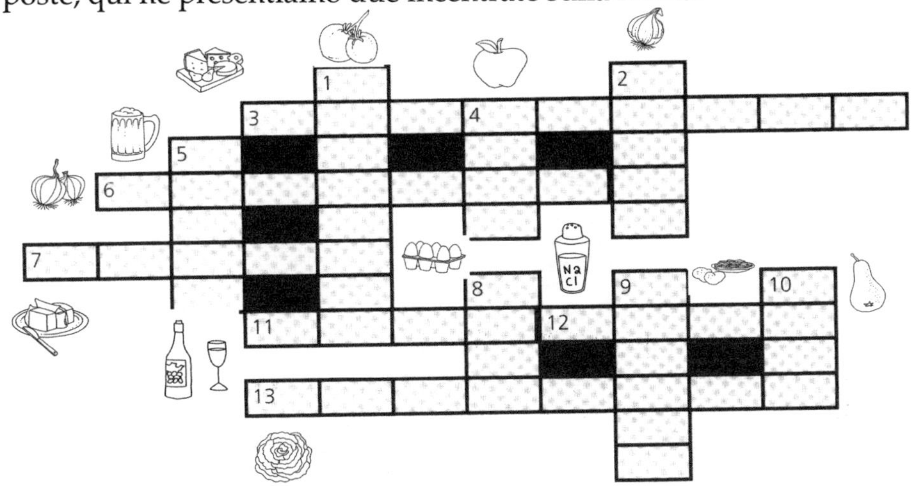

Participi passati.
Inserisci i participi passati dei verbi.

Orizzontali	Verticali
3 Leggere	1 Fare
5 Chiudere	2 Bere
7 Svegliare	4 Chiedere
10 Rimanere	6 Salire
12 Vincere	8 Lavare
13 Dire	9 Piangere
	11 Avere

Che strano piacere!

Il verbo piacere provoca uno.. spiacevole problema: una C oppure 2? Completa lo schema:

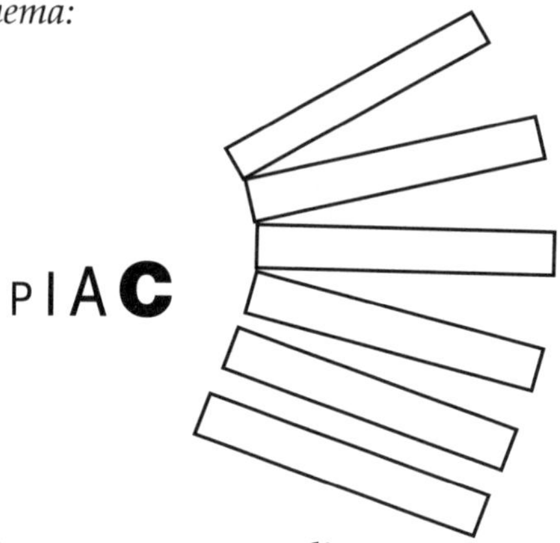

Dello stesso genere sono gli anagrammi (mmartiacag = grammatica), i crittogrammi (_ o _ _ v _ _ _ _ _ _= motivazione) oppure vari schemi che portano a giochi logici di inclusione o esclusione.

Cosa manca?

Tutti	???????
Tutto	Nessuno

Trova i due numeri che non c'entrano.

Uno	Tre	Cinque	Otto	Undici	Quindici	Diciassette	Diciannove

Queste due attività ci conducono a giochi logici per i quali portiamo un esempio ideato da A. Mollica (1992), il quale propone un gioco basato sul significato che si sviluppa come segue.

Il giovane Marco Ferrara ha chiesto una raccomandazione a Carlo Rossi, Mario Bruni, Paolo Moretti e Gianni Martino. Purtroppo non ricorda quale professione esercitano (avvocato, architetto, chirurgo, ingegnere). Sa che...

1. Mario Bruni è più anziano dell'avvocato e dell'ingegnere.
2. Il chirurgo cena sempre da solo.
3. Mario Moretti cena spesso con Gianni Martino.
4. Il più anziano è anche il più ricco.
5. Carlo Rossi cena spesso in compagnia dell'avvocato e dell'ingegnere.
6. Gianni Martino è più anziano dell'avvocato e dell'ingegnere.
7. A Mario Bruni non piacciono le attività sportive.

Sapreste dirgli quale professione esercitano questi quattro signori?

Per la soluzione può essere utilizzato il seguente schema.

	Avvocato	*Ingegnere*	*Chirurgo*	*Architetto*
Mario				
Paolo				
Gianni				
Carlo				

Il terzo tipo, quello dei giochi che coinvolgono la comunicazione o meglio l'interazione è il più frequente, in quanto è abitudine ormai consolidata ricercare in un approccio ludico la possibilità di creare situazioni comunicative, in cui si possa sviluppare, nel modo più spontaneo possibile, l'interazione tra studenti a livello sia linguistico che extralinguistico.

La ricerca di uno scambio comunicativo può essere applicata anche a giochi di tipo enigmistico in diverso modo: si può ad esempio vincolare il turno di gioco di un partecipante alla corretta realizzazione di un atto comunicativo.

Nel caso di una *performance* scorretta il giocatore perde il turno. Oppure nel caso di un gioco basato sulla soluzione di un problema (ad esempio un indovinello), si può procedere a creare una serie di indizi che vengono forniti ai partecipanti in modo differenziato attraverso delle *cue-card*.

In questo modo lo svolgimento del gioco, che consiste nel trovare la soluzione all'indovinello, si esplica in modo collaborativo con la promozione dell'interazione tra i partecipanti.

13.8 La multimedialità e il gioco didattico

Uno dei termini che in questi ultimi anni si sono diffusi con notevole successo è il neologismo inglese *edutainment*, frutto della combinazione delle parole *education* e *entertainment*.

È un concetto che in un'ottica umanistico-affettiva suscita curiosità e interesse: fondere *education* e *entertainment* ci riporta a uno dei principi di base della glottodidattica, che in un motto potrebbe essere sintetizzato con un efficace "si impara se si prova piacere".

Il termine *edutainment* è strettamente legato al mondo della multimedialità e alle possibilità rese attuali dalla commercializzazione su vasta scala di *personal computer* in grado di gestire le informazioni non solo in modo testuale, ma anche attraverso immagini, fisse e in movimento, e suoni.

A ciò si aggiungono le potenzialità che l'ipermedialità, caratterizzata da un alto grado di interattività, consente.

Il campo, dunque, non viene lasciato allo strapotere dei videogiochi e di altre forme di intrattenimento avulse da un contesto educativo, ma vengono creati strumenti che, cogliendo aspetti tipici di questo mondo, coniugano la natura del gioco a quella dell'apprendimento/insegnamento.

Giocare per imparare attraverso le nuove tecnologie non solo è oggi possibile, ma è diventata pratica comune sia dei singoli che delle istituzioni educative e di ampi settori del mondo del lavoro.

In questo paragrafo ci limitiamo a elencare alcune delle possibilità offerte:

- cd-rom: sono numerose le forme di intrattenimento a fini educativi possibili. Si tratta in prevalenza di prodotti di tipo educativo che integrano il gioco ai percorsi didattici proposti, ma che allo stesso tempo fanno dell'impostazione *problem solving* e dell'interazione (che ci rimanda a un altro principio di base: "si impara facendo"), due capisaldi del loro approccio alla conoscenza. Ad esempio, la ben nota enciclopedia multimediale *Encarta* contiene parecchi percorsi ludici finalizzati all'apprendimento che portano a variare il modo di fruire dell'enciclopedia;
- programmi autore[6]: si tratta di programmi multimediali che consentono di sviluppare attività anche di tipo ludico da impiegare nell'insegnamento delle lingue. Essi rendono possibile la creazione di diverse tipologie di attività, dai cruciverba, a attività basate su inclusione ed esclusione; dalla realizzazione di cacce al tesoro, alla predisposizione di quiz. Un esempio in questo senso è dato dal programma *Hot Potatoes*[7] specificamente realizzato per l'insegnamento delle lingue;
- su Internet si trovano innumerevoli siti in cui vengono proposte attività ludiche, sia create apposta per la didattica, sia adattabili a un contesto di classe o fruibili come lavoro autonomo. La strada migliore è cercare queste risorse attraverso un motore di ricerca[8]. Due parole vanno spese per due risorse offerte da Internet che ci riportano ai giochi di ruolo e alle sorprendenti occasioni di interazione che essi permettono di creare. I MOO sono ambienti virtuali che simulano situazioni reali in cui chi entra ha la possibilità di dibattere temi relativi allo scopo del MOO, in un caso molto famoso nell'ambito dell'istruzione si propone la ricostruzione virtuale di un campus universitario in cui chi entra può accedere a varie classi o svolgere attività tipiche[9]. Al momento vi sono alcune limitazioni tecniche che

[6] Per un approfondimento si veda il percorso 14 intitolato *Glottodidattica e tecnologie*.

[7] Il programma è scaricabile all'indirizzo web: http://web.uvic.ca/hrd/halfbaked/ .

[8] Al lettore con poco tempo a disposizione per ricerche in Internet si consiglia come primo assaggio: Gianpaolo Dossena *Enciclopedia dei giochi*, nella versione dimostrativa http://www.utet.com/dossena/default.asp .

[9] SchMOOze University: *http://members.tripod.co.jp/schmooze/ Host: schmooze.hunter.cuny.edu Port: 8888.*

complicano l'utilizzo di queste risorse. I MUD sono giochi di ruolo multiutenti per computer che permettono ai partecipanti di assumere ruoli diversi a seconda del mondo virtuale in cui si trovano a vivere;

- ma forse a livello didattico è la scoperta di Internet, la navigazione nei siti che può dare la possibilità di impostare in modo ludico i percorsi didattici. Con questo intendiamo mettere in evidenza il carattere giocoso che una navigazione basata su un'impostazione *problem-solving* può assumere con i benefici che conosciamo. Un esempio in tal senso può essere dato dall'attività che segue.

Caccia al tesoro in Internet

Questa caccia al tesoro è un'attività che combina aspetti di tipo linguistico e culturale ad altri di tipo tecnico e pratico.
È utile in una fase iniziale in cui sia necessario accertare le conoscenze tecniche, consolidare alcune strategie di apprendimento indispensabili, ecc. Procede per *problem-solving.*
Per poterla eseguire occorre un laboratorio multimediale o comunque diverse postazioni di computer collegate a Internet. In alternativa si può decidere di assegnarla come compito a casa, soprattutto se nell'istituzione scolastica o nel territorio in cui si opera esistono strutture che possano permettere il collegamento a Internet anche a quegli studenti che non dispongono di un computer personale.
Se l'attività viene svolta in classe si ha la possibilità di applicare una metodologia collaborativa: gli studenti possono giocare alla caccia al tesoro in squadre con un massimo di quattro elementi ognuna.
Devono risolvere una serie di problemi per poter arrivare all'obiettivo. Ogni volta che danno una risposta corretta ricevono un nuovo elemento utile alla soluzione o un nuovo quesito.
Pre-requisiti per affrontare l'attività sono le abilità di base di un navigatore in Internet che non abbia acquisito in modo formale e completo le conoscenze necessarie, ma che abbia avuto un percorso da autodidatta. È questa la situazione più comune, crediamo, ancor oggi.
Il docente provvederà a fare un sondaggio tra gli studenti sulle loro conoscenze informatiche in modo da far risultare i gruppi omogenei e spiegherà che, in una logica cooperativa, ogni individuo è in grado di apportare un contributo che può risultare determinante per il gruppo: ci sarà chi metterà a disposizione le proprie conoscenze informatiche, chi le competenze linguistiche, altri daranno una mano sul piano culturale.

Ecco la serie di quesiti che gli studenti ricevono. Per ognuno forniamo una breve analisi delle ragioni che sottendono alla loro formulazione.

1. Trovate l'equivalente in italiano dei seguenti termini: e-mail address, home page, mailing list, browser, web site, search engine.

L'inglese è la lingua dell'informatica. Nonostante molti programmi vengano tradotti anche in italiano, la tendenza è a utilizzare, italianizzandoli in molti casi, i termini inglesi. Questa osservazione può essere fatta dal docente a fine attività. Il primo quesito implica che gli studenti conoscano i termini in inglese, situazione abbastanza realistica visto che ci si rivolge a navigatori in possesso di un'esperienza sufficiente per poter autonomamente compiere ricerche in Internet. Le squadre dovrebbero arrivare alla soluzione trovando e utilizzando uno o più dei numerosi strumenti per la traduzione che si trovano in Internet (glossari, dizionari, siti per la traduzione multilingue, ecc.).

2. Trovate 4 altre tipologie di siti italiani oltre ai *.it*.

Se l'insegnante si rende conto che qualche gruppo è in grossa difficoltà può suggerire l'esistenza di siti che permettono di registrare gli indirizzi (i domini), senza comunque indicarne l'indirizzo esatto.

3. Trovate gli indirizzi di Zucchero *(www.zucchero.it)*, **di Eros Ramazzotti** *(www.erosramazzotti.it)*, **di un sito sulla musica italiana in generale** *(http://musicaitaliana.com)*. **Non potete usare i motori di ricerca.**

Durante questa fase l'insegnante dovrà fare attenzione affinché gli studenti applichino strategie di ricerca che non portino ai motori di ricerca. Ad esempio aggiungendo, dopo il www., direttamente il nome dell'artista seguito dall'indicativo del paese, in questo caso .it.

Quando gli studenti consegnano gli indirizzi possono ricevere il quarto quesito.

4. Trovate gli indirizzi di 3 motori di ricerca italiani.

Vi sono numerosi motori di ricerca: i più noti e utilizzati sono americani. In Italia ve ne sono alcuni che possono essere facilmente trovati cercandoli attraverso un motore internazionale (Yahoo, Google, ecc.). In questo modo gli studenti sono indotti a cominciare a utilizzare i motori come strumenti di ricerca delle informazioni.

5. Scoprite quanto costa comprare online il disco italiano più venduto in questo momento.

6. Scoprite quando è nata Laura Pausini.

7. Trovate il nome di tre artisti o gruppi musicali italiani di Napoli.
In questi tre ultimi quesiti, che vengono dati uno alla volta ai gruppi dopo la consegna della soluzione del quesito precedente, si continua a lavorare sulle strategie di navigazione. La principale conduce all'uso dei motori di ricerca, ma non è detto che sia l'unica possibilità. Gli studenti sono ora liberi di usare tutti i mezzi per giungere allo scopo.

8. Eccoci all'ultima prova. Rispondete ai 3 quesiti e trovate nel web tre immagini che rappresentino le soluzioni.
a) Sono famoso in tutto il mondo. Sono originario di Modena. Il mio mondo è la musica e il canto. Sono un tenore.
b) Canto spesso in inglese, ma con una canzone in italiano ho vinto il festival di Sanremo.
c) Alcuni pensano che io sia ormai vecchio e superato, ma rimango il rappresentante dell'Italia nel mondo. Ad esempio ogni volta che c'è una competizione sportiva internazionale o un atleta italiano vince alle Olimpiadi devono suonare il mio motivo.

Soluzioni: a) Pavarotti, b) Elisa, c) Mameli e l'inno nazionale "Fratelli d'Italia".
Questi ultimi quesiti coinvolgono altre abilità di navigazione, quali l'archiviazione di informazioni testuali (immagini in questo caso) reperite sul web.

Che premio per il vincitore? Proponiamo per tutta la classe, giusto per non alimentare pensieri di tipo competitivo e in un'ottica di collaborazione, un quarto d'ora di canzoni da ascoltare insieme e, perché no, da cantare insieme. Canzoni italiane naturalmente!

Il meccanismo che è alla base della Caccia al tesoro è basato su uno schema a *problem-solving*. Quali altri giochi con approccio simile saprebbe elencare?

E per concludere il percorso: quali giochi per bambini che lei conosce si potrebbero utilizzare nella lezione di lingua?

1. ....
2. ....
3. ....
4. ....
5. ....
6. ....
7. ....
8. ....

Per autovalutarsi

1. Quali sono le principali caratteristiche della didattica ludica?
2. Su cosa si basano le difficoltà nell'introdurre una didattica ludica con studenti adulti?
3. Come si suddivide un percorso didattico basato sul *problem-solving*?
4. In quali momenti dell'UD si possono introdurre attività ludiche?
5. Indichi alcune fasi della costruzione di un'attività didattica ludica.
6. Come si può imparare la grammatica giocando?

Per saperne di più

BRUNER, J. S., JOLLY, A., SYLVA, K. (a cura di), *Il gioco. Ruolo e sviluppo del comportamento ludico negli animali e nell'uomo*, Armando, Roma 1981, 4 voll.

BRUNER, J. S., *La ricerca del significato. Per una psicologia culturale*, Bollati Boringhieri, Torino 1992.

CALVANI, A., ROTTA, M., *Comunicazione e apprendimento in Internet: didattica costruttivistica in rete*, Erikson, Trento 1999.

COONAN, M. C., *La lingua straniera veicolare*, UTET Libreria, Torino 2002.

D'URSO LIGRESTI, L., FAMIGLIETTI SECCHI, M., *Apprendere per gioco e valutare. Fondamenti di didattica ludica*, Edizioni Simone, Napoli 2000.

DANESI, M., MOLLICA, A. "Games and Puzzles in the Second-Language Classroom?", in *Teaching and Learning Languages*, Soleil, Welland 1998.

DOSSENA, G., *Enciclopedia dei giochi*, UTET, Torino 1999, 3 voll.

FREDDI, G., *Azione, gioco, lingua*, Liviana, Padova 1990.

GOTTI, M., *Insegnare le lingue straniere nella scuola elementare*, Zanichelli, Bologna 1986.

HUIZINGA J., *Homo ludens*, Beacon Press, Boston 1955.

KAISER, A., *Genius ludi: il gioco nella formazione umana*, Armando, Roma 2001.

MOLLICA, A., "Visual Puzzles in the Second-Language Classroom." *The Canadian Modern Language Review/La Revue canadienne des langues vivantes*, 37, 3 (March 1981): 583-628.

MOLLICA, A., "Games and Language Activities for the Italian High School Classroom." *Foreign Language Annals*, 12, 5(October 1979): 347-354.

MOLLICA, A., *A te la scelta! Libro primo*, éditions Soleil, Welland 1992.

RIXON, S., *How to use games in language teaching*, Macmillan, Londra 1981.

VYGOTSKIJ, L.S., *Il processo cognitivo*, Boringhieri, Torino 1988.

Appunti su questo percorso

Informazioni utili, meno utili:

....

....

....

....

Parti da rileggere:

....

....

....

....

Osservazioni su questo percorso in relazione ad altri testi:

....

....

....

....

Ricadute e rapporti con l'insegnamento:

....

....

....

....

Altro:

....

....

....

....

Percorso 14

Glottodidattica e tecnologie

14.1 Le nuove tecnologie e l'insegnamento della lingua

Abbini i termini e le espressioni con le definizioni.

1. multimedialità	A) Programmi per *computer* nati espressamente per fini educativi.
2. ipermedialità	B) un testo che non presenta più la struttura tradizionale lineare, bensì di tipo reticolare costituita da nodi che permettono, tramite un *click* del *mouse*, di aprire un altro testo collegato al testo di partenza.
3. programmi autore	C) si associa a una tecnologia che impiega vari *media*, vari modi di trasmettere le informazioni: audio, video, testo scritto.
4. *software* didattico	D) strumenti *software* che forniscono un ambiente di sviluppo per la creazione di applicazioni multimediali e ipermediali da parte dell'insegnante attraverso procedure tecnicamente molto semplici.
5. ipertesto	E) concetto nato dall'evoluzione dell'idea di multimedialità in cui l'utente è posto al centro del processo di interazione con la macchina.

L'insegnamento della lingua straniera ha saputo ricevere e adattare al proprio contesto le maggiori novità tecnologiche nell'ambito della comunicazione: dall'audioregistratore, al televisore, dalla radio al videoregistratore, dal laboratorio linguistico al *computer*.

Dalla metà degli anni '90 le nuove tecnologie (NT) hanno fatto irruzione nella glottodidattica, arricchendone il panorama.

Il dibattito sulla natura e sull'uso delle NT in glottodidattica è ricco di spunti e ha prodotto contributi significativi in ambito italiano (Porcelli, Dolci, 1999; Monti, 2000; Tamponi, Flamini, 2000; Mezzadri, 2001b).

Per molti insegnanti e autori di materiali, l'approccio alle NT non si discosta da quanto per anni ha caratterizzato l'uso di strumenti quali il videoregistratore, cioè supporti didattici che contribuiscono a rinnovare, migliorare, arricchire l'insegnamento, rendendolo più vario e avvincente, ma che in sostanza si adattano e sono subordinati alle logiche della didattica che vengono dettate da altre componenti del processo educativo: l'aula, il docente, il libro di testo, il programma, ecc.

La prospettiva che proponiamo in questo percorso è diversa. Ci si concentra in modo particolare su Internet e i suoi impieghi didattici partendo da un presupposto: le NT permettono al docente di mettere in pratica una serie di principi glottodidattici che già abbiamo più volte affrontato in questo testo, dagli aspetti neurolinguistici, alle dinamiche collaborative per l'apprendimento, dalla promozione delle strategie di apprendimento allo sviluppo dell'autonomia dello studente e della sua centralità, ecc. Le NT offrono l'opportunità di svecchiare l'insegnamento della lingua creando un nuovo ambiente di lavoro pur nel solco della tradizione, cioè innestandosi su un tessuto che è quello dell'approccio comunicativo nella sua dimensione umanistico-affettiva.

È sicuramente una chiave di lettura in parte provocatoria e ambiziosa, soprattutto se si valuta la realtà didattica di molti corsi di lingua. Tuttavia la risposta del sistema educativo ai reali bisogni degli studenti e in ultima analisi la sopravvivenza stessa del docente di lingua passa attraverso la trasformazione del linguaggio, così come dell'ambiente in cui si svolgono i processi di comunicazione.

La distanza tra mondo reale esterno, caratterizzato da una dimensione multimediale e ipermediale sempre più diffusa, e mondo della scuola, dell'università, dei corsi di lingua formali va via via aumentando, con il rischio di non saper più trovare un canale di comunicazione idoneo che faccia intendere gli studenti e il docente o l'istituzione. Un esempio sotto gli occhi di tutti è dato dalla considerazione che oggigiorno la grafica colorata e ricca di immagini, schemi, diagrammi, ecc., nonché realizzatrice di una dimensione meno sequenziale del testo (la pagina scritta dalla prima all'ultima riga senza interruzioni) è quanto chiedono gli studenti e quanto l'insegnante ritiene indispensabile per poter mantenere alta la motivazione degli studenti. Così come la presenza di audio e video a corredo di un testo di lingua è sentita come imprescindibile.

Non si tratta tuttavia di una pura questione estetica[1] ma di un tentativo di risposta al modo di fruire l'informazione del mondo d'oggi.

[1] Si veda il percorso 4 sui materiali didattici e l'articolo "Il libro nella rete: una morte annunciata?" (Mezzadri, 2001c).

È esperienza di tanti insegnanti la sensazione di disagio di fronte alla relativa incapacità e inadeguatezza di molti studenti nell'affrontare compiti che impongono la gestione di testi o attività relativamente lunghi, per i quali pare che la capacità di concentrazione degli studenti non sia sufficiente. Nel mondo dell'informazione "in pillole" anche l'intervento glottodidattico subisce una trasformazione e una parcellizzazione pur nel rispetto dei criteri metodologici adottati[2]

È d'accordo con queste affermazioni?

L'uso delle NT[3]:
- aumenta la motivazione, come si vede dall'intensità e dalla durata del contatto dello studente con la macchina;
- facilita l'apprendimento attivo ed esperienziale, per i contesti concreti e le opportunità di ristrutturazione della conoscenza che introduce;
- attua un approccio centrato sul discente, grazie all'interattività e dunque alla possibilità di scelta;
- promuove l'individualizzazione, in particolare il rispetto degli stili e dei ritmi personali di apprendimento, attraverso la varietà e la flessibilità delle proposte;
- e, in definitiva, realizza un apprendimento più efficiente e produttivo.

Sono affermazioni forti e decise che nel paragrafo seguente si cercherà di giustificare o in parte rifiutare.

14.2 Internet

Le nuove tecnologie, Internet soprattutto, hanno invaso e stanno trasformando il nostro mondo: questo paragrafo affronta i pro e i contro dell'impiego di Internet nell'insegnamento della lingua straniera, i requisiti tecnici necessari, nonché le implicazioni didattiche con particolare riguardo alla definizione dei profili di docente e discente di lingue nell'era dell'informatica.

14.2.1 Vantaggi e svantaggi dell'uso di Internet nell'insegnamento delle lingue

Molti insegnanti che hanno sperimentato l'uso delle nuove tecnolo-

[2] Si veda il percorso 1 sui modelli operativi, in particolare il paragrafo dedicato all'unità di apprendimento.
[3] Mariani (2000).

gie in classe possono dirsi d'accordo con le affermazioni dell'attività precedente.

Tuttavia allo stato attuale la ricerca è ben lontana dal poter affermare che le NT e in particolare Internet sono di per sé un elemento positivo per la didattica; è quindi preferibile affrontare il problema mettendo in risalto tanto gli aspetti positivi quanto quelli negativi.

Internet offre svariate possibilità di sintetizzare e applicare teorie che nella classe di lingua tradizionale fanno fatica a vincere le resistenze consce e inconsce dell'insegnante, dello studente e del sistema formativo in generale.

Crediamo che sia questo il maggior vantaggio, che nella lista che segue viene puntualizzato e arricchito di ulteriori spunti. La lettura di questo paragrafo rimanda, giocoforza, alla trattazione di argomenti di tipo teorico all'interno di numerosi percorsi di questo testo.

- vi sono innumerevoli materiali autentici disponibili che arricchiscono gli strumenti didattici a disposizione offrendo un'immagine fresca e aggiornata della civiltà di un paese e della sua lingua;
- permette di allargare e aumentare le occasioni di utilizzo della lingua in situazioni significative, spostando definitivamente l'attenzione primaria dalla forma al significato;
- permette ricerche virtualmente in qualsiasi ambito;
- permette il contatto diretto con parlanti nativi e la cultura da loro espressa in contesti realmente comunicativi;
- favorisce dinamiche di gruppo di tipo collaborativo;
- sposta il centro della classe dall'insegnante all'apprendente;
- lo studente è visto come individuo e affronta il percorso didattico con i propri stili d'apprendimento, non con le modalità imposte dall'insegnante;
- chiama lo studente ad applicare abilità cognitive di livello superiore sviluppando non solo la competenza BICS, attraverso i contatti interpersonali o attività mirate alle abilità comunicative di base, ma anche la competenza CALP;
- permette di produrre lingua e di procedere con un approccio *problem-solving* che porta lo studente a costruire ipotesi e a verificarle nel corso della comunicazione. Proprio come avviene in situazioni comunicative reali;
- impone una dimensione culturale all'apprendimento linguistico;
- offre occasioni per espandere il lavoro in classe grazie alle numerose risorse, alcune delle quali aumentano la motivazione e generano acquisizione: i giochi, ad esempio;
- può favorire la crescita dell'autostima nell'apprendente se utilizzata da studenti in possesso delle abilità tecniche necessarie e con un livello d'autonomia in crescita o già buono;
- può rendere più attiva la partecipazione dello studente al dialogo educativo con l'insegnante, la classe e gli altri soggetti coinvolti;

- contribuisce a migliorare oltre alla lingua anche le capacità di utilizzo critico delle abilità informatiche;
- incentiva al creatività e la conoscenza di sé e della propria realtà, permettendo situazioni in cui gli apprendenti devono predisporre presentazioni personali, descrizioni del proprio ambiente in modo creativo e comunicativo;
- favorisce i percorsi di apprendimento grazie alla multimedialità e ai meccanismi cognitivi che mette in funzione;
- offre nuove occasioni di acquisizione naturale a persone con meccanismi d'apprendimento basati prevalentemente sulla modalità destra del cervello e con sistemi di rappresentazione prevalentemente visivi e cinestesici;
- rivaluta (almeno in questa fase di sviluppo tecnologico) la scrittura e le sottoabilità ad essa connesse;
- favorisce l'aspetto sociale dell'acquisizione della lingua.

Se molti sono i vantaggi numerosi sono anche gli svantaggi spesso esattamente speculari ai vantaggi:

- predisporre l'ambiente adatto è costoso, sia per quanto riguarda l'acquisto dei computer e delle strutture necessarie, sia per il costo della comunicazione;
- preparare la lezione con utilizzo di Internet può essere dispendioso per l'insegnante in termini di tempo e per la classe o lo studente singolo per l'esecuzione delle attività;
- e quindi è spesso difficile integrare l'uso di Internet in situazioni didattiche che devono fare i conti con il tempo a disposizione, con i programmi, con le tante limitazioni causate dalla condivisione con altre classi degli spazi con accesso alle NT;
- il rapporto tra il classico manuale e i percorsi in Internet può essere difficoltoso se i presupposti metodologici non coincidono, ad esempio se la teoria alla base del manuale promuove più la forma che il significato e la comunicazione;
- studente e insegnante devono adattarsi a ruoli nuovi che sono a volte in aperto contrasto con la loro formazione;
- il tipo di studente richiesto per un efficace utilizzo di Internet nella didattica della lingua deve possedere livelli di autonomia elevati e condividere in maniera cosciente molti presupposti della glottodidattica moderna;
- lo studente e l'insegnante devono possedere un livello discreto di conoscenze tecniche;
- la sovrabbondanza di materiali disponibili genera probabili e frequenti sovraccarichi cognitivi;
- per evitare il sovraccarico cognitivo si richiede un'attenta pianificazione e un costante monitoraggio da parte dell'insegnante;
- vi sono insidie in Internet difficilmente evitabili (siti di dubbia morale ad esempio) che possono scontrarsi con il sistema di valori dell'apprendente e inibire la sua efficienza;

- i problemi derivanti dalla difficoltà di destreggiarsi tra i milioni di pagine *web* disponibili può creare demotivazione e alzare i filtri affettivi;
- problemi tecnici possono insorgere in qualsiasi momento, costringendo il docente a improbabili evoluzioni per poter ricondurre la lezione su un piano didattico corretto;
- la motivazione data dalla novità dell'uso del *computer* è presto superata;
- la valutazione del percorso è difficile. Per l'insegnante solitamente abituato a misurare i progressi degli apprendenti attraverso un prodotto, spesso diventa complicato spostare l'attenzione sul processo in particolare quando incombono necessità di verifiche formali;
- non solo la valutazione, ma anche il monitoraggio del lavoro dello studente risulta difficoltoso. È tecnicamente complicato verificare il tipo di comunicazione che si genera;
- le pagine *web,* così ricche di percorsi multimediali, possono confondere anziché aiutare l'apprendente;
- il testo delle pagine *web* non lineare e sequenziale, ma ipertestuale può favorire alcuni tipi di apprendenti e sfavorirne altri.

Ora si fermi un attimo e rifletta sulle sensazioni che la lettura di questa lista di vantaggi e svantaggi nell'uso di Internet le ha suscitato. Istintivamente cosa prevale in lei: la curiosità per un'applicazione didattica diretta di Internet, una sensazione di paura e rifiuto, ecc.?
Poi provi ad aggiungere qualche altro vantaggio o svantaggio che non abbiamo elencato.

Sono tanti i punti elencati sia a favore che a sfavore dell'uso di Internet nella didattica della lingua e diversi altri potrebbero essere aggiunti. Ciò che appare immediatamente evidente è l'importanza di un forte raccordo tra Internet e la glottodidattica; è questa valenza attribuita a Internet non come semplice strumento didattico integrativo, ma come nuovo ambiente di lavoro che racchiude in sé una serie di conseguenze sulla didattica, foriera di numerosi sviluppi nell'insegnamento delle lingue.

Il *computer* è sì una macchina e quindi di per sé uno strumento, ma la realtà virtuale di Internet è ben di più, è un ambiente di lavoro, di studio, di vita, un ambiente per le relazioni, per il tempo libero.

Queste potenzialità possono tradursi in elementi di enorme utilità per la didattica delle lingue.

14.2.2 L'alfabetizzazione

Per quanto riguarda Internet, essere alfabetizzati significa conoscere gli strumenti necessari per un'efficace navigazione; ma questo non è che il primo passo, anche perché l'analfabetismo di ritorno è in agguato e non si tratta solo di conoscenze dimenticate perché scarsamente utilizzate: nel mondo di Internet il pericolo maggiore si nasconde dietro l'acquisizione solo di strumenti e non, contestualmente, anche di strategie d'apprendimento.

È di fondamentale importanza, infatti, imparare ad apprendere: gli strumenti utilizzati in Internet diventano presto obsoleti e le conoscenze devono essere aggiornate costantemente. Questa capacità di aggiornamento, molto spesso di autoaggiornamento, fa parte dei principi di base dell'alfabetizzazione in Internet e si sposa, come è facilmente intuibile, con i concetti di autonomia del discente già trattati.

Altro campo di sicuro interesse per questa rivisitazione del concetto di alfabetizzazione è costituito dal modo in cui si impara a usare Internet: abbiamo già avuto occasione di notare quanto sia importante far crescere negli studenti capacità collaborative che diventano essenziali anche nel momento stesso dell'apprendimento iniziale.

L'alfabetizzazione tecnica si intreccia, così, ancor più saldamente con le strategie di apprendimento sociale più volte auspicate.

Da un punto di vista tecnico il docente e il discente dell'era di Internet hanno bisogno di conoscenze informatiche di base che consentano loro un impiego proficuo delle NT.

Con la solita, indispensabile attenzione agli aspetti didattici, è necessario tenere in considerazione i filtri affettivi che una scarsa competenza tecnica può far sorgere, così come le dinamiche di gruppo distorte che possono crearsi in situazioni in cui, dopo la prima fase di alfabetizzazione comune, i membri del gruppo non possiedano, tutti, un livello accettabile di conoscenze tecniche, permettendo così l'affermarsi di squilibri nel gruppo e processi che portano alla demotivazione e alla deresponsabilizzazione.

È inoltre indispensabile che l'insegnante possa fungere da costante punto di riferimento, da risorsa tecnica per la classe; non si tratta di auspicare la sostituzione del docente di lingue con un tecnico informatico, ma solo di affermare la necessità di prevedere un profilo per l'insegnante dell'era di Internet che lo descriva quale utente competente delle NT. Un insegnante dunque che possa far ricorso alle proprie risorse tecniche, ma anche a quelle metodologiche, nell'osservazione degli studenti, nella determinazione dei loro bisogni, nella predisposizione delle lezioni e nella gestione della classe, ma anche un insegnante che possa porre rimedio, attraverso risorse didattiche predisposte in alternativa al percorso con le NT, agli improvvisi e purtroppo ancora frequenti problemi tecnici che insorgano.

Da alcuni anni in Europa è stato lanciato un progetto denominato ECDL (*European Computer Driving Licence*), una vera e propria patente per l'uso del *computer* a cui si rimanda per l'approfondimento delle competenze informatiche indispensabili per un utente autonomo ed efficiente dei più comuni strumenti informatici oggi disponibili[4].

[4] Si vedano i siti web: *www.ecdl.com/, e per la versione italiana www.aicanet.it/ecdl.htm* oppure *www.didasca.it*.

14.2.3 Le strategie

Le strategie coinvolte e sviluppate dall'uso di Internet e degli strumenti comunicativi che vi si trovano sono numerose, eccone alcune tra le principali con valore puramente esemplificativo[5]:

• ascoltare, chiarire i significati, coinvolgersi in discussioni autentiche e reali, creare immagini o file sonori, creare documenti, disegnare, dibattere, fare ricerca, fare sondaggi, formulare delle ipotesi, giocare, guardare, intervistare, negoziare, organizzare, paragonare, persuadere, presentare, pubblicare, recensire, relazionare, riassumere, richiedere informazioni, richiedere spiegazioni, simulare, trovare compromessi, valutare.

Per una più comoda applicazione didattica, vale la pena di tentare di tradurre questi dati in competenze per un profilo dell'utente di Internet[6]:

Gli strumenti di comunicazione

Trovare le persone:
sa contattare le persone e predisporre per essere contattato al fine di fare domande, scambiare opinioni e informazioni, chiedere consigli;
sa contattare e interagire con gruppi di persone e comunità virtuali, attraverso vari strumenti per la comunicazione: posta elettronica, liste di discussione, *chat*, ecc.

Questioni pratiche della comunicazione e-mail individuale e di gruppo:
sa collaborare e partecipare a progetti di gruppo con persone con cui condivide gli obiettivi (comunità virtuale).

Comunicazione in tempo reale (sincrona) e differito (asincrono):
sa usare strumenti sincroni quali le *chat room*, *MOO*, sistemi di videoconferenza e di telefonia via Internet;
sa usare strumenti asincroni quali l'*e-mail*, le liste di discussione, le bacheche elettroniche (*web bulletin board*), i *newsgroup*.

Netiquette e problemi legati alla privacy:
sa comprendere le implicazioni legate a problemi di *privacy*, di corretto comportamento in rete, di sicurezza;
sa agire da consumatore informato, critico e responsabile nei confronti della pubblicità e del commercio elettronico.

La lettura

Leggere online:
sa applicare le strategie di lettura necessarie (*skimming*, *scanning*, ecc.);

[5] Si veda Teeler, Gray (2000).
[6] Si veda Shetzer, Warschauer (2000).

sa navigare all'interno degli ipertesti e è in grado di non perdersi nella rete.

Interpretare le applicazioni multimediali:
conosce i concetti alla base dell'ipertesto (i nodi, i collegamenti multimediali, le aree e le parole calde);
sa applicare le strategie necessarie per fruire del testo non in maniera sequenziale e lineare;
sa scegliere strategie e percorsi di lettura;
sa interpretare criticamente gli ipertesti.

La ricerca
Iniziare la ricerca:
sa predisporre le domande che lo portano a inferire e preparare il percorso di ricerca;
sa procedere a una corretta fase di *brainstorming*;
sa delimitare il campo della propria ricerca;
sa immaginare, ricercare e utilizzare le parole chiave per una ricerca efficace attraverso i motori di ricerca.

Trovare informazioni:
sa trovare informazioni attraverso i motori di ricerca o altri sistemi;
sa individuare i siti *web* specializzati che permettono di delimitare la ricerca e assistono nella ricerca (ad esempio siti specialistici per l'insegnamento dell'italiano a stranieri);
sa catalogare le informazioni trovate usando le funzioni "preferiti", "cronologia", le catalogazioni dei motori di ricerca, ecc.;
sa rendere disponibili le risorse per una fruizione *offline*;
sa usare e-*mail*, liste di discussione, *chat*, ecc. come strumento di ricerca attraverso la collaborazione di altri;

Identificare e valutare le fonti:
sa analizzare e valutare la correttezza delle informazioni trovate;
sa determinare l'autorevolezza delle fonti;
sa utilizzare le fonti, citandole in maniera corretta;
sa riconoscere operazioni di tipo commerciale o altro che si basano su tecniche di persuasione;
conosce le questioni relative al *copyright* e alla *privacy* in rete.

La scrittura
Scrivere gli ipertesti:
sa scrivere ipertesti;
sa creare pagine *web*;
sa pubblicare sul *web* costruendo siti con l'aiuto di programmi per la facilitazione del linguaggio HTML;
conosce i presupposti tecnici e grafici che rendono un sito *web* efficace da un punto di vista comunicativo;

sa combinare i diversi media e fonti di vario tipo (sonore, testuali, video, testi sequenziali, lineari e ipertesti);
sa manipolare le informazioni reperite in rete, per riscriverle e adattarle alle esigenze;
sa collaborare con altri a un progetto per via telematica;
sa coordinare un gruppo di lavoro in Internet (competenza più elevata e non essenziale);
conosce e utilizza le regole per citare, utilizzare, collegarsi a materiale in rete, nel rispetto delle regole per il *copyright* e la *privacy*.

14.2.4 L'insegnante ai tempi di Internet

Prima di leggere il paragrafo provi a scrivere una lista delle cinque caratteristiche principali che deve presentare l'insegnante che usa Internet a scopi didattici.

Come sempre quando si è di fronte a mutamenti epocali come quelli che stiamo vivendo, si rischia di perdere la capacità di permettere un'evoluzione dell'esistente e non la sua distruzione. Occorre, invece, tentare di far tesoro di ciò che di positivo l'esperienza passata può ancora offrire al presente.

È il caso di Internet, della cosiddetta *new economy*, del commercio elettronico, ecc. Sembra sempre che ci debba essere una vittima da immolare sull'altare dell'innovazione tecnologica.

Così la stampa su carta (libri o giornali) deve essere sostituita dalle versioni elettroniche via Internet o dai *cd-rom*, *dvd-rom*, ecc., l'apprendimento in classe va sostituito col *computer*, con buona pace dell'insegnante che può realisticamente in quest'ottica cercarsi un altro impiego, in quanto al suo posto opererà un tecnico informatico, un esperto di centri *self-access*.

Che l'insegnante sia una specie in via di estinzione risulta difficile crederlo se si accettano i principi e le riflessioni fatte fin qui in questo percorso. Semmai il contrario: c'è sempre più bisogno di una figura nuova di insegnante in grado di assumere e riassumere in sé ruoli e competenze nuovi.

Molte delle competenze tecniche sono state delineate nel paragrafo precedente, per quelle glottodidattiche si faccia riferimento a tutti i percorsi di questo testo.

Secondo Porcelli e Dolci (1999):

> le nuove forme di insegnamento-apprendimento e l'impiego delle tecnologie hanno un impatto anche sul ruolo dell'insegnante, che non risulta sminuito o addirittura eliminato come alcuni paventano, ma al contrario investito e arricchito di nuove competenze.

Infatti, come abbiamo già avuto modo di osservare, con grande fortuna per la qualità dell'insegnamento, Internet consente meno alibi rispetto alla classe tradizionale.

Un suo utilizzo attento alle dinamiche dell'apprendimento, che dunque non si accontenti del bel materiale reperito *online* o dell'emozione data dall'*e-mail* arrivato alla classe da *partner* all'altro capo del mondo (peraltro elementi fondamentali per alimentare la motivazione di tutti, studenti e insegnante), presuppone competenze tecniche e didattiche, capacità organizzative, di osservazione e gestionali in passato non richieste o comunque non indispensabili.

Il mutato rapporto con lo studente, spesso più paritario e basato da un lato su modalità collaborative di apprendimento e dall'altro sull'insostituibile autorevolezza dell'insegnante, ridisegna il ruolo del docente. Non più un docente detentore della verità assoluta, ma un esperto che accetta e promuove la possibilità di crescere insieme agli apprendenti. Non più dunque il docente come modello unico di lingua e di cultura.

L'impressione che se ne ricava è che le strategie didattiche necessarie, o meglio indispensabili per una didattica che faccia uso delle NT, in realtà non sono diverse in gran parte da quelle auspicabili, anzi imprescindibili, per la moderna classe di lingua in assenza di NT.

Cercando un ordine più o meno cronologico per una immaginaria lezione l'insegnante è colui che

- studia il progetto educativo a cui deve rispondere (il programma, sillabo, ecc.);
- analizza i bisogni dei singoli apprendenti;
- verifica i percorsi da mettere in atto per un apprendimento linguistico e culturale, ma anche in relazione alle strategie d'apprendimento;
- pianifica e organizza la lezione in funzione del processo d'apprendimento;
- gestisce i tempi, i modi e gli scopi del percorso;
- guida gli apprendenti alla scoperta del percorso didattico;
- gestisce l'organizzazione del lavoro di gruppo;
- agisce quale punto di riferimento per le informazioni necessarie a procedere nella lezione o attività; è una sorta di consulente/consigliere; è un *tutor*;
- facilita l'esperienza nel tentativo di far raggiungere i necessari obiettivi didattici, compresi quelli legati all'autonomia del discente;
- monitorizza il percorso, fornendo l'appoggio necessario per giungere agli obiettivi prefissati;
- fornisce appoggio psicologico per abbassare l'ansia e i filtri affettivi;
- fornisce supporto tecnico per non lasciare l'apprendente "in balia" della macchina;
- agisce per mantenere alta la motivazione;
- corregge, dove lo ritiene importante, eventuali errori;
- interviene o si defila a seconda delle necessità didattiche;
- verifica e valuta il percorso formativo;
- predispone interventi di recupero;
- orienta gli apprendenti.

14.3 Gli strumenti

In questo paragrafo vengono presentati alcuni degli strumenti principali offerti da Internet e dalla telematica di cui si può presupporre un utilizzo didattico nell'ambito delle lingue straniere.

Non si tratta in questa sede di fornire le coordinate tecniche per il loro utilizzo, ma solamente di delinearne alcuni tratti fondamentali come base per una più ampia analisi delle tematiche legate alla didattica della lingua e alle nuove tecnologie e per un più completo orientamento dell'insegnante[7].

14.3.1 L'ipertesto

Da alcuni anni un nuovo termine è entrato a far parte prima del linguaggio specialistico informatico e poi di quello comune: ipertesto.

Se comprendere le due parti che compongono la parola è quanto mai semplice, intuirne il significato diventa impresa più ardua.

Da decenni ormai le forme della comunicazione di massa hanno scoperto strumenti e tecnologie di tipo multimediale: il cinema, la televisione, che associano e utilizzano vari *media*, trasmettendo messaggi di tipo sonoro, visivo, testuale.

Con l'avvento del *computer* si sono potute realizzare forme di interattività sempre più sofisticate che hanno permesso l'affermarsi di un nuovo tipo di testo.

Si tratta di un testo che non presenta più la struttura tradizionale lineare, in cui la lettura procede dalla prima all'ultima pagina[8], bensì una struttura di tipo reticolare costituita da nodi ipertestuali, cioè segmenti del testo a cui si accede dalle parole o zone (immagini o altro) dette "calde" che permettono, tramite un *click* del *mouse*, di aprire un altro testo, cioè un documento audio o video, o un testo scritto, ecc. collegato al testo di partenza.

Attraverso questi collegamenti (*link*) si mettono in rapporto i vari blocchi, i vari nodi che compongono l'ipertesto.

Questa struttura permette all'utente-navigatore di crearsi i percorsi desiderati in maniera flessibile, la lettura procede non in maniera lineare e sequenziale, ma in un modo analogo a quello con cui il nostro cervello costruisce i percorsi della conoscenza e che come tecnica di studio trova espressione nelle mappe mentali.

[7] Un testo utile per approfondire aspetti tecnici anche in classe con gli studenti grazie alle numerose attività didattiche che presenta è Farinella, Liborio, Pupilli (1997). Il testo è ancora attuale nonostante queste pubblicazioni rischino di avere vita molto breve a causa della rapidissima evoluzione tecnologica che la nostra epoca registra.

[8] Anche i libri tradizionali possono avere una struttura ipertestuale: le note e i rimandi sono strumenti di tipo ipertestuale, ma la forma dominante resta quella di un testo la cui fruizione deve avvenire in forma lineare.

All'interno degli ipertesti la lettura diviene così più o meno libera e l'utente interagisce e naviga all'interno dei materiali che lo compongono scegliendo percorsi che possono essere anche molto personali, aprendo i testi che più interessano e rispondono allo scopo della lettura; in altre parole andando più o meno consapevolmente alla scoperta del nuovo mondo che l'ipertesto racchiude.

L'autore dell'ipertesto mette a disposizione i materiali, ma più l'ipertesto è ricco di documenti, più diventa difficile per l'autore prevedere il tipo di utilizzo del proprio ipertesto, egli perde il proprio ruolo dominante che il libro tradizionale gli assegnava, in certa misura cede al lettore una parte dei compiti, assegnandogli un ruolo più rilevante che in passato nella gestione della fruizione del testo.

Accorgimenti di tipo grafico e testuale permettono comunque al creatore dell'ipertesto di indirizzare l'utente verso il percorso principale, ma sia chi crea, sia chi utilizza un ipertesto è prima di tutto consapevole che la fruizione individualizzata che esso prevede è una grande risorsa: rispetta modi, tempi e ritmi dell'apprendimento del singolo, contribuisce a sollecitare, se ricco di spunti multimediali, vari modi di recepire l'informazione (visivo, auditivo e anche cinestesico; bimodalità), stimola l'utilizzo di numerose strategie d'apprendimento che rendono più autonomo e attivo il fruitore, prima di tutto in quanto protagonista delle scelte relative al tipo di navigazione all'interno dell'ipertesto.

Una fruizione del testo di tipo lineare è consona al modo di elaborare le informazioni dell'emisfero sinistro del nostro cervello.

L'emisfero destro procede invece per associazioni, non attraverso schemi sequenziali, ma attraverso l'uso di simboli, immagini, senza seguire schematizzazioni rigide.

L'ipertesto può dunque combinare e stimolare l'utilizzo delle due modalità a fini genericamente cognitivi.

L'ipertesto è la forma di *cd-rom* (o *dvd-rom*) e delle pagine di Internet.

Internet è la patria degli ipertesti, il luogo per eccellenza dove trovare innumerevoli esempi di questo tipo di testo, dove l'ipertesto regna sovrano.

14.3.2 Le pagine *web*

Internet è una rete di milioni e milioni di computer collegati tra loro attraverso un sistema non centralizzato, anarchico, al quale si accede da qualsiasi parte del globo, prevalentemente ancora oggi attraverso le linee telefoniche.

La rapidità con cui Internet è cresciuta e sta crescendo ha fatto sì che da alcuni anni questa rete sia il motore di una vera rivoluzione che sta investendo i più svariati ambiti della vita sociale. Da tempo ormai è stato coniato un termine reso in italiano con un neologismo: *cyberspazio*, per definire l'ambiente, il mondo virtuale in cui si lavora, si vive, si passa il tempo libero, si scambiano informazioni e dati, si fa la spesa, si conoscono persone nuove, ecc.

Risorsa di eccezionale importanza a livello didattico e strumento principale per la diffusione delle informazioni in Internet sono le pagine *web*.

Oggigiorno grazie a semplici programmi per la loro creazione, preparare la propria pagina è diventato un fatto di scarsa rilevanza tecnica, anche utenti poco esperti possono riuscirvi senza grandi sforzi.

All'interno di queste pagine costruite con criteri ipertestuali possono essere contenuti documenti sonori, video, immagini oltre naturalmente al testo scritto e ai *link* ipertestuali a altre pagine o a strumenti quali la posta elettronica per esempio.

Una o più pagine *web* compongono un sito.

14.3.3 La posta elettronica

Per scambiarsi informazioni, e non solo per presentarle in rete, la posta elettronica è sicuramente lo strumento più diffuso. La praticità e l'economicità che presenta hanno permesso il suo rapido sviluppo.

Per accedere a questo servizio, anch'esso estremamente semplice da usare, è sufficiente un *computer*, con connessione alla rete che permetta almeno l'utilizzo della posta elettronica e un programma di gestione della posta elettronica.

La loro filosofia di base tuttavia non cambia nonostante il continuo aggiornamento dei *software*: le funzioni principali rimangono quelle legate all'inviare e al ricevere posta in formati comprensibili per il *computer*.

Oltre a messaggi di testo, grazie alle elevate prestazioni dei moderni *computer*, al miglioramento delle linee telefoniche e delle tecniche per comprimere i dati da mandare, è possibile inviare documenti in allegato contenenti immagini, suoni, video, grafica, programmi, ecc.

Per ricevere la posta è necessario essere in possesso di un indirizzo di posta elettronica e di un *computer* collegato a Internet.

14.3.4 Le liste di discussione

La posta elettronica offre non solo opportunità di comunicazione uno-a-uno, ma anche con utenti multipli; è il caso delle liste di discussione, strumenti sorti per permettere di far arrivare messaggi, documenti, materiali, attinenti alle più svariate tematiche alla casella di posta elettronica di una serie di utenti iscritti al servizio. Ad esempio chi fosse interessato a discutere tematiche relative all'italiano insegnato a stranieri potrebbe iscriversi alla lista di discussione creata dall'Università per Stranieri di Perugia Italiano L2; qui potrebbe proporre via e-mail la propria opinione, fare richieste, rispondere a quesiti, ecc. e ricevere ogni messaggio inviato alla lista dagli altri membri. Si costituisce in sostanza una comunità che è tenuta insieme dalla condivisione di un interesse specifico, oggetto della lista di discussione.

Le liste di discussione possono essere moderate da una persona o più persone che fungono da filtro, catalogando i messaggi o selezionandoli in quanto a volte essi possono non essere consoni agli scopi della lista, inoltre stimolano spunti tematici su cui dibattere e più in generale agiscono da punto di riferimento per la lista e i membri. Altre volte le liste non sono moderate e in questo caso gli iscritti ricevono tutti i messaggi inviati alla lista dai membri.

Altre liste non prevedono la possibilità di inviare messaggi agli altri membri, ma funzionano come bollettini elettronici gestiti da ditte commerciali, istituzioni ed enti vari per informare periodicamente gli iscritti. Ad esempio se una persona fosse interessata a ricevere notizie su viaggi turistici offerti a prezzi scontati potrebbe iscriversi alla lista di discussione di diverse agenzie di viaggio, *tour operator*, ecc. che spediscono periodicamente le proposte via *e-mail*.

14.3.5 I *forum*

I forum e i gruppi di discussione sono strumenti simili alle liste di discussione con la differenza che in questo caso gli iscritti non ricevono direttamente i contributi nella loro casella di posta elettronica, ma devono aprire il sito che ospita il *forum* e che tiene in archivio i messaggi inviati.

14.3.6 Le *chat*

Fino a questo momento sono stati presentati strumenti di tipo asincrono, che funzionano, cioè, non in maniera simultanea: colui che invia e colui che riceve il messaggio non hanno, salvo fortuite occasioni di concomitanza, la possibilità di comunicare "in diretta".

Esistono però alcuni strumenti molto diffusi di tipo sincrono: ad esempio la videoconferenza o le *chat* (*chat-room*) dal verbo inglese chiacchierare, in cui gli utenti che hanno aperto una di queste stanze virtuali possono partecipare a vere conversazioni dal vivo con altri utenti in quel momento collegati allo stesso sito.

Per il momento le *chat* funzionano prevalentemente attraverso la trasmissione di messaggi scritti, ma presto la tecnologia permetterà l'estendersi di strumenti di comunicazione vocale.

Le *chat* possono prevedere varie possibilità di comunicazione. In certi casi se l'utente desidera *chattare* in modo riservato con un altro utente, può farlo attivando una semplice funzione prevista da molte *chat* che consente di non essere letti da occhi indiscreti.

Le possibilità che le *chat* offrono agli studenti di lingue sono veramente molteplici e di sicuro interesse in quanto promuovono forme di comunicazione in lingua che possono contribuire al processo di apprendimento.

Non sempre tuttavia le *chat* risultano essere ambienti "sani" e facilmente adattabili ad attività di tipo didattico ed educativo.

14.3.7 La videoconferenza

In un futuro ormai prossimo la tecnologia che permette già a costi tutto sommato contenuti di dotare un *personal computer* di videocamera e di diversi altri strumenti multimediali, nonché dei programmi necessari a gestirli, renderà possibile tornare alle forme di comunicazione orale che già con la diffusione del telefono sono state possibili, aggiungendo alla voce anche le altre componenti che la comunicazione visiva permette.

È l'evoluzione logica delle *chat* di oggi che funzionano prevalentemente attraverso la comunicazione scritta.

14.3.8 MOO e MUD

I MOO sono ambienti virtuali che simulano situazioni reali in cui chi entra ha la possibilità di dibattere temi relativi allo scopo del MOO.

I MUD[9] sono giochi di ruolo multiutenti per *computer* che permettono a molte persone di assumere ruoli diversi a seconda del mondo virtuale in cui si trovano a vivere.

14.3.9 Scaricare risorse dalla rete

Il *download*, cioè la possibilità di scaricare risorse dalla rete è un'altra operazione piuttosto semplice che ad esempio permette di arricchire la dotazione di programmi del *computer* o di accedere a fonti come testi letterari, brani musicali, ecc.

Normalmente si attiva questa funzione seguendo le indicazioni presenti sulle pagine *web* che la mettono a disposizione.

14.3.10 La ricerca nel *web*: i motori di ricerca

Navigare in rete non è complicato, più complesso è riuscire a recuperare le informazioni che occorrono.

A questo scopo i motori di ricerca possono dare una mano. Si tratta di siti il cui scopo principale è catalogare le pagine presenti sulla rete.

Attraverso programmi specifici o grazie alle segnalazioni che giungono a questi motori, le pagine presenti sulla rete vengono costantemente aggiornate e il catalogo, il registro di questi siti si amplia giorno per giorno. Così, spesso, una ricerca che non dà buoni risultati su un motore, su un altro può avere esiti diversi.

Oltre ai motori di ricerca, gli stessi programmi per la navigazione in Internet di cui sono forniti i moderni *computer* permettono di compiere ricerche semplicemente tramite un *clic* del *mouse* su un bottone sempre attivo.

[9] Si veda il percorso 13 *Imparare giocando*.

14.4 Internet e telematica in classe

Prima di leggere il paragrafo pensi a possibili utilizzi di Internet e della telematica in classe.

Posta elettronica, liste di discussione, *forum, chat* e pagine *web* sono gli strumenti che al momento attuale possono essere più o meno agevolmente integrati nella didattica della lingua.

A questi strumenti si aggiunge la didattica a distanza attraverso piattaforme studiate appositamente per dar vita a percorsi formativi utilizzando le NT e le enormi potenzialità comunicative della telematica.

Per contribuire a disegnare orizzonti didattici concreti è opportuno introdurre una breve riflessione sui possibili utilizzi di questi strumenti a titolo esemplificativo.

- La posta elettronica offre grandi vantaggi: permette la comunicazione anche a grande distanza con collegamenti rapidi e poco costosi; dà la possibilità di aumentare il tempo di esposizione alla lingua assegnando ad esempio motivanti attività da svolgere come compiti a casa; permette di andare oltre i temi tipici della classe fornendo l'opportunità di coinvolgere gli studenti in attività di comunicazione reale. Per sue caratteristiche intrinseche i ritmi e i tempi sono dettati dallo studente ed è lo studente che si trova al centro del processo comunicativo e non l'insegnante. Nell'insegnamento della lingua può essere usata come occasione di comunicazione interpersonale in progetti di scambio con studenti di altre istituzioni educative, per comunicare con gli studenti della propria classe o con l'insegnante in modo più personale e riservato. Oppure per interagire con innumerevoli risorse presenti sul *web*;
- le liste di discussione, che presentano molti dei vantaggi della posta elettronica, permettono di creare comunità virtuali coese in cui l'interesse di tutti ruota attorno a un tema o a un ambito specifico. Ad esempio gli studenti potrebbero ritenere interessante iscriversi a liste di discussione che raggruppano studenti di tutto il mondo e partecipare a esperienze di comunicazione *online* non con un solo interlocutore. Esistono poi strumenti *online* per la creazione gratuita di liste di discussione con cui raggruppare la propria classe e permettere occasioni di condivisione di messaggi, al di là delle lezioni in classe. Gli stessi programmi per la gestione della posta elettronica danno la possibilità di creare gruppi destinatari dei messaggi. A volte queste aperture, al di là e al di fuori della classe, possono permettere un rapporto tra insegnante e studenti che rafforza il gruppo e contribuisce a creare quella giusta dimensione di lavoro in linea con un approccio umanistico-affettivo. Gli stessi strumenti sono idonei anche per progetti che investono comunità d'apprendimento distanti, come classi di paesi o località diverse coinvolte in progetti didattici di scambio;

- la partecipazione ai *forum* può permettere di leggere materiale autentico a commento di tematiche che possono essere individuate e inserite nel programma perché ritenute interessanti dalla classe o come ampliamento del lavoro di tipo più tradizionale. Lo sfruttamento a fini didattici di questo materiale permette momenti di interazione e di partecipazione attiva al forum: la classe può inviare al forum un contributo i cui contenuti, così come la forma linguistica, possono essere oggetto di negoziazione all'interno della classe stessa;
- le *chat* possono essere luogo privilegiato di incontri con madrelingua o altri studenti di italiano o di scambio dal vivo con i partecipanti a progetti di scambio internazionale. Oppure luogo virtuale per esperienze di mutuo insegnamento linguistico: uno studente italiano che studia l'inglese potrebbe trovare stimolante dedicare un po' di tempo a *chattare* con uno studente di italiano in Australia, a volte in italiano a volte in inglese[10] e fungere da insegnante di lingua oltre che da interlocutore;
- le pagine *web* sono la risorsa più utilizzata e più manipolabile a fini didattici. Offrono materiale autentico aggiornato e motivante, flessibile e vario. L'insegnante può agevolmente adattarlo alla propria lezione inserendolo in un unità didattica basata su supporti tradizionali quali il libro di testo o costruendovi attorno un intero percorso, un progetto didattico. I temi e le situazioni comunicative che si possono individuare sono innumerevoli.

Spesso la gestione delle pagine *web* obbliga a sforzi creativi che vanno nella direzione di uno sfruttamento del materiale in modo interattivo, associando alla lettura di materiale le possibilità offerte da altri strumenti quali la posta elettronica o le *chat*. In altre parole, la combinazione tra vari strumenti delle NT consente di creare situazioni altamente comunicative e interattive e di evitare un uso troppo tradizionale del materiale che si sceglie in Internet. In un contesto educativo che dispone di strumenti multimediali per la didattica, o in cui gli studenti possono autonomamente accedere alla rete, l'insegnante di lingua che naviga in Internet, trova un sito didatticamente interessante, ne scarica una o più pagine e le stampa per poi fotocopiare il materiale e distribuirlo agli studenti con il fine di lavorarci su insieme in classe applica una procedura didattica che ha in sé qualcosa di anacronistico e di scorretto. Priva infatti la classe di enormi opportunità comunicative e di interazione. Per quanto ben fatta, stimolante e coerente con gli obiettivi formativi possa essere l'attività che ne scaturisce, non avrà certo le stesse caratteristiche, non svilupperà le stesse strategie e nemmeno le stesse abilità linguistiche che un utilizzo più direttamente basato sulle NT può consentire.

[10] È l'idea che sta alla base del Progetto della Unione Europea *International E-Mail Tandem Network*.

La preparazione delle attività in Internet può richiedere tempo e deve essere oggetto di riflessione da parte dell'insegnante.

Dopo un'attenta analisi dei bisogni degli apprendenti (che non può escludere aspetti legati all'autonomia degli studenti da un punto di vista tecnico), una valutazione del programma entro cui inserire le attività, la preparazione delle unità didattiche e delle lezioni che le concretizzano porterà il docente a considerare tempi e modi per un'espansione del proprio programma attraverso Internet. È questo un aspetto molto delicato della programmazione di qualsiasi intervento educativo che non può prescindere da fattori concreti quali la logistica e il tempo.

L'insegnante dovrà cercare di calcolare quanto tempo dedicare in classe ed eventualmente quanto tempo di lavoro extrascolastico richiedere per terminare l'attività.

Il formato dell'attività, in coppia, a gruppi, ecc., o il percorso dell'unità didattica (cioè in quale fase dell'UD inserire le attività in Internet), così come il rapporto tra lavoro tradizionale e lavoro con il *computer* sono altre aree da programmare attentamente.

L'attinenza dell'attività con i temi del programma che si sta svolgendo e il livello di *input* culturale necessario per gli studenti prima di un lavoro in Internet su determinati siti sono altre variabili importanti: spesso il raccordo tra unità didattica in svolgimento e attività via Internet è dato dal tema dell'unità stessa, tuttavia un ambiente protetto quale il libro di testo fornisce materiale già filtrato per il quale solitamente gli autori hanno già predisposto l'*input* culturale necessario, oltre ad aver graduato la difficoltà linguistica. In Internet invece ci si trova di fronte a materiali che non sono graduati da un punto di vista linguistico e che difficilmente si adattano perfettamente al percorso seguito con il libro.

È dunque indispensabile prevedere a priori le informazioni culturali necessarie, basare lo sviluppo delle attività su compiti ben precisi (approccio *task-based*) in modo da creare una sorta di guida per l'apprendente sia per quanto riguarda la lingua che gli elementi di civiltà.

In fase di programmazione, assieme agli aspetti culturali e linguistici vanno inoltre considerate le strategie di apprendimento.

Tutto questo non deve scoraggiare, anzi, più la riflessione è compiuta, più è probabile che le attività possano abbracciare aspetti molteplici della formazione linguistica e culturale: ad esempio, una pianificazione attenta può far individuare siti o strumenti che permettono di sviluppare non solo aspetti culturali o legati all'abilità di lettura, ma testi su cui lavorare da un punto di vista lessicale o grammaticale, o delle abilità d'ascolto, di scrittura e anche per la conversazione.

Se all'inizio del paragrafo aveva ipotizzato usi di Internet a fini didattici che qui non sono stati trattati, li inserisca nella sezione riservata agli appunti in fondo al percorso.

14.5 Il *software* didattico

Se ha avuto modo di navigare all'interno di un *cd-rom* per l'insegnamento di una lingua straniera cerchi di valutarne le caratteristiche da un punto di vista glottodidattico. Può applicare le schede presentate nel percorso 4, modificandole.

Il mercato dell'editoria multimediale offre oggi una miriade di prodotti che vengono proposti a vario titolo agli insegnanti di lingua.

Si tratta perlopiù di *cd-rom* (o *dvd-rom*), ma sono numerose le risorse scaricabili gratuitamente o a pagamento da Internet e che possono essere installate sui PC per una fruizione *offline*, oltre ai siti che contengono programmi utilizzabili *online*.

Tentando una suddivisione di questi strumenti per un uso didattico nell'insegnamento delle lingue potremmo individuare tra fasce: la prima, quella dei *software* didattici non specifici per l'insegnamento di una lingua, quali possono essere enciclopedie o programmi per lo sviluppo delle conoscenze in altri ambiti disciplinari utilizzabili anche a fini linguistici[11].

Il secondo gruppo riunisce i *software* non didattici, cioè quelli che non sono stati creati espressamente per insegnare qualcosa, ma che per loro natura possono essere impiegati nell'insegnamento delle lingue, ad esempio videogiochi.

Il terzo gruppo riguarda i *software* per l'insegnamento della lingua straniera, ad esempio corsi di lingua, grammatiche di riferimento, dizionari.

Di questa suddivisione è bene tener conto in fase di valutazione dei materiali e di creazione dei percorsi didattici.

Molte delle osservazioni metodologiche proposte riguardo all'utilizzo di Internet possono essere estese al *software* didattico, in quanto la base ipermediale è la stessa. Per questa ragione in questo paragrafo esse non vengono riprese e ci si concentra prevalentemente su possibili criteri per una valutazione consapevole di questi strumenti.

14.5.1 La valutazione del *software* didattico

Molti dei criteri esposti in questo paragrafo possono essere applicati ai siti *web* e di conseguenza all'utilizzo che in classe o a casa se ne fa.

[11] Un ambito di sicuro interesse è quello offerto dalla didattica attraverso lingua veicolare a cui non dedichiamo un percorso specifico, rimandiamo tuttavia a un testo che è una pietra miliare del settore: Coonan (2002).

La scheda che presentiamo si riferisce a *software* per l'apprendimento della lingua straniera.

Ambito disciplinare: se si tratta di un programma per l'apprendimento della lingua comune o di una microlingua.

Ambiente di utilizzo: questa voce chiarisce se il software può essere utilizzato in classe o in autoapprendimento.

Destinatari: è importante specificare se il prodotto si rivolge a bambini, adolescenti o adulti. Così come è indispensabile notare il livello di conoscenze linguistiche necessario per usufruirne.

Caratteristiche tecniche: ogni programma necessita di un certo tipo di caratteristiche tecniche che ne permettono l'uso su determinati *computer*.

Dando per scontato che questi programmi si utilizzano su *computer* multimediali, una prima distinzione riguarda la possibilità di installare il *software* su piattaforme diverse (Windows, McIntosh, Unix). In secondo luogo risultano determinanti le caratteristiche dell'*hardware* necessarie per il funzionamento del programma: ad esempio, la disponibilità di spazio libero sul disco fisso oppure la potenza del microprocessore o la capacità della memoria RAM.

Facilità d'uso: questo criterio riguarda le competenze di tipo informatico richieste per installare e quindi far funzionare il programma. Meno difficoltoso risulta l'utilizzo, maggiori risultano le possibilità di estenderne l'uso alla totalità degli studenti.

L'interfaccia, cioè quello che vede l'utente sullo schermo una volta entrato nel programma, deve risultare facilmente intuibile e semplice nell'uso, con menu di facile comprensione e accesso. Anche le istruzioni delle attività devono risultare facili e immediatamente comprensibili.

Il programma dovrebbe prevedere una serie di strumenti che assistessero lo studente nella navigazione, ad esempio una sezione di aiuto facilmente richiamabile, la possibilità di riprendere il percorso fatto all'interno dell'ipertesto, una valutazione della *performance*, possibilità di ricevere un *feedback*, ecc.

Aspetto grafico: è un punto fondamentale per mantenere alta la motivazione dello studente. L'aspetto e la distribuzione delle icone sullo schermo, i colori e la grafica utilizzata, la presenza di immagini in movimento e di testi audio, la gestione del testo scritto, tutto questo contribuisce a determinare il grado di piacevolezza del programma.

Una certa sobrietà e un'attenzione alla gestione ponderata dei contenuti e non solo agli effetti multimediali permette una migliore fruibilità e adesione agli obiettivi didattici, evitando momenti di distrazione e perdita del percorso da parte dello studente.

Detto ciò, la motivazione degli studenti trova un forte impulso e viene stimolata attraverso i sensi, se il programma trasmette sensazioni ed emozioni.

Interattività: in questa voce includiamo una serie di aspetti fondamentali. Convinti anche in questo caso che si impari facendo, il programma dovrebbe presentare una concezione basata su questo presupposto.

Lo studente dovrebbe essere indotto ad agire applicando vari meccanismi e processi mentali che sostengono la curiosità intellettuale e la motivazione. Ad esempio, se vi sono elementi di tipo collaborativo o competitivo, in fase di valutazione del *software* occorre verificarne l'impatto con particolare attenzione al possibile insorgere di filtri affettivi dati da un calo dell'autostima. Una diminuzione dell'autostima può essere causata dalle dinamiche che il programma induce o alle difficoltà cognitive che si incontrano.

Flessibilità: la navigazione flessibile e personalizzabile risulta uno degli aspetti di maggior rilievo se si considerano i percorsi legati alle strategie di apprendimento. Se un programma si presenta con un alto grado di flessibilità si realizzano quelle condizioni che spesso nella lezione tradizionale non sono facilmente ottenibili, in particolare quelle che permettono di adeguare l'azione didattica ai ritmi e agli stili di apprendimento dei singoli.

Impianto metodologico: molti programmi per l'apprendimento della lingua, in particolare quelli di prima generazione, sembrano far ritornare all'epoca degli esercizi meccanici strutturali. Le attività sono quasi sempre basate su quesiti a scelta multipla, riempimento, riordino di frasi per trascinamento. Questo è in parte dovuto alle limitazioni tecnologiche degli strumenti a disposizione e in parte a un iniziale ritardo da parte dei docenti di lingua e degli autori di materiali nel prendere confidenza con le NT e a interagire con gli esperti informatici nella preparazione dei programmi.

In linea di massima, i criteri che in questo testo sono stati delineati per la valutazione degli aspetti metodologici dei materiali cartacei possono essere applicati ai *software*.

Utilizzo dei dati da parte del docente: esistono programmi che permettono tanto allo studente, quanto al docente di richiamare i dati riguardanti la *performance* dell'utente.

Ciò può costituire un primo momento di verifica formativa, a cui nel caso di utilizzo di laboratori multimediali si affiancano le numerose possibilità di controllo in itinere offerte all'insegnante, il quale può, ad esempio, interagire in audio o video con lo studente o visualizzare, non visto, lo schermo dell'allievo sulla propria postazione di regia. Quindi può intervenire per una correzione individuale o trasmettere l'immagine dello schermo dello studente al resto della classe per consentire una correzione collaborativa.

Autoistruzione: è un punto di sicuro interesse didattico perché è quanto permette di individualizzare la fruizione del programma e operare nella direzione dello sviluppo dell'autonomia dello studente. Si tratta delle opzioni di controllo e *feedback* contenute nel programma, ma anche delle opportunità fornite dal *software* per approfondire o rivedere in chiave di recupero i percorsi affrontati.

Apertura: i programmi su *cd-rom* sono risorse con potenzialità didattiche eccezionali, ma sono strumenti chiusi. La possibilità di accedere ad altre risorse è una dimensione in più che deve essere valutata con crescente interesse da un punto di vista didattico. Un sito *web* dedicato al programma può offrire la possibilità di intraprendere percorsi didattici aggiuntivi alla scoperta di risorse contenute sul *web*, costantemente aggiornabili.

14.6 I programmi autore

Nel ricco panorama dei prodotti informatici per la creazione di ipertesti o altri oggetti multimediali i programmi autore sono quelli che più si avvicinano alle esigenze quotidiane dell'insegnante.

Da quando l'abbondanza di strumenti a disposizione lo permette, la pratica didattica porta a preparare fotocopie, attività scritte e/o disegnate, a ritagliare e incollare testi per fornire materiali didattici a integrazione o in sostituzione del libro di testo; oggi il docente di lingue può avvalersi anche di strumenti informatici che gli consentono di creare attività per le lezioni. Si tratta prevalentemente di *software* che possono essere caricati sul *personal computer* prelevandoli da un dischetto o da un *cd-rom*, oppure recuperandoli in Internet.

Per l'insegnamento delle lingue un programma autore di sicuro interesse e molto popolare è Hot Potatoes[12]; dopo aver scaricato il programma sul PC Hot Potatoes consente di realizzare attività a scelta

[12] http://*web.uvic.ca/hrd/halfbaked/*.

multipla, oppure a risposte brevi, attività con testi in disordine da riordinare, attività di completamento e cruciverba. Il tutto è fruibile attraverso il *web*.

I campi di applicazione di questi strumenti sono ampli sia in situazioni di apprendimento guidato dall'insegnante in classe, che in contesti d'autoapprendimento.

Esistono anche altri strumenti simili a Hot Potatoes che si possono utilizzare per gli stessi fini.

Inoltre, in particolare per percorsi di civiltà, ci pare utile segnalare i *software* che permettono di creare ipertesti didattici: dai già menzionati programmi per la creazione di pagine per Internet (*web editor*), a programmi per la realizzazione di presentazioni (*PowerPoint* ad esempio), o ancora programmi semplificati per la programmazione multimediale, come l'ormai datato *Amico*[13], comunque interessante per chi vuole cominciare a vedere come funzionano questi programmi e a cimentarsi nella costruzione di ipertesti.

Molti tra i più comuni *word processor* permettono anch'essi la realizzazione di forme semplici di ipertesti.

14.7 Il videoregistratore

Completi lo schema con quanto le viene in mente.

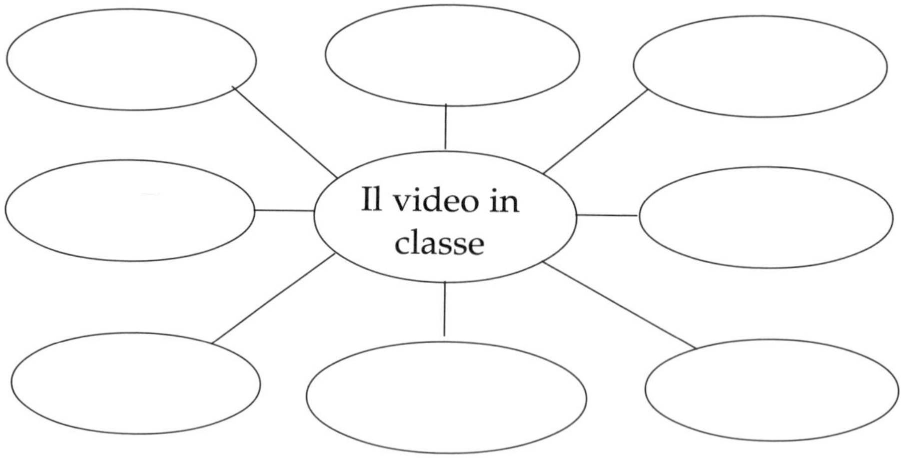

La possibilità di trasmettere filmati in classe è ormai realtà in molte situazioni didattiche.

La maggior parte degli insegnanti attribuiscono alla visione di un video proprietà quasi taumaturgiche, sia che si tratti della visione di

[13] Scaricabile sul sito www.garamond.it.

uno spezzone di un *film*, di un brano da un notiziario, di un programma di qualsiasi genere. Sembra quasi un luogo comune pensare che il video possa porre rimedio a una situazione di demotivazione o di scarso apprendimento. Per questo, forse, è opportuno riflettere su vari aspetti per cercare di cogliere la dimensione didattica più idonea per questo sussidio[14].

Il cervello umano riceve informazioni prevalentemente attraverso la vista e non attraverso l'udito; questo sposta i meccanismi della comprensione da ciò che si ascolta, quindi dalla lingua, a quanto si vede.

In un contesto di insegnamento della lingua questa osservazione può innescare alcune riflessioni rilevanti. Prima di tutto, l'esposizione a un video può rendere più efficace l'insegnamento della lingua, in quanto permette di integrare due modalità di rappresentazione della realtà (ascoltare e vedere) e fa giungere a una comprensione più piena dei significati, che risulta arricchita di elementi non solo linguistici, ma anche para- ed extralinguistici.

Inoltre consente percorsi didattici che sviluppano abilità cognitive e strategie di apprendimento legate al processo dell'osservazione visiva non sollecitate durante l'esposizione a un testo scritto o audio.

La forte preponderanza dei meccanismi visivi su quelli auditivi impone al docente delle scelte precise in sede di programmazione della lezione e di selezione delle tecniche da utilizzare. Infatti il rischio che si corre utilizzando il video a fini glottodidattici è che la lingua resti schiacciata e venga interpretata attraverso *input* non linguistici. Quella che è sicuramente una risorsa, cioè l'utilizzo di svariate strategie e modalità di interpretazione del reale per giungere alla comprensione dei significati linguistici, può trasformarsi in un impedimento del lavoro sulla lingua

Così, se da un lato è condivisibile l'opinione che la proiezione di un video in classe abbia in sé una notevole carica motivazionale, dall'altro lato un utilizzo di questo strumento in modo improvvisato o non integrato con lo svolgimento della UD è altamente controindicato. Come in altre pagine di questo testo si è stigmatizzato l'uso delle attività ludiche quali riempitivi, nel caso del video riteniamo opportuno richiamare ad alcuni criteri di base per un suo corretto impiego.

Di norma, attorno alla sequenza video che si intende impiegare occorre disegnare un'unità di apprendimento che preveda un raccordo con gli altri segmenti, siano essi il cosiddetto programma, il modulo,

[14] Non a caso definiamo il video un sussidio. Nel paragrafo dedicato a Internet si è rilevato come l'uso ormai consolidato di questo strumento lo abbia in un certo senso ridotto a un sussidio che permette di arricchire le lezioni e non è vissuto come un vero ambiente di apprendimento dove, sia in chiave ricettiva che produttiva, il docente e gli studenti costruiscono il percorso didattico. Per un approfondimento sull'uso del video nell'insegnamento delle lingue si vedano i testi: ALLAN, M., *Teaching English with Video*, Longman, Londra 1988. COOPER, R., LAVERY, M., RINVOLUCRI, M., *Video*, OUP, Oxford 1991.

l'UD o la lezione, e contempli uno sviluppo sulla base delle varie fasi già descritte nel percorso 1 (*I modelli operativi*). Si tratta di considerare il percorso di apprendimento alla luce dei pro e dei contro del video, su tutti la motivazione tra gli aspetti positivi e la troppo forte rilevanza del dato visivo tra quelli negativi.

Quindi si avrà un momento iniziale di motivazione, a cui seguiranno le fasi della globalità, dell'analisi e della sintesi. Le tecniche utilizzabili nella fase della motivazione sono le stesse che possiamo adottare nel caso di testi scritti o orali[15], con la possibilità aggiuntiva di sfruttare immagini tratte dal video, ferme (singoli fotogrammi) o in movimento (brevissime sequenze), per dar vita a momenti di inferenza, elicitazione, ecc.

Spetterà al docente decidere che tipo di visione offrire agli studenti nel caso di sequenze utilizzate nella fase della motivazione. La scelta tra esposizione a una visione dell'immagine con il supporto anche dell'audio, oppure delle sole immagini, o in alternativa l'esposizione solamente all'audio senza le immagini può offrire varie possibilità didattiche.

Il momento della globalità sarà costituito da una o più proiezioni del video da caratterizzare attraverso una serie di attività didattiche, prima, durante, dopo la visione.

Gli obiettivi linguistici e culturali dell'unità di apprendimento verranno poi ulteriormente trattati attraverso i momenti successivi, così come avviene con i testi scritti o orali.

Presentato in quest'ottica, l'utilizzo del video diventa qualcosa di molto diverso rispetto allo strumento impiegato per riempire l'ultima parte della lezione quando si è tutti stanchi.

14.7.1 Le tecniche

La fruizione di un video a scopi didattici impone una riflessione sul tipo di esposizione al testo offerto agli studenti. Occorre tenere nettamente distinto l'uso didattico di uno spezzone di qualsiasi tipo, anche tratto da un *film*, e la proiezione di un'opera cinematografica, corto- o lungometraggio non fa alcuna differenza, per il piacere della visione. In quest'ultimo caso si può tentare un parallelo con testi di lettura, graduati o in versione integrale, che trovano la principale ragione d'essere in glottodidattica in quanto abbinano all'esposizione alla lingua straniera le motivazioni date dal piacere di leggere un testo. Questo modo di fruire di un testo è di per sé più libero e svincolato da percorsi didattici e linguistici, pur richiedendo al lettore/spettatore competenze linguistiche e abilità cognitive adatte allo scopo.

La visione a fini didattici presenta caratteristiche simili a quelle analizzate durante la trattazione delle abilità di lettura e ascolto (percorso 5). Nella presentazione di alcune tecniche esemplificative ci atteniamo

[15] Si veda il percorso 1 sui modelli operativi e il 5 sulle abilità primarie.

a una suddivisione che si richiama alla necessità di basare qualsiasi percorso sul principio "si impara facendo" e quindi su un'impostazione *task-based*.

Durante la lettura dei prossimi paragrafi invitiamo il lettore a porre attenzione su come sono stati suddivisi i possibili momenti della fruizione didattica di un video e a cogliere il valore puramente esemplificativo e non esaustivo delle tecniche presentate.

14.7.1.1 Prima della visione

Nella fase prima della proiezione del video occorre mettere in atto strategie che portano all'attivazione delle abilità di inferenza, elicitazione, previsione, ecc. Lo scopo è preparare l'esposizione al testo video permettendone una migliore comprensione.

Inoltre di fondamentale importanza è creare le condizioni affinché gli studenti siano incuriositi, interessati all'imminente proiezione.

La visione di un video presenta di per sé una certa carica motivazionale, ma può indurre ansia, a causa delle difficoltà intrinseche date da svariati elementi, il più ovvio dei quali è il tipo e la velocità d'eloquio verso cui gli studenti possono nutrire ancora prima della visione un certo timore.

Lavorare sull'autostima degli studenti risulta allora indispensabile: le tecniche alla base delle attività prima della proiezione dovrebbero tenere conto di questo ulteriore fattore affinché la visione del video venga affrontata possibilmente senza filtri affettivi.

Attività di previsione
Lavorare sul titolo, sui concetti chiave, su immagini

Il docente presenta agli studenti elementi che permettono loro di anticipare i contenuti di quanto stanno per vedere. Questo si basa sia sulle competenze linguistiche degli allievi, che sulla cosiddetta conoscenza del mondo. Ad esempio si può ragionare sul titolo o su alcuni concetti chiave che possono indurre inferenze sui contenuti del video[16].

Le immagini, ferme o brevi sequenze in movimento, possono anch'esse essere utilizzate a questo fine.

Nulla vieta, inoltre, che in un'ottica di unità di apprendimento caratterizzata dall'integrazione di diverse abilità linguistiche, si associ, in questa fase, l'esposizione a testi scritti con lo scopo di facilitare la visione del filmato.

Domande sul video

Mostrando i personaggi o gli ambienti attraverso alcune immagini del video, si possono originare i presupposti perché gli studenti creino

[16] Si veda il percorso 5 per ulteriori esempi di attività pre-ascolto e pre-lettura adattabili alla fruizione didattica di un video.

delle domande o rispondano a quesiti posti dall'insegnante, finalizzati alla previsione dei contenuti del video.

Le tecniche per porre le domande o creare quesiti sono le stesse, in linea di massima, utilizzate nel caso di brani di ascolto (sì/no, vero/falso, scelta multipla, griglie e tabelle, parole crociate, ecc.), proposte nel percorso 5.

Quest'attività può riguardare aspetti di tipo linguistico: gli studenti possono essere indotti a immaginare come i personaggi del video renderanno linguisticamente determinati atti comunicativi. Questo può essere il caso di situazioni in cui vi sono scambi tra attori, ma anche nel caso, ad esempio, di descrizioni di ambienti gli studenti possono immaginare, quantomeno a livello lessicale, ciò che si ascolterà nel video.

Parole chiave

Di fondamentale importanza è facilitare la visione lavorando prima sulle parole chiave, in particolare se il docente è consapevole del fatto che gli studenti non le conoscono. Buona norma è tuttavia non dare per scontate la conoscenza e la possibilità di comprensione di un termine, riprendendo a spirale elementi lessicali che sono già stati oggetto di insegnamento.

14.7.1.2 Durante e dopo la visione

Le tecniche, che suggeriamo a titolo di esempio, possono essere utilizzate in modo diverso da quello proposto.

Visione senza l'audio

Questa tecnica permette di estendere, in un certo senso, la fase di previsione, in quanto rende possibile una serie di domande su quanto avviene nel filmato, su ciò che viene detto, ecc.

Doppiaggio

Nel caso di un dialogo breve, dopo aver lavorato sul testo del video, si può chiedere agli studenti di "doppiare" gli attori, proiettando il filmato senza l'audio. Quest'attività potrebbe essere assistita ad esempio dal copione scritto che gli studenti potrebbero aver ricevuto o costruito con attività di riempimento di vario tipo.

Proiezione solo con l'audio

Anche con questa tecnica gli studenti possono effettuare attività di inferenza che portano questa volta a immaginare la parte visiva riguardante i personaggi, le azioni o gli ambienti.

Ha il vantaggio di permettere agli studenti di concentrarsi sulla lingua ascoltata senza le distrazioni provocate dall'immagine.

Lavorare sulla comprensione

Sono numerose le attività per la comprensione dei contenuti del video. Le consuete attività basate su varie forme di quesiti (sì/no, vero/falso, scelta multipla, griglie e tabelle, parole crociate, ecc.) terranno conto in questo caso anche delle immagini e di quanto il video "dice" al di là delle parole.

Lavorare sul lessico

Anche il lessico è oggetto di attività di comprensione durante la visione: ad esempio si possono fornire agli studenti liste di vocaboli da ridurre attraverso l'eliminazione delle parole che non vengono usate nel video.

Per far sì che non si tratti di un'attività, a posteriori, basata sulla memoria, ma su un reale processo di comprensione durante la visione, è opportuno fermare la proiezione dopo ogni scena e consegnare agli studenti schede in cui sia chiaro a quale scena il lessico si riferisce.

È la stessa impostazione utilizzabile per un'attività di ascolto, visione e lettura basata sulla individuazione e sostituzione di termini non usati nel video e inseriti nella trascrizione del testo fornita agli studenti.

Lavorare sul lessico delle immagini

Occorre ricordare che è possibile, anzi consigliabile, creare attività lessicali basate non sulla lingua ascoltata nel filmato, ma sui contenuti iconici del video.

Quest'ambito di lavoro sulla lingua può essere legato ai momenti di visione senza l'audio o in presenza di audio e immagine, ad esempio per fornire un'ulteriore possibilità di visione del video cambiando l'oggetto dell'attenzione. Ciò permette di esporre nuovamente gli studenti alla visione e quindi di fornire loro un'ulteriore occasione per affinare la comprensione, evitando allo stesso tempo che si inneschino meccanismi demotivanti: passare dai contenuti lessicali o d'altro genere della componente audio del video a contenuti sempre linguistici, ma legati alle immagini, porta di per sé una modifica dell'attenzione degli studenti e quindi rende il lavoro più variato con ovvi benefici per la motivazione.

Lavorare sulla lingua

Come nel caso di un ascolto, si può fornire agli studenti la trascrizione incompleta del testo del video e chiedere loro di riempire gli spazi rimasti vuoti. Per aggiungere elementi collaborativi all'attività gli studenti potrebbero ricevere trascrizioni con spazi vuoti diversi, per consentire un controllo a coppie o a gruppi.

Lo stesso può avvenire fornendo alla classe una versione da riordinare del testo.

Lavorare su aspetti para- ed extralinguistici

I tratti intonativi, il ritmo e l'accento vengono analizzati in modo molto efficace attraverso la visione di un video che riproduce conversazioni, dialoghi, monologhi. Oltre a questi aspetti paralinguistici, di sicuro interesse sono i numerosi dati legati alla prossemica, alla cinesica, alla vestemica, all'oggettemica che possono essere ricavati dall'analisi delle immagini.

L'approccio a questo tipo di analisi può essere diretto, cioè esponendo gli studenti al testo sia audio che video, oppure può essere mediato dal passaggio attraverso vari momenti in cui si alternano un iniziale ascolto del testo audio senza le immagini al fine di effettuare attività di previsione e inferenza, alla visione con le immagini e l'audio. A ciò fanno seguito possibili attività di simulazione.

In questo caso agli studenti potrebbe essere chiesto di fare inferenze sull'aspetto fisico dei personaggi, sul loro modo di vestire oppure su come essi interpretano attraverso la gestualità certi stati d'animo, espressi nella scena che si è solamente ascoltata.

Numerose altre tecniche tra quelle già analizzate possono essere utilizzate per concentrare l'attenzione su aspetti para- ed extralinguistici, dando vita a percorsi che si caratterizzano come segmenti (unità di apprendimento) separati dalla gestione del testo per scopi linguistici oppure come attività che permettono di completare l'analisi linguistica e di variare l'oggetto dell'osservazione per evitare l'insorgere di stati di demotivazione.

In chiave interculturale[17] queste attività possono rivelarsi molto utili al fine di analizzare elementi di solito scarsamente sottolineati nei percorsi basati su testi orali o scritti, che sono, tuttavia, di estrema importanza per la realizzazione di una corretta interazione, quali i gesti o la distanza tra i corpi, ad esempio.

Simulazione

Come già visto nei percorsi 5 e 13 si includono nel concetto più ampio di simulazione diverse tecniche: il *role play*, il *role-making*, ecc.

L'uso del video permette di avere interessanti possibilità per concentrare il lavoro degli studenti su una più ampia gamma di aspetti rispetto a situazioni simili in presenza di testi solo audio o di testi scritti.

Quando gli studenti sono invitati a leggere un dialogo, che hanno precedentemente ascoltato o letto, o a recitarlo immedesimandosi nei personaggi, essi imitano qualche cosa a cui inevitabilmente manca il supporto dell'immagine, fatta eccezione per eventuali foto o disegni forniti dal testo.

La simulazione basata sul video, al contrario, fornisce allo studente chiavi interpretative più complesse, arricchite di elementi para- ed extralinguistici.

[17] Si veda il percorso 9 *Lingua e cultura*.

Gli elementi di tipo paralinguistico o extralinguistico possono essere ampliamente valutati durante un'attività come quella del doppiaggio in cui lo studente che ha di fronte il copione del testo può concentrarsi su aspetti quali l'intonazione e il ritmo della recitazione. Oppure nel caso di una drammatizzazione sempre con testo scritto fornito agli studenti ci si può concentrare oltre che su aspetti paralinguistici (intonazione, accento, ritmo), sui movimenti, la gestualità, la vicinanza o lontananza tra i personaggi, su elementi della vestemica, fino ad arrivare a caratterizzare la recita con elementi tipici del *setting* del video (o comunque a riflettervi), nel caso essi trasmettano una connotazione culturale degna di particolare attenzione: ad esempio una tipica aula scolastica o una casa italiana.

Queste attività possono essere eseguite durante la visione come nel caso del doppiaggio o a posteriori con un grado di maggiore o minore adesione al testo originale a seconda delle scelte dell'insegnante. Un doppiaggio effettuato leggendo il testo offre meno possibilità per una produzione libera rispetto a un *role play* creato sull'assunzione dei ruoli dei personaggi e l'interpretazione della situazione vista nel video.

Un ambito di sicuro interesse è costituito dalle riprese delle simulazioni degli studenti e dal successivo lavoro sulle immagini registrate.

14.7.2 I materiali

L'uso di materiale video fornisce la possibilità di arricchire con materiali autentici la lezione. È forse questo aspetto, assieme alla indubbia carica motivazionale intrinseca, che maggiormente spinge il docente a cercare e quindi a didattizzare materiali video.

Né la scelta, né la parte di didattizzazione possono essere affrontate in modo casuale. Ancora una volta l'utilizzo di materiali autentici va inserito all'interno di una programmazione, di un curricolo ben delineato attraverso segmenti quali le unità didattiche; la gestione del materiale impiegato deve essere caratterizzata da quegli elementi tipici dei percorsi glottodidattici che in altra sezione di questo testo[18] abbiamo riportato alla definizione di unità di apprendimento. L'insegnante, cioè, dovrà fare attenzione ai bisogni degli studenti in prima analisi e allo sviluppo del suo percorso curricolare, convinto di non poter utilizzare il materiale video come riempitivo della lezione. Si concentrerà poi sul modo di integrarlo all'interno dell'UD e della lezione per cogliere con il video gli obiettivi linguistici e culturali prefissati nell'UD.

Sul piano culturale l'utilizzo di materiali video autentici offre la possibilità di presentare elementi rappresentativi di una realtà al passo con i tempi e non invecchiata anzitempo come spesso accade con le immagini o i contenuti dei libri di testo. Ma proprio questo aspetto, che si traduce in aspettative da parte dello studente, impone la scelta di mate-

[18] Percorso 1 *I modelli operativi.*

riali realmente moderni e aggiornati. Un documentario sulla stazione centrale di Milano senza la presenza delle decine di etnie che popolano la città oggi non apporterebbe un contributo utile a livello culturale in una dimensione sincronica. Potrà essere utilizzato per obiettivi di tipo storico o in chiave contrastiva solo per mettere in relazione il passato con il presente.

Questa riflessione è particolarmente importante nel caso di docenti che da lungo tempo mancano dal paese di cui insegnano la lingua e che non hanno avuto modo di aggiornare le proprie conoscenze culturali.

Una raccomandazione finale riguarda la lunghezza degli spezzoni utilizzati. Così come avviene per i testi audio, concedendo un certo lasso di tempo in più vista la possibilità di sostenere il percorso di comprensione attraverso le immagini, occorre limitare la lunghezza a circa 5 minuti massimo. Un video più lungo da un lato non garantirebbe la possibilità di mantenere la concentrazione degli studenti e dall'altro potrebbe rendere poco agevole costruire percorsi di sfruttamento didattico.

Per autovalutarsi

1. L'uso delle NT è di per sé motivante. Spieghi la sua opinione a proposito.
2. Individui due vantaggi e due svantaggi tra quelli elencati che non le paiono particolarmente rilevanti e esponga le sue ragioni per questo giudizio.
3. Cosa sa fare un docente alfabetizzato per l'uso di Internet?
4. Quali azioni compie il docente durante una lezione basata sull'uso di Internet?
5. Cos'è un ipertesto?
6. Come si possono usare in classe le pagine *web*?
7. Come si può usare in classe la posta elettronica?
8. Cos'è un programma autore?
9. Quali vantaggi offre l'uso didattico del videoregistratore?

Per saperne di più

ALLAN, M., *Teaching English with Video*, Longman, Londra 1988.

COOPER, R., LAVERY, M., RINVOLUCRI, M., *Video*, OUP, Oxford 1991.

FARINELLA, M., LIBORIO, L., PUPILLI, P., *Internet... e dintorni, Internet dalla A alla Z attraverso il WWW*, Edizioni Novo Castel, 1997.

MEZZADRI, M., "Il libro nella rete: una morte annunciata?", in *In.it*, anno 2 N. 3 10/2001.

MEZZADRI, M., *Internet nella didattica dell'italiano. La frontiera presente*, Guerra Edizioni, Perugia 2001.

MONTI, S., *Internet per l'apprendimento delle lingue*, UTET Libreria, Torino 2000.

PORCELLI, G., DOLCI, R., *Multimedialità e insegnamenti linguistici*, UTET, Torino 1999.

SHETZER, H., WARSCHAUER, M., "An electronic literacy approach to network-based language teaching" in WARSCHAUER, M., KERN, R. (a cura di), *Network-based language teaching: Concepts and practice*, Cambridge University Press, New York 2000.

TAMPONI, A.R., FLAMINI, E., *Lingue straniere e multimedialità*, Liguori Editore, Napoli 2000.

TEELER, D., GRAY, P., *Use the Internet in ELT*, Longman, Harlow 2000.

Appunti su questo percorso

Informazioni utili, meno utili:

....

....

....

....

Parti da rileggere:

....

....

....

....

Osservazioni su questo percorso in relazione ad altri testi:

....

....

....

....

Ricadute e rapporti con l'insegnamento:

....

....

....

....

Altro:

....

....

....

....

Bibliografia di riferimento

In questa sezione il lettore troverà riportati i testi e le ricerche citate nei percorsi o impiegati come riferimenti teorici nell'elaborazione delle varie parti di questo volume.

ALLAN, M., *Teaching English with Video*, Longman, Londra 1988.

AMBROSO, S. (a cura di), *Quaderno IT n.4, prove per la certificazione dell'italiano come L2 del 2000 e del 2001*, Bonacci, Roma 2002.

ANDERSON, A., LYNCH, T, *Listening*, OUP, Oxford 1988.

ARCAINI, E., PY, B. (a cura di), *Interlingua*, Istituto della Enciclopedia italiana, Roma 1984.

ASHER, J., *Learning Another Language Through Actions: The Complete Teacher's Guide Book*, Sky Oaks Productions, Los Gatos (Ca), 1977.

BACHMAN, L. F., PALMER, A. S., *Language Testing in Practice*, OUP, Oxford 1996.

BACON, S., "Differentiated cognitive style and oral performance", in B. Van Patte, T.R. Dvorak, J.F. Lee (a cura di), *Foreign language learning: a research perspective*, Newbury House, Rowley (MA) 1987.

BAKER, C., *Foundations of Bilingual Education and Bilingualism*, Multilingual Matters, Clevedon 1996.

BALBONI, P. E., *Microlingue e letteratura nella scuola superiore*, La Scuola, Brescia, 1989.

BALBONI, P. E., *Tecniche didattiche*, UTET Libreria, Torino 1998.

BALBONI, P. E., *Dizionario di* glottodidattica, Guerra Edizioni, Perugia 1999a.

BALBONI, P. E., *Parole comuni culture diverse*, Marsilio, Venezia 1999b.

BALBONI, P. E., *Grammagiochi*, Bonacci Editore, Roma 1999c.

BALBONI, P. E., *Le microlingue scientifico professionali*, UTET Libreria, Torino, 2000.

BALBONI, P. E., *Le sfide di Babele*, UTET Libreria, Torino 2002.

BANDLER, R., GRINDER, J., *I modelli della tecnica ipnotica di Milton Erickson*, Astrolabio, Roma, 1984.

BANZATO, M., *Apprendere in rete*, UTET Libreria, Torino 2002.

BANZATO, M., *Introduzione al Cooperative Learning*, Master Itals, Università Ca' Foscari di Venezia.

BARREN, M., CANDLIN, C. N., "The essentials of a communicative curriculum in language teaching", in *Applied Linguistics 1*, 1980.

BENUCCI, A., *La grammatica nell'insegnamento dell'italiano a stranieri*, Roma, Bonacci 1994.

BERNINI, G., PAVESI, M. (a cura di), *Lingue straniere e università*, Franco Angeli, Milano 1992.

BETTONI, C., *Imparare un'altra lingua. Lezioni di linguistica applicata*, Laterza, Bari-Roma 2001.

BLOOMFIELD, L., *Outline Guide for the Practical Study of Foreign Languages*, Linguistic Society of America, Baltimore 1942.

BORELLO, E., *Seicento anni di insegnamento delle lingue. Storia della glottodidattica*, TTS, Chieri (Torino) 1996.

BRAZIL, D, COULTHARD, M., JOHNS, C., *Discourse Intonation and Language Teaching*, Longman, Londra 1980.

BRINDLEY, G., "The role of needs analysis in adult ESL programme design", in AA.VV., *The second language curriculum*, CUP, Cambridge 1989.

BROOKS, N., "Teaching Culture in the Foreign Language Classroom," *Foreign Language Annals*, Vo. 1, No. 3, March 1968, pp. 204-217. Reprinted, with an Appendix from Nelson Brooks, *Language and Language Learning: Theory and Practice*. New York: Harcourt, Brace World, 1964, in *Mosaic. A Journal for Language Teachers*, vol. 7, No. 2, Winter 2000, pp. 3-17.

BRUNER, J. S., *Child's Talk. Learning to Use Language*, W. W. Norton & Company Ltd, New York1987.

BRUNER, J. S., JOLLY, A., SYLVA, K. (a cura di), *Il gioco. Ruolo e sviluppo del comportamento ludico negli animali e nell'uomo*, Armando, Roma 1981, 4 voll.

BRUNER, J. S., *La ricerca del significato. Per una psicologia culturale*, Bollati Boringhieri, Torino 1992.

BYGATE, M., *Speaking*, OUP, Oxford 1987.

BYRAM, M., *Cultural Studies in Foreign Language Education*, Multilingual Matters, Clevedon 1999.

CALVANI, A., ROTTA, M., *Comunicazione e apprendimento in Internet: didattica costruttivistica in ret*e, Erikson, Trento 1999.

CAMBIAGHI, B., "La componente antropologica nella professionalità dell'insegnante di LS", in *Scuola e Lingue Moderne*, XXXIX, 6, 2001.

CANEPARI, L., *Manuale di pronuncia italiana*, Zanichelli, Bologna 1999a.

CANEPARI, L., *Dizionario di pronuncia italiana*, Zanichelli, Bologna 1999b.

CARDONA, M., *Il ruolo della memoria nell'apprendimento delle lingue*, UTET Libreria, Torino 2001.

CARROLL, B. J., *Testing Communicative Performance*, Pergamon, Oxford 1980.

CARTER, R., MCCARTHY, M. (a cura di), *Vocabulary and Language Teaching*, Longman, Londra 1988.

CHAMOT, A. U., O'MALLEY, J. M., *A Cognitive Academic Language Learning Approach: an ESL Content-based Curriculum*, National Clearinghouse for Bilingual Education, Wheaton, Md 1986.

CHOMSKY, N., *A Review of B. F. Skinner's Verbal Behavior*, in *Language*, XXXV, 1959.

CHOMSKY, N., *Syntactic Structures*, Mouton, The Hague 1957. Tradotto in italiano *Le strutture della sintassi*, Laterza, Bari 1970.

CILIBERTI, A. (a cura di), *L'insegnamento linguistico "per scopi speciali"*, Zanichelli, Bologna 1981.

CILIBERTI, A., *Grammatica, pedagogia, discorso*, La Nuova Italia, Firenze 1991.

CILIBERTI, A., *Manuale di glottodidattica*, La Nuova Italia, Firenze 1994.

CILIBERTI, A., "Tendenze attuali nella didattica delle lingue straniere in Italia - con particolare riferimento all'italiano L2". In: *Quadernos de italianistica cubana*, Ano III, n. 6, La Habana, 2002.

CLARK, J., L., *Foreign language testing. Theory and practice*, Philadelphia 1972.

COMOGLIO, M., CARDOSO, M., *Insegnare e apprendere in gruppo. Il Cooperative Learning*, LAS, Roma 1996.

COOK, V., *Second language learning and language teaching*, Arnold, Londra 2001.

COONAN, M. C., *La lingua straniera veicolare*, UTET Libreria, Torino 2002.

COOPER, R., LAVERY, M., RINVOLUCRI, M., *Video*, OUP, Oxford 1991.

COPPOLA D., "L'interazione glottodidattica nell'istruzione primaria: stili di insegnamento, strategie di apprendimento, bisogni, motivazioni", in P. MAZZOTTA (a c. di), *Europa, lingue e istruzione primaria*, Torino, UTET Libreria 2001.

CORDER, S. P., *Error Analysis and Interlanguage*, OUP, Oxford 1981.

CORNOLDI, C., *Apprendimento e memoria nell'uomo*, UTET Libreria, Torino 1986.

CORNOLDI, C., *Modelli della memoria*, Giunti-Barbera, Firenze 1978.

COSTAMAGNA, L., *Insegnare e imparare la fonetica*, Paravia, Torino 2000.

COSTAMAGNA, L., *Pronunciare l'italiano*, Guerra, Perugia 1996.

COUNCIL OF EUROPE, *A Common European Framework of Reference for Languages: Learning, Teaching, Assessment*, Council of Europe, Strasburgo - CUP, Cambridge 2001.

COUNCIL OF EUROPE, *Quadro comune europeo di riferimento per le lingue: apprendimento, insegnamento, valutazione*, Firenze, La Nuova Italia- Oxford 2002.

COUNCIL OF EUROPE, *Livello Soglia per l'insegnamento dell'italiano come lingua straniera*, a cura di Galli De' Paratesi, N., Council of Europe, Strasburgo 1981.

COVERI, L., BENUCCI, A., DIADORI, P., *Le varietà dell'italiano*, Bonacci, Roma 1998.

CUMMINS, J., "Linguistic interdependence and the educational development of bilingual children", in *Review of Educational Research 49*, 1979.

CUMMINS, J., *Bilingualism and Special Education: Issues in Assessment and Pedagogy*, Multilingual Matters, Clevedon 1984.

D'URSO LIGRESTI, L., FAMIGLIETTI SECCHI, M., *Apprendere per gioco e valutare. Fondamenti di didattica ludica*, Edizioni Simone, Napoli 2000.

DANESI, M., *Il cervello in aula, neurolinguistica e didattica delle lingue*, Guerra Edizioni, Perugia 1998.

DANESI, M., *Manuale di tecniche per la didattica delle lingue moderne*, Armando, Roma 1988a.

DANESI, M., MOLLICA, A. "Games and Puzzles in the Second-Language Classroom?", in *Teaching and Learning Languages*, Soleil, Welland 1998.

DANESI, M., *Neurolinguistica e glottodidattica*, Liviana, Padova 1988b.

DAVIES, A., *Principles of Language Testing*, Basil Blackwell, Cambridge (Mass) 1990.

DAVIS, P., RINVOLUCRI, M., *Dictation*, CUP, Cambridge 1988.

DELLA CASA, M., *Capire e comunicare*, La Scuola, Brescia 1991.

DE MARCO, A. (a cura di), *Manuale di glottodidattica*, Carocci, Roma, 2000.

DE MAURO, T., *Minisemantica dei linguaggi non verbali e delle lingue*, Laterza, Bari-Roma 1982.

DE MAURO, T., *Capire le parole*, Laterza, Bari-Roma 1994.

DEMETRIO, D., FAVARO, G., *Immigrazione e pedagogia interculturale*, La Nuova Italia, Firenze 1992.

DENES, G., PIZZAMIGLIO, L. (a cura di), *Manuale di neuropsicologia*, Zanichelli, Bologna 1996.

DIADORI, P., *L'italiano televisivo. Aspetti linguistici, extralinguistici, glottodidattici*, Bonacci, Roma 1994.

DIADORI, P., (a cura di), *Insegnare italiano a stranieri*, Le Monnier, Firenze 2001.

DOFF, A., *Teach English*, CUP, Cambridge 1988.

DOLCI, R., CELENTIN, P. (a cura di), *La formazione di base del docente di italiano per stranieri*, Bonacci Editore, Roma 2000.

DONALDSON, M., *Children's minds*, Collins, Londra 1978.

DOSSENA, G., *Enciclopedia dei giochi*, UTET, Torino 1999, 3 voll.

DULAY, H. et al., *Language Two*, OUP, New York 1982.

EK, J. A., van, *The Threshold Level*, Council of Europe, Strasburgo 1975.

EK, J. A., van, TRIM, J. L. M., *Threshold Level 1990*, Council of Europe Press, Strasburgo 1991.

ELLIS, G., SINCLAIR, B., *Learning to learn English*, CUP, Cambridge 1989.

FABBRO, F., *Il cervello bilingue. Neurolinguistica e poliglossia*, Astrolabio, Roma 1996.

FARINELLA, M., LIBORIO, L., PUPILLI, P., *Internet... e dintorni, Internet dalla A alla Z attraverso il WWW*, Edizioni Novo Castel, 1997.

FAVARO, G. (a cura di), *Imparare l'italiano. Imparare in italiano. Alunni stranieri e apprendimento della seconda lingua*, Guerini 1999.

FAVARO, G. (a cura di), *Alfabeti interculturali*, Guerini e Associati, Milano 2000.

FERRESI, S., "Educazione linguistica: L1", in LAVINIO, C. (a cura di), *La linguistica italiana alle soglie del 2000 (1987-1997 e oltre)*, SLI, Bulzoni, Roma 2001, pp. 213-252.

FREDDI, G. (a cura di), *La civiltà nella didattica delle lingue*, Minerva Italica, Bergamo 1968.

FREDDI, G., *Metodologia e didattica delle lingue straniere*, Minerva Italica, Bergamo 1970.

FREDDI, G., *Didattica delle lingue moderne*, Minerva Italica, Bergamo 1979.

FREDDI, G., "Insegnare per unità didattiche, in *Lingue e Civiltà*, XIII (1985), 2-3, pp. 7-14.

FREDDI, G., *Azione, gioco, lingua*, Liviana, Padova 1990.

Freddi, G., *Glottodidattica. Fondamenti, metodi e tecniche*, UTET Libreria, Torino 1994.

Freddi, G., *Psicolinguistica, sociolinguistica, glottodidattica*, UTET Libreria, Torino 1999.

Garcia, E., *Understanding and Meeting the Challenge of Student Cultural Diversity*, Houghton Mifflin, Boston 1994.

Gardner, R. C., "Motivational variables in second language learning", in Taggart, G. (a cura di), *Attitude and Aptitude in Second Language Learning*, Atti del 5° Simposio della Canadian Association of Applied Linguistics, Toronto 1974.

Gardner, R. C., *Multiple Intelligences: the Theory in Practice*, Haper & Collins, New York 1993.

Gary, J. O., "Why Speak if you Don't Need to?", in RITCHIE, W. T. (a cura di), *Second Language Acquisition Research*, Academic Press, New York 1978.

Giacalone Ramat, A. (a cura di), *L'apprendimento spontaneo di una seconda lingua*, Il Mulino, Bologna 1986.

Giacalone Ramat, A. (a cura di), *L'italiano tra le altre lingue: strategie di acquisizione*, Il Mulino, Bologna 1988.

Giunchi, P. (a cura di), *Grammatica esplicita e grammatica implicita*, Zanichelli, Bologna 1990.

Gotti, M., *Insegnare le lingue straniere nella scuola elementare*, Zanichelli, Bologna 1986.

Gotti, M., *I linguaggi specialistici*, La Nuova Italia, Firenze 1991.

Gregorc, A., "Learning Style/Brain Research: Harbinger of an Emerging Psychology", in Keefe, J. (a cura di), *Student Learning Styles and Brain Behavior*. National Association of Secondary Schools Principals, 1982.

Griffiths, R., Sheen, R., "Disembedded figures in the landscape: a reappraisal of L2 research on the filed dependence/independence", in *Applied Linguistics* 13, 2, pp. 133-47, 1992.

Gumperz, J.J., *Discourse strategies*, CUP, Cambridge 1982.

Hall, S., "Language Learning Strategies: from the ideals to classroom tasks." Lavoro presentato a Singapore alla World Conference on Thinking, 1-6 giugno 1997.

Halliday, M. A. K., *Spoken and written language*, Deakin University Press, Victoria 1985.

Hansen, J., Stansfield, C., "The relationship of field dependent-independent cognitive styles to foreign language achievement", in *Language learning* 31, pp. 349-367, 1981.

Hansen, J., "Field dependence-independence and language testing: evidence form six Pacific Island cultures", in *TESOL Quarterly* 18, 2, pp. 311-24, 1984.

Harmer, J., *The Practice of English Language Teaching*, Longman, Harlow 1983.

Heaton, G. B., *Writing English Language Tests*, Longman, Londra 1988.

HEATON, J., *Using English in the Classroom*, Longman, Londra 1981.

HEATON, J., *Classroom Teaching*, Longman, Londra 1990.

HEDGE, T., *Writing*, OUP, Oxford 1988.

HEWINGS, M., *Pronunciation Tasks*, CUP, Cambridge 1993.

HOFSTEDE, G., *Cultures and Organizations: Software of the Mind*, McGraw-Hill England, Londra 1991.

HOLEC, H., *Autonomy in Foreign Language Learning*, OUP, Oxford 1981.

HOWARD, R., BROWN, G. (a cura di), *Teacher Education for Languages for specific purposes*, Multilingual Matters, Clevendon, 1997.

HUGHES, A., *Testing for Language Teachers*, Cambridge University Press, Cambridge 1989.

HUIZINGA, J., *Homo ludens*, Beacon Press, Boston 1955.

HYMES, D., "On Communicative Competence", in PRIDE J. B. E HOLMES, J. (a cura di), *Sociolinguistics*, Penguin, Harmondsworth 1972.

JAMES, C., *Errors in Language Learning and Use*, Longman, New York 1998.

JOB, R., SURIAN, L., "Aspetti cognitivi nell'apprendimento della seconda lingua", in *Le lingue straniere nella Scuola Elementare*, La Scuola, Brescia 1991.

JOB, R., TONZAR, C., *Psicolinguistica e bilinguismo*, Petrini-Liviana, Torino 1993.

JONES, B. F. et al., *Strategic teaching and learning: cognitive instruction in the content areas*, Association for Supervision and Curriculum Development, Alexandria (Va), 1987.

JOYCE, B. et al., *Models of teaching*, Prentice-Hall, Englewood Cliffs (NJ), 1992.

KAISER, A., *Genius ludi: il gioco nella formazione umana*, Armando, Roma 2001.

KRAMSCH, C., *Context and culture in language teaching*, OUP, Oxford 1993.

KRAMSCH, C., *Language and Culture*, OUP, Oxford 1998.

KRASHEN, S. D., *Principles and Practice in Second Language Acquisition*, Pergamon, Oxford 1982.

KRASHEN, S. D., *Second Language Acquisition and Second Language Learning*, Pergamon Press, Oxford 1981.

KRASHEN, S. D., *Writing: Research, Theory and Applications*, Pergamon, Oxford 1984.

KRASHEN, S., *The Input Hypothesis*, Longman, Londra 1985.

KRASHEN, S. D., Terrell, T. D., *The Natural Approach: Language Acquisition in the Classroom*, Pergamon, Oxford 1983.

LADO, R., *Language Testing: The Construction and Use of Foreign Language Tests*, Longman, Londra 1961.

LADO, R., *Linguistics across cultures*, University of Michigan, Ann Arbor 1957.

LAVINIO, C. (a cura di), *La linguistica italiana alle soglie del 2000 (1987-1997 e oltre)*, SLI, Bulzoni, Roma 2001.

LESSARD-CLOUSTON, M., "Language Learning Strategies: An Overview for L2

Teachers", in *Essays in Languages and Literatures*, 8, Kwansei Gakuin University, dicembre 1997.

Lewis, M., *The Lexical Approach*, Language Teaching Publications, Hove 1993.

Lewis, M., *Implementing the Lexical Approach*, Language Teaching Publications, Hove 1997.

Lo Duca, M. G., Marigo, M., (con L. Marigo) "Elementi culturali (e interculturali) nell'insegnamento dell'italiano lingua seconda", in Miltenburg, A. F. M. (a cura di), *Incontri di sguardi. Saperi e pratiche dell'intercultura*, Unipress, Padova 2001, pp. 339-364.

Mackay, R., Palmer, J.D. (a cura di), *Languages for Specific Purposes. Program Design and Evaluation*, Newbury House, Rowley, 1981.

Marello, C., Mondelli, G., *Riflettere sulla lingua*, La Nuova Italia, Firenze 1991.

Mariani, L., ""Dimmi come 'navighi' e ti dirò chi sei": Multimedialità, stili di apprendimento, vecchie e nuove strategie." In *Lingua e Nuova Didattica*, Anno XXIX, No. 1, Febbraio 2000.

Mariani, L., *Strategie per imparare*, Zanichelli, Bologna 1990.

Marra, A., *Lingue in formazione, lingue in estinzione e teoria glottodidattica*, Liguori, Napoli 2002.

Mazzotta, M., *Come organizzare la lezione*, Giunti Lisciani, Firenze 1991.

Mazzotta, M., *Didattica del gruppo*, Giunti Lisciani, Firenze 1993.

Mazzotta, P., *Didattica delle lingue straniere nella scuola di base. Aspetti teorici e metodologici*, Guerini, Milano 2001.

Mazzotta, P. (a cura di), *Europa, Lingue e Istruzione Primaria. Plurilinguismo per il bambino Italiano-Europeo*, Torino, UTET Liberia 2001.

McCarthy, M., O'Dell, F., English Vocabulary in use, CUP, 1994.

Mezzadri, M., "Per una valutazione consapevole dei manuali di lingua straniera", in *Scuola e Lingue moderne*, anno XXXVIII N. 7, 2000.

Mezzadri, M., "Valutare i materiali di italiano", in *In.it*, anno 1 N. 1, 6/2000 e N. 2, 10/2000.

Mezzadri, M., *Internet nella didattica dell'italiano. La frontiera presente*, Guerra Edizioni, Perugia – éditions Soleil, Welland 2001a.

Mezzadri, M., "Il libro nella rete: una morte annunciata?", in *In.it*, anno 2 N. 3 10/2001b.

Mezzadri, M., Balboni, P.E., *Rete! 1*, Guerra Edizioni, Perugia 2000.

Mezzadri, M., Balboni, P. E., *Rete! 2, Guida dell'insegnante*, Guerra, Perugia 2001.

Mollica, A., "Visual Puzzles in the Second-Language Classroom." *The Canadian Modern Language Review/La Revue canadienne des langues vivantes*, 37, 3 (March 1981): 583-628.

Mollica, A., "Games and Language Activities for the Italian High School Classroom." *Foreign Language Annals*, 12, 5 (October 1979): 347-354.

Mollica, A., *A te la scelta! Libro primo*, éditions Soleil, Welland 1992.

MOLLICA, A., *Parole crociate per principianti*, Guerra Edizioni 1995.

MOLLICA, A., "*Parole per parlare:* Teaching/Expanding the Student's Basic Vocabulary," *Italica*, Volume 78, No. 4, Wimter 2001, pp.464-485.

MOLLICA, A., DANESI, M., "The Foray into the Neurosciences: Have We Learned Anything Useful?", in *Teaching and Learning Languages*, editions Soleil, Welland 1998.

MONTI, S., *Internet per l'apprendimento delle lingue*, UTET Libreria, Torino 2000.

MURAT, H., "Language Learning and Teaching", in *The Internet TESL Journal*, Vol. VI, No. 8, Agosto 2000.

NAIMAN, N., et al., *The Good Language Learner*, Multilingual Matters, Clevedon 1996.

NUNAN, D., *Designing Tasks for the Communicative Classroom*, CUP, Cambridge 1989.

NUNAN, D., *Language Teaching Methodology*, Prentice Hall International, Hemel Hempstead 1991.

NUTTALL, C., *Teaching Reading Skills in a Foreign Language*, Heinemann, Londra 1983.

O'CONNOR, J., SEYMOUR, J., *NLP, Neuro-linguistic Programming*, The Aquarian Press, Londra 1990.

OLLER, J. W., *Language Tests at School*, Longman, Londra 1979.

OLLER, J. W. (a cura di), *Issues in Language Testing Research*, Newbury House, Rowley (Mass) 1983.

O'MALLEY, J. M., "The Cognitive academic language learning approach (*CALLA*)", in *Journal of Multilingual and Multicultural Development*, 9.

O'MALLEY, J. M., CHAMOT, A. U., *Learning Strategies in Second Language Acquisition*, CUP, Cambridge 1990.

OXFORD, R., "Language learning strategies in a nutshell: Update and ESL suggestions", in *TESOL Journal*, 2, 1992/1993.

OXFORD, R., *Language Learning Strategies: What Every Teacher Should Know.*, Newbury House, New York 1990.

OXFORD, R., *Language Learning Strategies: What Every Teacher Should Know*, Newbury House, New York 1990.

PALLOTTI, G., *La seconda lingua*, Bompiani 1998.

PALLOTTI, G., "Quando gli alunni hanno l'italiano come seconda lingua", in Colombo, A., D'Alfonso, R., Pinotti, M. (a cura di), *Curricoli per la scuola dell'autonomia*. Milano: La Nuova Italia, pp. 279-287.

PELIZZA, G., "Quando la lingua non basta. La civiltà nell'insegnamento dell'italiano a stranieri", in *In.it* 2/2000 e 2/2001.

PETRILLI, R., *L'interazione simbolica*, Guerra Edizioni, Perugia 2002.

PIAGET, J., *Six études de psychologie*, Gontier, Parigi 1964.

PICHIASSI, M., *Fondamenti di glottodidattica*, Guerra Edizioni, Perugia 1999.

PORCELLI, G. et al., *Le lingue di specializzazione e il loro insegnamento*, Vita e pensiero, Milano, 1990.

PORCELLI, G., DOLCI, R., *Multimedialità e insegnamenti linguistici*, UTET, Torino 1999.

PORCELLI, G., *Educazione linguistica e valutazione*, Liviana-Petrini, Torino 1992.

PORCELLI, G., *Principi di glottodidattica*, Editrice La Scuola, Brescia 1994.

PORCELLI, G., *Educazione della memoria e valutazione*, in "Rassegna Italiana di Linguistica Applicata", a. XXXII (2001), n. 1, c.d.s.

PRANGE, L., DA FORNO, I., DE MANZINI, C., *Tocca a te*, Guerra Edizioni, Perugia 1997.

RICHARDS, J. C., *The Context of Language Teaching*, CUP, 1985.

RICHARDS, J. C., RODGERS, T. S., *Approaches and Methods in Language Teaching*, CUP, Cambridge 1986.

RINVOLUCRI, M., *Grammar Games*, CUP, Cambridge 1984.

RIXON, S., *How to use games in language teaching*, Macmillan, Londra 1981.

RUTHEFORD, W., "Aspetti di una grammatica pedagogica", in GIUNCHI (1990).

SANTIPOLO, M., *Dalla sociolinguistica alla glottodidattica*, Torino, Utet Libreria, 2002.

SCHACHTER, J., "Second Language Acquisition and its Relationship to Universal Grammar", in *Applied Linguistics*, 9, 3, 1988.

SCOLLON, R., WONG SCOLLON, S., *Intercultural Communication: A Discourse Approach*, Blackwell, Cambridge 1995.

SEARLE, J. R., *Expression and Meaning*, CUP, Cambridge 1979.

SEARLE, J. R., *Speech Acts: An Essay in the Philosophy of Language*, CUP, Cambridge 1969.

SELINKER, L., "Interlanguage", *IRAL* (10), 1972.

SELINKER, L., *Rediscovering Interlanguage*, Longman, Londra 1992.

SERRA BORNETO, C. (a cura di), *C'era una volta il metodo*, Carocci, Roma 1998.

SHEERIN, S., *Self-access*, OUP, Oxford 1989.

SHETZER, H., WARSCHAUER, M., "An electronic literacy approach to network-based language teaching" in WARSCHAUER, M., KERN, R. (a cura di), *Network-based language teaching: Concepts and practice*, CUP, New York 2000.

SKINNER, B. F., *Verbal Behavior*, Appleton-Century-Crofts, New York 1957.

STERN, H. H., *Issues and Options in Language Teaching*, OUP, Oxford 1992.

STEVICK, E. W., *On "humanism" in language teaching: A critical perspective*, Oxford, OUP 1990.

TAMPONI, A. R., FLAMINI, E., *Lingue straniere e multimedialità*, Liguori Editore, Napoli 2000.

TAYLOR, W. L., "Cloze procedure: A new tool for measuring reading ability", in *Journalism Quarterly*, 1953.

TEELER, D., GRAY, P., *Use the Internet in ELT*, Longman, Harlow 2000.

TITONE, R., *Psicodidattica*, La Scuola, Brescia 1976.

TITONE, R., *Psicopedagogia e glottodidattica*, Liviana, Padova 1993.

TRENTIN, G., *Dalla formazione a distanza all'apprendimento in rete*, Franco Angeli, Milano 2001.

UNDERHILL, N., *Testing Spoken Language: A Handbook of Oral Testing Techniques*, CUP, Cambridge 1987.

UR, P., *A Course in Language Teaching*, CUP, Cambridge 1996.

VALDES, J. M., *Culture bound: bridging the cultural gap in language teaching*, CUP, Cambridge 1986.

VEDOVELLI, M., *Guida all'italiano per stranieri, La prospettiva del Quadro comune europeo per le lingue*, Carocci, Roma 2002.

VEDOVELLI, M., *L'italiano degli stranieri: storia, attualità, prospettive*, Carocci, Roma 2002.

VYGOTSKIJ, L. S., *Il processo cognitivo*, Boringhieri, Torino 1988.

WAJNRYB, R., *Grammar Workout: The Dictogloss Approach*, Melting Pot Press, Sidney 1986.

WAJNRYB, R., *Grammar Workout 2: The Dictogloss Approach*, Melting Pot Press, Sidney 1988.

WATZLAVICK, P. (a cura di), *La realtà inventata. Contributi al costruttivismo*, Feltrinelli, Milano 1988.

WEIR, C. J., *Understanding and Developing Language Tests*, Prentice Hall, New York 1993.

WENDEN, A., RUBIN, J., *Learner strategies in language learning*, Prentice-Hall, Cambridge 1987.

WIDDOWSON, H., G., *Teaching Language as Communication*, OUP, Oxford 1978.

WILKINS, D. A., *Notional Syllabuses (I programmi nozionali)*, Zanichelli, Bologna 1978.

WILKINSON, J. A., "Drama, Brain and Meaning", in *The Symbolic Dramatic Play-Literacy Connection: Whole Brain, Whole Body, Holistic Learning*, a cura di WILKINSON, J. A., Ginn, Needham Heights (Mass) 1993.

WILLING, K., "Learning Styles", in *Adult Migrant Education*, NCELTR, Sydney 1993.

WILLING, K., *Teaching How to Learn: A Teachers Guide*, NCELTR, Sydney 1989a.

WILLING, K., *Teaching How to Learn: Activity Worksheets*, NCELTR, Sydney 1989b.

WILLIS, D., *The Lexical Syllabus. A new Approach to Language Teaching*, Collins, Londra 1990.

WILLIS, J., *Teaching English through English*, Longman 1981.

WRAGG, E. C., *Class Management and Control*, Macmillan, Londra 1981.

ZUANELLI SONINO, E., *La competenza comunicativa*, Boringhieri, Torino 1981.

ZUANELLI SONINO, E. (a cura di), *Manuale di comunicazione istituzionale: teoria e applicazioni per aziende e amministrazioni pubbliche*, 2ª edizione, Colombo, Roma 2002.

Finito di stampare nel mese di Settembre 2014
da Tipografia Printì - Manocalzati - Avellino
per conto di Guerra Edizioni Edel s.r.l.Perugia